R 语言及 Bioconductor 在基因组分析中的应用

孙　啸　谢建明　周　庆等　编著

科学出版社

北　京

内 容 简 介

本书是国内第一本系统介绍 R 语言及 Bioconductor 软件包的图书。R 语言是一种计算机程序设计语言,也是一个开放式的软件开发平台。R 语言具有强大的数学统计分析和科学数据可视化功能,能提供各种数据处理、统计分析及图形显示工具。软件研究人员可以在 R 语言这个开放平台上不断扩充其功能,开发出面向特定应用的软件。Bioconductor 就是一个基于 R 语言的、面向基因组信息分析的应用软件集合。Bioconductor 的应用功能是以包的集成形式呈现在用户面前,它提供的软件包中包括各种基因组数据分析和注释工具,其中大多数工具是针对 DNA 微阵列或基因芯片数据的处理、分析、注释及可视化的。同时,Bioconductor 还提供许多与 DNA 微阵列相关的数据包。

本书面向计算机应用人员,可供从事数学统计分析和生物信息学研究及应用的有关人员参考。

图书在版编目(CIP)数据

R 语言及 Bioconductor 在基因组分析中的应用/孙啸等编著.—北京:科学出版社,2006

ISBN 978-7-03-016665-4

Ⅰ.R… Ⅱ.孙… Ⅲ.①R 语言-程序设计②基因组-分析-软件包,Bioconductor Ⅳ.①TP312②Q343-39

中国版本图书馆 CIP 数据核字(2005)第 155319 号

责任编辑:马学海 王 静 李久进 刘 晶/责任校对:包志虹
责任印制:徐晓晨/封面设计:王 浩

科学出版社 出版
北京东黄城根北街 16 号
邮政编码:100717
http://www.sciencep.com

北京凌奇印刷有限责任公司 印刷
科学出版社发行 各地新华书店经销

*

2006 年 7 月第 一 版　　开本:B5(720×1000)
2019 年 1 月第七次印刷　　印张:27 1/2
字数:542 000

定价:98.00 元
(如有印装质量问题,我社负责调换)

前　　言

　　R 语言是一种新的计算机程序设计语言，具有强大的数学统计分析和科学数据可视化功能，提供各种数据处理、统计分析及图形显示工具。R 语言本质上是一个高级解释语言，其语言简单，编程简捷，可以方便、快速地原型化新的计算方法，同时支持面向对象的编程方式。R 环境中包含了一个用于组织相关软件和文档打包的完善系统，以"包"（package）的形式支持软件创建、测试和发布。R 语言集成了各种数据分析工具，提供大量的函数，可以通过使用这些函数构建各种各样的功能包。在所有的函数中，与统计分析及数据可视化相关的函数是 R 语言最重要的一个组成部分。

　　R 语言也是一个开放式的软件开发平台。软件研究人员可以在 R 语言这个开放平台上不断扩充其功能，开发出面向特定应用的软件。Bioconductor 就是一个基于 R 语言的、面向基因组信息分析的应用软件集合。Bioconductor 的应用功能是以"包"的集成形式呈现在用户面前的。它所提供的软件包中包括各种基因组数据分析和注释工具，其中，大多数工具是针对 DNA 微阵列（或基因芯片）数据的处理、分析、注释及可视化的。同时，Bioconductor 还提供许多与 DNA 微阵列相关的数据包，并将生物元数据与实验数据分析紧密地结合起来。另外，Bioconductor 还有一些通用生物信息分析工具（如生物分子序列处理）和特殊的分析工具（如蛋白质数据处理）。

　　R 语言在国际上刚刚兴起不久，而 Bioconductor 也在基因组信息分析，特别是基因芯片数据分析方面逐步得到越来越多的应用。目前国内应用 R 语言和 Bioconductor 的人还比较少。但是由于 R 语言是一种简单的通用语言，非常容易掌握，并且特色明显，相信今后会有很多人对 R 语言感兴趣。至于 Bioconductor，相信随着国内生物信息技术的不断发展，其用户群也将不断地扩大。我们希望通过本书以及开设相应的培训班能在国内推动这项工作。

　　本书面向计算机应用人员，特别是针对从事数学统计分析和生物信息学研究及应用的有关人员，着重介绍 R 语言和 Bioconductor 的基本用法及技术，并提供许多精简的程序实例，为读者了解和熟练使用 R 语言和 Bioconductor 提供帮助。

　　本书分为上下两篇，分别介绍 R 语言和 Bioconductor。在本书的上篇，我们从计算机语言的实际应用出发，逐步介绍 R 语言的特点、使用、基本数据结构、对象、数据分组、数组和矩阵、数据列表和数据单、数据导入和导出、表达式和控制语句、函数和包、统计分析、图形和可视化。在介绍语言的同时，我们给出了大量的实例程序，通过实例进一步说明 R 语言的用法。

本书的下篇紧密围绕 Bioconductor 进行编写。首先，我们专设一章介绍与 Bioconductor 相关的生物信息学基础，介绍的内容包括 DNA 微阵列相关技术、微阵列数据标准、数据预处理方法、基因表达差异的显著性分析、基因表达谱的聚类分析和分类识别，同时还介绍了 Bioconductor 的开发背景。之后，介绍 Bioconductor 的安装和基本使用方法，并通过一个简单明了的综合实例来展示 Bioconductor 的主要功能，说明如何在实际工作中应用 Bioconductor。在接下来的各章中，我们由浅入深地依次介绍 Bioconductor 所提供的十大类功能包。对于每个包，分别介绍其所涉及的类、函数和基本用法，并通过实例说明相关函数的功能和使用方式。

在过去的 5 个月中，我们集中力量在 R 语言和 Bioconductor 方面进行了大量的工作，包括建立 R 语言和 Bioconductor 的网络服务平台，剖析 Bioconductor 的各个包，编写本书等。参加这些工作的教师和研究生有 15 人之多。

本书是由陆祖宏教授倡议编写的。孙啸教授全面负责本书的编写工作。周庆老师具体负责编写本书的上篇，即 R 语言部分，江澎和顾珉参加了这部分内容的编写工作；孙啸教授和谢建明副教授具体负责编写本书的下篇，即 Bioconductor 部分，翁建洪、董献军、李石法、吴建盛、陶怡、孙宵亮、马薇参加了这部分的编写工作。杨锡南老师对本书的编写提出了很好的建议。东南大学生物科学与医学工程系对编写本书也给予了大力的支持。由此可见，本书是大家共同努力的结果。在此，向所有对本书做出贡献的人表示衷心的感谢。

孙　啸

2006 年 5 月 18 日

目　　录

前言

上篇　R　语　言

第1章　R语言简介 · 3
  1.1　平台 · 3
  1.2　R语言的发展简史 · 4
  1.3　R语言和统计学 · 5
  1.4　运行R语言的环境及安装 · 6
  1.5　交互式使用R语言 · 7

第2章　R语言的基本数据结构 · 12
  2.1　向量的赋值 · 12
  2.2　向量的基本运算 · 12
  2.3　构造向量 · 13
  2.4　逻辑向量 · 16
  2.5　字符向量 · 18
  2.6　复数向量 · 18
  2.7　获取向量子集和修正向量子集 · 19
  2.8　常量 · 21

第3章　R语言对象 · 22
  3.1　对象的基本属性 · 23
  3.2　改变对象的长度 · 24
  3.3　获取对象的属性 · 25
  3.4　获取对象类 · 26

第4章　分组因子 · 27
  4.1　分组因子 · 27
  4.2　聚集计算 · 28
  4.3　排序 · 29

第 5 章　数组和矩阵 ··· 30
5.1　定义数组 ·· 30
5.2　数组子集操作 ·· 31
5.3　构造数组 ·· 33
5.4　数组计算 ·· 35
5.5　矩阵 ·· 37
5.6　数组矩阵合并 ·· 39
5.7　定义数组的操作 ······································ 41

第 6 章　数据列表和数据单 ································· 43
6.1　数据列表 ·· 43
6.2　构造数据列表 ·· 44
6.3　数据列表操作 ·· 44
6.4　数据单 ·· 45

第 7 章　导入导出数据 ····································· 48
7.1　高级函数 ·· 48
7.2　低级函数 ·· 50
7.3　命令台输入输出以及格式化 ···························· 51
7.4　使用 R 语言内含的数据集 ····························· 52

第 8 章　组合表达式和控制语句 ····························· 54
8.1　组合表达式 ·· 54
8.2　控制语句 ·· 54

第 9 章　函数 ··· 60
9.1　排序的例子 ·· 60
9.2　定义新的操作符 ······································ 62
9.3　参数名和参数缺省定义 ································ 62
9.4　'...'形式的参数（虚参） ····························· 63
9.5　函数和变量的作用范围 ································ 63
9.6　类、通用函数和面向对象 ······························ 65
9.7　调试 ·· 67
9.8　操作符号的优先级 ···································· 68

第 10 章　包 ·· 70
10.1　标准包 ··· 70
10.2　扩展包和 CRAN ······································ 71
10.3　包命名空间 ··· 71
10.4　R 语言中常用的包 ··································· 71

第 11 章 R 语言中的统计 … 73
11.1 R 语言中的概率分布 … 73
11.2 从离散数据集分析概率分布特性 … 76
11.3 回归分析 … 80

第 12 章 图形函数 … 90
12.1 高级图形命令 … 90
12.2 低级图形函数 … 98
12.3 与图形进行交互 … 100
12.4 利用图形参数 … 101
12.5 图形参数列表 … 102
12.6 设备驱动 … 108
12.7 动态图形 … 111

下篇　Bioconductor 及其应用

第 13 章 Bioconductor 与 DNA 微阵列数据处理 … 115
13.1 Bioconductor 简介 … 115
13.2 DNA 微阵列 … 116
13.3 微阵列数据处理与分析 … 118
13.4 Bioconductor 开发背景 … 126
13.5 Bioconductor 各种包的分类介绍 … 131

第 14 章 Bioconductor 的使用 … 140
14.1 Bioconductor 的获取和安装 … 140
14.2 Bioconductor 快速入门 … 143
14.3 Bioconductor 应用实例 … 145

第 15 章 数据库访问 … 162
15.1 Rdbi 软件包 … 162
15.2 RdbiPgSQL 软件包 … 165
15.3 SAGElyzer 软件包 … 167

第 16 章 图形及用户接口 … 174
16.1 widgetTools 包 … 174
16.2 tkWidgets 包 … 178
16.3 geneplotter 包 … 180
16.4 hexbin 包 … 185
16.5 limmaGUI 包 … 186
16.6 affylmGUI 包 … 188

16.7　webbioc 包 ………………………………………………………… 188

第 17 章　图结构 …………………………………………………………… 190
17.1　graph 包 …………………………………………………………… 190
17.2　RGBL 包 …………………………………………………………… 200
17.3　Rgraphviz 包 ……………………………………………………… 204
17.4　SNAData 数据包 …………………………………………………… 213

第 18 章　通用工具 ………………………………………………………… 214
18.1　reposTools 包 ……………………………………………………… 214
18.2　Biobase 包 ………………………………………………………… 222
18.3　Biostrings 包 ……………………………………………………… 229
18.4　DynDoc 包 ………………………………………………………… 236
18.5　Ruuid 包 …………………………………………………………… 238
18.6　ctc 包 ……………………………………………………………… 239
18.7　convert 包 ………………………………………………………… 240
18.8　Icens 包 …………………………………………………………… 241
18.9　exprExternal 和 externalVector 软件包 ………………………… 241

第 19 章　注释 ……………………………………………………………… 242
19.1　annotate 包 ………………………………………………………… 242
19.2　AnnBuilder 包 ……………………………………………………… 247
19.3　Resourcer 包 ……………………………………………………… 258
19.4　SNPtools 包 ………………………………………………………… 261
19.5　Data packages 包 ………………………………………………… 262

第 20 章　基因本体学 ……………………………………………………… 263
20.1　goTools 包 ………………………………………………………… 264
20.2　ontoTools 包 ……………………………………………………… 267
20.3　GOstats 包 ………………………………………………………… 276

第 21 章　微阵列数据预处理 ……………………………………………… 284
21.1　affy 包 ……………………………………………………………… 284
21.2　affycomp 包 ………………………………………………………… 297
21.3　affydata 包 ………………………………………………………… 305
21.4　affypdnn 包 ………………………………………………………… 309
21.5　affyPLM 包 ………………………………………………………… 313
21.6　gcrma 包 …………………………………………………………… 318
21.7　makecdfenv 包 ……………………………………………………… 320
21.8　annaffy 包 ………………………………………………………… 323
21.9　marray 包 …………………………………………………………… 330

21.10 matchprobes 包 ··· 343
   21.11 vsn 包 ··· 348
第 22 章 数据分析 ··· 351
   22.1 daMA 包 ··· 351
   22.2 edd 包 ·· 353
   22.3 factDesign 包 ··· 358
   22.4 genefilter 包 ··· 362
   22.5 globaltest 包 ··· 365
   22.6 gpls 包 ·· 371
   22.7 multtest 包 ··· 375
   22.8 pamr 包 ··· 381
   22.9 MeasurementError.cor 包 ·· 385
   22.10 limma 包 ·· 386
   22.11 ROC 包 ·· 393
   22.12 siggenes 包 ··· 396
   22.13 splicegear 包 ··· 404
   22.14 RMAGEML 包 ·· 407
第 23 章 微阵列比较基因组杂交 ··· 408
   23.1 aCGH 包 ··· 408
   23.2 DNAcopy 包 ·· 413
第 24 章 蛋白质组学 ··· 416
   24.1 PROcess 包 ··· 416
   24.2 gpls 包 ·· 420
   24.3 apComplex 包 ··· 420
主要参考文献 ·· 422
附录 R 语言常用功能一览表 ··· 423

上篇 R 语 言

第 1 章 R 语言简介

1.1 平　　台

R 语言是一种计算机程序设计语言，也是一个开放式的软件开发平台，它具有强大的数学统计分析和科学数据可视化功能，能提供各种数据处理和统计分析工具，如线性和非线性建模、经典的统计测试、时间序列分析、分类和聚类，同时也提供各种图形显示和分析工具。由于 R 语言是一个开放式的软件开发平台，软件开发人员可以在这个平台上不断扩充 R 语言的功能，并开发出面向特定应用的软件，如 Bioconductor。

R 语言有很多特点，主要表现在以下几个方面。

（1）原型化能力。R 语言是一个高级解释语言，可以方便而快速地原型化新的计算方法，即在一种开放式的环境下探索新的分析方法，并建立和逐步完善新的算法。虽然新算法在解释实现环境中运行的计算速度不快，但是，一旦证明它们是成功的，就可以在其他高效的计算环境中实现新方法。

（2）语言简捷。R 语言提供简单、方便的编程语言，可以使用各种条件表达式、循环语句实现数据的变换以及各种方式的输入和输出（比如，CSV、XML、HTML 等各种类型的文件或者数据库系统等）；R 语言也具有高效的数据处理和存储能力，提供大量的矩阵以及多维数据处理计算功能；R 语言也可以同其他的各种语言比如 C、PERL 等实现相互调用。

（3）包系统。在 R 语言环境中包含了一个用于组织相关软件和文档打包的完善系统，用包（package）的形式支持软件创建、测试和发布，这种思想已被大多数软件开发人员采纳使用。R 语言集成了大量的各种数据分析工具，提供大量的函数，可以通过使用这些函数构建各种各样的功能包，非常适用于各种数据分析。目前 R 语言已经发展了几百个各种各样的功能包。

（4）支持面向对象的编程方式。实际应用中的许多问题都非常复杂，通常需要使用多个不同的软件工具来解决某一个具体的问题，这些软件需要协调地工作，处理共同的对象，而面向对象的软件编程方式能够很好地适应这种需求。

（5）WWW 链接。访问网络在线数据库是大多数生物信息分析必不可少的。R 语言有一套经过测试的函数和包，它们提供了对不同数据库和 web 资源（通过 http）的访问。此外还有专门的包可以处理 XML 文档。

（6）统计模拟和建模。R 语言提供的统计学和数值分析算法中有随机数发生器和机器学习算法等，它们已被测试是可靠的。

(7) 可视化。R 语言的一个优势是数据和模型的可视化能力，而且这些能力是可以扩展的。在 R 语言程序中，可以方便地进行图形化显示和打印各种分析结果。

(8) 并行计算。R 语言支持并行计算，解决大量计算带来的性能问题。

(9) 团队性。R 语言的一个最突出的特点是用户和开发人员形成了一个统一的整体。R 语言提供了一个开放式的平台，应用人员和软件开发人员通过这个平台相互交流，相互合作，不断拓展 R 语言的功能，丰富 R 语言的内容。

1.2 R 语言的发展简史

贝尔实验室的 Rick Becker、John Chambers 和 Allan Wilks 开发了 S 语言，并用 S 语言形成了 R 语言环境以及 S-PLUS 的基本系统。S 语言是由 AT&T 贝尔实验室开发的一种用来进行数据探索、统计分析、作图的解释型语言。S 语言有丰富的数据类型（向量、数组、列表、对象等），特别有利于实现新的统计算法，其交互式运行方式和强大的图形及交互图形功能使得人们可以方便地进行数据处理。

目前 S 语言的实现版本主要是 S-PLUS，它基于 S 语言，并由 MathSoft 公司的统计科学部进一步完善。作为统计学家及一般研究人员的通用方法工具箱，S-PLUS 强调演示图形、探索性数据分析、统计方法、开发新统计工具的计算方法以及可扩展性。

S-PLUS 可以直接用来进行标准的统计分析并得到所需结果，但是它的主要的特点是可以交互地从各个方面去发现数据中的信息，并可以很容易地实现新的统计方法。

S-PLUS 有微机版本和工作站版本，是一个商业软件。目前 S-PLUS 已经在制造、金融、生物医药等行业中有了较广泛的应用。在这些行业领域中，S-PLUS 也是唯一可以与 SAS 相提并论的数据分析与统计建模软件。但由于 SAS 的价格昂贵且每年需要交纳使用费，这使得 S-PLUS 目前在上述领域中应用最广泛。Auckland 大学的 Robert Gentleman 和 Ross Ihaka 及其他志愿人员开发了一个 R 语言系统，其语法形式与 S 语言基本相同，但实现不同，两种语言的程序也有一定的兼容性。R 语言是一个 GPL（general public license）自由开放资源软件，现在的版本是 2.0.1 版，它比 S-PLUS 少许多功能，但已经具有了很强的实用性。有关 S 语言的发展可以参考 John Chambers 以及合作者所著的 4 本书，而关于 R 语言的基本参考书有：Richard A. Becker，John M. Chambers 和 Allan R. Wilks 写的 *The New S Language：A Programming Environment for Data Analysis and Graphics*，以及 John M. Chambers 和 Trevor J. Hastie 写的 *Statistical Models in S*，还有 John M. Chambers 写的 *Programming with Data*。

另外，现在市场上也有很多描述如何使用 R 语言进行数据分析和统计学计算的书。值得注意的是，虽然在 S/S-PLUS 文档中描述的功能在 R 语言中也可以适用，但是 R 语言和 S/S-PLUS 还是略有不同的。

我们也可以通过访问 http://www.r-project.org 站点获取各种关于 R 语言的资料，图 1.1 为 R 语言站点的首页。

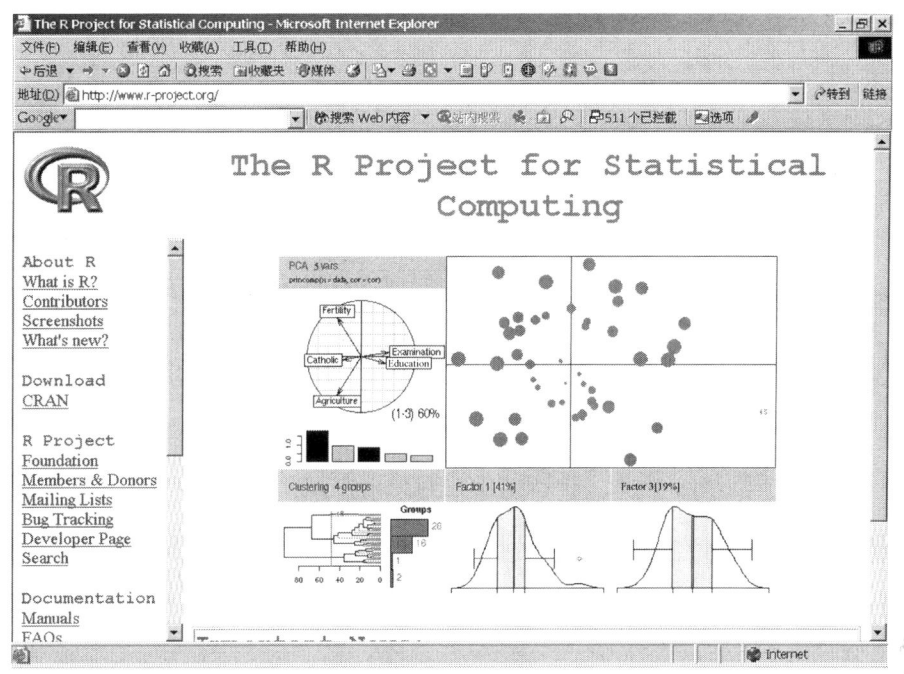

图 1.1　http://www.r-project.org 站点首页

1.3　R 语言和统计学

本书主要对 R 语言平台的基本功能进行介绍，没有提到统计学理论，不过仍然有许多人将 R 语言作为一个统计学计算系统。R 语言平台的确实现了许多经典和现代的统计方法。有少数的统计方法作为 R 语言的标准包集成在 R 语言基本环境中，但是多数仍为 R 语言的扩展包，总共有大约 25 个包，提供各种统计功能，这些扩展包可以通过网站（http://CRAN.R-project.org）和其他的 CRAN 镜像网站获得。R 语言提供了大多数经典的统计方法和许多最新的统计方法，不过使用者可能需要花一点时间去寻找这些 R 语言的扩展包。

1.4 运行 R 语言的环境及安装

虽然 R 语言可以在各种系统中运行，不过在窗口操作系统下使用 R 语言比较方便。我们所描述的各种 R 语言的功能都运行在 Windows 系统中，不过 R 语言经常运行在 UNIX 操作系统中，用户可以安装相应的 X Window 窗口系统，以进行交互操作。

在 Windows 系统下使用 R 语言的基本步骤如下。首先，通过 http://www.r-project.org 下载 R 语言环境并安装，如图 1.2 所示。R 语言目前的最新版本为 2.0.1，本书描述的功能都是基于 2.0.1 版本。

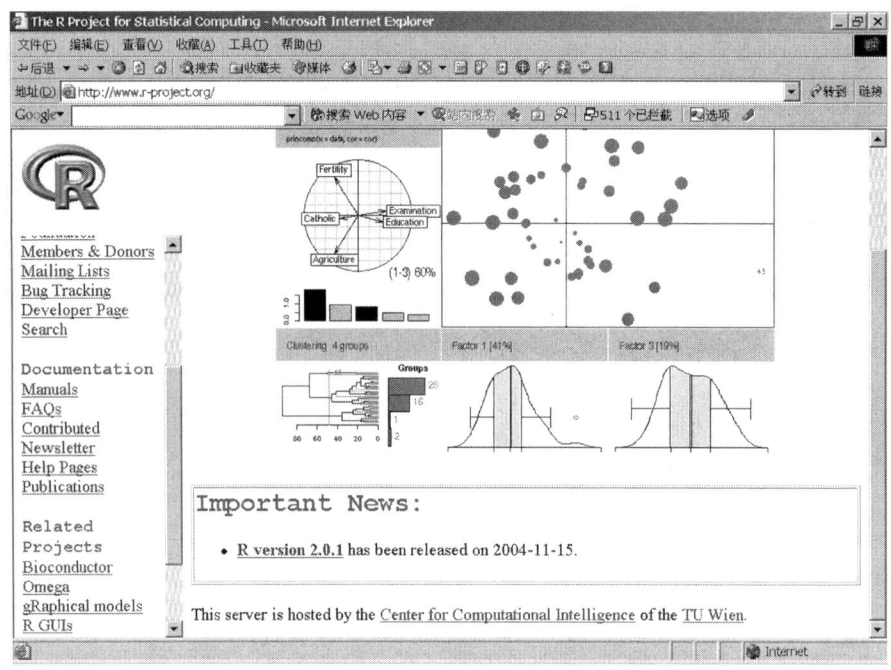

图 1.2 下载最新的 R 语言版本

下载 R 语言后，我们可以按下面的步骤安装 R 语言系统。双击安装文件 rw2001.exe，安装步骤如图 1.3 所示。

安装完成后，选择执行［开始］→［程序］→［R］→［R 2.0.1］菜单，R 语言环境会自动建立。可以通过［File］下的［change dir…］菜单改变缺省的工作目录。我们建议用户建立自己的工作目录，这样可以将不同的 R 语言处理功能分开进行管理。

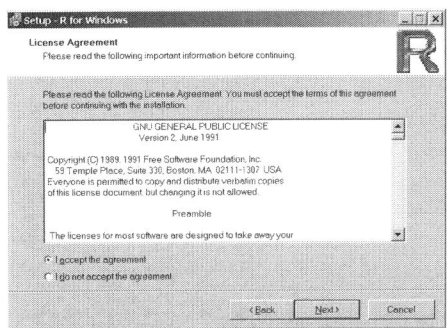
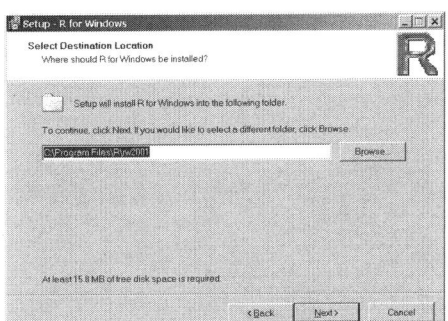
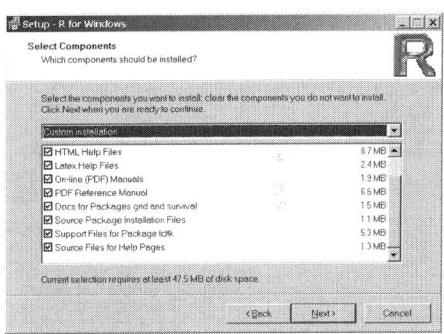
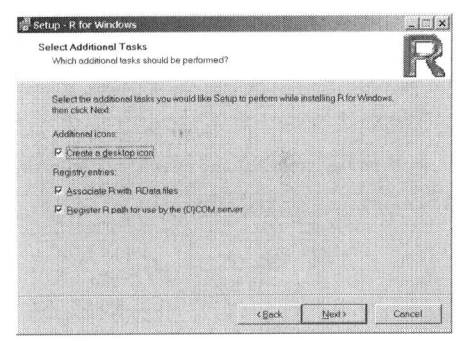

图 1.3　在 Window 下安装 R 语言的步骤

1.5　交互式使用 R 语言

当在 R 语言环境下编程时，R 语言会显示一个提示符，提示你输入下一个指令。R 语言平台缺省的提示符号为">"，在 UNIX 系统下和 SHELL 中的提示符也一样。

1.5.1　在 R 语言中获取函数和方法的随机帮助文档

R 语言环境中提供获取随机函数描述的方法，我们可以在 R 语言的命令行中输入命令 help.start() 获取相关的 HTML 形式的帮助。

例：在 R 中获取 HTML 形式的帮助文档。

```
> help.start();
```

在多数情况下，我们可以通过 help() 命令获取 R 语言中各种函数功能的描述。当然 help.start() 本身也是 R 语言提供的一个功能函数。

例：在 R 语言中获取 solve 函数的描述。

```
> help(solve);
```

一般情况下，R 语言会启动一个窗口将随机的帮助信息显示在这个窗口中，这样可以方便用户的使用。另外，在 R 语言中可以用 "?" 的方式更简洁地获取某个函数的帮助信息。

```
> ?solve;
```

对于 R 语言中一些保留字或者操作符号等，我们必须用双引号或者单引号的方式获取其相对应的帮助。

例：获取 :: 操作符号的帮助信息。

```
> help(":");
```

实际上，我们可以通过 help("key_string") 函数获取 R 语言中任何与 key_string 相关的信息。

R 语言提供一个功能更强的查询 R 语言中信息的函数 help.search，可以通过下列语句参看 help.search 具体的使用函数。

```
> ?help.search;
```

另外一个常用的函数为 example()，其基本形式为 example(topic)。通过这个函数我们可以获取 topic 相关的典型用法。我们建议初学者多使用 example()，这样可以更直观地了解每种函数的用法。

例：获取函数 seq() 的典型用法。

```
> example(seq);
seq> 1:4
[1] 1 2 3 4
seq> pi:6
[1] 3.141593 4.141593 5.141593
## 以下的 seq 使用例略
```

上例中我们使用 example(seq) 作为参看 R 语言中提供的各种函数的使用示例。比如在 R 语言中输入 "1:4"，可以获取一个 1 到 4 步长为 1 的序列。当然，R语言中实际提供了很多的例子，限于篇幅，我们这里只列举部分的示例内容。

1.5.2　R语言的命令以及输入格式

技术上R语言是一种非常简单的表达解释语言。在R语言环境中，输入、组合各种表达式可以及时地实现统计计算、文件输入输出、结果图形显示等功能。R语言的基本语法同C语言基本类似，也遵循C语言中的一些规范。R语言是大小写敏感的语言，主要原因是其大多数包都是建立在UNIX系统上，所以R语言中大写的"A"和小写的"a"是不同的，代表不同的变量。R语言中变量的命名依赖于R语言所运行的操作系统和所在的国家。一般来说，所有字母与数字并用的符号都可以使用，而且也可以使用下划线"_"和点号"."。一个名字要由字母或者点号开始。点号后不能跟随数字。

R语言中的基本命令包含表达式或者赋值操作。在R语言中输入表达式，则表达式将开始计算并显示处理结果，但是执行的结果并不保存，计算后的结果将丢失。如果输入赋值操作，则表达式将开始计算并将结果保存在指定的变量中，但是不会自动将计算的结果显示出来。

每个命令可以使用一个分号";"或者回车符分隔。多个命令可以使用一对花括号"{"和"}"组合在一起。另外，以井号"#"开始的语句为单行注释语句，即从井号"#"开始到本行回车符的语句都为注释部分。如果一个命令比较长，在换行时还没完全结束，则R语言将会给一个提示符号，缺省设定为加号"+"，R语言会在其后的各行都输出加号"+"，直到R语言认为这个命令结束或者等待用户输入结束指令。

1.5.3　指令的取消和订正

在许多UNIX系列操作系统和Windows系列操作系统中，R语言提供一个机制，可以方便地执行先前输入过的命令，使用键盘上的向上键和向下键可以方便地浏览以前输入过的命令，另外，选择一条命令后，可以使用向左键和向右键移动光标，修改相应的命令。R语言的这个功能大大方便了用户使用。

1.5.4　命令的输入和输出

如果命令保存在一个外部的文件中，我们可以通过source（）函数装载R语言脚本。

例：执行保存在文件F：\ TOOLS \ R \ sort.r中的命令。

> source("F:\TOOLS\R\sort.r");

通过这个函数可以将各种命令以及程序装载到R语言系统中，我们也建议将工作中常用的各种命令和程序保存在文件中，以便以后能方便地再使用。

在Windows系列操作系统下也可以通过使用文件菜单，从文件中调用命令，如图1.4所示。

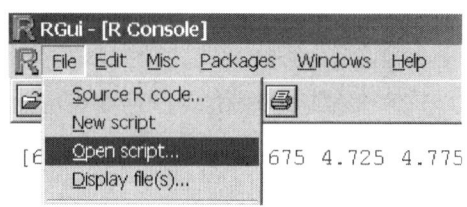

图1.4　从文件菜单装载R语言脚本

在Windows系统下，我们可以通过［File］下的［Open Script］菜单选项将R语言脚本文件装载到R语言系统。使用sink（）函数可将以后的输出从控制台转移并保存在一个文件中。

例：将以后的命令输出结果保存在F:\TOOLS\R\result.lis文件中。

> sink("F:\TOOLS\R\result.lis");

如果我们希望将输出结果在控制台上显示出来，需要执行sink()。

> sink();

1.5.5　删除R语言中的数据和对象

我们可以将在R语言中所产生或者操作的事物都叫做对象（objects），比如说各种变量、文字串、方法函数等。R语言环境每次启动，都将建立一个工作环境（session），我们产生和操作的对象都以对象名保存在这个工作环境（session）中。我们可以通过objects()函数查询目前session中保存的对象。

例：通过objects()函数查询session中的对象。

> objects();

另外，使用函数ls()同样可以显示储存在当前工作环境中的所有对象名字。我们也可以使用rm()函数删除当前工作空间中的对象。

例：删除当前工作空间中的x，y对象。

> rm(x,y);

我们也可以使用下列的方法删除目前工作空间中的所有对象。

> rm(list=ls());

在 R 语言的每次 session 运行期间所产生的所有对象可以永久地保存，以便下次启动 R 语言时可以重复使用。每次关闭 R 语言环境时，R 语言会提示是否保存本次 session 处理所生成的各种对象，如果选择保存，R 语言会将这些对象保存到当前工作目录下一个叫.Rdata 的文件中，并且将所有的命令保存到.Rhistory文件中。R 语言重新启动时，会读取工作目录下的.Rdata 和.Rhistory 文件，装载相应的对象和命令。

第 2 章 R 语言的基本数据结构

R 语言最基本的数据结构是向量（vector）。向量是一组数据集合，可以分整数型（integer）向量、实数型（real）向量、复数（complex）型向量、字符型（string 或者 character）向量、逻辑（logical）向量和字节型（raw）向量 6 种。比如 [10.4, 5.6, 3.1, 6.4, 21.7] 可以定义为实数型向量。R 语言中的各种操作都以向量为基础。

2.1 向量的赋值

虽然向量可以分为数值型向量、字符型向量、复数型向量和逻辑向量等，但所有向量的构造函数都相同。

例：定义一组数字，即 10.4，5.6，3.1，6.4，21.7，并将其赋予一个名叫 x 的数值型向量。

```
> x <- c(10.4,5.6,3.1,6.4,21.7);
```

其中，<-为 R 语言中的赋值语句；c（...）为向量构造函数，可以将一组数值构造成向量。

在 R 语言中构造向量可以有多种格式，等价的格式可以有：

```
> assign ("x",c(10.4,5.6,3.1,6.4,21.7));
```

也可以有下列的等价方法：

```
> c(10.4,5.6,3.1,6.4,21.7)->x;
```

另外，在 R 语言中支持多重构造，可以比较方便地构造数据：

```
> y <-c(x,0,x);
```

向量变量 y 将包含 11 个数字，即 [10.4, 5.6, 3.1, 6.4, 21.7]，0，10.4, 5.6, 3.1, 6.4, 21.7]。

2.2 向量的基本运算

向量可以进行各种算术运算。向量进行运算时遵循以下规则：
（1）向量的每一个元素都进行相应的运算。

（2）进行运算的向量的长度可以不同。结果向量的长度等于所有参加运算的向量中最长向量的长度。较短向量进行运算时，其中的数据可重复使用以进行运算。

例：不同长度向量间进行计算。

```
> V <- 2*x + y + 1;
```

x 向量有 5 个元素，为 [10.4, 5.6, 3.1, 6.4, 21.7]，y 向量有 11 个元素，为 [10.4, 5.6, 3.1, 6.4, 21.7, 0, 10.4, 5.6, 3.1, 6.4, 21.7]。计算结果的长度等于 y 的长度，x 中的数据需按照下列的方式扩展。

[注意]：算术运算例			
	x 原数据	x 扩展第 1 遍	x 扩展第 2 遍（部分）
x	10.4, 5.6, 3.1, 6.4, 21.7	10.4, 5.6, 3.1, 6.4, 21.7,	10.4
y	10.4, 5.6, 3.1, 6.4, 21.7, 0	, 10.4, 5.6, 3.1, 6.4, 21.7	
V	32.2, 17.8, 10.3, 20.2, 66.1, 21.8, 22.6, 12.8, 16.9, 50.8, 43.5		

R 语言包含以下常用的算术运算：+、-、*、/、log、exp、sin、cos、tan、sqrt、min、max、length、sum、prod、mean 等。其中函数 min 和 max 分别取自变量向量的最小值和最大值，函数 sum 计算自变量向量元素的和，函数 mean 计算自变量向量元素的均值，sort(x) 返回 x 的元素从小到大排序的结果向量，order(x) 返回使得 x 从小到大排列的元素下标向量（x[order(x)]等效于 order(x)）。

例：对 x 向量进行排序。

```
> c(10.4,5.6,3.1,6.4,21.7)->x;
> sort(x);
[1] 3.1 5.6 6.4 10.4 21.7
```

另外，%/% 表示整数除法（比如 5 %/% 3 为 1），%% 表示求余数（如 5 %% 3 为 2）。详细的用法描述可以通过随机帮助获取。

2.3 构造向量

R 语言中包含多种构造序列的函数，我们可以通过这些函数构造各种需要的向量。我们主要介绍 3 种函数：采用冒号操作符构造序列、采用 seq() 函数产生序列、采用 rep() 函数产生序列。

1. 采用冒号操作符构造序列

基本用法为 c(n:m)，其中 n 和 m 可以为数字（整数和小数），该函数产生从 n 到 m，步长为 1 的序列，举例来说 c(1:30) 可以构造一个 1 到 30 齿长为 1 的数字序列，等价于向量 c(1,2,…,29,30)。其中，冒号操作符在表达式里面有较高的优先级。详细的定义可参考 9.8 节操作符号的优先级。

例：构造有 5 个元素的向量。

```
> c(2*1:5)->SeqenceNum;
> SeqenceNum;
> [1] 2 4 6 8 10
```

因为冒号操作符（:）的优先级比较高，所以先构造 1:5 的向量 [1，2，3，4，5]，然后对相应的向量进行乘 2 的计算，产生 [2，4，6，8，10]。

例：由于 m:n 有最高的优先级，所以先形成数值为 1 到 10 的 10 个元素，每个元素再进行乘 2 减 1 操作。

```
> 10->n;
> c(2*1:n-1)->SeqenceNum;
> SeqenceNum;
[1] 1 3 5 7 9 11 13 15 17 19
```

例：产生从 n 到 m，步长为 1 的序列。

```
> c(3.6:1.4)->SeqenceNum;
> SeqenceNum;
[1] 3.6 2.6 1.6
```

注意：实际上产生 3 个元素，其中最后一个数据不大于 1.4。

2. 采用 seq() 函数产生序列

使用函数 seq() 可以更灵活地产生序列。

```
> ?seq ##查看 R 的函数说明
```

同 R 语言中其他函数的描述一样，seq() 函数说明包括使用方法、参数说明、详细描述、返回值描述、举例说明等。seq() 函数的基本功能为产生序列，其调用方法和参数描述如下：

调用格式
From:to
seq(from,to)

```
seq(from,to,by=)
seq(from,to,length=)
seq(along=)
seq(from)
```

参数名	描述
From	序列开始的数值
To	序列结束的数值
By	序列的步长
Length	序列的长度
Along	形成从 1 到 n 的序列,其中 n 等于 Along 指定变量的长度

调用格式说明此函数在 R 语言中使用的各种格式以及各种参数及其相应的说明。

调用 R 语言中的函数的时候,可以通过参数名直接引用参数表中各参数,这样做的一个优点就是参数名引用的顺序不影响函数调用。

例:产生一个从 1.1 到 6.5 步长为 0.5 的数字序列。

```
> seq(from=1.1,to=6.5,by = 0.5)->SeqenceNum;
> ## 等价于 seq(by = 0.5,from=1.1,to=6.5)->SeqenceNum;
> ## 等价于 seq(1.1,6.5,by = 0.5)->SeqenceNum;
> SeqenceNum;
[1] 1.1 1.6 2.1 2.6 3.1 3.6 4.1 4.6 5.1 5.6 6.1
```

例:产生一个长度为 9,从 −5 开始,步长为 0.2 的数字序列。

```
> seq(length=9,from=−5,by=0.2)->SeqenceNum;
> SeqenceNum;
[1] −5.0 −4.8 −4.6 −4.4 −4.2 −4.0 −3.8 −3.6 −3.4
```

例:产生一个同向量 SeqenceNum 长度相同,从 1 到 length(SeqenceNum) 的序列。

```
> seq(along=SeqenceNum)->SeqenceIndex;
> SeqenceIndex;
[1] 1 2 3 4 5 6 7 8 9
```

3. 采用 rep( ) 函数产生序列

rep( ) 函数可以以各种不同的方式复制一个对象,同 seq( ) 函数组合使用,可以生成各种复杂的序列。rep( ) 的调用函数和参数描述如下:

```
rep(x,times,...)
rep(x,times,length.out,each,...)
rep.int(x,times)
```

其中,x为使用的向量或者数据列表(list);times为x向量复制的次数;length.out为希望输出向量的长度;each为x中每个元素重复的次数。

例:将SequenceNum重复2次放到SequenceNum2中。

```
> seq(1,4)->SequenceNum;## 产生一个[1,2,3,4]的向量
> rep(SequenceNum,times=2)->SequenceNum2;## 将SequenceNum中的内容重复2次并赋值 > SequenceNum2;
[1] 1 2 3 4 1 2 3 4
```

首先形成一个向量[1,2,3,4],然后将SequenceNum中的内容重复2次并赋值给SequenceNum2。

例:将SequenceNum中的每个元素重复2次放到SequenceNum3中。

```
> seq(1,4)->SequenceNum;
> rep(SequenceNum,each=2)->SequenceNum3;
> SequenceNum3;
[1] 1 1 2 2 3 3 4 4
```

首先形成一个向量[1,2,3,4],然后将SequenceNum中的每个元素容重复2次并赋值给SequenceNum3。

2.4 逻辑向量

R语言中不仅是包含数字向量,而且也允许逻辑量的处理,常用的逻辑运算见表2.1。逻辑向量包含3种元素:TRUE、FALSE以及NA(Not Available)。逻辑向量一般可以由条件表达式产生,举例来说:

```
> seq(1.1,6.5)->SequenceNum;
> SequenceNum>2.5 -> logicvector;
> logicvector;
[1] FALSE FALSE TRUE TRUE TRUE TRUE
```

上例中先产生向量[1.1,2.1,3.1,4.1,5.1,6.1],然后将大于2.5的判断结果赋值给一个名叫logicvector的逻辑向量,并根据是否满足条件表达式设定TRUE或者FALSE。其中SequenceNum的前两个元素小于2.5,所以logicvector的前两个元素为FALSE。

表 2.1 常见的逻辑运算

逻辑运算	说明	逻辑运算	说明
<	小于	<=	小于等于
>	大于	>=	大于等于
==	逻辑判断恒等于	&&	与操作
||	或操作	!	非

逻辑向量可以同数值向量一起参与算术运算，在这种情况下，R 语言需将逻辑向量强制转化为数值向量。基本原则为 FALSE 变成 0，TRUE 变成 1。然而，并不是所有的逻辑向量都可以强制转化为其他向量。

在一些情况下，比如一套数据中个别数据不可利用、不可靠或者这些数据缺失，则我们定义这些数据处于 NA（not available）状态。R 语言专门为此类数据设定了保留字 NA，当 R 语言的某个向量中有元素处于 NA 状态时，则此元素值可以设定为一个特殊值 NA。R 语言同时还提供了一些操作函数，一般规则为在 NA 上的任何操作结果均为 NA。也就是说，如果操作的对象处于 NA 状态，那么对该对象的任何处理产生的结果也是不可利用的。

NA 的基本操作函数同其他数值量的基本操作函数一样。

例：产生一个 NaData 向量，前 3 项为 1 到 3，第 4 项为 NA。

> c(1:3,NA)->NaData;
> NaData;
[1] 1 2 3 NA

例：将 NaData 向量的第 8 项设置为数值 8，则 R 语言缺省地将其他项数据（第 5、6、7 项）设置为 NA。

> NaData[8]<-8;
> NaData;
[1] 1 2 3 NA NA NA NA 8

函数 is.na(x) 可以检测一个向量中那些数据为 NA，基本使用方法为：

> is.na(NaData);
[1] FALSE FALSE FALSE TRUE TRUE TRUE TRUE FALSE

is.na(x) 检测一个向量中的每个数据，并判断其是否为 NA。

[注意]
逻辑表达 x == NA 不同于 is.na(x)。因为 NA 不是一个可用的数据，而仅仅是一个标志，x==NA 判定是否 x 中所有数据都是 NA。

R语言中还有另外一种"数据不可用",一般产生于不合法的数值运算,比如0除以0,这类数据表示为NaN(Not a Number)。

```
> 0/0;
[1] NaN
```

上例中0/0操作不合法,所以结果为NaN。

is.na(xx)对于NA和NaN都返回TRUE,为了区别,R语言提供了另外一个函数is.nan(xx),此函数只对NaN返回TRUE。

2.5 字符向量

同其他计算机语言一样,字符量和字符向量为R语言的基本数据类型。举例来说,一个物品的名字、产地、规格甚至价格等信息都可以用字符向量描述。在输入字符串时,R语言可以用2个单引号(')或者2个双引号(")进行界定。当一个字符串中包含一个或者多个单引号(')和双引号(")的时候,可以采用一种特殊的标志来识别这个单引号或者双引号是字符串的内容还是字符串的界定符号,这个特殊的标志叫脱字符。R语言采用C语言风格的脱字符,也就是"\"。其他特殊的符号比如tab \t,新行(newline) \n等可以参考相应的资料。

例:采用c函数构造一个字符向量。

```
> c("username","user's password","e-mail")->UserInfor;
> UserInfor;
[1] "username" "user's password" "e-mail"
```

函数paste()也提供了一些方便的功能,可以形成字符向量。

例:形成一组文字串。

```
> labs <- paste(c("X","Y"),1:10,sep="");
> labs;
[1] "X1" "Y2" "X3" "Y4" "X5" "Y6" "X7" "Y8" "X9" "Y10"
```

上例中产生10个元素,每个元素附加一个编号。

2.6 复数向量

复数向量的每一个元素都是复数。可以用complex()函数生成复数向量。Re()函数计算实部,Im()函数计算虚部,Mod()函数计算复数模,Arg()函数计算复数幅角。复数常量的基本格式如3.5+2.1i。复数详细的用法可以参考随机文档。

2.7 获取向量子集和修正向量子集

在 R 语言中可以在 [ ] 中使用下标向量进行下标操作或者获取向量的子集，其基本模式为 Vector [Index_Vector]，其中 Vector 为向量，Index_Vector 为下标向量，可以是数值向量、字符向量、逻辑向量。R 语言中常见的对子集的操作方法为，形成下标向量或通过 [ ] 对数据进行相应的操作。

例：获取一个向量的第 3、1、5 个数据。

```
> seq(length=9,from=-5,by=0.2)->SequenceNum;
## 形成一个数值序列
> SequenceNum;
[1] -5.0 -4.8 -4.6 -4.4 -4.2 -4.0 -3.8 -3.6 -3.4
> SequenceNum[c(3,1,5)]->SubSequenceNum;
## 建立一个下标向量，并获取相应的子集
> SubSequenceNum;
[1] -4.6 -5.0 -4.2
```

形成向量子集的 4 种基本方法：

1. 逻辑下标向量

根据条件表达式，将符合条件表达式（计算结果为 TRUE）的元素形成下标向量。在这种情况下，R 语言将对表达式的每一个元素进行计算，形成一个逻辑向量，并将逻辑量为真的数据向量中的元素取出形成子集。另外，在这个方式下，要求逻辑向量同数据向量有相同的长度。

例：将非 NA 数据取出。

```
> NaData;
[1] 1 2 3 NA NA NA NA 8
> NaData[!is.na(NaData)]->ValidateData;
> ValidateData;
[1] 1 2 3 8
```

例：将非 NA 数据取出，并且要求子集的数据大于 2。

```
> NaData[!is.na(NaData)&NaData>2]->ValidateData;
> ValidateData;
[1] 3 8
```

2. 正整数下标向量

正整数下标向量为向量元素下标的编号的集合,下标要在{1,2,…,length(x)}范围之内。R语言根据向量元素下标编号的顺序形成子集,下标向量可以不同于向量的长度。

例:构造一个先递增后用递减的向量。

```
> c(1:5)->BaseData;
> BaseData[c(1:4,4:1)]->Data;
> Data;
[1] 1 2 3 4 4 3 2 1
```

在上例中,先使用 BaseData 中的前 4 个数据形成 [1,2,3,4],然后再形成 [4,3,2,1]。

3. 负整数下标向量

在这种情况下形成一个不包含指定向量元素编号的子集。

例:BaseData 包含 5 个元素,c(3:1,1:3)包含了其中的第 1、2、3 号元素,未包含第 4、5 号元素。带"-"符号的操作将未包含的元素形成子集。

```
> BaseData;
[1] 1 2 3 4 5
> BaseData[-c(3:1,1:3)]->Data;
> Data;
[1] 4 5
```

4. 名字-值下标向量

在 R 语言中可以采用名字-值的模式操作数据元素。在这种模式下,我们可以为每个元素起个名字,然后可以通过名字对数据进行操作。这样做的一个优点是名字比单纯使用数字下标或者编号更容易记忆,另外程序也有较高的可读性和可维护性。

例:采用名字-值方式获取子集。

```
> fruit <- c(5,10,1,20);
> names(fruit) <- c("orange","banana","apple","peach");
  ##对数据进行命名
> lunch <- fruit[c("apple","orange")]; ##通过名字下标向量获取子集
> lunch;
apple orange
    1      5
```

其中，names()为 R 语言中的基本函数，通过这个函数可以为所有的对象命名。同样地，名字向量要同数据向量有相等的长度。

采用下标向量可以方便获取或者操作向量。

例：将一组数据中的 NA 数据设置为 0。

```
> NaData;
[1] 1 2 3 NA NA NA NA 8
> NaData[is.na(NaData)]<-0;
> NaData;
[1] 1 2 3 0 0 0 0 8
```

2.8 常　　量

R 语言中包含 4 种基本的常量，分别为逻辑（logical）常量、数字（numeric）常量、复数（complex）常量和字符（string）常量，另外还包含 NULL、NA、Inf 和 NaN 4 种特殊的常量。逻辑（logical）常量有 2 种，即 TRUE 和 FALSE。数字常量的定义方法和 C 语言基本类似，由数字和小数点构成，指数型数字可以包含"E"或者"e"，正数和负数可以通过"＋"和"－"来识别。例如 1，10，0.1，1e－7，1.2e＋7，2e，3e＋都是可以接受的数字常量。需要注意的是，一个数字之间不能使用空格。复数常量的定义是在数字常量的后面跟随一个"i"，代表这个数字是复数型的，如 2i，4.1i，1e－2i。字符常量可以用 2 个单引号（'）或者 2 个双引号（"）进行界定。详细内容可以参考 2.5 节字符向量的说明。对于特殊的常量 NULL、NA 和 NaN，我们在前面章节已经介绍，总结如下：NULL 用来指明一个空对象；NA 指明数据不可利用、不可靠或者这些数据缺失；NaN 指明在 IEEE 浮点计算中不是一个数字；Inf 表明无限大。

第 3 章 R 语言对象

从技术上讲,我们可以将所有在 R 语言中可操作的各种数据以及各种表达式等都叫 R 语言的操作对象,以下简称对象(objects)。R 语言不像其他计算机语言一样提供直接处理内存的方法,它通过对象来访问保存在内存的各种数据。在 R 语言中,我们可以通过 typeof() 函数获取对象的类型。表 3.1 列举了常见的对象类型,其详细的定义可以参考随机帮助的 R Language Definition 手册。

表 3.1 常见的对象类型(typeof 函数的返回内容)

类型		描述
NULL		空对象
symbol		变量名字对象
pairlist		pairlist 对象
closure		函数对象。函数对象包含 3 个基本的元素:参数表,函数体和函数运行环境
environment		环境对象
vector	logical	向量由同一类型的元素组成,可以通过下标访问其中的某个元素。逻辑向量
	integer	整数型向量
	double	实数型向量
	complex	复数型向量
	character	字符向量
	raw	字节型向量
...		虚参,任意长度的参数
any		一种特殊的类型,这个类型可以和任意类型相匹配
expression		表达式
list		数据列表(list)是 R 语言中的基本数据结构,数据列表中可以包含多种类型的数据结构,这些数据结构作为数据列表的基本元素可以按照一定的顺序构造一种数据表
externalptr		外部指针

R 语言中的基本数据结构对象可分为单纯的(atomic)和复合的(recursive)两种。单纯对象中的所有元素都由同一种基本类型的数据构成,如上章介

绍过的整数型向量、逻辑向量以及字符向量等。这些对象也是 R 语言中最基本的数据结构，比如，字符向量中的每个元素都是字符型的，数值向量中的每个元素都是数值型的。当然，数值也可以分为整数型、实数型和复数型。向量中包含的数据都是同一类型的数据，数据的基本对象模式是一样的，也就是说，向量中的数据要么都是数值型，要么都是字符型或逻辑型。要注意的就是，无论一个向量是否包含数据，它的对象模式是固定的。一个空的字符向量可显示为 character(0)。

然而，现实世界中存在的事物包含各种各样的信息，这些信息需要用不同的数据模型来描述。比如对于一个家庭，我们希望描述家庭成员的名字，各成员的年龄、性别、身份证编号以及家庭地址等。作为一种计算机语言，R 语言也提供各种方法将简单的数据类型进行组合，以形成更符合现实世界的数据描述方法，这种对象称为复合对象。复合对象包含数据列表（list）、数据单（data frame）和分组因子等。数据列表（list）是 R 语言中常见的组合复合对象类型，它的对象模式为 list。数据列表中可以包含各种类型的数据，比如各种类型的向量，当然数据列表中也可以包含数据列表。

需要注意的是，函数和表达式也是 R 语言的对象，它们按照一种特殊的模式被保存在 R 语言中。

3.1 对象的基本属性

在 R 语言中，每个对象包含很多的基本属性，常用的有对象类型、存储类型、对象模式、对象长度、对象维度、对象名称等。比如，通过 typeof（object）可以获取对象类型，通过 storage.mode（object）可以获取对象的存储类型，使用 mode（object）函数我们可以查看指定对象的基本对象模式。表 3.2 显示了不同向量对象的对象类型、对象模式和存储类型。

表 3.2　向量对象的对象类型、对象模式和存储类型

typeof	mode	storage.mode
logical	logical	logical
integer	numeric	integer
double	numeric	double
complex	complex	complex
character	character	character
raw	raw	raw

实际上，对象类型、对象模式和存储类型是 R 语言中每个对象的基本属性，

除此之外，对象长度也是常用对象的基本属性。通过使用 mode（object）和 length（object）函数，我们可以知道这个对象的对象模式是什么，数据的长度是多少。可以通过调用 attribute（object）函数获取更多的对象的属性信息。一般来说，mode 和 length 属于固有属性，任何对象都包含这些属性，而其他的一些属性比如名字、维度等可以根据需要定义。

例：查看对象模式、对象长度及对象其他属性。

```
> fruit <- c(5,10,1,20);
> names(fruit) <- c("orange","banana","apple","peach");
> mode(fruit) ;##查看对象模式
[1] "numeric"
> length(fruit) ;##查看对象长度
[1] 4
> attributes(fruit); ##查看对象其他属性
$names
[1]"orange" "banana" "apple" "peach"
```

在 R 语言中可以方便地进行对象模式的转化，形成用户需要的对象模式。

```
> as.character(fruit)->fruit;
> fruit;
[1] "5" "10" "1" "20"
> mode(fruit);
[1] "character"
```

上例中将 fruit 的数据模式由数值型 numeric 转化为字符型 character。

R 语言中的 as 函数提供大量的数据模式转化，可以利用这些函数进行强制的转化。读者可以通过随机帮助获得更多的细节。当然，部分函数我们也会在下面的章节中逐步讲解。

3.2 改变对象的长度

可以构造一个空的对象或者长度为 0 的对象，这些对象的模式可以是字符型、逻辑型等。

例：构造一个字符向量，其初始化长度为 0。

```
> character()->name;
> name;
character(0)
```

在 R 语言中，可以通过给相应的长度元素赋值而方便地改变对象的长度。这个基本规则适用于 R 语言中的所有结构，所增加的元素的对象模式由第一个元素的对象模式决定。

例：将 name 的长度改变为 5，并将第 5 个元素的值设置为"joe"。

```
> name[5]<-"joe";
> name;
[1] NA   NA   NA   NA   "joe"
```

[注意]
对象的长度自动增长为5,其他未赋值元素的缺省值为 NA。

另外，也可以使用 length() 函数改变对象的长度。

```
> length(name)<-7;
> name;
[1] NA   NA   NA   NA   "joe"  NA   NA
```

此例中增加了 2 个元素，缺省为 NA，见方框内的数据。

减少对象长度可以采用向量子集操作的方法。

例：取第 2、4、5 项元素，形成长度为 3 的 name 向量。

```
> name[c(2,4,5)]->name;
> name;
[1] NA   NA   "joe"
```

3.3 获取对象的属性

在 R 语言中，可以使用 attributes（object）函数获取一个对象的当前定义的非固有属性，使用 attr（object，name）函数可以设置一个对象的属性。

例：获取对象的当前属性。

```
> fruit <- c(5,10,1,20);
> names(fruit) <- c("orange","banana","apple","peach");
> attributes(fruit);
$names
[1] "orange" "banana" "apple" "peach"
```

fruit 对象当前有一个非固有属性 name。

例：改变对象的维度，将 fruit 向量转换为 2*2 的矩阵。

```
> attr(fruit,"dim")<-c(2,2);
> fruit;
     [,1] [,2]
[1,]   5    1
[2,]  10   20
>attr(,"names"); ##名字属性
[1] "orange" "banana" "apple" "peach"
> attributes(fruit); ##查看当前对象的当前定义的非固有属性
$names      ##名字属性
[1] "orange" "banana" "apple" "peach"
$dim ##维度属性,2*2的矩阵
[1] 2 2
```

3.4 获取对象类

R语言支持面向对象的编程风格,每个对象都有一个类(class)属性,可以使用class()函数来获取每个对象的类。比如,我们可以获得"numeric"、"logical"、"character"或者"list"等类名,另外,"matrix"、"array"、"factor"和"data. frame"也是一些可能的类名。详细的内容可以参考以后的章节。

例:获取fruit对象的类属性。

```
> class(fruit);
[1] "matrix"
```

当一个对象的类属性为"array"时,我们调用plot()函数,则R语言会自动调用类"array"相对应的plot()函数对其进行处理。详细的机制可以参见9.6节"类、通用函数和面向对象"。如果想要暂时去掉一个有类的对象的class属性,可以使用unclass(object)函数。

第4章 分组因子

R语言可以将一套数据中相同分类的数据进行分组，然后可以方便地进行聚集计算，比如，计算平均值、总和等。分组因子（factor）是一个表示分类分组的方法的对象。在R语言中，通过使用分组因子定义不同的分组方法，然后再对分组数据进行相应的计算。

4.1 分组因子

假定一个项目组包含Batch、online、client3个小组，每个小组包含若干人员，同时还要记录每人的技术水平以及在本项目中的工作时间等信息，下面是相关的数据。

例：先从csv（以逗号为分隔符的形式保存数据的一种文件形式）文件中获取相关的数据信息。

```
> read.csv("c:\\TeamInfo.csv")->TeamInfo;
## 从csv文件中获取数据信息,并设置到TeamInfo对象中
> TeamInfo;
    TEAM     NAME   LEVEL  WORKTIME  BOUNS
1   BATCH    SuNan    B      135    9,818
2   BATCH    ChenQi   E      121    6,050
3   BATCH    JiangXu  F       97    4,189
4   ONLINE   ZhouXi   F       63    2,720
5   ONLINE   ChenHe   H       36    1,064
...
```

可以使用factor()函数生成一个分组因子。

例：根据TEAM进行分组，形成TeamFactor分组因子。

```
> factor(TEAM)->TeamFactor;
> TeamFactor;
 [1] BATCH BATCH BATCH ONLINE ONLINE ONLINE ONLINE
ONLINE ONLINE ONLINE
[11] CLIENT CLIENT CLIENT CLIENT CLIENT
Levels: BATCH CLIENT ONLINE
```

factor 报告的形式为：先列举所有数据，然后 levels 列举分组数据。这样 TeamFactor 分组因子按 BATCH CLIENT ONLINE 对数据进行分组。也可以直接使用 levels（object）查询分组数据的具体方法。

```
> levels(TEAM);
[1] "BATCH" "CLIENT" "ONLINE"
```

4.2 聚集计算

聚集计算是将同一组数据进行分组计算。常见的计算方法有计算各分组数据的个数、分组数据累加及计算平均值等。在 R 语言中，tapply()函数提供了许多强有力的聚集计算方法，比如 sum 等函数。函数 tapply（X，INDEX，FUN = NULL，…，simplify = TRUE）中包含多个参数。X 为进行聚集计算的数据对象，INDEX 为相应的分组因子，FUN 为聚集计算的函数等。

例：统计各 TEAM 的总工作时间。

```
> tapply(WORKTIME,TeamFactor,sum)->SumWorktimeByTeam;
> SumWorktimeByTeam;
BATCH CLIENT ONLINE      ##计算的结果
  353    352    332
```

tapply 函数利用 FUN 参数调用聚集计算的函数（上例采用 sum 函数），按照不同的分组因子（TeamFactor）对数据（WORKTIME）进行计算并返回相应的结果。

我们也可以利用 tapply 函数定制不同的聚集计算的函数，比如，统计各 TEAM 的平均工作时间。第一步，我们需要写一个计算平均工作时间的函数 average，然后在 tapply 函数 FUN 参数中使用我们定制的函数。

例：统计各 TEAM 的平均工作时间。

```
> average<-function(x) sum(x)/length(x);   ##计算平均工作时间
> tapply(WORKTIME,TeamFactor,average)->AverageWorktimeByTeam;
##使用定制函数
> AverageWorktimeByTeam;
BATCH      CLIENT     ONLINE
117.66667  70.40000   47.42857
```

tapply 函数能够实现许多复杂的多种分组的应用，比如，我们希望先按 TEAM 分组，然后再统计各 TEAM 中不同技术 LEVEL 的人员的工作时间。这种情况下，我们使用 ragged array，即组合多个分组因子对数据进行计算。首先需要建立多个分组因子，然后对相应的数据进行分组计算。

例：统计各 TEAM 中各 LEVEL 人员的工作时间。

> factor(LEVEL)->LevelFactor;
　＃＃产生第2个分组因子(按 LEVEL 分组)
> list(TeamFactor,LevelFactor)->TLFactor;　＃＃建立 ragged 分组
> tapply(WORKTIME,TLFactor,sum)->SumWorktimeByTL;
　＃＃应用 sum 函数进行计算
> SumWorktimeByTL;
　　　　　B　　C　　D　　E　　F　　H
BATCH　　135　NA　NA　121　97　NA
CLIENT　　NA　223　99　30　NA　NA
ONLINE　　NA　NA　NA　107　184　41

从结果可以看出，R 语言按 TEAM 和 LEVEL 分别进行分组计算。

4.3 排　　序

在 R 语言系统中，分组因子缺省按照字母的顺序进行排序。在某些情况下，我们可能希望能够根据需求定制不同的排序的函数，此时可以使用 ordered() 函数产生定制的排序函数。

例：按照 CLIENT、BATCH、ONLINE 的顺序形成分组因子。

> ordered(TEAM,c("CLIENT","BATCH","ONLINE"))->TeamFactor;
> TeamFactor;
[1] BATCH BATCH BATCH ONLINE ONLINE ONLINE ONLINE
ONLINE ONLINE ONLINE
[11] CLIENT CLIENT CLIENT CLIENT CLIENT
Levels: CLIENT < BATCH < ONLINE

关于 ordered 和 factor 的特点以及它们的不同可以参考 R 语言的 API 说明。

第 5 章 数组和矩阵

数组和矩阵是R语言中的基本数据模式。数组（array）可以看成是带多个下标的、类型相同的元素的多维数据集合，常用的是数值型的数组如矩阵，也可以有其他类型（如字符型、逻辑型、复型）的数组。实际上，可以认为矩阵是一种二维数据集合，是数组的一种特例。R语言提供许多功能可以方便地产生和操作数组以及矩阵。

5.1 定义数组

数组有一个特征属性叫做维数向量（dim属性），在R语言中可以通过定义维度向量来定义数组的维度。维度向量为正整数向量，其长度为数组的维度，各数值表示各维度数据的长度。当R语言中定义了各种向量的dim特征属性后，R语言就会将其作为数组处理。

例：一个有24个数值的向量，并将其定义成3*4*2的数组。

> FirstArray<-seq(1:24);
> dim(FirstArray)<-c(3,4,2);
> FirstArray;
,,1 ##第一组3*4数组

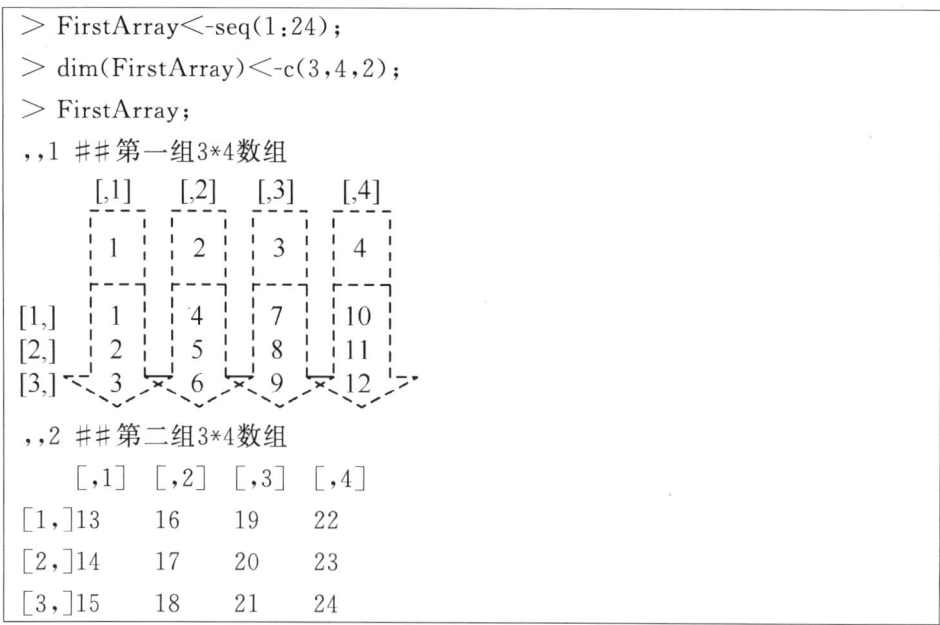

,,2 ##第二组3*4数组
      [,1]   [,2]   [,3]   [,4]
[1,] 13   16   19   22
[2,] 14   17   20   23
[3,] 15   18   21   24

其中，dim为向量的一种特征属性，我们可以通过attributes()函数获取FirstArray对象的特征属性。

> attributes(FirstArray);
$dim
[1] 3 4 2

另外，我们也可以通过array()和matrix()函数更直观地构造相应的数组和矩阵。详细内容参见下面的章节。

向量转化为数组的时候，各值转化的基本顺序为：先进行第1列的数据的分配，再进行第2列数据分配，再进行第n列数据的分配。如上例的3*4*2的数组的基本分配顺序为

FirstArray[1,1,1],…,
FirstArray[3,1,1],FirstArray[1,2,1],…,FirstArray[3,2,1],FirstArray[1,3,1],…,FirstArray[3,3,1],FirstArray[1,4,1],…,FirstArray[3,4,1],…,FirstArray[1,4,2],…,FirstArray[3,4,2]。

数组的另外一种特例就是向量，一维数组实际上等价于向量。

5.2 数组子集操作

5.2.1 下标操作

在R语言中，可以在［］中使用下标操作获取数组的子集，其基本模式为
Array_Name[Index_Vector]

其中，Array_Name为数组名；Index_Vector为下标向量。一般来说下标向量可以是数值下标向量，通过［］对数据进行相应的操作。

例：FirstArray[,,2]是第三维下标为2的所有数据，结果为13~24的一个3*4的数组。

```
> FirstArray[,,2];
     [,1]  [,2]  [,3]  [,4]
[1,]  13    16    19    22
[2,]  14    17    20    23
[3,]  15    18    21    24
```

例：FirstArray[3,,]是第一维下标为3的所有数据，结果是一个4*2的数组。

```
> FirstArray[3,,];
     [,1]  [,2]
[1,]   3    15
[2,]   6    18
[3,]   9    21
[4,]  12    24
```

FirstArray[,,]代表整个数组,这种表达式实际上等价于直接使用数组名FirstArray。更进一步,还可以在每一个下标位置写一个下标向量,表示对这一维取出所有指定下标的元素。

例:根据下标向量取数据。

```
> FirstArray[2:3,2:4,1];
       [,1]    [,2]    [,3]
[1,]    5       8      11
[2,]    6       9      12
```

如 FirstArray[2:3,2:4,1]表示取出第一维下标为2到3,第二维下标为2到4,第三维下标为1的所有元素。可以使用dim()函数直接获取一个数组的维度向量。

例:将 FirstArray 的维度保存在 FirstArrayDim 变量中。

```
> dim(FirstArray)->FirstArrayDim;
> FirstArrayDim;
[1] 3 4 2
```

另外在第3章介绍的使用逻辑下标向量、正整数下标向量、负整数下标向量的方法同样适用于数组,不过R语言实际上将数组转换为向量进行处理。

例:使用下标向量访问数组。

```
> FirstArray[1,2,2]<-NA;
> Index=c(2,4,23,9);
> FirstArray[Index];
[1] 2 4 23 9
> FirstArray[-Index];
[1] 1 3 5 6 7 8 10 11 12 13 14 15 NA 17 18 19 20 21 22 24
> FirstArray[!is.na(FirstArray)];
[1] 1 2 3 4 5 6 7 8 9 10 11 12 13 14 15 17 18 19 20 21 22 23 24
```

5.2.2 下标数组

可以使用下标数组访问数组的子集。保存下标数组要访问数组的下标,而且下标数组的列要等同于数组的维度,可以包含多行,每一行为待取或待操作元素的下标。

例:从三维数组中取2个数值。

```
> Ind<-array(c(1:3,3:1),dim=c(2,3));
> Ind;
     [,1] [,2] [,3]
    #下标数组为2维的数组,各列定义数组的各维度下标。行表示要取的第n个元素
[1,]   1    3    2     #第1个元素的下标
[2,]   2    3    1     #第2个元素的下标
> FirstArray[Ind];
[1] 19  8;
> FirstArray[Ind]<-0;   #进行赋值
> FirstArray;
, , 1
     [,1] [,2] [,3] [,4]
[1,]   1    4    7   10
[2,]   2    5    0   11        ##下标为[2,3,1]的为元素为0
[3,]   3    6    9   12
, , 2
     [,1] [,2] [,3] [,4]
[1,]  13   NA    0   22        ##下标为[1,3,2]的为元素为0
[2,]  14   17   20   23
[3,]  15   18   21   24
```

5.3 构造数组

同 dim() 函数一样,我们也可以通过使用 array() 和 matrix() 函数将一个向量构造成数组和矩阵。其基本方式为

array(data = NA, dim = length(data), dimnames = NULL)

其中,data 为包含数组数据的向量;dim 为 dim 属性定义数组的维度;dimnames 为维度的名字,可以为每个纬度定义一个名字,详细内容可参见 API 说明。

例:构造一个 2*3 的数组。

```
> Data<-c(1:12);
> Arr<-array(Data,dim=c(2,3));   ##构造一个2*3的数组
> Arr;
```

```
         [,1] [,2] [,3]
    [1,]   1    3    5
    [2,]   2    4    6
```

其等价于下面两个方法：

```
> Arr<-array(Data,c(2,3));
> dim(Arr)<-c(2,3);
```

另外需要注意的是，当 data 中的数据比维度定义所要求的元素少的时候，data 按照循环的方式，从第 1 个元素开始填充所需要的数据。

例：初始化一个数组，要求第 1 行数据为 0，第 2 行数据为 1。

```
> Arr<-array(c(0,1),c(2,3));
        ##初始化数据,要注意 R 从左到右一个一个维度分配数据
> Arr;
     [,1] [,2] [,3]
[1,]   0    0    0
[2,]   1    1    1
```

不过，最为常用的方式是为整个数组设置初值。

例：产生一个数组，并将其初始值设为 0。

```
> Arr<-array(0,c(2,3));
> Arr;
     [,1] [,2] [,3]
[1,]   0    0    0
[2,]   0    0    0
```

数组可以有一个属性 dimnames 保存各维的各个下标的名字，缺省时为 NULL（即无此属性）。在 R 语言中可以定义数组的各维度的名字，简称数组维名。我们可以通过数组维名访问数组。

例：Prices 代表内存的价格，行维是不同的厂商，列维表示不同的容量的内存。我们可以定义一个长度为 2 的字符向量作为每行的名字，定义一个长度为 3 的向量作为每列的名字。属性 dimnames 是一个列表，列表的每个成员是一个维名字的字符向量或 NULL。

```
> Prices<-array(c(20,24,22,56,76,87),c(2,3),
  dimnames=list(c("vender1","vender2"),c("64M","128M","256M")));
> Prices;
        64M 128M 256M
```

```
vender1   20   22   76
vender2   24   56   87
```

在 R 语言中也可以先定义矩阵 x 然后再为 dimnames（x）赋值。对于矩阵，我们还可以使用属性 rownames 和 colnames 来访问其行名和列名。

在定义了数组的维名后，我们就可以用名字来访问这一维的下标。

例：通过维名访问数组。

```
> Prices[,c("64M","256M")];
        64M  256M
vender1  20   76
vender2  24   87
> Prices["vender1",];
 64M  128M  256M
  20    22    76
```

上例中，我们可以根据内存的容量，即 64M 和 256M 内存获取各厂商的价格。同时我们也可以根据厂商获取其提供的内存的相应价格。

5.4 数组计算

数组可以进行各种算术运算，比如四则运算（+，−，*，/，^）等，其结果是数组各对应元素进行算术运算的结果。不过，进行各种算术运算的各数组的 dim 属性必须相同。

例：数组的算术运算。

```
> Discount<-array(c(0.85,0.9),c(2,3));
> Prices<-array(c(20,24,22,56,76,87),c(2,3));
> Sales<-Prices*Discount;
> Sales;
     [,1] [,2] [,3]
[1,] 17.0 18.7 64.6   ## Discount[1,1]*Prices[1,1]=0.85*20=17.0
[2,] 21.6 50.4 78.3
```

维度不同的向量和数组也可以进行四则运算，一般的规则是数组的数据向量的对应元素进行运算，循环使用短的向量与长的向量匹配，并尽可能保留共同的数组属性。

5.4.1 混合数组和向量的计算

在混合数组和向量的计算中，各元素匹配的方法并没有一个统一的标准，很难在各说明文档中查找到任何规则，不过根据经验可以发现下面的几种规则。

（1）表达式中各元素匹配时，总是从左到右。

（2）在进行计算时比较短的向量会扩展数据以适应最大数量元素的操作数。扩展数据的基本规则为循环地从第 1 个元素开始填充所需要的数据。

（3）较短的向量同数组计算或者数组间进行计算时数组维度不同时，R 语言会产生错误。

（4）任何一个向量的操作结果的长度大于数组间操作结果的长度时，R 语言会产生错误。

（5）如果数组间操作无错误，那么其计算结果也是一个同维度的数组。

5.4.2 数组的外乘积计算

外乘积计算是数组的重要计算之一。假如有 A 和 B 两个数组，它们的外乘积就是 A 中每个元素按顺序同 B 中每个元素进行乘积。在 R 语言中，外乘积可以通过%o%操作符进行计算。

```
>AB<-A%o%B;
```

另外一种等价的方式为：

```
>AB<-outer(A,B,"*");
```

其中的乘法运算可以用其他的运算代替，这样大大扩展了 outer()函数的使用范围。

例：希望对每个元素进行 $f(x,y)=\cos(y)/(1+x^2)$ 的运算，我们可以按照下面的方式进行。

```
> x<-array(1,dim=c(2,2));
> y<-array(60,dim=c(2,3));
> f<-function(x,y) cos(y)/(1+x^2);
> z<-outer(x,y,f);
```

关于函数的定义可以参见下面的章节。

5.4.3 转置（矩）阵

R 语言中的 aperm()函数提供矩阵的各种序列置换的变换方法。其基本的参数描述如下：

```
aperm(a,perm,resize = TRUE)
```

其中，a 为进行置换的数组；perm 为转置下标向量。转置下标向量为 1：n 的整数，其中 n 为数组 a 的维度。

aperm()函数返回的结果的长度同 a 的长度一样，不过各维度根据 perm 参数进行变化。

例：产生矩阵 x 的转置（矩）阵。

```
> x<-array(1:6,2:3);
> x;
     [,1] [,2] [,3]
[1,]   1    3    5
[2,]   2    4    6
> xt<-aperm(x,c(2,1));    ##维度1和2进行转置
> xt;
     [,1] [,2]
[1,]   1    2
[2,]   3    4
[3,]   5    6
```

采用 aperm()函数可以对多维数据方便地进行维度转置，这是非常有用的一个方法。

5.5 矩　　阵

矩阵是二维数组，但因为其应用广泛，所以 R 语言对它定义了一些特殊的运算和操作，比如，t()函数为转置（矩）阵变换，nrow()函数和 ncol()函数分别为获取矩阵的行数和列数。

5.5.1 矩阵操作

矩阵之间进行普通的加减乘除四则运算仍遵从一般的数组四则运算规则，即数组的对应元素之间进行运算，所以，A*B 不是矩阵乘法而是矩阵对应元素相乘。矩阵操作中提供％*％进行矩阵交差乘积操作。

例：两个一维向量进行矩阵乘积。

```
> x <- 1:4;
> z<-x%*%x;
> z;
     [,1]
[1,]  30
```

例：两个二维向量进行矩阵乘积。

```
> b;
     [,1] [,2]
[1,]   2    6
[2,]   4    5
> a;
     [,1] [,2]
[1,]   1    3
[2,]   2    4
> a%*%b;
     [,1] [,2]
[1,]  14   21     ##a[1,1]*b[1,2]+a[1,2]*b[2,2]=1*6+3*5=21
[2,]  20   32
```

[注意]

在矩阵乘法中向量可以作为行向量看待也可以作为列向量看待,这要看哪一种方式能够进行矩阵乘法运算。例如,设 x 是一个长度为 n 的向量,A 是一个 n*n 矩阵,则"x %*% A %*% x"表示二次型 x'Ax。但是,有时向量在矩阵乘法中的地位并不清楚,比如"x %*% x"就既可能表示内积 x'x 也可能表示 n*n 阵 xx'。在这种情况下,内积最好还是用 crossprod(x) 函数来计算,要表示 xx',则可以用"cbind(x) %*% x"或"x %*% rbind(x)"来计算。

函数 crossprod (X, Y) 表示一般的交叉乘积（内积）, X'Y 即 X 的每一列与 Y 的每一列的内积组成的矩阵。如果 X 和 Y 都是向量,则是一般的内积。只有一个参数 X 的 crossprod (X) 计算 X 自身的内积。

5.5.2 解线性方程组

矩阵运算中,可以通过 solve() 函数解线性方程组,通过 solve (A) 求方阵 A 的逆矩阵。

solve() 的调用方法如下

$$\text{solve}(a,b,\ldots)$$

其中，a 可以为数值或者 complex 数组，代表线性方程组的系数行列式；b 可以为数值或者 complex 数组，代表线性方程组的结果行列式。

例：求解二元线性方程

$$\begin{cases} 3x_1 - 2x_2 = 12 \\ 2x_1 + x_2 = 1 \end{cases}$$

```
> Coefficient<-array(c(3,2,-2,1),dim=c(2,2));    ## 形成线性方程组
                                                    系数行列式
> Result<-c(12,1);                ## 形成线性方程组结果行列式
> solve(Coefficient,Result);
[1] 2 -3                          ## x₁等于2,x₂等于-3
```

另外一种计算方式为：

```
> solve(Coefficient)%*%Result;
        [,1]
[1,]     2
[2,]    -3
```

线性方程可以表示为 Coefficient%*%x->Result，那么 x 为 Coefficientg^{-1} Result，其中 Coefficientg^{-1} 为 Coefficientg 的逆矩阵。我们可以先通过 solve() 函数求出相应的逆矩阵，然后再进行计算。不过这个方法不如前一种方法简洁。

5.5.3 其他一些常用的矩阵操作

R 语言中还包括许多其他的矩阵运算，比如，svd() 计算奇异值分解，qr() 计算 QR 分解，eigen() 计算特征向量和特征值。详见随机帮助。

例：获取 qr() 函数计算 QR 分解的随机帮助。

```
> ?qr;
```

函数 diag() 的作用依赖于其参数变量。diag（vector）返回以参数变量（向量）为主对角元素的对角矩阵；diag（matrix）返回由矩阵的主对角元素组成的向量；diag（k）（k 为标量）返回 k 阶单位阵。

5.6 数组矩阵合并

5.6.1 基本方法

在 R 语言中，我们可以使用函数 cbind() 把其参数变量横向拼成一个大矩

阵，使用函数 rbind() 把其参数变量纵向拼成一个大矩阵。cbind() 的参数变量是矩阵或者是可以看作列向量的向量，参数变量的高度应该相等（对于向量，高度即长度；对于矩阵，高度即行数）。rbind 的参数变量是矩阵或者是可以看作行向量的向量，参数变量的宽度应该相等（对于向量，宽度即长度；对于矩阵，宽度即列数）。如果参与合并的自变量比其他自变量短，则循环补足后再合并。cbind() 和 rbind 的调用方法如下：

```
cbind(...,deparse.level = 1)
rbind(...,deparse.level = 1)
```

其中，"..." 可以是多个向量或者数组；deparse.level 目前只能固定为 1。

例：按行横向形成矩阵，按列纵向形成矩阵。

```
> x1 <- rbind(c(1,2),c(3,4));   ## 采用 rbind 按行横向形成一个矩阵
> x1;
     [,1] [,2]
[1,]  1    2      ## 等价于 c(1,2)
[2,]  3    4      ## 等价于 c(3,4)
> x2 <- 10+x1;
> x3 <- cbind(x1,x2);           ## 采用 cbind 按列纵向形成一个矩阵
> x3;
     [,1] [,2] [,3] [,4]
[1,]  1    2   11   12    ## 虚线框内为 x1 数组,阴影部分为 x2 数组
[2,]  3    4   13   14
```

因为 cbind() 和 rbind() 的结果总是矩阵类型（有 dim 属性且为二维），所以可以用它们把向量表示为矩阵（用 cbind（x）或 rbind（x））。

5.6.2 使用连接构造函数 c

设 a 是一个数组，若要把它转化为向量（去掉 dim 和 dimnames 属性）则可以使用函数 as.vector(a)。需要注意，函数只能通过函数值返回结果而不允许修改它的自变量，比如，t(X) 返回 X 的转置矩阵而 X 本身并未改变。

另一种由数组得到其数据向量的简单办法是使用函数 c()，例如，c(a) 返回的结果是 a 的数据向量，c() 函数的另一个好处是它允许多个自变量，可以把多个自变量都看成数据向量而连接起来。例如，设 A 和 B 是两个矩阵，则 c(A,B) 表示把 A 按列次序拉直为向量并与把 B 按列次序拉直为向量的结果连接起来，

一定注意拉直时是按列次序拉直的。

5.7 定义数组的操作

对于向量，我们有 sum、mean 等函数对其进行计算；对于数组，如果需要对其中一维（或若干维）进行某种计算，则可以用 apply 函数自定义数组的操作。其一般形式为

$$apply(X,MARGIN,FUN,\ldots)$$

其中，X 为一个数组；MARGIN 为固定不变的维；FUN 为用来计算的函数。

例如，设 a 是矩阵，则 apply（a, 1, sum）的意义是对 a 的各行求和（保留第一维即第一个下标不变），返回的结果是一个长度为 3 的向量（与第一维长度相同）；而 apply(a,2,sum)的意义是对 a 的各列求和，结果是一个长度为 4 的向量（与第二维长度相同）。

如果函数 FUN 的结果是一个标量，MARGIN 只有一个元素，则 apply 的结果是一个向量，其长度等于 MARGIN 指定维的长度，相当于固定 MARGIN 指定的那一维的每一个值而把其他维取出作为子数组或向量送入 FUN 中进行运算；如果 MARGIN 指定了多个维，则返回结果是一个维数向量等于 dim(X)[MARGIN]的数组；如果函数 FUN 的结果是一个长度为 N 的向量，则返回结果是一个维数向量等于 c(N,dim(X)[MARGIN])的数组，注意这时不论是对哪一维进行计算，结果都放在了第一维。所以，比如我们要把 4×3 矩阵 a 的 3 列分别排序，只要使用 apply(a,2,sort)即可，这样，对每一列排序得到一个长度为 4 的向量，用第一维来引用，结果的维向量为 c(N,dim(a)[2])＝c(4,3)，保留了列维，恰好得到所需结果，运行如下例：

```
> a <- cbind(c(4,9,1),c(3,7,2));
> a;
     [,1] [,2]
[1,]    4    3
[2,]    9    7
[3,]    1    2
> apply(a,2,sort);
     [,1] [,2]
[1,]    1    2
[2,]    4    3
[3,]    9    7
```

但是，如果要对行排序，则 apply(a,1,sort)把 a 的每一行 3 个元素排序后的

结果用第一维来引用,结果的维向量为 c(N,dim(a)[1])=c(3,4),把原来的列变成了行,所以 t(apply(a,1,sort)) 才是对 a 的每一行排序的结果。

例:利用 apply 构造不同的处理。

```
> apply(a,1,sort);
     [,1] [,2] [,3]
[1,]   3    7    1
[2,]   4    9    2
> t(apply(a,1,sort));
     [,1] [,2]
[1,]   3    4
[2,]   7    9
[3,]   1    2
```

实际上,apply 可以用于任意维数的数组,函数 FUN 也可以接收任意一个向量或数组作为其第一自变量。比如,设 x 是一个维数向量为 c(2,3,4,5) 的数组,则 apply(x,c(1,3),sum) 可以产生一个 2 行 4 列的矩阵,其每一元素是 x 中固定第一维和第三维下标取出子数组求和的结果。

第6章 数据列表和数据单

6.1 数 据 列 表

数据列表（list）是 R 语言的基本数据结构，数据列表中可以包含多种类型的数据结构，这些数据结构作为数据列表的基本元素可以按照一定的顺序构造一种数据表。简单来讲，数据列表是一组数据元素的集合，这些数据元素可以是不同的数据结构，比如各种类型的向量，当然数据列表中也可以包含数据列表。

例：用 list() 函数构造家庭成员的信息。

```
> FamilyInfo <- list(hostname="joe",wife="rose",no.children=3,
    child.ages=c(1,3,7));
> FamilyInfo;
$hostname
[1] "joe"
$wife
[1] "rose"
$no.children
[1] 3
$child.ages
[1] 1 3 7
```

在 R 语言的内部，数据列表的每个元素按定义的顺序都有一个编号，所以我们可以通过这个编号获取相应的元素。比如，要获取 child.ages 可以用 FamilyInfo[[4]]，注意[[...]]是个操作符号，用来获取数据列表中的某个元素。

例：用[[...]]获取数据列表中的元素。

```
> FamilyInfo[[4]];    ## 获取数据列表中的 child.ages 向量
[1] 1 3 7
```

通过数据列表的 length() 函数可以获取元素的个数。

```
> length(FamilyInfo);
[1] 4
```

数据列表中的每个元素都有一个名字，我们也可以通过名字获取相应的元素。基本方法为 list_name $ Component_name，其中，list_name 为数据列表的名字；Component_name 为数据元素的名字。

例：用元素名获取元素。

```
> FamilyInfo$child.ages;
[1] 1 3 7
```

当然，用名字获取元素的方法可以使程序有较高的可读性，也便于记忆。

除此之外，也可以采用[["Component_name"]]的方式访问数据列表中的元素。

例：采用名字访问元素。

```
> FamilyInfo[["no.children"]];
[1] 3
```

[["Component_name"]]方式的一个好处就是可以通过定义一个变量名来动态地访问数据列表中的元素。

在 R 语言中，也可以用 Component_name 元素名的略写形式访问数据列表中的元素，略写的基本规则为使用元素名左边开始的部分字母作为缩写，长度要保证足够可以识别所有的元素名。比如可以用 n 代替 no.children，用 c 代替 child.ages。但是这样做会在一定程度上影响程序的可读性。

6.2　构造数据列表

我们可以使用 list()函数，将各种对象构造成一个数据列表，其基本的形式为 list(name_1=object1,name_2=object2,…,name_n=objectn)，将 n 个已有的对象(object1,object2,…,objectn)构造成一个数据列表并分别命名为 name_1,name_2,…,name_n。如果不对这些元素对象进行命名，则也可以通过元素编号操作相应的元素。

[注意]
生成数据列表时,这些已有的对象通过拷贝值形成数据列表的各个元素,所以当我们修正数据列表中的元素时,并不影响原对象中的数据。

6.3　数据列表操作

6.3.1　长度扩展

与对其他对象的操作一样，在 R 语言中也可以直接对数据列表进行长度的扩展。

例：直接对数据列表进行扩展。

> FamilyInfo[5]<-list(address=c("10th F, HongXin Building, No. 100, JainYe Road"));

6.3.2 合并数据列表

采用c()函数可以进行数据列表的合并。如果c()中包含一个或者多个数据列表，那么形成的结果也是一个数据列表，并且是按照c()中各参数的顺序形成数据列表中的各个元素。

例：新生成一个数据列表FamilyBirthday，包含家庭成员的生日信息。并将FamilyBirthday同FamilyInfo合并形成一个Family数据列表。

> FamilyBirthday <- list(hostbirthday="1971/01/02", wifebirthday="1973/07/09");
> c(FamilyInfo,FamilyBirthday)->Family;
> Family;
$hostname
[1]"joe"
$wife
[1] "rose"
$no.children
[1] 3
$child.ages
[1] 1 3 7
$hostbirthday   ##FamilyBirthday 的信息
[1] "1971/01/02"
$wifebirthday
[1] "1973/07/09"

[注意]
c()函数按照向量读取各个对象，并将它们按照向量合并成一个新的数据列表，所以原对象中的一些数据会丧失，比如dim属性等。

6.4 数 据 单

数据单（Data Frame）是一种特殊的数据列表，其CLASS为"data.frame"。

数据单扩展了数据列表的一些功能，同时也有一些限制，主要包括：

（1）数据单中各个元素为各种向量、分组因子、数字矩阵、数据列表或者其他的数据单；

（2）数字矩阵、数据列表和数据单可以有各种参数，比如，列、元素和变量等；

（3）作为变量的向量在数据单中必须有相同的长度，数字矩阵必须有相同的维度。

数据单主要的用途是可以作为一个矩阵，这个矩阵可以有列或者其他的各种模式和属性。它可以按照矩阵的方式显示数据，也可以通过行或者列操作其中的数据。

6.4.1 构造数据单

构造一个数据单时可以使用 data.frame() 函数形成数据单中的各个元素。

例：将 TEAM、NAME、WORKTIME 形成一个数据单。

> data.frame(TeamName=TEAM,TeamMemberName=NAME,Worktime=WORKTIME)->Team;

另外一个方法是用 as.data.frame() 函数将满足上述要求的数据列表直接形成数据单。最常用的方法是采用 read.table() 函数从一个文件直接构造一个数据单，具体的方法将在下面的章节中介绍。

虽然我们可以采用 list $ component_name 的方法操作数据列表或者数据单的内容，但是往往并不太方便。

6.4.2 操作数据单

R 语言提供的 attach()/detach() 函数可以让我们暂时直接使用数据列表和数据单中的各个元素的名字操作相关的数据，这样我们就不必采用 list $ component_name 的方式操作相应的数据了。

例：调用 attach() 函数后，我们可以直接用数据列表中的元素名来操作其中的数据。

> attach(Team);
> Worktime;
 [1] 135 121 97 63 36 73 107 43 5 5 112 16 99 14 111
> Worktime<-Worktime+4;
> Worktime;

```
[1] 139 125 101 67 40 77 111 47 9 9 116 20 103 18 115
> Team$Worktime;
[1] 135 121 97 63 36 73 107 43 5 5 112 16 99 14 111
```

注意，采用这个方法并不能改变 Team 中的数据。如果希望直接改变 Team 中的数据，则可以采用 list$component_name 的方法。

例：直接改变数据列表中的数据。

```
> Team$Worktime<-Worktime+4;
> Team$Worktime;
[1] 139 125 101 67 40 77 111 47 9 9 116 20 103 18 115
```

如果不需要这些元素数据，则可以使用 detach（list_name）函数清除这些对象。

R 语言中的数据保存在工作空间（workspace）中，可以使用 search()函数获取并跟踪当前的工作空间。

```
> search();
[1] ".GlobalEnv"        "package:methods"    "package:stats"
[4] "package:graphics"  "package:grDevices"  "package:utils"
[7] "package:datasets"  "Autoloads"          "package:base"
```

其中".GlobalEnv"为工作空间。

当我们执行 attach()函数的时候，会产生一个暂时的空间。

例：执行 attach()会产生一个暂时的空间。

```
> attach(Team);
> search();
[1] ".GlobalEnv"        "Team"               "package:methods"
[4] "package:stats"     "package:graphics"   "package:grDevices"
[7] "package:utils"     "package:datasets"   "Autoloads"
[10] "package:base"
```

注意，此例中产生了一个 Team 空间。可以通过 ls()函数查看其中的内容。

```
> ls(2);    ##查看 search 中第2个空间的内容
[1] "BOUNS"  "LEVEL"  "NAME"  "TEAM"  "WORKTIME"
```

或者用 ls（"Team"）的方式查看其中的内容。

第 7 章 导入导出数据

在 R 语言中，可以从文件或者数据库中获取相应的数据，也可以将处理的数据转换为文件或者提交到数据库中。R 语言提供许多可以从各种文件中获取数据的功能并形成相应的对象，或者将对象的内容保存为各种文件。常用的方法为 read.table()，通过这个方法可以直接获取相应的数据单。也可以采用基本的文件导入方法 scan()。下面我们分别介绍基本的操作方法。

7.1 高 级 函 数

R 语言中包含一组高级的操作各种文件的方法，可以简化如 csv 等格式的文件的操作。

7.1.1 导 入 数 据

read.table 函数包括一系列的函数，如 read.table()、read.csv()、read.csv2()、read.delim()、read.delim2()。这些函数可以从 CSV 文件、以逗号为分隔符的文件或者以 tab 为分隔符的文件中读取相应的数据，并形成数据单。read.table()为基本函数，它可包含多个参数：

```
read.table(file, header = FALSE, sep = "", quote = "\", dec = ".",
          row.names, col.names, as.is = FALSE, na.strings = "NA",
          colClasses = NA, nrows = -1,
          skip = 0, check.names = TRUE, fill = !blank.lines.skip,
          strip.white = FALSE, blank.lines.skip = TRUE,
          comment.char = "#")
```

其中，file 为要读取的文件名，如果文件名不是绝对路径，则 R 语言缺省的是查找当前工作目录中的对应文件，可以使用 getwd()函数获取当前的工作目录；header 参数表明数据文件的第一行是否为数据名；sep 参数表明数据文件中各数据域的分隔符号，比如，csv 文件以逗号为分隔符号。其他参数的详细说明可以通过? read.table()函数来查取。

例：一套 CVS 形式的数据如下所示。

```
TEAM,NAME,LEVEL,WORKTIME,BOUNS
BATCH,SuNan,B,135,"9,818"
BATCH,ChenQi,E,121,"6,050"
BATCH,JiangXu,F,97,"4,189"
ONLINE,ZhouXi,F,63,
ONLINE,ChenHe,H,36,"1,064"
```

一般来说,read.table 会将其中的数值部分按数值向量来处理,而将非数值数据按照分组因子来处理。当然也可以通过 colClasses＝"character"参数来调整。

```
> read.table("c:\\TeamInfo.csv",header = TRUE,
sep=",")->TeamInfo; ## 从 csv 文件中获取数据信息,并设置到 TeamInfo
对象中
> TeamInfo;
    TEAM    NAME  LEVEL  WORKTIME  BOUNS
1   BATCH   SuNan   B      135    9,818
2   BATCH   ChenQi  E      121    6,050
3   BATCH   JiangXu F       97    NA
4   ONLINE  ZhouXi  F       63    2,720
```

当然,如果不采用文件头(文件的第一行)作为列名,也可以通过 col.names 参数来调整,只需要将相应的列名向量赋予 col.names 参数即可。另外,文件中不存在的一个域值缺省为 NA,也可以通过 na.strings 来调整,比如将缺失的数据认为是 0,na.strings＝"0"。

7.1.2 导 出 数 据

write.table 函数可以将数据对象中的内容输出到文件或者控制台,其基本参数描述如下:

```
write.table(x,file = "",append = FALSE,quote = TRUE,sep = " ",
            eol = "\n",na = "NA",dec = ".",row.names = TRUE,
            col.names = TRUE,qmethod = c("escape","double"))
```

参数 x 指定要导出的对象;file 为要读取的文件名,如果文件名不是绝对路径,则 R 语言缺省的是查找当前工作目录中的对应文件;Append 指定对象中的数据是追加到文件的尾部还是替换原文件的内容。

```
> read.table("c:\\TeamInfo2.csv",header = TRUE,sep = ",",na.strings
   ="")->TeamInfo;
> TeamInfo$WORKTIME<-TeamInfo$WORKTIME+4;
> write.table(TeamInfo,"c:\\TeamInfo3.csv",sep = ",");
```

7.2 低级函数

7.2.1 导入数据

scan()函数可以从文件或者控制台（console）读取相应的数据到向量或者一个指定格式的数据列表。scan()的参数描述如下：

```
scan(file = "",what = double(0),nmax = -1,n = -1,sep = "",
    quote = if (sep=="\n") "" else "'\"", dec = ".",
    skip = 0,nlines = 0,na.strings = "NA",
    flush = FALSE,fill = FALSE,strip.white = FALSE,
    quiet = FALSE,blank.lines.skip = TRUE,multi.line = TRUE,
    comment.char = "")
```

其中，file为要读取的文件名或者一个URL，如果文件名不是绝对路径，则R语言缺省的是查找当前工作目录中的对应文件；如果为""，则将从控制台读取用户从键盘输入的数据，在Unix操作系统中以'Ctrl-D'结束输入，在window系列操作系统以'Ctrl-Z'结束输入，也可以采用重定向的函数将标准输入（stdin）定向到其他输入口；另外，file也可以是一个连接（connection）。what定义输入的数据以什么样的数据类型存放，支持的数据类型有'logical'、'integer'、'numeric'、'complex'、'character'、'raw'和'list'，其中，数据列表（list）的元素是前6种格式。nmax定义最大的可读入的数据，当what为数据列表类型的时候，nmax表示最大可读入的行数。其他参数的定义可以输入?scan命令参见详细的描述。

例：从文件中读取数据并保存为指定的格式。

```
>scan("c:\\TeamInfo2.csv",what=list(TeamName="",
MemberName="",Level="",Worktime=0,Bouns=""),skip=1,
sep = ",")->Team2;
Read 5 records
> Team2;
$TeamName
[1] "BATCH" "BATCH" "BATCH" "ONLINE" "ONLINE"
$MemberName
[1] "SuNan" "ChenQi" "JiangXu" "ZhouXi" "ChenHe"
```

```
$Level
[1] "B" "E" "F" "F" "H"
$Worktime
[1] 135 121 97 63 36
$Bouns
[1] "9,818" "6,050" "4,189" ""      "1,064"
```

上例中指定将文件数据的格式保存为 list（TeamName=""，MemberName=""，Level=""，Worktime=0，Bouns=""），即用 4 个字符向量分别保存组名（TeamName）、成员名（MemberName）、技术等级（Level）以及奖金（Bouns），用 1 个数值向量保存工作时间（Worktime）。另外由于我们的数据为 cvs 格式，所以设定参数 sep=","。同时，数据中第一行为数据项目名称，所以在读入时采用参数 skip=1 跳过第一行。

7.2.2 导 出 数 据

write 函数可以将数据对象中的内容输出到文件或者控制台，其基本参数描述如下：

```
write(x, file = "data",
      ncolumns = if(is.character(x)) 1 else 5,
      append = FALSE)
```

具体参数的定义可以输入？write 命令参见详细的描述。

7.3 命令台输入输出以及格式化

采用 cat()函数可以方便地将数据对象中的内容输出到文件或者控制台。
例：将数据内容导出到 ex.data 文件。

```
cat("TITLE extra line","2 3 5 7","11 13 17",file="ex.data",sep="\n")
```

注意，使用 cat()时要自己加上换行符"\n"，它把各项转换成字符串，中间以空格符连接起来，然后再显示。如果要使用自定义的分隔符，可以用 sep 参数。
例：输出一个以逗号分割的字符串。

```
> cat(c("A","B","C"),c("E","F"),"\n",sep=",");
A,B,C,E,F,
```

可以配合使用 cat()与 format()函数实现较复杂的输出。format()函数可以为一个数值向量找到一种共同的显示格式然后把它转换为字符型。另外，formatC

( )函数可以实现 C 语言风格的格式化（format），其详细的功能参数如下：

$$\begin{aligned}
&\text{formatC(x, digits = NULL, width = NULL,}\\
&\qquad\text{format = NULL, flag = "", mode = NULL,}\\
&\qquad\text{big.mark = "", big.interval = 3,}\\
&\qquad\text{small.mark = "", small.interval = 5,}\\
&\qquad\text{decimal.mark = ".")}
\end{aligned}$$

其中，x 为数值向量、字符向量等；format 指定 C 语言风格的格式类型，如 "d"（整数）、"f"（定点实数）、"e"（科学记数法）、"E"、"g"（选择位数较少的输出格式）、"G"、"fg"（定点实数，但用 digits 指定有效位数）、"s"（字符串）；width 指定输出宽度；digits 指定有效位数（格式为 e，E，g，G，fg 时）或小数点后的位数（格式为 f 时）；flag 指定一个输出选项字符串，字符串中有 "−" 表示输出左对齐，有 "0" 表示左空白用 0 填充，有 "+" 表示要输出正负号。

例：将数组 Birthday 中保存的 2 个日期的年、月、日按 YY-MM-DD 的格式进行输出。

```
> ToYYMMDD<-function(r);      ##定义格式化输出函数
+ {
+   cat(formatC(r[1],format='d',width=2,flag='0'),'-',
+       formatC(r[2],format='d',width=2,flag='0'),'-',
+       formatC(r[3],format='d',width=2,flag='0'),'\n',sep='')
+ };
> Birthday<-rbind(c(72,1,7),c(75,6,7));
> apply(Birthday,1,ToYYMMDD);
72-01-07
75-06-07
NULL
```

7.4　使用 R 语言内含的数据集

R 语言的各种包（package）中包含大量的数据集（dataset），通过这些数据集可以使用各种数据。我们可以使用 data() 函数获取各种数据集。在 R 语言 2.0.0 版本中，可以通过直接使用数据集的名字获取相应的数据，但是许多的包还是采用早期版本的规约，我们可以使用 data() 函数装载指定的数据集。

7.4.1 从包中装载数据集

data()函数可以从指定的包中装载数据集,或者查看已装载的数据集,其基本的参数如下:

```
data(..., list = character(0), package = NULL, lib.loc = NULL,
     verbose = getOption("verbose"), envir = .GlobalEnv)
```

其中,"..."为数据集的名称;"list"为字符向量;"package"为指定包名。

例:列举包 rpart 中的数据集,从指定的 datasets 中装载 Puromycin 数据集。

```
> data(package="rpart");
> data(Puromycin, package="datasets");
```

另外,已经被 R 语言库装载的包中的数据集也会自动地装载,这样我们就可以直接使用其中的数据了。

7.4.2 编辑数据集中的数据

在有些情况下,我们需要对原数据集中的内容进行小范围的修正,以适应我们的需求。这时我们可以使用 edit()函数,基本的方法为:xnew<-edit(xold)。或者使用 fix(old)函数,详细的方法可以参考相应的说明。

第 8 章 组合表达式和控制语句

8.1 组合表达式

R 语言是一种表达式语言,其中的任何一个语句都可以看成是一个表达式,可以通过命令的形式执行一个方法或者表达式。常用的赋值语句也是一种表达式。在 R 语言中,可以通过{expr_1;...;expr_1}的方式将各种命令表达式组合在一起形成一个复合表达式,从而进一步形成较大的功能模块。

8.2 控制语句

R 语言中的每步计算都可成为一个语句(statement),各语句可由各种表达式组成,通过分号";"或者一个换行符号进行分割。R 语言通过各种控制语句控制程序的流程。常见的 R 语言控制语句为 if、repeat、while、for、switch、break、next 等,下面我们详细介绍各种控制语句的基本用法。

8.2.1 条件控制语句

if/else 语句根据判定条件的不同而执行不同的程序分支,具体来说,如果判定条件表达式的结果为 TRUE,则执行 if 后面的语句,否则就执行 else 后面的语句。R 中条件控制语句的基本形式为

    if(statement1)
        statement2
    else if(statement3)
        statement4
    else
        statement5

其中,statement1、statement3 必须为一个单逻辑值;statement2、statement4 和 statement5 则可以是用大括号包围的复合表达式。

与 c、c++、java 一样,&& 和 || 为逻辑判定与和或。另外需要注意的是,当判定条件表达式包含有多个条件 expr 的逻辑与时,R 语言计算第一个 expr,当第一个 expr 为假时,就不计算第二个条件 expr 了。另外,在用 R 语言编程序时一定要时刻牢记 R 语言是一个向量语言,几乎所有操作都是对向量进

行的。

R语言中有一种向量判断的条件控制语句：

```
ifelse(condition,a,b)
```

这个表达式返回一个向量，其长度为a，b中的最大长度。返回向量的值根据下列规则决定：当condition[i]为真时返回a[i]，否则返回b[i]。

例：根据内存的基本数据，我们定义价格大于300的内存的价格为expensive，否则为cheap。

```
> read.csv("c:\\MEM.csv")->MemInfo;    ##获取内存的基本数据
> MemInfo;    ##数据的基本内容
    Vender    ProduceName           Type  Mem  Frequency  Price
1   Vender1   256MB DDR 400         DDR   256     400      315
2   Vender1   256MB DDR 333         DDR   256     333      300
3   Vender1   512 MB DDR 400        DDR   512     400      650
4   Vender2   256MB DDR 400         DDR   256     400      280
5   Vender2   256MB DDR 333         DDR   256     333      265
6   Vender2   256MB SDRAM 266       SDRAM 256     266      265
7   Vender3   256MB DDR 400         DDR   256     400      290
8   Vender3   256MB DDR 400         DDR   256     400      345
9   Vender3   512 MB DDR 400        DDR   512     400      575
> rep("expensive",length(MemInfo$Price))->ExpStr;
> rep("cheap",length(MemInfo$Price))->CheapStr;
> ifelse(MemInfo$Price>300,ExpStr,CheapStr)->PriceDescription;
> PriceDescription;
[1] "expensive" "cheap" "expensive" "cheap" "cheap" "cheap" "cheap" "cheap" "expensive"
[9] "expensive"
```

上例中，内存价格大于300的数据返回ExpStr中的内容，否则返回CheapStr中的内容。

8.2.2 循　　环

R语言中包含3种基本的循环控制语句，即for、while、repeat。for循环表达式基本形式为：

```
> for ( name in statement1) expr
```

其中，name 为循环变量；statement1 可以为一个向量，当然经常出现的形式为 1：n；expr 可以为组合表达式。只要 name 变量的值包含在 statement1 中，expr 可以执行多次。

例：对[2,5,10,20,50]产生一个随机分布。

```
> for (n in c(2,5,10,20,50)) {
    x <- rnorm(n);
    cat(n,":",sum(x^2),"\n");
}
2 : 0.5556939
5 : 8.073147
10 : 13.95557
20 : 20.29797
50 : 66.8446
```

[注意]
因为 R 是解释语言,其循环处理的速度比较慢,所以应尽可能避免使用显式循环。在利用函数计算每个元素值的时候,我们可以使用 sum 等统计函数及 apply、lapply、sapply、tapply 等函数代替循环。

另外两种循环的方式是 repeat 表达式和 while 表达式，基本格式为：

```
> repeat statement;
> while (condition) statement;
```

repeat 控制语句循环执行表达式，直到执行到一条 break 控制语句。在使用 repeat 控制语句的时候要注意避免出现死循环。

例：将容量为 256M 的内存的价格普调增长 10%。

```
> count<-1; ## 计数器设置为1
> repeat ## 循环执行{}中的语句
+ {
+
+   if ( MemInfo$Mem[count]=="256" )
    ## 对内存量为256的内存进行价格调整
+   {
+     MemInfo$Price[count]<-MemInfo$Price[count]*1.1；
      ## 价格上浮10%
+   }
```

```
+     count=count+1;  ## 计数器增加1
+     if (count>length(MemInfo$Price))
      ## 当所有的商品都处理完后退出循环
+     {
+       break;
+     }
+ };
> MemInfo;  ## 阴影部分的数据进行了改变
   Vender      ProduceName      Type  Mem    Frequency  Price
1  Vender1     256MB DDR 400    DDR   256    400        346.5
2  Vender1     256MB DDR 333    DDR   256    333        330.0
3  Vender1     512MB DDR 400    DDR   512    400        650.0
4  Vender2     256MB DDR 400    DDR   256    400        308.0
5  Vender2     256MB DDR 333    DDR   256    333        291.5
6  Vender2     256MB SDRAM 266  SDRAM 256    266        291.5
7  Vender3     256MB DDR 400    DDR   256    400        319.0
8  Vender3     256MB DDR 400    DDR   256    400        379.5
9  Vender3     512 MB DDR 400   DDR   512    400        575.0
```

while 循环语句和 repeat 语句类似。不过 while 循环中首先执行 condition 语句，当 condition 语句的执行结果为 TRUE 时，执行 statement，statement 执行后，再执行 condition 语句，直到 condition 语句的结果 FALSE。另外，在循环表达式中可以使用 break 和 next 表达式。执行到 break 表达式时即退出本循环；执行到 next 表达式时终止 next 表达式后面的操作，重新进入新的一轮 expr 的执行。

8.2.3 分支控制语句

switch 语句根据判定条件的不同而执行不同的分支语句，其基本的调用格式为：

```
switch (statement,list)
```

switch 语句首先执行 statement，statement 返回一个数值，其范围为 1 到 list 的长度。switch 语句执行 list 中包含的语句，并将结果返回。如果 statement 返回的数值在 1 到 list 的长度范围内，则 switch 语句将返回 NULL。

例：将频率为 266、333、400 的内存的价格分别增加 10%、15%、12%。

```
> read.csv("c:\\MEM.csv")->MemInfo; ## 获取内存的基本数据
> count<-1;
> repeat
+ {
+     if ( MemInfo$Frequency[count]=="266")
+     {
+         case<-1; ## 频率为266
+     }
+     else if ( MemInfo$Frequency[count]=="333")
+     {
+         case<-2; ## 频率为333
+     }
+     else
+     {
+         case<-3; ## 频率为400
+     }
+     switch (case,
+         { ## 频率为266的内存价格增加10%
+             MemInfo$Price[count]<- MemInfo$Price[count]*1.1;
+         },
+         { ## 频率为333的内存价格增加15%
+             MemInfo$Price[count]<- MemInfo$Price[count]*1.15;
+         },
+         { ## 频率为400的内存价格增加12%
+             MemInfo$Price[count]<- MemInfo$Price[count]*1.12;
+         });
+     count=count+1;
+     if (count>length(MemInfo$Price))
+     {
+         break;
+     }
+ };
```

其中，阴影部分表示根据不同的情况，switch进行不同的处理。

另外，switch语句中的statement部分可以直接返回字符型矢量，我们可以方便地在list中定义与其匹配的处理。上例可以简化为以下的形式：

例：采用switch语句，statement部分返回字符型矢量的形式，使频率为266、333、400的内存的价格分别增加10%、15%、12%。

```
count<-1;
repeat
{
    switch (as.character(MemInfo$Frequency[count]),
            "266"=MemInfo$Price[count]<-MemInfo$Price[count]*1.1,
            "333"=MemInfo$Price[count]<-MemInfo$Price[count]*1.15,
            "400"=MemInfo$Price[count]<-MemInfo$Price[count]*1.12
            );
    count=count+1;
    if (count>length(MemInfo$Price))
    {
        break;
    }
};
> MemInfo;
    Vender   ProduceName      Type Mem   Frequency Price
1   Vender1  256MB DDR 400    DDR 256    400       352.80
2   Vender1  256MB DDR 333    DDR 256    333       345.00
3   Vender1  512 MB DDR 400   DDR 512    400       728.00
4   Vender2  256MB DDR 400    DDR 256    400       313.60
5   Vender2  256MB DDR 333    DDR 256    333       304.75
6   Vender2  256MB SDRAM 266  SDRAM 256  266       291.50
7   Vender3  256MB DDR 400    DDR 256    400       324.80
8   Vender3  256MB DDR 400    DDR 256    400       386.40
9   Vender3  512 MB DDR 400   DDR 512    400       644.00
```

注意上例的阴影部分。此例中需要我们将MemInfo$Frequency[count]的内容由数值型向量转化为字符型向量后再进行相关的处理。下例更简明地演示了statement部分返回字符型矢量的基本用法。

例：根据大分类返回详细的分类。

```
> y <- "fruit";
> switch(y, fruit = "banana", vegetable = "broccoli", meat = "beef");
[1] "banana"
```

第9章 函　　数

在R语言中，可以生成一种对象模式——函数。作为一种对象模式，函数和操作符在R语言内部以一种特殊的方式保存，这些函数和操作符可以在R语言中被调用。我们可以使用R语言中的大量的函数，或者根据需要定义自己的函数以更方便地使用R语言。R语言中许多的函数如mean()、var()、postscript()本身就是采用R语言写成的，本质上这些函数和我们自己自定义的函数无任何区别。

函数的基本定义方式为：

> function_name<-function(arg_1,arg_2,...) expression

其中，function_name为定义的函数名称；arg_1，arg_2,... 为参数列表；expression为R语言中的表达式，也就是函数实现的内容，通常这些内容可以用{...}进行界定。

调用函数的基本方法为：

> function_name(expr_1,expr_2,...);

其中，function_name为定义的函数名称；expr_1，expr_2,... 为参数。

9.1　排序的例子

作为一个例子，我们希望将一个数值向量进行排序。采用的方法为冒泡排序算法。冒泡排序的基本算法是：从第i个元素开始两两进行比较，并将较大的数值往后推移。

　　　　　　　　65，97，76，13，27，49，58
　　1：　［65，76，13，27，49，58，］97　　第1次扫描后的数据
　　2：　［65，13，27，49，58，］76，97　　第2次扫描后的数据
　　3：　［13，27，49，58，］65，76，97　　第3次扫描后的数据
　　4：　［13，27，49，］58，65，76，97　　第4次扫描后的数据

函数定义如下：

> BubbleSort<-function(Datas,bDesc)
{
　if (!is.atomic(Datas))
　　{ ## 如果是非数值向量,则终止函数的运行,
　　　并在控制台上输出'Datas' must be atomic"

```
        stop("'Datas' must be atomic");
    }
    i=length(Datas)-1;
    while( i>0 ) ##执行排序交换处理,直到未完成排序向量索引小于或者等于0
    {
        nLastExchangeIndex=0;
        j=0;
        for (j in 1:i )
          {
              if ((bDesc && Datas[j]>Datas[j+1])||
                  (!bDesc && Datas[j]<Datas[j+1]))
              {
                  ##交换排序数据
                  TempData= Datas[j];
                  Datas[j]= Datas[j+1];
                  Datas[j+1]= TempData;
                  ##记录未完成排序向量的位置,
                  下次待排序向量为 Data[0]到 Data[i]
                  nLastExchangeIndex=j;
              }
          }
        i=nLastExchangeIndex;
    }
Datas ## 返回排序后的数据
}
```

在上例中我们定义了一个名字叫 BubbleSort 的函数,其中参数 Datas 是要进行排序的数据,参数 bDesc 判断是否是降序。函数最后返回排序后的数据。

根据上面的函数定义,我们可以按以下的方法调用这个函数。

```
> BubbleSort(c(65 ,97,76,13,27,49,58),TRUE)
[1] 13 27 49 58 65 76 97
```

9.2 定义新的操作符

在R语言中,可以将函数定义成一个操作符以方便地使用。定义操作符的方式为:

```
%anything%
```

使用%%,我们可以为新的操作符起一个名字。不过,操作符经常用在2值操作中。

例:交换向量中的2个数据。

```
> Datas=c(65,97,76,13,27,49,58);
"%<->%" <- function(x,y)
{
    ##交换数据
    TempData= Datas[x];
    Datas[x]<<- Datas[y];
    Datas[y]<<- TempData;
    Datas;
}
> 2%<->%4->Datas;
> Datas;
[1] 65 13 76 97 27 49 58
```

9.3 参数名和参数缺省定义

调用函数时,我们可以按照参数表的定义顺次给参数逐一地设值,也可以通过参数名直接引用。采用参数名调用函数时,参数名引用的顺序可以同函数参数定义的顺序无关,这个特点对包含大量参数的函数特别有用。

```
> fun1 <- function(data,data.frame,graph,limit) {
    ## 函数具体实现略
}
```

调用函数可以有多种形式:

```
> ans <- fun1(d,df,TRUE,20);
> ans <- fun1(d,df,graph=TRUE,limit=20);
> ans <- fun1(data=d,limit=20,graph=TRUE,data.frame=df);
```

在很多的情况下，我们定义函数的时候可以为参数表中的参数设定一些缺省值，这样，当函数被调用时，如果不设定某个参数，则这个参数将使用缺省值进行相应的处理。这样可以极大地简化函数的调用。

例：冒泡排序的函数中的 bDesc＝TRUE，如果不设定这个参数我们将按降序处理。

```
BubbleSort<-function(Datas,bDesc=TRUE)
{
##函数实现同前例
}
```

9.4 '...'形式的参数（虚参）

我们经常在一个函数 A 中调用其他的函数 B，而这个 B 函数的参数也需要由函数 A 的参数表传递进来，因此我们常希望通过一个简单的方式由函数 A 将参数传递给函数 B。R 语言中提供了 '...' 方式进行上述的参数传递。

例：将函数 fun1 的参数 '...' 传递给函数 par。

```
fun1 <- function(data,data.frame,graph=TRUE,limit=20,...) {
    [omitted statements]
    if (graph)
    par(pch="*",...)
    [more omissions]
}
```

9.5 函数和变量的作用范围

一个函数中使用的变量可以分为 3 种类型：参数变量、局部变量、自由变量。参数变量即函数的参数，R 语言中的参数是通过传值的形式形成的。也就是说，调用一个函数时，R 语言将参数的数值传递给参数变量，当函数变量改变的时候，原调用的数值并不改变。局部变量是指在函数内部声明的变量，当退出函数体时，这些局部变量将被清除。不属于参数变量和局部变量的变量都为自由变量。另外，R 语言中的局部变量和自由变量都不需要声明，一般来说，如果一个变量在 R 语言中被赋值，则 R 语言会自动地产生一个局部变量。如果一个变量未在函数中被赋值但在函数中被引用，则将其视为自由变量。

例：假定一个函数定义如下：

```
f <- function(x) {
    y <- 2*x;
    print(x);
    print(y);
    print(z);
}
```

其中，x 为参数变量；y 为局部变量；z 为自由变量。

在 R 语言中，自由变量的绑定通过分析语法作用范围的方式完成，首先在函数产生的 R 语言环境中查找相应的变量，如果能找到相同名字的变量则将其值赋给此自由变量，否则就在上一层 R 语言环境中查找，直到查找到名字相同的变量。如果在最上层的 R 语言环境中也没查找到，则将生成一个新的自由变量。我们通过一个例子来说明这个过程。

例：我们假定一个函数定义如下：

```
cube <- function(n) {
    sq <- function() n*n;
    n*sq();
}
```

其中，对函数 sq 来说 n 为自由变量，R 语言必须绑定相应的变量给 n。程序开始后首先在调用函数 sq 的环境中查找相同名字的变量 n，在此例中，函数 cube 中有个名为 n 的参数变量，于是 R 语言将 cube 的参数变量绑定到 sq 函数的自由变量。

因此我们调用 cube(4) 后，将返回 4 的 3 次方 64。

```
> cube(4);
[1] 64
```

语法作用范围分析的函数有很大用途。下面的例子模拟了一个银行账户的基本功能。一个银行账户需要有结余报告 balance、取款 withdraw 和存款 deposit 3 个基本的功能，我们在账户的函数中构造 3 个功能并将其构成一个数据列表。当 open. account 被调用时，各个函数将使用同一个变量 total，因为这些功能（balance、withdraw、deposit）在同一环境中被定义，所以可以共同使用 total 变量。特别的操作符号 <<- 是一种赋值操作，在例子中用来改变 total 的值。操作符号 <<- 将向上层环境查找到的相应变量进行赋值操作。如果直到最高层的环境也查找不到相应变量的话，就将在上层产生一个全局变量并进行赋值。

例：银行账户的处理函数。

```
open.account <- function(total) {
  list(
    deposit = function(amount) {
      if (amount <= 0)
        stop("Deposits must be positive!\n");
      total <<- total + amount;
      cat(amount,"deposited. Your balance is", total,"\n\n");
    },
    withdraw = function(amount) {
      if(amount > total)
        stop("You don't have that much money!\n");
      total <<- total - amount;
      cat(amount,"withdrawn. Your balance is", total,"\n\n");
    },
    balance = function() {
      cat("Your balance is", total,"\n\n");
    }
  )
}
```

total 将保存在 open.account 的调用环境中，如果有多个调用环境调用 open.account 函数，则多个调用中的 total 将相互独立。

例：多个 open.account 调用。

```
> open.account(100)->ross;        ## ross 的账户保存100元
> open.account(200)->robert;      ## robert 的账户保存200元
> ross$withdraw(30);              ## ross 的账户支出30元
30 withdrawn. Your balance is 70
> robert$balance();               ## robert 的账户保持200元不变
Your balance is 200
> ross$deposit(50);               ## ross 的账户存入50元,账户余额为120元,
                                  并不影响 robert 的账户
50 deposited. Your balance is 120
```

9.6 类、通用函数和面向对象

面向对象设计是近几年来比较流行和成熟的设计开发方式，采用面向对象的

方式能使计算机语言更方便地表达现实世界。面向对象的最重要的特点就是数据抽象与封装。所谓数据抽象与封装是指对象的用户只能通过对象提供的服务来访问或修改对象，用户不能看到对象内部的实现细节。这样，用户不会直接修改对象的数据从而保护了数据的完整性，而且用户只需要知道对象提供了哪些服务，即使对象内部的实现改变了，只要接口不变则用户程序就不必改变。这样的做法可以提高程序的安全性和可重用性。

面向对象通过描述类、类的属性以及类提供的函数来描述现实世界。常见的面向对象语言一般都先定义一个类，这个类定义了一些数据结构和一些函数叫做"方法"，可以操作这些数据。所谓对象，就是由某个类生成的实例，其数据结构由所属的类定义，而实际存储的数据则是属于对象本身的。对象拥有其所属类的所有方法，在调用方法时操作的是属于这个对象的数据。

R 语言用类（class）属性来支持面向对象的编程风格。以对象的类属性区分对象的类，对于同一类的对象可以定义一组特殊操作，这一点和其他面向对象语言类似。不过 R 语言与常见的面向对象语言有些差别。R 语言对象的类由其类（class）属性指定，每一个类都可以定义本类的方法，方法以函数形式定义，调用格式为"函数名（对象，其他参数变量）"。可见，R 语言的类机制是比较松散的，它不像常见的面向对象语言那样必须先定义类的所有数据结构与方法，而是可以随时定义函数作为类对象的方法。另外，R 语言中还定义了一系列的所谓"通用函数（general functions）"，通用函数也是对象提供的服务，但不同类的对象都可以使用相同的通用函数名字来调用，同一个通用函数针对不同类的对象可以起到相似的作用。这样设计的一个好处就是用户只需要记忆很少的几个通用函数的名字，就可以对几乎所有对象调用这些函数。比如，通用函数 print()用来显示对象，它可以显示向量和矩阵，但显示方法不同；通用函数 plot()用来为对象画图形，对一个向量画散点图，纵轴为各元素值，横轴为元素下标；对一个时间序列对象画一条时间序列曲线，并用年月等标记时间轴。

R 语言的每一个通用函数实际上是一组函数，它们有一个共同的名字，在调用时根据参数变量的类（class）的不同决定调用一组中的哪一个函数。例如，对向量 x 调用 print(x)实际调用的是 print.default(x)，对数据单 x 调用 print(x)则实际调用的是 print.data.frame(x)。如果参数变量没有类属性，或者此通用函数没有为此类参数变量设计特殊的操作，则通用函数还有一个缺省方法可以调用（如 print.default）。通用函数针对某一类对象的特殊函数的命名为"通用函数名.类名()"。

对某一类对象有特殊操作的通用函数可以有很多个，比如，对 data.frame 类对象定义了特殊操作的通用函数就有：

[,　　[[<-,　　any,　　as.matrix,
[<-,　　model,　　plot,　　summary,

等。如果对 data.frame 类的对象 d 调用 plot(d)，则实际调用的函数是

plot.data.frame(d)。要列出所有对某类对象有特殊操作的通用函数，可以用：

```
> methods(class="data.frame");
[1] "Math.data.frame"          "Ops.data.frame"
… … … … … … … …
[27] "summary.data.frame"      "t.data.frame"
[29] "transform.data.frame"    "xpdrows.data.frame"
```

其中，t.data.frame 就是调用 t(d)时实际调用的函数。

也可以列出某通用函数对各类对象的特殊定义。例如，获取各种不同功能的 plot 方法的列表。

```
> methods(plot);
[1] "plot.data.frame"    "plot.default"     "plot.density"
[4] "plot.factor"        "plot.formula"     "plot.function"
[7] "plot.lm"            "plot.mlm"         "plot.mts"
[10]"plot.new"           "plot.ts"          "plot.window"
[13] "plot.xy"
```

比如，plot.factor 是对分组因子对象调用 plot()函数时实际调用的函数。

为了暂时去掉一个有类的对象的 class 属性，可以使用 unclass（object）函数。

9.7　调　　试

R 语言目前还不像其他主流程序设计语言那样具有单步跟踪、设置断点、观察表达式等调试功能。不过 R 语言提供了一些函数，可以帮助调试复杂的程序。对任何程序语言，最基本的调试手段当然是在需要调试的地方将程序目前的状态输出到控制台或者一个 LOG 文件中。在 R 语言中，同样可以用 print() 或 cat()将各需要调试的信息显示在控制台或者文件中。

例：调试 larger()函数，可以显示两个自变量的值及中间变量的值。

```
larger <- function(x,y){
  cat('x =',x,'\n');        #将需要调试的信息输出
  cat('y =',y,'\n');        #将需要调试的信息输出
  y.is.bigger <- (y>x);
  cat('y.is.bigger =',y.is.bigger,'\n');   #将需要调试的信息输出
  x[y.is.bigger] <- y[y.is.bigger];
  x;
}
```

R语言提供了一个browser()函数,当调用该函数时程序暂停,此时用户可以查看变量或表达式的值,还可以修改变量。

例:使用browser()函数跟踪信息。

```
larger <- function(x,y){
  y.is.bigger <- (y>x);
  browser();
  x[y.is.bigger] <- y[y.is.bigger];
  x;
}
```

我们运行此程序:

```
> larger(c(1,5),c(2,4,9));
Warning in y > x : longer object length is not a multiple of shorter object length
Called from: larger(c(1,5),c(2,4,9))
Browse[1]> y;              ##查看变量
[1] 2 4 9
Browse[1]> x;              ##查看变量
[1] 1 5
Browse[1]> y>x;            ##查看变量
Warning in y > x : longer object length
        is not a multiple of shorter object length
[1] TRUE FALSE TRUE
```

在R语言的browser()状态下用n命令可以进入单步执行状态,用n或者回车可以继续下一步,用c可以退出,也可以输入要参看的变量或者表达式。另外,R语言提供了一个debug()函数,debug(f)可以打开对函数f()的调试,执行到函数f时自动进入单步执行的browser()菜单。用undebug(f)函数关闭调试。

9.8 操作符号的优先级

操作符号的优先级决定了执行的顺序,表9.1列举了R语言中各操作符号的优先级别。

表9.1 R语言中各操作符号的优先级别

优先级	操作符号	描述
1	::	显式调用各包的共同函数
2	$ @	数据列表子集操作符号
3	^	求幂操作
4	- +	一元操作符
5	:	序列操作符号
6	%xyz%	各种定义操作符号，包括R语言系统固有的定义符号% x%、%%、%/%、% * %、% o%、%x%、%in%等
7	* /	二元操作符，算术运算符号
8	+ -	算术运算符号
9	> >= < <= == !=	逻辑运算符号
10	!	逻辑运算符号，取反操作
11	& &&	逻辑运算符号
12	| ||	逻辑运算符号
13	~	一元操作符和二元操作符
14	-> ->>	移位操作符
15	=	赋值操作符
16	<- <<-	移位操作符

第 10 章　包

R 语言的所有方法以及数据集都按包（package）的形式存放。只有当包被 R 语言环境装载或者导入后，其相关的功能和数据集才能被使用。这样做的一个好处就是，可以有效识别各个不同功能包的功能，还可以减少 R 语言装载这些包时所需要的时间和内存开销。用户也可以自定义自己的各种功能包并装载到 R 语言环境中。

可以通过 library() 函数查看目前被 R 语言环境所调用的包，其参数描述如下：

```
library(package, help, pos = 2, lib.loc = NULL,
        character.only = FALSE, logical.return = FALSE,
        warn.conflicts = TRUE,
        keep.source = getOption("keep.source.pkgs"),
        verbose = getOption("verbose"),
        version)
```

通过 package 参数可以装载我们需要的各种包。

例：装载 boot 包。

```
> library(boot);
```

也可以使用 CRAN.packages() 函数从 INTERNET 上自动地更新和安装各种包。如果要查询当前环境下那些包被装载可以使用下面的函数。

例：使用 search() 函数查询当前装载的包。

```
> search()
[1] ".GlobalEnv"       "package:boot"        "package:methods"
[4] "package:stats"    "package:graphics"    "package:grDevices"
[7] "package:utils"    "package:datasets"    "Autoloads"
[10] "package:base"
```

使用 search() 函数需要注意的是，有些情况下已经装载的包可能会不显示出来。

10.1　标　准　包

R 语言中包含一个标准包，包名为 base。这个标准包包含一系列的基本功能、标准数据集、标准统计函数及图形操作函数等。这个标准包会在R语言启动时自动装载,以保证为R语言提供正常的功能。可以通过 help.start()函数启动HTML的帮助文档,以查看标准包提供的功能。

10.2 扩展包和CRAN

R语言中还包括几百个扩展包,这些包可以提供各种各样的功能,比如,一些特殊的统计功能、格式转换功能及一些行业相关的功能。这些包可以在CRAN(http://CRAN.R-project.org)上下载,另外还有一些生物信息处理的包,可以在Bioconductor(http://www.bioconductor.org)上下载。

10.3 包命名空间

R语言提供包命名空间的模式,这样包与包之间就可以进行信息隐藏,比如说,一些只在内部使用的函数和数据不希望被其他包中的函数直接访问。而且这样做也可以解决各种包之间函数和数据命名冲突的问题,同时也提供包之间对象相互参照的方法。

如果我们希望访问base包中的seq()函数,我们可以使用::操作符显式地调用。

例:显式调用各种包中的功能。

```
> base::seq(2:5);
[1] 1 2 3 4
```

实际上::操作符是R语言中优先级最高的操作符号,我们可以通过它使用各种包中的输出函数。R语言也提供了:::操作符号,用以调用一个包的内部函数或者数据,其基本的用法和::操作符号一样。有的时候R语言中各种包并非完全独立的,比如,在一个包A中可能会通过::操作符使用另外一个包B提供的方法,这样,当我们使用包A的时候,程序会自动装载包B。不过,search()函数不能查找到这些自动装载的包。

10.4 R语言中常用的包

表10.1列举了一些常用的R语言的包,关于各个包的详细使用方法以及功能可以参考R语言的随机帮助。

表 10.1　R 语言的常用包

包名	描述
base	The R Base Package
boot	Bootstrap R (S-Plus) Functions (Canty)
class	Functions for Classification
cluster	Functions for clustering (by Rousseeuw et al.)
datasets	The R Datasets Package
foreign	Read Data Stored by Minitab, S, SAS, SPSS, Stata, Systat,...
graphics	The R Graphics Package
grDevices	The R Graphics Devices and Support for Colours and Fonts
grid	The Grid Graphics Package
KernSmooth	Functions for kernel smoothing for Wand & Jones (1995)
lattice	Lattice Graphics
MASS	Main Package of Venables and Ripley's MASS
methods	Formal Methods and Classes
mgcv	GAMs with GCV smoothness estimation and GAMMs by REML/PQL
nlme	Linear and nonlinear mixed effects models
nnet	Feed-forward Neural Networks and Multinomial Log-Linear Models
rpart	Recursive Partitioning
spatial	Functions for Kriging and Point Pattern Analysis
splines	Regression Spline Functions and Classes
stats	The R Stats Package
stats4	Statistical functions using S4 classes
survival	Survival analysis, including penalised likelihood.
tcltk	Tcl/Tk Interface
tools	Tools for Package Development
utils	The R Utils Package

第 11 章 R 语言中的统计

11.1 R 语言中的概率分布

11.1.1 概率分布

在概率统计中有许多种类型的分布,如正态分布、卡方分布、t-分布等。对于这些分布类型,R 语言中均有相应的表达方式和函数,见表 11.1。

表 11.1 各种分布在 R 语言中的表达方式

分布	在 R 语言中的名称	参数
Beta	beta	shape1, shape2, ncp
binomial	binom	size, prob
Cauchy	cauchy	location, scale
chi-squared	chisq	df, ncp
exponential	exp	rate
F	f	df1, df1, ncp
gamma	gamma	shape, scale
Geometric	geom	prob
hypergeometric	hyper	m, n, k
log-normal	lnorm	meanlog, sdlog
logistic	logis	location, scale
negative	binomial	nbinom size, prob
normal	norm	mean, sd
Poisson	pois	lambda
Student's t	T	df, ncp
uniform	unif	min, max
Weibull	weibull	shape, scale
Wilcoxon	wilcox	m, n

R 语言中的统计函数由前缀和后缀组成。前缀 d 表示密度,p 表示 CDF,q 表示分位数,r 表示随机。例如,dt() 表示 t-分布的概率密度。

11.1.2 常用分布举例

1. t-分布

与 t-分布相关的函数：

1) dt()：返回概率密度值

调用格式：	
dt (x, df, ncp＝0, log ＝ FALSE)	
参数名	描述
x	分位数向量
df	自由度
ncp	非中心参数

2) pt()：返回概率值

调用格式：	
pt (q, df, ncp＝0, lower. tail ＝ TRUE, log. p ＝ FALSE)	
参数名	描述
x，df，ncp	同 dt ()

3) qt()：返回分位数

调用格式：	
qt (p, df, lower. tail ＝ TRUE, log. p ＝ FALSE)	
参数名	描述
x，df，ncp	同 dt ()

4) rt()：返回分位数

调用格式：	
rt (n, df)	
参数名	描述
x，df，ncp	同 dt ()

例：举例说明各函数的用法。

```
>pt(0.7267,5,ncp=0,lower.tail = TRUE,log.p = FALSE);
##求概率值
[1] 0.7500037
> qt(0.7500037,5);    ##求分位数
[1] 0.7267
```

2. F-分布

与F-分布相关的函数：

1) df()：返回概率密度值

调用格式：	
df（x，df1，df2，log = FALSE)	
参数名	描述
x	分位数向量
df	自由度

2) pf()：返回概率值

调用格式：	
pf（q，df1，df2，ncp=0，lower.tail = TRUE，log.p = FALSE)	
参数名	描述
x，df，ncp	同 pf（）

3) qf()：返回分位数

调用格式：	
qf（p，df1，df2，lower.tail = TRUE，log.p = FALSE)	
参数名	描述
x，df，ncp	同 df（）

4) rf()：产生随机的符合自由度为df1、df2的n个F-分布值

调用格式：	
rf（n，df1，df2)	
参数名	描述
x，df，ncp	同 dt（）

例：基本用法。

```
> x <- seq(0.001,5,len=100);
> all.equal(df(x^2,1,5),dt(x,5)/x);
[1] TRUE
```

3. 其他分布

其他分布函数的基本用法类似于 t-分布和 F-分布。

11.2 从离散数据集分析概率分布特性

本节讨论如何根据一组实验数据计算数据的各种概率分布。

11.2.1 概率分布函数

我们用 F(x)=P(x<=X) 作为概率分布函数的表达式。函数 ecdf() 是用来构建 F(x) 数据的。

调用格式：	
ecdf（x）	
参数名	描述
x	分位数向量

例：概率分布函数的基本用法，计算收入的概率分布，结果如图 11.1 所示。

```
> incomes <- c(60,49,40,61,64,60,59,54,62,69,70,42,56,
+ 61,61,61,58,51,48,65,49,49,41,48,52,46,
+ 59,46,58,43);
> a<-ecdf(incomes);
> a;
Empirical CDF
Call: ecdf(incomes)
 x[1:30] =    40,   41,   42,  ...,   69,   70
plot(a,do.points=FALSE,verticals=TRUE)
```

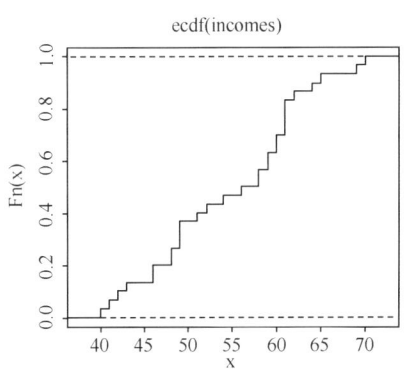
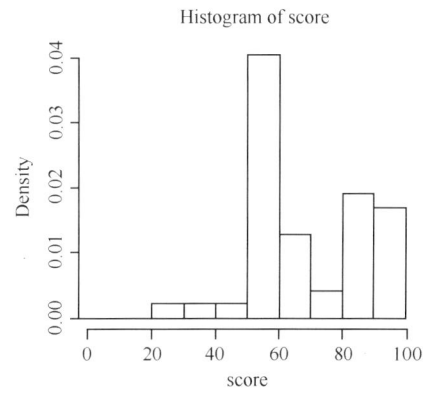

图 11.1 收入的概率分布　　　　图 11.2 班级中每人的成绩的概率分布直方图

11.2.2 概率分布直方图

概率分布直方图可以直观地体现数据的频率分布,函数 hist()用于画概率(频率)分布直方图。

调用格式:	
hist(x,...)	
参数名	描述
x	柱状图向量

例:班级中每人的成绩的概率分布直方图,结果如图 11.2 所示。

```
>score<-c(90,98,99,65,66,65,64,88,56,88,22,55,66,44,85,69,78,98,
34,100,59,59,56,58,54,56,58,59,56,78,54,58,59,56,87,89,98,95,99,55,
85,56,56,54,85,95,87);  ##班级每人的成绩数据
> hist(score,c(10,20,30,40,50,60,70,80,90,100,prob=TRUE));
```

11.2.3 检测离散数据集满足的概率分布

对于一组离散数据,如何判断它们符合何种分布将是本节讨论的内容。"qqXX()"函数用于判断数据集符合何种分布,其中,XX 表示分布的名称,如 qqnorm()、qqf()、qqt()等。

调用格式:	
qqnorm(y, ylim, main = "Normal Q-Q Plot", xlab = "Theoretical Quantiles", ylab = "Sample Quantiles", plot.it = TRUE, datax = FALSE, ...)	
参数名	描述
y	('qq plot'样本数据)
xlab, ylab, main	图标
plot.it	结果以图的形式输出
datax	X 轴数据
ylim, ...	绘图参数

例：直观地判断数据集是否符合某种分布，结果如图 11.3 所示。

```
> x <- rt(250, df = 5);
> qqnorm(x);
> qqline(x);
```

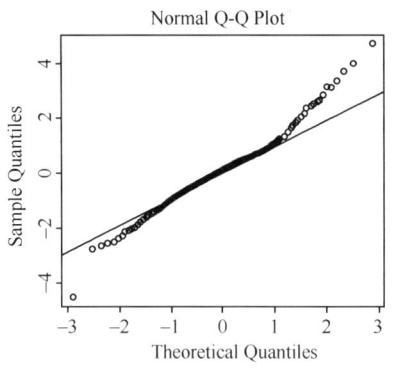

图 11.3 Q-Q plot 举例

R 语言提供了 shapiro.test() 函数，从定量的角度来判断数据是否符合正态分布。

例：用 shapiro.test() 判断数据是否符合正态分布。

```
>shapiro.test(rnorm(100,mean=5,sd=3));
Shapiro-Wilk normality test
data: rnorm(100,mean=5,sd=3)
W = 0.981,p-value = 0.1592
```

11.2.4 分析多组数据集

对于数据 a 和 b,它们之间关系如何,这将是本节要讨论的问题。

例:分析多组数据集,图形输出结果如图 11.4 所示。

```
> a<-c(79.98,80.04,80.02,80.04,80.03,80.03,80.04,79.97,80.05,
80.03,80.02,80.00,80.02);
> b<-c(80.02,79.94,79.98,79.97,79.97,80.03,79.95,79.97);
> boxplot(a,b);   ## 较直观地体现数据集 A 与数据集 B 的异同
> t.test(a,b);

Welch Two Sample t-test
data: a and b
t = 3.2499,df = 12.027,p-value = 0.00694
alternative hypothesis: true difference in means is not equal to 0
95 percent confidence interval:
0.01385526 0.07018320
sample estimates:
mean of x mean of y
80.02077 79.97875


## a 与 b 的方差分析可采用 F 检验法
>var.test(a,b);

F test to compare two variances

data: a and b
F = 0.5837,num df = 12,denom df = 7,p-value = 0.3938
alternative hypothesis: true ratio of variances is not equal to 1
95 percent confidence interval:
0.1251097 2.1052687
```

```
sample estimates:
ratio of variances
      0.5837405
```

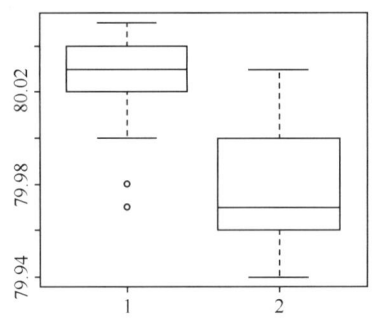

图 11.4 Box-plot 的应用

11.3 回归分析

回归问题分为一元回归、多元线性回归与非线性回归,其牵涉到的问题有:模型的选择及回归精度的评价等。

11.3.1 统计模型的确立

一个最简单的回归统计模型是服从独立的正态分布的一元线性模型:

$$y_i = \sum_{j=0}^{p} \beta_j x_{ij} + e_i \quad e_i \sim NID(0,\sigma^2)$$

在矩阵中被定义为

$$y = X\beta + e$$

其中,y 为一个向量;X 为关于模型的矩阵,它由列向量(x_0, x_1, x_2, …, x_p)组成。

在 R 语言中模型的表达方式为:

y~x y~1+x	y 关于 x 的线性回归模型,其中回归曲线不过原点,即在 y 轴的截距不为 0
y~0+x y~-1+x y~x-1	y 关于 x 的线性回归模型,其中回归曲线过原点,即在 y 轴的截距为 0

log(y)～x1+x2	多元线性回归模型,其中 y 被转化成 $\log_{10}(y)$,即求解的是 log(y)关于 x1 与 x2 的回归曲线
y～poly(x,2) y～1+x+I(x^2)	y 关于 x 的多项式回归
y～X+poly(x,2)	关于 x 的多项式回归,其中 X 为一矩阵

例：x={1, 2, 3, 4, 5, 6, 7, 8, 9, 10, 11, 12, 13}
　　y={ 3, 4, 5, 6, 7, 8, 9, 10, 11, 12, 13, 14, 15}
求 y 关于 x 的线性回归曲线。

```
> x<-c(1,2,3,4,5,6,7,8,9,10,11,12,13);
> y<-c(3,4,5,6,7,8,9,10,11,12,13,14,15);
> z<-data.frame(y,x);
> z;
   y  x
1  3  1
2  4  2
3  5  3
4  6  4
5  7  5
6  8  6
7  9  7
8  10 8
9  11 9
10 12 10
11 13 11
12 14 12
13 15 13

> lm(y～x,data=z);

Call:
lm(formula = y～x,data = z)

Coefficients:
```

(Intercept)	x
2	1

由于回归曲线显然不过原点,所以选择"y~x"作为 y 关于 x 的回归模型,而不采用"y~0+x"。在实际计算中,不能判断是否过原点时,推荐使用"y~x",因为如果曲线过原点则其截距系数将显示为0

例:x1 = {1, 1.2, 1.3, 1.4, 1.5, 1.6, 1.7, 1.8, 1.9, 2}
　　x2 = {0.1, 0.2, 0.3, 0.4, 0.5, 0.6, 0.7, 0.8, 0.9, 1.0}
　　y = {12, 15, 20, 25, 31, 36, 50, 63, 79, 100}
求 log(y)关于 x1 与 x2 的线性回归方程。

```
> x1<-c(1,1.2,1.3,1.4,1.5,1.6,1.7,1.8,1.9,2);
> x2<-c(0.1,0.2,0.3,0.4,0.5,0.6,0.7,0.8,0.9,1.0);
> y<-c(12,15,20,25,31,36,50,63,79,100);
> x<-data.frame(y,x1,x2);
> lm(log(y)~x1+x2,data=x);

Call:
lm(formula = log(y)~x1+x2,data = x)

Coefficients:
```

(Intercept)	x1	x2
2.17233	0.08738	2.25198

例:x = {1, 2, 3, 4, 5, 6, 7, 8, 9, 10}
　　y = {3, 7, 12, 21, 30, 40, 55, 73, 91, 110}
求 y 关于 x 的多项式回归。

```
> x<-c(1:10);
> y<-c(3,7,12,21,30,40,55,73,91,110);
> z<-data.frame(x,y);
> lm(y~1+x+I(x^2),data=z);

Call:
lm(formula = y~1+x+I(x^2),data = z)

Coefficients:
```

```
(Intercept)            x        I(x^2)
   2.0167          0.2189       1.0644
```
拟合的曲线为 $y = 2.0167 + 0.2189x + 1.0644x^2$

11.3.2 回归曲线信息的获取

lm()函数用于拟合曲线,拟合后有很多信息如对拟合曲线的精度评价等可通过以下函数实现。

函数	说明
anova（object_1，object_2）	为一个或多个回归模型计算方差
coef（object）	返回回归系数
deviance（object）	返回差残平方和
formula（object）	返回回归曲线所用的模型
residuals（objects）	得到曲线的差残向量
step（object）	用 AIC 选择一个基于公式的模型
summary（object）	返回与回归分析结果相关的参数
predict（object，newdata=data.frame）	用于回归预测

例：显示与回归分析结果相关的参数。

```
> x1<-c(1,5,6,3,2,5,8,1,2,3,5,3);
> x2<-c(6,4,2,3,5,8,1,2,3,5,4,3);
> y<-c(7,9,8,7,7,12,9,3,5,8,9,6);
> z<-data.frame(y,x1,x2);
> q<-lm(y~x1+x2,data=z);
> q;
Call：
lm(formula = y~x1 + x2,data = z)

Coefficients：
```

```
(Intercept)        x1       x2
   0.8000       0.9283   0.8599
```

>summary(q);
Call：
lm(formula = y~x1 + x2,data = z)

Residuals：
    Min   1Q   Median   3Q   Max
-0.44810 -0.18249 -0.02110 0.11646 0.83544

Coefficients：
              Estimate Std. Errort value Pr(>|t|)
(Intercept)   0.80000   0.34190   2.34   0.044*
x1   0.92827   0.05206   17.83 2.49e-08***
x2   0.85992   0.05741   14.98 1.14e-07***

Signif.codes: 0 '***' 0.001 '**' 0.01 '*' 0.05 '.' 0.1 '' 1

Residual standard error：0.3584 on 9 degrees of freedom
Multiple R-Squared：0.9797，Adjusted R-squared：0.9752
F-statistic：217.4 on 2 and 9 DF,p-value：2.410e-08

11.3.3　方差分析和模型的比较

aov(formula, data=data.frame) 函数与 lm() 函数具有相似的功能，但与 lm() 不同的是，aov() 分析了回归模型的误差和相关信息，而不是仅仅给出回归曲线。

例：以一个实例来比较 aov() 和 lm() 两个函数的异同。

```
> N <- c(0,1,0,1,1,1,0,0,0,1,1,0,1,1,0,0,1,0,1,0,1,1,0,0);
> P <- c(1,1,0,0,0,1,0,1,1,1,0,0,0,1,0,1,1,0,0,1,0,1,1,0);
> K <- c(1,0,0,1,0,1,1,0,0,1,0,1,0,1,1,0,0,0,1,1,1,1,0,1,0);
> yield <- c(49.5,62.8,46.8,57.0,59.8,58.5,55.5,56.0,62.8,55.8,
69.5,55.0,
```

```
+    62.0,48.8,45.5,44.2,52.0,51.5,49.8,48.8,57.2,59.0,53.2,56.0);
> npk <- data.frame(block=gl(6,4),N=factor(N),P=factor(P),
+         K=factor(K),yield=yield);
> npk;
```

block N P K yield
1   1 0 1 1 49.5
2   1 1 1 0 62.8
3   1 0 0 0 46.8
4   1 1 0 1 57.0
5   2 1 0 0 59.8
...
23   6 0 1 1 53.2
24   6 0 0 0 56.0

```
> npk.aov <- aov(yield~block + N*P*K,npk);
> npk.aov;
Call:
    aov(formula = yield~block + N * P * K,data = npk)
Terms:
                  block      N      P      K      N:P    N:K
P:K
Sum of Squares 343.2950 189.2817 8.4017 95.2017 21.2817 33.1350 0.4817
Deg. of Freedom    5       1      1      1       1       1      1
                 Residuals
Sum of Squares    185.2867
Deg. of Freedom      12

Residual standard error: 3.929447
1 out of 13 effects not estimable
Estimated effects may be unbalanced

lm(yield~block + N*P*K,npk);
Call:
lm(formula = yield~block + N * P * K,data = npk)
```

```
Coefficients：
(Intercept)    block2      block3      block4      block5      block6
  51.8250      3.4250      6.7500     -3.9000     -3.5000      2.3250
     N1          P1          K1         N1:P1       N1:K1       P1:K1
   9.8500      0.4167     -1.9167     -3.7667     -4.7000      0.5667
  N1:P1:K1
     NA
```

11.3.4 评价模型适配性

对于回归问题而言，数据一定时，采用不同的回归模型可能产生不同的结果。有的模型拟合得较为精确，而有的则与实际相差较大。如何来评价这些模型的适配性呢，anova()函数将完成这一功能。

例：anova()函数的应用。

```
> x<-c(1:10);
> y<-c(1,4,9,15,20,30,33,50,60,80);
> z<-data.frame(y,x);
> a<-lm(y~x,data=z);
> c<-lm(y~1 + x + I(x^2),z);
> a;
Call：
lm(formula = y~x,data = z)

Coefficients：
(Intercept)            x
   -15.533          8.315
>c;
Call：
lm(formula = y~1 + x + I(x^2),data = z)

Coefficients：
(Intercept)            x           I(x^2)
    2.0500        -0.4765         0.7992
```

```
>anova(a,z);

Analysis of Variance Table

Model 1: y~x
Model 2: y~1 + x + I(x^2)
  Res.Df   RSS Df Sum of Sq      F     Pr(>F)
1      8 387.41
2      7  50.13  1    337.28 47.101 0.0002392 ***
---
Signif.codes: 0 '***' 0.001 '**' 0.01 '*' 0.05 '.' 0.1 ' ' 1
```

11.3.5 更新模型

updata()函数用于更改原有的回归模型,它的基本格式为"new.model <- update(old.model, new.formula)",例如:

```
>fm05<-lm(y~x1+x2+x3+x4+x5,data=production);
>fm<-update(fm,.~.+x6);
>smf<-update(fm6,sqrt(.)~.);
```

11.3.6 误差模型

在R语言中,线性回归模型的误差模型有多种选择,如高斯模型,泊松模型,最大似然模型等。由于误差模型的选择相同,glm()函数与lm()函数具有相似的功能,下面将以一个实例给出它们的异同,并分析不同的误差模型对回归精度的影响。

例:分析不同的误差模型对回归精度的影响。

```
> counts <- c(18,17,15,20,10,20,25,13,12);
> outcome <- gl(3,1,9);
> treatment <- gl(3,3);
> print(d.AD <- data.frame(treatment,outcome,counts));

treatment outcome counts
```

1	1	1	18
2	1	2	17
3	1	3	15
4	2	1	20
5	2	2	10
6	2	3	20
7	3	1	25
8	3	2	13
9	3	3	12

glm(counts~outcome + treatment,family=poisson());
Call: glm(formula = counts~outcome + treatment,family = poisson())

Coefficients:
(Intercept)   outcome2   outcome3   treatment2   treatment3
  3.045e+00   −4.543e−01 −2.930e−01   8.717e−16   4.557e−16

Degrees of Freedom: 8 Total (i.e. Null); 4 Residual
Null Deviance: 10.58
Residual Deviance: 5.129   AIC: 56.76

>glm(counts~outcome + treatment,family=gaussian());

Call: glm(formula = counts~outcome + treatment,family = gaussian())

Coefficients:
(Intercept)   outcome2   outcome3   treatment2   treatment3
  2.100e+01   −7.667e+00 −5.333e+00   1.698e−16   8.431e−16

Degrees of Freedom: 8 Total (i.e. Null); 4 Residual
Null Deviance: 176
Residual Deviance: 83.33   AIC: 57.57

>lm(counts~outcome + treatment,data=d.AD);

Call:
lm(formula = counts~outcome + treatment, data = d.AD)

Coefficients:
(Intercept)   outcome2   outcome3   treatment2   treatment3
  2.100e+01   −7.667e+00   −5.333e+00   1.698e−16   8.431e−16

>summary(lm(formula = counts~outcome + treatment, data = d.AD));
Call:
lm(formula = counts~outcome + treatment, data = d.AD)

Residuals:
    1   2   3   4   5   6   7   8   9
−3.0000   3.6667   −0.6667   −1.0000   −3.3333   4.3333   4.0000   −0.3333
−3.6667

Coefficients:

              Estimate   Std. Error   t value   Pr($>$|t|)
(Intercept) 2.100e+01   3.402e+00   6.173   0.0035**
outcome2   −7.667e+00   3.727e+00   −2.057   0.1088
outcome3   −5.333e+00   3.727e+00   −1.431   0.2257
treatment2   1.698e−16   3.727e+00   4.56e−17 1.0000
treatment3   8.431e−16   3.727e+00   2.26e−16 1.0000

Signif.codes: 0 '***' 0.001 '**' 0.01 '*' 0.05 '.' 0.1 ' ' 1

Residual standard error: 4.564 on 4 degrees of freedom
Multiple R-Squared: 0.5265,   Adjusted R-squared: 0.05303
F-statistic: 1.112 on 4 and 4 DF, p-value: 0.4603

第 12 章 图 形 函 数

图形工具是 R 语言中一个非常重要和通用的（versatile）的组件。利用这个工具可以显示各种各样的统计图形，并可以生成新的图形类型。

这个图形工具可以在交互式（interactive）和批处理（batch）模式下使用，在多数情况下，交互式模式下使用的效率更高。交互式模式使用比较简单，在启动时，R 语言启动了图形设备驱动（device driver），打开了一个特殊的图形窗口用来显示交互产生的图形。这些都是自动进行的，在 UNIX 操作系统下使用 x11()命令，而在 Windows 操作系统下则使用 windows()命令。一旦设备驱动运行，则就可以用 R 语言画图命令（plotting commands）产生各种各样的图形，并可以生成新的图形类型。

画图命令可以被分成三种基本类型：

(1) 高级画图函数（High-level function）可以在图形设备中产生一个新的图形，并且图形中有坐标、标记（label）和标题等元素；

(2) 低级图形函数（Low-level function）向已存在的图形中添加自定义的元素，如添加点、线和标记等；

(3) 交互式的图形函数（Interactive function）允许运用点击设备如鼠标向已存在的图形中添加信息或者从中提取信息。

另外，R 语言拥有一系列图形参数，可以用来定制图形。

这本书描述了基本的图形。在 grid 包中，有一个独立的图形子系统，它更为强大但使用比较复杂。在 grid 包基础上，lattice 包提供了与 S 语言中 Trellis 系统类似的生成多维面板（panel）图形的方法。

12.1 高级图形命令

高级图形函数把数据作为函数的参数来产生一个图形。其中，单位坐标、坐标轴、标记和标题由函数自动产生，其中的标题等部分也可以自定义。高级图形函数总是产生一个新的图形，同时擦去已存在的图形。

12.1.1 plot 函 数

R 语言中最常使用的图形函数是 plot()，它是一个通用函数，其生成的图形类型取决于第一个参数的类型。plot()函数的基本描述如下：

调用格式：	
plot(x,y,...)	
参数名	描述
x	图形中点的坐标，或者也可表示一个单独的作图结构、函数或任何一个R语言对象
y	这是一个可选的参数，如果′x′表示x坐标的话，则′y′表示图形中点的y轴坐标
...	其他图形参数

例：生成三角函数 sin()（自变量从-pi 到 2 * pi）的图形，结果如图 12.1 所示。

```
>plot(sin,-pi,2*pi);
```

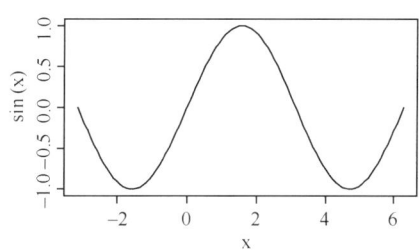

图 12.1 命令 plot（sin，-pi，2 * pi）运行的结果

例：对二维向量 cars 作图，结果如图 12.2 所示。

```
>plot(cars,xlab="Speed(mph)",ylab="Stopping distance(ft)",las=1);
```

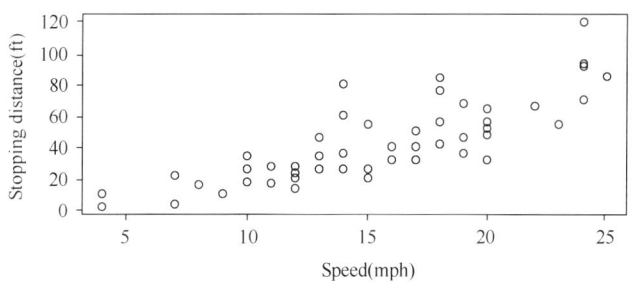

图 12.2 命令 plot（cars，xlab＝"Speed（mph）"，ylab＝"Stopping distance（ft）"，las＝1）运行的结果

在这里，cars 是 datasets. package 中的数据单，数据单给出了车的速度和对应的停下的距离，在速度和距离这两个变量上有 50 个观察值；参数 xlab 代表 x 坐标轴的文字标签；参数 ylab 代表 y 轴的文字标签。在本章的后续部分将对这些参数有详细的介绍。

如果 x 和 y 是向量，则 plot(x,y) 产生一个相对 x 的 y 的散点图。用包含两个元素 x 和 y 的列表或二维矩阵作参数也会有相同的效果。

对于 plot（x），如果 x 是时间序列，则这个函数产生一个关于时间序列的图形；如果 x 是数字向量（numeric vector），则它产生根据向量索引确定的向量值决定的图形；如果 x 是一个复数向量（complex vector），则就产生与向量元素相对的图形。

对于 plot（f）和 plot（f，y），设 f 是一个分组因子（factor object），y 是一个数字向量，则 plot（f）由因子 f 产生一个线条（bar）图形，plot（f，y）是由因子 f 的每个层次产生一个立方体。

例：显示各 TEAM 中各 LEVEL 的比例，结果如图 12.3 所示。

```
> factor(TeamInfo$TEAM)->TeamFactor;
> factor(TeamInfo$LEVEL)->LevelFactor;
> plot(TeamFactor,LevelFactor);
```

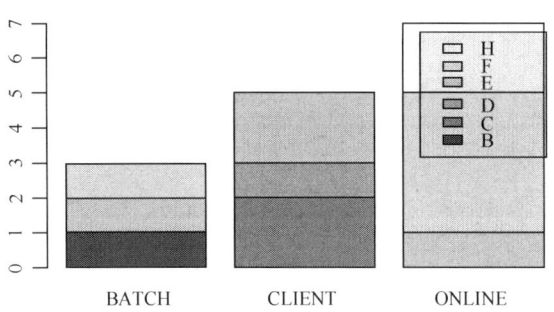

图 12.3 显示 TEAM 中各人员 LEVEL 的比例

对于 plot（df）、plot（~expr）和 plot（y~expr），设 df 是一个数据单（data frame），y 是任意对象，expr 是一列由加号 '＋' 分割的对象（如 a＋b＋c），则第一种形式是根据一个数据单中的各个变量画出分布图形；第二种形式是由一系列命名的对象画出分布图形；第三种形式是相对 expr 中命名的每一个对象画出 y。

12.1.2 显示多元数据

R 语言提供了一些有用的函数来显示多元数据。如果 X 是一个数值矩阵或数据单（data frame），则命令 pairs（X）产生一个由 X 中的列（columns）决定的成对的散点图（scatterplot）矩阵，这样，X 中的每个列（相对于其他列）都被画出来，结果是 n（n-1）个图形排列成图形矩阵，其中的各个图形比例由矩阵的行和列的刻度决定。pairs()函数的基本描述如下：

调用格式：	
pairs(x,...) pairs(formula,data = NULL,...,subset,na.action = na.pass)	
参数名	描述
x	由矩阵的列给出的点的坐标集
formula	一个公式
data	在参数'formula'中要使用的变量,是一个数据单(data.frame)或一个列表(list)
subset	一个可选的参数,用于指定画图操作的观察物的子集
na.action	当数据包含'NA'值时,用于指定函数的行为

例：对数据集 iris 进行作图，结果如图 12.4 所示。

>pairs(iris[1:4],main="Anderson's Iris Data-3 species",pch=21,bg=c("red","green3","blue")[unclass(iris$Species)]);

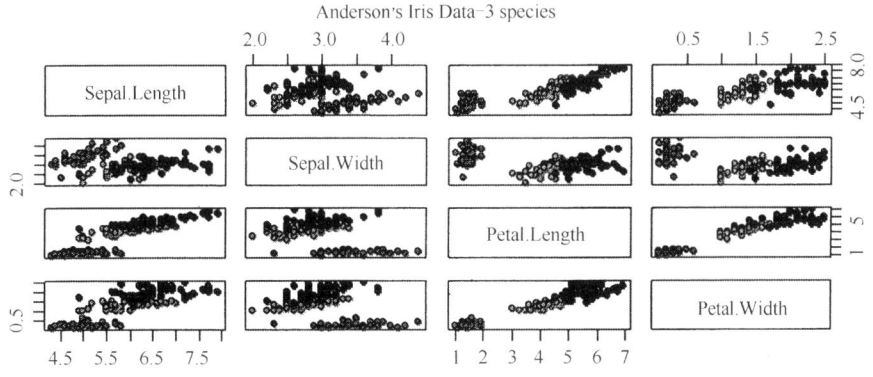

图 12.4　命令 pairs（iris [1:4]，main="Anderson's Iris Data-3 species"，pch=21，bg=c（"red"，"green3"，"blue"）[unclass（iris$Species)]）运行的结果

上例中，iris 是 datasets.package 中的一个数据单（data frame），这个数据单给出了 3 个种类的 50 朵花的萼片（sepal）的长度和宽度及花瓣（petal）的长

度和宽度。

函数 coplot() 生成由一些条件限定的图形。coplot() 函数的基本描述如下：

调用格式：

coplot(formula, data, given.values, panel = points, rows, columns,
   show.given = TRUE, col = par("fg"), pch = par("pch"),
   bar.bg = c(num = gray(0.8), fac = gray(0.95)),
   xlab = c(x.name, paste("Given :", a.name)),
   ylab = c(y.name, paste("Given :", b.name)),
   subscripts = FALSE,
   axlabels = function(f) abbreviate(levels(f)),
   number = 6, overlap = 0.5, xlim, ylim, ...)
   co.intervals(x, number = 6, overlap = 0.5)

参数名	描述
formula	描述条件作图形式的公式
data	包含了在参数'formula'中出现的变量的数据单（data frame）

coplot() 函数可以引入 3 个或 4 个变量。例如，a 和 b 是数字向量，c 是一个数字向量或分组因子对象（3 个变量都是同样的长度）。这样，命令 coplot (a～b/c) 在给出了参数 c 的值的条件下将产生了一系列 a 相对于 b 的散点图（scatterplots）。如果 c 是一个分组因子（factor），则该命令表示对于 c 的每个层次，相对于 b 画出 a；如果 c 是一个数字，则 c 代表一系列条件间隔（conditioning intervals），该命令表示对于每一个间隔画出 a 相对于 b 的散点图。间隔的数量和位置可以通过函数 coplot() 的参数 given.values＝co.intervals() 来控制。也可以使用带有两个参数的命令，如 coplot (a～b/c＋d)，它产生由参数 c 和 d 控制的条件间隔，并且产生 a 相对于 b 的散点图。

例：数据集 quakes，在给定参数 depth 的情况下，画出其中变量 long-lat 的二维图形，结果如图 12.5 所示。

>coplot(lat～long/depth, data = quakes);

数据集 quakes 包含五维变量：lat，long，depth，mag，stations。

函数 coplot() 和 pairs() 都可以使用参数"panel＝"来个性化每个面板中图形的类型。其默认值是用 points() 来产生散点图（scatterplot），并在低级（Low-level）函数中给出向量 x 和 y 作为"panel＝"的值，这样就可以画出想得到的任何图形。面板函数对于 coplot() 是很有用的，如 panel.smooth()。

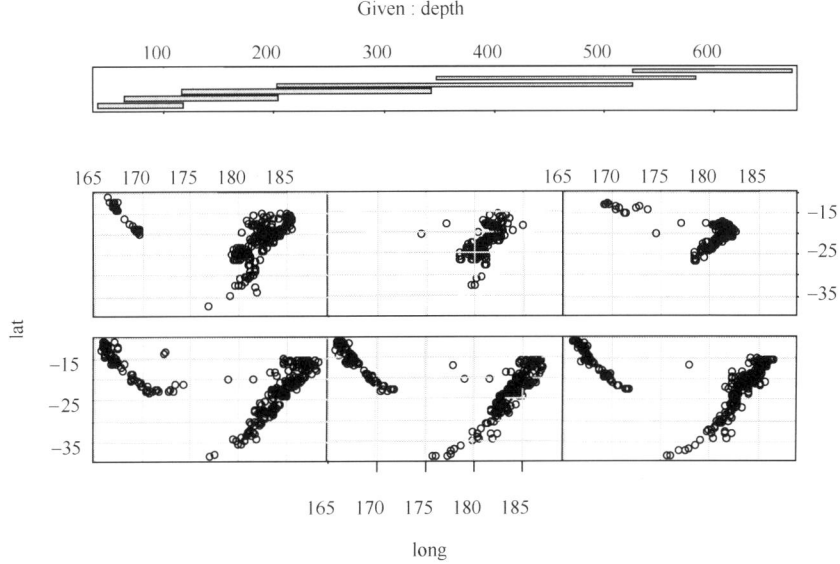

图 12.5　命令 coplot（lat～long / depth，data ＝ quakes）运行的结果

12.1.3　显　示　图　形

R语言中提供了许多的高级图形函数，可以方便用户制作不同类型的图形。常用的高级图形函数见表 12.1。

表 12.1　常用高级图形函数列表

函数形式	描述
qqnorm(x)	分布式-对照图形。以期望的正常顺序分数开始画出向量 x
qqline(x)	根据分布和四分位数画出一条直线
qqplot(x)	画出相对于 y 的 x 的四分位数，以比较各自的分布
dotchart(x,...)	构建一个点图表。在点图表中，y 轴给出标签说明，x 轴给出 x 代表的值，例如，它允许所有数据实体以可视化方式分布在一定范围
image(x,y,z,...)	画出一个矩形，并用不同的颜色表示 z 的值
contour(x,y,z,...)	画出 z 值表示的轮廓线
persp(x,y,z,...)	画出三维的透视图
hist(x) hist(x,nclass=n) hist(x,breaks=b,...)	产生数字向量 x 的一个柱状图。通过一些参数可以选择类型,常用的参数是 nclass，同样，断点位置(breakpoints)可以通过参数 breaks= 来标明

例：用 persp()画三维透视图。

```
>x <- seq(-10,10,length= 30);
>y <- x;
>f <- function(x,y) { r <- sqrt(x^2+y^2); 10 * sin(r)/r;}
>z <- outer(x,y,f);
>z[is.na(z)] <- 1;
>op <- par(bg = "white");
>persp(x,y,z,theta = 30,phi = 30,expand = 0.5,col = "lightblue");
```

在该例子中，首先分别对向量 x,y 和 z 赋值，然后画出关于向量 x,y 和 z 的三维透视图，程序运行结果如图 12.6 所示。

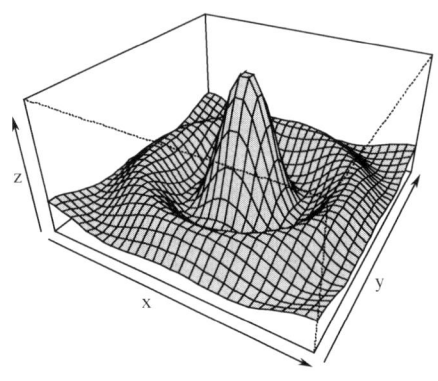

图 12.6 利用函数 persp()画出的三维透视图

12.1.4 高级图形函数的参数

高级图形函数有许多参数，详细描述如下：

参数名	描述
add	
add=TRUE	强制函数以低级函数方式运行，可以在现有图形中添加图形元素
axes=FALSE	不产生默认的坐标轴，而用 axis()函数来加入自定义的坐标轴 默认值为 axes=TRUE,意为包括坐标轴
log	分别代表 x 坐标对数化,y 坐标对数化,x 和 y 坐标都对数化

log="x"	
log="y"	
log="xy"	
type=	type 参数控制图形产生的类型:
type="p"	画出离散的点(默认值)。
type="l"	画线。
type="b"	画出由线连接的点。
type="o"	画出由点确定的线。
type="h"	以坐标轴出发画垂直线。
type="s"	台阶(step)图,在垂直线的顶点进行连线。
type="S"	台阶(step)图,在垂直线的底部进行连线。
type="n"	没有任何图形,然而坐标轴仍然画出,并根据数据确定坐标系统,其思想是利用低级图形函数来产生图形
xlab,ylab	分别给 x 和 y 轴加上轴的字符标记
main=string	在图形的顶部用大字体写出标题
sub=string	在 x 轴下方标出子标题

例:显示随机产生 50 个数据,结果如图 12.7 所示。

> rnorm(50)->x;
> plot(x1,type="p",col ="red");

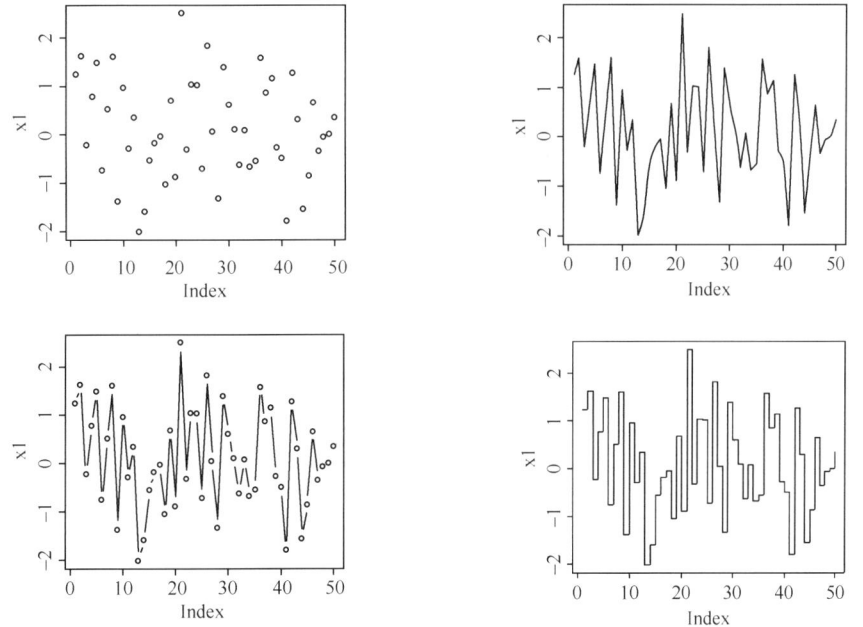

图 12.7 利用函数 plot()画出随机产生的数据,各图演示在 type 分别为 p/l/b/s 时的图形

12.2 低级图形函数

在有些时候,高级图形函数不能精确生成你所需要的图形类型。利用低级图形函数命令可以向已存在的图形中添加自定义的信息(如点、线或文本)。下面列举一些常用的低级图形函数,详见表 12.2。

表 12.2 常用低级图形函数列表

函数形式	描述
points(x,y)	在特定的坐标中产生一系列点
lines(x,y)	将相应的点用线段连接起来
text(x,y,labels,…)	在点(x,y)处加入文本,通常 labels 表示整型或字符型向量,数组 label[i]相应于点(x[i],y[i]),默认值是 1:length(x)
abline(a,b) abline(h=y) abline(v=x) abline(lm.obj)	在现有图形中加入斜线 a 截取 b。 h=y 代表在纵坐标 y 处画一条水平线。 v=x 代表在横坐标 x 处画一条垂直线。 lm.obj 可以是 list,长度为 2 的系数组件
polygon(x,y,…)	画出顶点(x,y)确定的多边形,同时由参数决定是否由图形设备填充图形
legend(x,y,legend,…)	在现有图形中的特定位置添加图例。在图例中标出字符类型、线条类型、颜色等。至少要给出一个其他的参数 v(一个和 legend 同样长度的向量)相应图形集的值,如: legend(,fill=v) 用颜色填充; legend(,col=v) 为点或线加上颜色; legend(,lty=v) 线类型; legend(,lwd=v) 线宽度; legend(,pch=v) 图形字符
titile(main,sub)	在现有的图形顶部用大字体添加标题 main,并在图形的底部用小号字体添加子标题 sub
axis(side,…)	由第一个参数决定在现有图形中添加轴(1 到 4,从底部开始顺时针计数)。其他参数控制轴的位置——在图形的边上或是在图形的内部,以及记号和标记的位置。使用 axis()函数可以添加自定义轴,同时要在 plot()函数中将 axes 参数设置为 FALSE

注意,text(x, y, labels,…) 这个函数通常用于序列中,例如:

> plot(x,y,type="n");text(x,y,name);

图形参数 type="n" 产生了坐标轴，text() 函数则加入特定的文本，name 为关于特定点的字符向量。

低级图形函数通常需要给出一些位置信息（如 x 坐标轴和 y 坐标轴）来决定新添加的图形元素的位置。用户定义的坐标系由先前的高级图形函数命令控制，并可以根据提供的数据进行选择。

在位置信息中，x 和 y 参数是必须的。同样，我们也可以利用一个带有命名为 x 和 y 的元素的列表（list）对象来表示位置信息。类似的，二维数组也是有效的输入。用来定位的函数如 locator() 可以在图形中交互式地指定特定位置。

12.2.1 数学注解

在有些情况下可以往一个图形中添加数学标记和数学公式。在 R 语言中可以通过指定一个表达式，而不是用 text()，mtext()，axis() 或 title() 函数中的一个字符串来实现这一功能。例如，下面的代码给出了二项式的公式：

```
>text(x,y,expression(paste(bgroup("(",atop(n,x),")"),p^x,q^{n-x})));
```

我们可以尝试敲入下面的命令，可以获得关于数学注解的更多的认识：

```
>help(plotmath);
>example(plotmath);
>demo(plotmath);
```

12.2.2 矢 量 字

利用 text() 和 contour() 函数写入文本的时候可以指定矢量字（Hershey vector fonts）。使用矢量字有 3 个好处：矢量字可以在电脑屏幕上产生更好的输出，特别是对于旋转的或小的字体而言；矢量字可以提供特定的标志，这是标准字体所不能提供的，特别是一些黄道带标志、制图标志和天文学标志；矢量字支持俄文和日本字符。

我们可以尝试下面的 R 语言命令，可以获得关于矢量字的更多的信息：

```
>help(Hershey);
>demo(Hershey);
>help(Japanese);
>demo(Japanese);
```

12.3 与图形进行交互

R语言同样提供了允许用户使用鼠标从图形中提取有用的信息,或向图形中添加信息的函数。其中最简单的函数是 locator(),它的作用是当鼠标左键按下时可以读出图形中光标所在的位置,locator()函数的基本描述如下:

调用格式:	
locator(n = 512, type ="n",...)	
参数名	描述
n	需要定位的点的最大数量
type	可选项有"n","p","l"或"o"
...	如果参数 type!=n,则可以使用其他图形参数

等待用户使用鼠标左键在图形中选择位置的动作将持续到n个点(默认值是512)被选择,或者鼠标右键被点击。参数 type 允许在特定点进行作图,这与其在高级图形命令中的作用是一样的;type 的默认值是不作图。locator()函数返回一个由 list 对象(拥有两个元素 x 和 y)所选择的点的位置。

locator()函数通常以无参数形式被调用,它通常被用于确定图形中元素的位置,如将图例和文字标记选定并放置在特定位置。例如,为了将文字信息放置在边框外(outlying point)的位置,可以使用如下的命令:

>text(locator(1),"Outlier",adj=0);

注意,在不支持交互的环境如 postscript 中,locator()将被忽略。

identify()函数允许用户高亮度显示由 x 和 y 定义的点。鼠标的右键按下则返回所选择的点的索引。

有时我们想识别图形中的特定点而不是它们的位置。例如,我们希望用户从显示设备中选取一些观察物,然后再对观察物进行处理。如果给出了坐标(x,y),那么我们就可以使用 identify()函数,如下所示:

>plot(x,y);
>identify(x,y);

identify()函数本身不进行任何作图操作,它只是允许用户移动鼠标,并在一个点旁边点击鼠标左键,如果旁边有一个点,它将记下该点的索引值。另外,你可以利用 identify()中的 labels 参数来高亮度显示提示信息字符串,同时可以使用参数 plot=FALSE 来阻止作图。当这个过程中止时,identify()函数返回选定点的索引。你可以使用这些索引从初始向量 x 和 y 中抽取选定的点。

12.4 利用图形参数

当产生图形，特别是用来显示和发布的图形时，R 语言的默认值总是不能精确地生成用户需要的图形，因此你也可以使用图形参数来自定义图形的显示方式。R 语言拥有一系列图形参数，可以用来控制线条风格、颜色、图形排列和文本确认等方面。每一个图形参数都有一个名字（name）和一个值（value），例如 "col" 用来控制颜色，并且用数值来代表颜色值。

任何一个活动设备都有一列独立的图形参数，并且每个设备都有初始化时默认的图形参数值。图形参数可以用两种方法来设置：一种是永久性的，它影响所有访问活动设备的图形函数；另外一种是暂时性的，它只影响单一的图形函数。

12.4.1 永久性设置

par()函数用作设置和查询活动设备的图形参数。

函数形式	描述
par()	没有任何参数，在活动设备中返回所有图形参数和它们的值
par(c("col","lty"))	用字符向量参数，返回命名的图形参数
par（col=4，lty=2）	用命名的参数（或一列参数）设置命名的图形参数的值，并以一个列表返回参数的初始值

用 par()设置需要永久改变的图形参数值，则在现有设备中任何对图形函数的调用都会被新的值影响。你可以考虑用这种方式设置所有参数的默认值，这些值将被所有图形参数使用，或者也可以给出定值。

注意，调用 par()总是会改变图形参数的全局值（global values），在函数内调用 par()也会产生同样的效果。有时候这样做会限制你想要进行的行为。比如，我们只想用某些图形参数来作图，而其他参数要保留初始值以避免影响用户的 R 语言会话，这样你可以通过保存 par()函数的结果来保留初始值，等作图完成时再重置这些初始值。正如下面的例子所示：

```
>oldpar<-par(col=4,lty=2);
    ♯作图命令,这里略
>par(oldpar);
```

要保存和重置所有可设置的参数,可以利用如下命令:

```
>oldpar<-par(no.readonly=TRUE);
    #作图命令,这里略
>par(oldpar);
```

12.4.2 暂时性设置

同样可以以命名参数的形式传递图形参数给任何图形函数。这与给 par()函数传递参数的效果是一样的,不同的是该参数只在函数作用范围以内有效。

例:用"+"标注散点图。

```
>plot(x,y,pch="+");
```

该命令生成了一个用添加的标记作为作图特征的散点图,并且不会改变进一步作图的作图特征。

注意,如果要产生持久性的变化,请使用 par()函数。

12.5　图形参数列表

接下来的部分将要详细介绍常用的图形参数的详细信息。R 语言的帮助文档对于 par()函数有更为精确的总结,这里只是在某些方面进行侧重性介绍。

图形参数将会以下面的形式列出:

name=value	参数作用的说明。name 是参数的名字,即为被 par()或其他图形函数使用的参数名,value 为所设置的参数值

12.5.1　图形元素

R 语言中,图形由点、线和多边形所组成,图形参数可以控制这些图形元素被画出的方式,例如:

pch="+"用作画点的字符。默认值随着图形设备的变化而变化,但是它通常是"o"。画出的点往往出现于恰当位置的上方或下方,除非你将"."置于中间位置。其他参数如下:

参数形式	描述
pch=4	当 pch 给定一个 0 到 25 的数值时,就可以产生一个特定的作图特征。使用如下命令: ＞legend(locator(1),as.character(0∶25),pch=0∶25); 另外,pch 可以是一个字符或范围 32∶255 的数值,用来表示一种字符的字体
lty=2	线条的类型。并不是所有的图形设备都支持变化线条的类型。类型 1 表示实线,类型 0 表示不可见的线,类型 2 表示虚线
lwd=2	线的宽度。可以控制线的宽度,使之为标准线宽的若干倍。这个元素可以作用于由 line() 函数产生的线条,同时也可以控制坐标轴线的宽度。并不是所有的图形设备都支持这个元素,只有对线的宽度有要求的设备才可以使用它
col=2 col.axis col.lab col.main col.sub	颜色元素。可以设定点、线条、文本、填充区域和图片的颜色。右边的数值从现存的调色板(palette)获得,也可以是命名的颜色 这些元素可以分别用作设置轴注解、x 轴和 y 轴的坐标标记、主标题和子标题的颜色
font=2 font.axis font.lab font.main font.sub	可以使用整型数值来指定文本的字体。1 代表普通字体,2 代表粗体字,3 代表斜体字,4 代表粗体斜体字,5 代表符号字体(包括希腊字母)。 这些元素分别可以用作设置轴注解、x 轴和 y 轴坐标标记、主标题和子标题的字体
adj=－0.1	文本相对于作图位置的对齐方式。0 代表左对齐,1 代表右对齐,0.5 代表水平居中。实际值表示文本相对于作图位置的左对齐位置偏离的比例。所以,－0.1 表示文本相对于作图位置的左对齐位置有 10% 的间距
cex=1.5	字符扩展。元素值为相对于默认文本大小的倍数

12.5.2 轴和记号刻度

许多 R 语言的高级图形函数都定义轴,也可以运用低级图形函数 axis()来构建自定义的轴。轴(axis)拥有三种主要元素:轴线(由图形参数 lty 来控制线的类型)、记号刻度(tick marks,代表沿着轴线的分割单位)和记号标签(tick labels,代表单位数值)。这些元素可以通过下面列出的图形参数来进行个性化设置。

参数形式	描述
lab=c(5,7,12)	前两个数值分别表示 x 轴和 y 轴的单位间隔,第三个数值表示标签标记的字符长度(包括小数点)。如果选择的数值太小,会导致记号标签重叠在一起
las=1	轴标记的方向。0 表示与轴平行,1 表示总是水平的,2 表示与轴垂直正交
mgp=c(3,1,0)	轴元素的位置。第一个数值表示轴文本标记与轴的距离;第二个数值表示单位记号标记与轴的距离;最后一个数值表示轴位置与轴线的距离(通常是 0),正数表示在图形的范围以外,负数表示在图形范围以内
tck=0.01	单位记号的长度,作为作图区域的片段长度。当参数 tck 很小(比如小于 0.5)时,x 和 y 轴上的单位标记以同样大小显示。如果数值为 1,则将显示方格线。负数值表示标记记号在作图区域的外面
xaxs="r" yaxs="i"	分别表示 x 和 y 轴的风格。"i"表示内部(internal);"r"是默认值,表示标记记号总是在数据的范围以内,"r"风格只在边缘留下很小的空间

12.5.3 图形的页边空白

在 R 语言中,一个图形(figure)由作图区域(plot region)和周围的页边空白(margins)组成(可能还包括轴文本标签、标题等),并且以自身的轴为边界。

一个典型的图形(figure)如图 12.8 所示。

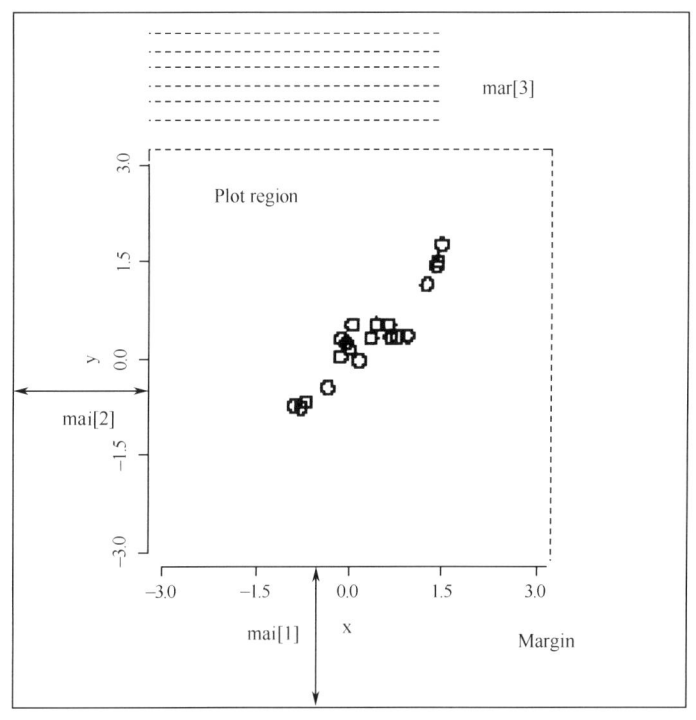

图 12.8 图形的页边空白

下列图形参数可以控制图形的页边空白：

参数形式	描述
mai＝c(1,0.5,0.5,0)	四个数值分别表示图形底部、左边、顶部和右边的页边空白，单位是英寸
mar＝c(4,2,2,1)	与参数 mai 类似，只是计量单位，表示文本的行数

mar 和 mai 两个参数是等效且相关的，设定了其中的一个就会影响到另外一个的值。这两个参数的默认值总是很大的。右边的页边空白总是很少用到；顶部的页边空白在没有标题的情况下也不会用到；而底部和左边的页边空白处必须留下足够的空间以容纳轴和记号标记。另外，参数默认值的选择不取决于输出设备表面的尺寸，例如，以 postscript() 为设备驱动，并且参数 height＝4 而 mai 或 mar 都没有显示设定的情况下，图形会有 50% 的页边空白。

12.5.4 多维图形环境

R语言允许用户在页面中创建一个 n×m 阵列的图形。其中的每一个图形都有自己的页边空白,且这一阵列图形被一个外围的页边空白所包围,如图12.9所示。

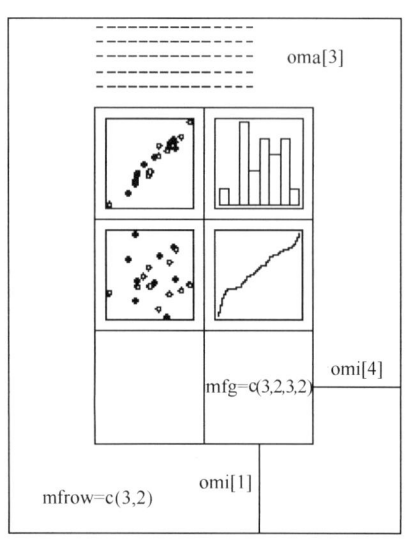

图 12.9 多维图形环境

用来设置多维图形环境的参数如下:

参数名	描述
mfco=c(3,2) mfrow=c(2,4)	这两个参数用来设置多维图形的尺寸。参数的第一个值表示阵列的行,第二个值表示阵列的列,这两个参数的唯一区别是 mfcol 使图形以列填充,而 mfrow 使图形以行填充。 图 12.9 所示图形的布局设置参数 mfrow=c(3,2),图中表明,在四个图形画出之后才显示页面。设置任何一个参数都会减少文本和标志的基尺寸(由函数 par("cex")控制的设备的点尺寸)。在布局中,两行两列的基尺寸的削弱因子是 0.83,如果行数和列数更多,则削弱因子是 0.66

mfg＝c(2,2,3,2)	这个参数设定现有图形在多维图形环境中的位置。参数中的前两个值表示现有图形的行和列,两个值为在多维图形阵列中的行和列。设置这个参数可以在阵列的图形中进行跳转
fig＝c(4,9,1,4)/10	这个参数设置现有图形在页面中的位置。参数中的四个元素值分别表示左边、右边、底部和顶部的边缘位置(根据比例),这个比例值从底部左下角开始计算。图12.9所示例子中的值表示图形在底部右下角。通过这个参数可以设置图形在页面中的任意位置。如果你想在现有页面中添加一个图形,要设置参数 new＝TRUE
oma＝c(2,0,3,0) omi＝c(0,0,0.8,0)	这两个参数设置外围页边距。类似于参数 mar 和 mai,第一个参数的度量单位是文本行,第二个参数的度量单位是英寸,其中的四个元素值从底部开始沿顺时针方向计量

可以利用函数 split.screen()和 layout()构建更为复杂的多维图形,同样,在 grid 包和 lattice 包(package)中也可以进行这样的工作。

split.screen 命令在现有图形设备下定义了一系列分割的区域,可以利用这些分割的区域在一个单一的设备下产生多维图形。screen 本身可以被分割,并可以在其上进行复杂的图形操作。

例:关于 split.screen 的一个例子,结果如图12.10所示。

```
>if (interactive()) {
    par(bg ="white");        # 定义背景为白色
    split.screen(c(2,1));    # 将 screen 分割为2(行)×1(列)的多维图形
    split.screen(c(1,3),screen = 2);# 将第二个 screen 分割成1(行)×3
                                      (列)的多维图形
    screen(1);               # 第一个 screen 预备输出
    plot(10∶1);
    screen(4);               # 第四个 screen 预备输出
    plot(10∶1);
    close.screen(all = TRUE);  # 退出 split.screen 模式

    split.screen(c(2,1));    # 将 screen 分割为2(行)×1(列)的多维图形
```

```
split.screen(c(1,2),2);      # 将第二个 screen 分割成1(行)×3(列)的多维
                               图形
plot(1:10);                  # screen 3 作图
erase.screen();              # 清除 screen3,重画
plot(1:10,ylab="ylab 3");
screen(1);                   # 第一个 screen 预备输出
plot(1:10);
screen(4);                   # 第四个 screen 预备输出
plot(1:10,ylab="ylab 4");
screen(1,FALSE);             # 返回 screen 1,但是不清除
plot(10:1,axes=FALSE,lty=2,ylab="");   # 在 screen1 上再次作图,
                                         与原图叠加
axis(4);                     # 在右手轴上加标记
title("Plot 1");             # 加标题
close.screen(all = TRUE);    # 退出 split.screen 模式
}
```

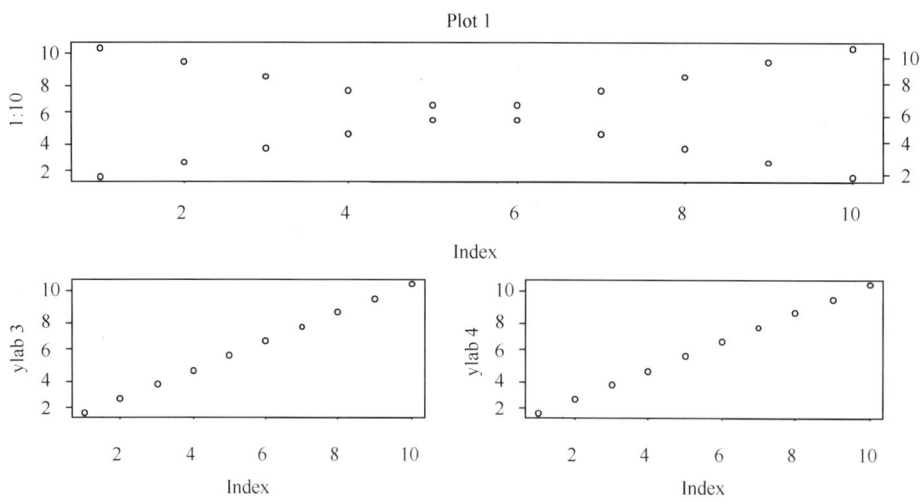

图 12.10　关于 split.screen 的例子的程序的输出结果

12.6　设 备 驱 动

R 语言可以创建各种显示和输出类型的图形(各种不同质量层次的)。在产

生图形之前，需要通知 R 语言处理何种类型的设备，这一项工作由设备驱动完成。设备驱动的作用是将 R 语言中的图形转化为特定设备可以理解的输出形式。

通过设备驱动函数来加载设备驱动。R 语言中存在各种各样的设备驱动，敲击命令 help(Device) 可以显示它们的列表，例如，使用命令：

> \>postscript();

可以使所有图形都以 PostScript 格式输出。

一些常用的设备驱动函数见表 12.3。

表 12.3 常用设备驱动函数列表

函数形式	描述
X11()	用于 Unix 下的 X11 窗口系统
window()	用于 Windows 操作系统
quartz()	用于 MacOS X 操作系统
postscript()	前文已介绍，以 PostScript 格式产生或输出
pdf()	产生一个 PDF 文件，同时也可以包括进 PDF 文件
png()	产生一个 bitmap PNG 文件（并不总是有效，查看帮助文档）
jpeg()	产生一个 bitmap JPEG 文件，在 image 作图中效果最好（并不总是有效，查看帮助文档）

结束一个设备时，一定要确认用命令中止设备，如：

> \>dev.off();

这一命令确保设备完全结束。例如，在硬件拷贝设备中，这一命令保证了每一页被结束同时也被输出（这将在一次会话结束时自动发生）。

12.6.1 排版文档的 PostScript 图表

通过向设备驱动函数 postscript() 传递 file 参数就可以在文件中以 PostScript 格式存储图形。图形将沿着前景（landscape）方向呈现，除非给出参数 horizontal=FALSE，还可以通过设置参数 width 和 height 来控制图形的大小（图形将被调整以符合合适的尺寸）。例如，命令：

> \>postscript("file.ps", horizontal=FALSE, height=5, pointsize=10);

将会产生一个 5in（1in=2.54cm）高的图形文件，其中包含 PostScript 代码。需要注意的是，当命名文件已经存在时，该文件将被覆写（overwritten），即使这个文件是在先前的 R 语言会话中已经被创建的。

PostScript 的各个输出将在另外一个文件中合成图形。封装的 PostScript 产生之后可以有最佳的效果，R 语言总是产生合适的输出，但同时要求参数 onefile 设置为 FALSE。这个不寻常的符号滋生于 S 的兼容性，它意味着输出的将是一个单一的页面（这是 EPSF 规格的一部分）。

例：包含上述用法来输出一个图形：

> postscript("plotl.eps", horizontal=FALSE, onefile=FALSE,
        height=8, width=6, pointsize=10);

12.6.2 多维图形设备

R 语言的高级应用中经常会在同一时刻拥有多种图形设备，当然在任何一个时刻只有一个图形设备可以获得图形命令，这个设备也称为活动设备（current device）。当多维设备被开启时，在任何位置，这些设备组成了一个命名的数字序列。

下面列出主要的用来操作多维设备的命令：

```
X11()
windows()
win.printer()
win.metafile()
quartz()
postscript()
pdf()
```

每一个设备驱动函数用来打开一个新的图形设备，这样一个接一个地展开设备列表。一旦某一设备成为活动设备，图形将会在其上输出（有些平台可能有更多可获得的设备）。

> dev.list();

返回所有活动设备的数量和名称。在设备列表中的 1 号位置设备总是空设备，它并不接受任何图形命令。

> dev.next();

返回下一个图形设备。

> dev.prevD();

返回前一个图形设备。

> dev.set(which=k);

可以用来将活动设备的位置改成设备列表中的 k 号位置。返回设备的数字和标记。

```
>dev.off(k);
```

中止在设备列表中 k 号位置的图形设备。对于某些设备，如 postscript 设备，使用这个命令后将不能立即打印出文件或无法正确完成上一次的打印，这些都取决于设备是怎么初始化的。

```
>dev.copy(device,...,which=k)>dev.print(device,...,whick=k);
```

复制设备列表中 k 号位置的设备。在这里，设备是一个设备函数，如 postscript，同时还可以给它添加参数。dev.print 与 dev.copy 类似，但是使用这个命令时，复制的设备将被立即关闭，这样，这个动作执行时将立即向硬盘打印。

```
>graphics.off();
```

中止设备列表中的所有图形设备，除了空设备之外。

12.7 动态图形

R 语言现在没有关于动态图形的内建函数。然而在 XGobi 系统中可以获得扩展的动态图形工具，这个工具可以在 http://www.research.att.com/areas/stat/xgobi/获得，由 Swayne，Cook 和 Buja 开发。只要在 R 语言中使用包 xgobi，即可。在 R 语言中使用这个工具，Xgobi 可以运行在 UNIX 下的 X 窗口系统和 Windows 操作系统。现在，XGobi 正在进行进一步的发展，并命名为 GGobi，参见 http://www.ggobi.org。

下篇 Bioconductor 及其应用

第13章 Bioconductor 与 DNA 微阵列数据处理

13.1 Bioconductor 简介

Bioconductor 实际上是一个开源和开放式的软件开发项目，该项目起始于 2001 年秋季，项目核心组成员主要是哈佛医学院/哈佛公共卫生学院的 Dana Farber 癌症研究所生物统计组，还有来自美国和国际上的其他研究机构的一些研究人员。该项目的目标是建立多方面的、强有力的基因组数据的统计与图形分析方法，促进各种生物数据的集成，推动数据的综合分析和利用，促进形成高质量的文档，同时加速发展各种开放式软件，并加强基因组数据分析方法和技术的培训。

Bioconductor 的应用功能主要是以包（package）的集成形式呈现在用户面前的，Bioconductor 提供了大量开放式的生物信息学软件包。一个软件的开放性体现在可以免费得到该软件的程序代码，具有友好的应用程序接口（API）以使用户能够添加新的功能，并集成其他的软件。在生物信息学计算分析中采用开放软件的开发策略有很多优点，主要表现在以下几个方面：①用户可以了解算法的本质及其实现，理解计算分析的原理；②用户可以调试程序，发现软件的问题，改进软件，扩充软件的功能；③为研究人员探索新的生物数据分析方法提供一个平台；④促进可重现的数据分析，使得重要的分析结果能够再现，保证分析结论的可靠性。

Bioconductor 提供的软件包中包括各种基因组数据分析和注释工具，其中，大多数工具是针对 DNA 微阵列数据的处理、分析、注释及可视化的。同时，Bioconductor 还提供许多与 DNA 微阵列相关的数据包，并将生物元数据与实验数据分析紧密地结合起来。为了便于叙述，本书以后出现的名词"Bioconductor"均指 Bioconductor 提供的各种包。

Bioconductor 软件包的第一版是在 2002 年 5 月 2 日正式对外发布的，当时只有 15 个包。最初的工作主要集中于 DNA 微阵列的数据分析，后来逐步加入了一些通用分析工具，可以被广泛用于基因组数据的分析，如分析基因组序列、SNP 数据、SAGE 数据、蛋白质组数据等。Bioconductor 软件包的第 1.5 版本于 2004 年 11 月 1 日发布。

13.2 DNA 微阵列

DNA 微阵列（microarray）又称基因芯片，是由大量 DNA 或寡核苷酸探针密集排列所形成的探针阵列，其基本原理是通过杂交检测信息，根据碱基互补匹配识别核酸分子的序列。DNA 微阵列把大量已知序列的探针集成在同一个基片上，经过标记的若干靶核酸序列通过与芯片特定位置上的探针杂交，便可根据碱基互补匹配的原理确定靶基因的序列。利用 DNA 微阵列杂交检测图像，可以对生物细胞或组织中大量的基因信息进行分析，实现基因信息的大规模检测。DNA 微阵列包括 cDNA 微阵列和寡核苷酸微阵列。DNA 微阵列的相关技术包括：DNA 微阵列设计，微阵列制备，靶基因的制备、杂交和检测以及检测结果分析等。

13.2.1 cDNA 微阵列

cDNA 微阵列是在 1995 年由斯坦福大学率先研制成功并应用于基因表达分析的。首先将细胞内的 mRNA 反转录成 cDNA 并分离，然后将分离得到的所有或部分 cDNA（其长度通常大于 200bp）作为探针，用机器手按照阵列的形式点到玻璃片或其他基片上。基片上的每一个点只包含一种 cDNA 分子，这样就制成了 cDNA 微阵列。可以通过测序得到固定在基片上的 cDNA 探针的序列，或者其序列是已知的。在实际使用 cDNA 微阵列时，首先提取组织或细胞系中的 mRNA 样本，反转录成 cDNA，并用荧光素标记；然后把标记混合物加到 cDNA 微阵列上与探针杂交，杂交过程完成后，清洗微阵列；最后用激光扫描仪扫描并获取荧光图像，对图像进行分析，由此得到 cDNA 芯片上每一个点的荧光强度值。荧光强度值定量反映了样本中存在的与探针互补的 mRNA 的丰度，也就是反映了探针所对应基因的表达水平。

在制造 cDNA 微阵列时，点样点的大小是不能保证完全一样的，点的排列也可能是不规则的，这意味着要比较不同微阵列图像的绝对荧光强度是不合理的，因此通常使用双色荧光系统来纠正点之间的差异。在制备样本时，使用两个样本，一个称为控制样本（control sample）或对照样本（reference sample），通常用绿色荧光素（Cy3）标记其 cDNA；另一个为测量样本，用红色荧光素（Cy5）标记其 cDNA。这两个样本按照相同的实验方案分别制备不同荧光素标记的 cDNA，并按 1∶1 的比例混合，然后与 cDNA 微阵列杂交，用不同波长的激光扫描杂交后的微阵列，分别获取荧光强度并成像。如果来自两个样本的基因以相同水平表达则显示黄色，而如果表达水平有差异，则图像显示红色或绿色。因此，cDNA 微阵列的实验数据反映了两个样本中基因的相对表达水平。由于

Cy3 和 Cy5 的标记效率不相等，以及存在系统噪声等原因，通常需要对 cDNA 微阵列实验中获取的原始图像数据进行归一化。例如，如果用 Cy3、Cy5 两种荧光素分别标记的一些基因的表达水平相等，那么这些点的实验结果中 Cy5/Cy3 荧光强度比率值（以下称 Ratio 值）的期望值为 1，但实际得到的 Ratio 值往往不等于 1，这些实验偏差可以通过归一化来得到纠正。对微阵列进行归一化的指导思想包括基于全局的强度值调整、强度相关归一化、基片之间的对比归一化等，具体方法包括总密度（假设两个样本中的总 RNA 是相等的）归一化、线性回归、Ratio 统计、迭代 log（ratio）平均值中心化等，与微阵列扫描系统配套的软件可以完成归一化工作。

cDNA 微阵列实验得到的值反映了基因的相对表达水平，即测量样本与对照样本之间荧光信号强度的比率或者对数化的比率，这是一个无量纲的值，可用于比较一组实验中的基因相对表达水平。如果对照样本的信号非常低，那么这个比率就可能很大，可能主要是噪声信号，因此它很可能是无意义的。这些数据往往被看作是不确定的点或异常点，在后续分析时要注意这些数据，根据需要确定是否保留以及如何纠正其值。

13.2.2 寡核苷酸微阵列

寡核苷酸微阵列又称为寡核苷酸芯片或 DNA 芯片，它在玻璃片或者其他基片上按阵列固定寡核苷酸探针，在很多情况下这些探针是在片原位合成的。在片合成法是基于组合化学的合成原理，通过一组定位模板来决定基片表面上不同化学单体的偶联位点和次序。在片合成法制备 DNA 芯片的关键是高空间分辨率的模板定位技术和固相合成化学技术的精巧结合。目前，已有多种模板技术被应用于基因芯片的在片合成，如光去保护并行合成法、光刻胶保护合成法、微流体模板固相合成技术、分子印章多次压印原位合成的方法、喷印合成法等。在片合成法可以发挥微细加工技术的优势，很适合制作大规模 DNA 探针阵列芯片，实现高密度芯片的标准化和规模化生产。美国 Affymetrix 公司制备的基因芯片产品在 $1.28cm \times 1.28cm$ 表面上可包含 300 000 个 20~25mer 的寡核苷酸探针，每个探针单元的大小为 $10\mu m \times 10\mu m$。其实验室芯片的阵列密度已超过每片 1 000 000 个探针。现有产品中应用最广泛的是 Affymetrix 公司制造的 GENE-CHIP® 芯片，它使用一种光掩模技术和传统 DNA 化学合成的组合，以非常高的密度制造寡核苷酸阵列。例如，Affymetrix 公司的 Human Genome U133 芯片包含了 100 万个不同的寡核苷酸探针，代表了 33 000 个人类基因。寡核苷酸芯片主要用于 DNA 多态性检测和基因表达分析，还可以用于微生物基因组的再测序。

寡核苷酸探针的长度通常为 20~25bp，在检测 mRNA 丰度时可能存在寡核苷酸之间的非特异性交叉杂交，这可能会掩盖杂交信号，此外，对于特定的寡核苷酸，其信号强度对于寡核苷酸的碱基组成是比较敏感的。对于第一个问题，Affymetrix公司的解决办法是采用匹配/失配（PM/MM）探针对的方法，即在设计一个特异的全匹配寡核苷酸探针（PM）的同时设计一个非特异的失配寡核苷酸探针（MM），该探针仅仅在中间位置有一个碱基替换，这样就可以用PM与MM之间的差值作为信号强度。为了解决第二个问题，在设计探针时，对于每一个待检测的mRNA设计多个寡核苷酸探针，例如，设计11~20对探针来检测一个转录本。

与cDNA微阵列不同的是，杂交实验中与寡核苷酸芯片杂交的是单个样本，而不是cDNA微阵列实验中测量样本与对照样本的混合物。寡核苷酸芯片的检测结果有两种，一种用P/A/M（Present/Absent/Don't Know）表示，表示有/无/不确定；另一种用荧光信号强度值表示。P/A/M可以用来判断样本中有无特定基因的表达，这个结果对于部分实验，特别是一些定性实验是有意义的，如判断肿瘤与正常细胞的基因表达差异。当需要对几个不同条件下的基因表达情况进行分析时，我们对基因表达的相对变化更感兴趣，所以此时多采用荧光强度值。有时实验结果中有负值，这是由于前景信号小于背景信号或者背景/阴性控制样本的定义不正确造成的，Affymetrix公司的芯片分析系统会将负值修改成某一固定值。

与cDNA微阵列数据一样，在分析多个实验条件下的基因表达数据时，寡核苷酸芯片的实验数据也是一系列测量样本与对照样本之间的信号强度比率或比率的对数值。实验得到的信号强度也是经过归一化的数值，归一化的方法很多，而且一般都包含在芯片扫描系统的图像处理软件中。

DNA微阵列或基因芯片在用于基因表达分析时的一个最大优点就是高通量性，一次芯片实验可以对成千上万个基因的表达进行并行测量。由于实验环节较多，虽然在设计芯片时可以通过添加阴性和阳性探针等手段来评价数据的质量，但是需要提醒的是，数据的可靠性仍然是对数据进行后续分析时必须考虑的一个问题。

13.3 微阵列数据处理与分析

DNA微阵列在生物学和医学研究中具有重大的应用价值，从基因功能的研究、特定生物过程（如细胞周期）的研究，到疾病的分子诊断、疾病的准确分类，DNA微阵列都扮演着越来越重要的角色。然而，在实际的应用过程中，研究人员却面临着一个巨大的挑战，即DNA微阵列数据的收集、管理和分析。

13.3.1 DNA微阵列的相关数据

大量基于DNA微阵列实验的基因表达数据是公开发布在Internet网上的，

尤其是学术机构的论文中发表的实验数据都可以免费提供给全世界的研究人员下载使用。作为学术论文的补充资料在网上发布的数据主要是文本文件或 Excel 格式的文件，这些数据往往都是经过归一化处理后的 Ratio 值或 $\log_2$ (Ratio)，对于寡核苷酸芯片的数据，有的是用 P/A/M 表示，有的是用荧光强度值表示。因为这些数据文件没有包含原始的实验方案、实验材料、原始扫描图像、图像处理方法和数据归一化方法等信息，所以要比较或整合分析来自不同研究小组的基因表达数据是非常困难的，主要原因是 DNA 微阵列的实验数据并不是在任何客观的个体上测量基因表达水平，大多数测量值仅仅是基因表达的相对变化，而且使用并不是一个标准化的对照样本。同时，基因表达数据比基因组序列数据要复杂得多，这些数据仅仅在有具体的关于实验条件的描述时才是有意义的。不同的细胞类型，在不同的条件下都有一套转录本。因此，基于 DNA 微阵列的基因表达数据的存储量是非常大的，对于一个具有 20 000 个探针的微阵列实验，以 $10\mu m$ 的分辨率扫描，可以产生 3000 万个离散的数据点，如果以 tiff 文件储存，则将占用约 60MB 的硬盘空间。

一方面，由于基因表达数据量非常庞大，而且数据中蕴含着丰富的生物学知识，另一方面由于这些数据没有注释，所以迫切需要一种标准来描述和存储 DNA 微阵列基因表达数据，同时建立公共的 DNA 微阵列数据库。欧洲生物信息学研究所（EBI）与德国肿瘤研究中心（DKFZ）在 1999 年成立了 MGED (The Microarray Gene Expression Data) 讨论组。MGED（http://www.mged.org/）是一个国际性的成员联盟，参与人员包括生物学家、计算机科学家、信息分析专家，它的目标是促进由功能基因组学和蛋白组学研究产生的微阵列数据的共享。当前，该联盟正集中建立微阵列数据注释和交换的标准，推动微阵列数据库建设和相关软件来实现这些标准，促进高质量的、经过注释的基因表达数据在生命科学领域的共享。

建立数据标准、实现数据共享是 DNA 微阵列研究与应用中的一个关键问题。MGED 组织开发的微阵列数据标准称为 MIAME（the minimum information about a microarray experiment），是对于解释和验证结果所必需的微阵列实验的最小信息描述。MIAME 不是微阵列实验必须遵循的教条，而是一组指导方针或规则，它有利于微阵列数据库和数据分析工具的开发。MIAME 规则主要包括两个部分，一个是关于微阵列的描述，另一个是对基因表达实验的描述。在关于微阵列的描述方面，既需要从整体上说明，如微阵列的类型、制备方法和技术，微阵列的大小，阵列的点数等，也需要详细说明微阵列上的每个探针，包括探针的类型，探针序列或 PCR 引物的序列，序列的长度，与探针对应的基因在公共数据库中的访问号，克隆信息等，同时还需要说明各个基因在微阵列上的位置，对照点在微阵列上的位置，对照点的类型（如阴性对照、阳性对照、均一化对照）及对照点的属性（如自然产物、人工合成）。对基因表达实验的描述包括下列 4

个部分：①基因表达实验的设计。简述整个实验项目，包括实验设计人员的基本信息，实验的类型（如正常组织和病变组织对照实验，不同时间的样本，药物反应样本等），实验设计的因素，杂交参数、质量控制步骤，相关文献等。②样本说明。这部分内容包括样本来源（如物种的信息，样本提供者的详细信息），样本的处理方式（如体内生长或体外培养，处理类型，分离技术），样本的提取方法和提取结果（总RNA、mRNA、基因组DNA），样本的标记方式和标记物。③杂交实验信息。每一次微阵列杂交实验应该包括以下几个方面的信息：使用的微阵列信息，标记样本的信息，杂交过程的详细信息。④实验数据。这部分内容着重描述微阵列杂交获得的实验数据及数据处理分析的信息，包括原始数据、图像处理和数据处理分析。其中，原始数据又包括微阵列扫描所用的软硬件、扫描参数、扫描所得到的图像；图像处理包括图像分析软件、软件中的参数设置、图像处理结果；数据处理分析包括数据处理流程，经过分析所得到的基因表达差异数据。

MGED还组织开发了微阵列基因表达标记语言（microarray gene expression-markup language，MAGE-ML），它可以用来组织微阵列实验的数据和相关信息，提供微阵列数据表示和交流的有效手段。MAGE-ML基于XML，可以描述微阵列设计、制造、实验组织和实施信息、基因表达数据等。MIMAE标准和MAGE-ML语言受到了从事DNA微阵列开发和应用研究的科研人员和组织的广泛关注。美国NCBI的GEO（gene expression omnibus）及英国的EBI的ArrayExpress数据库都采用了该标准，斯坦福微阵列数据库（Stanford microarray database，SMD）也正在兼容该标准。

目前，收集、存储微阵列基因表达数据的最有影响力的数据库和网站是GEO、ArrayExpress和SMD。GEO（http://www.ncbi.nlm.nih.gov/geo）是由NCBI在2000年开发的一个基因表达和杂交微阵列数据库，同时作为获取来自不同生物体的基因表达数据的在线资源。截止到2004年3月，数据库中包含的内容有605个Platform，14 391个Sample，816个Serial。Platform是关于物理反应物的信息，如核酸、抗体、组织微阵列和SAGE数据等的基因表达数据被接受、增加和归档作为公共数据集。Series是关于样本集的信息，反映样本间的相关性和组织。

ArrayExpress（http://www.ebi.ac.uk/arrayexpress）是基于基因表达数据的微阵列公共知识库，目的是存储被很好注释的数据，当前包含多个基因表达数据集和与实验相关的原始图像集。ArrayExpress数据库接受MAGE-ML格式的数据递交或者通过MIAMExpress的基于Web界面注释和递交的数据。ArrayExpress提供一个简单的基于Web的数据查询界面，并直接与Expression Profiler数据分析工具相连，可以进行表达数据聚类和其他类型的Web数据发掘，并将进一步开发多个实验和数据库间的交叉查询。ArrayExpress数据库中的数据将与所有由 EBI 维护的或在线的数据库相联接。

SMD（http://genome-www5.stanford.edu）是一个使用 Oracle 作为数据库管理软件的关系数据库。SMD 存储微阵列实验的原始数据、归一化数据和对应的图像文件。从 2002 年 1 月 1 日到 2004 年 4 月，已包括 85 篇学术论文，超过 3500 个双色点样 cDNA 微阵列的实验数据，并且每年增加 1000 个微阵列实验的数据。另外，SMD 提供数据获取、分析和可视化的界面，目前包括层次聚类和自组织映射等方法，还将加入 k-平均聚类、单值分解和丢失值归纳等方法。

除了以上 3 个综合性的基因表达数据库外，还有一些专门的基因表达数据库，如 YMD（Yale Microarray Database，http://info.med.yale.edu/microarray）、ArrayDB（http://genome.nhgri.nih.gov/arraydb）、BodyMap（http://bodymap.ims.u-tokyo.ac.jp）、ExpressDB（http://twod.med.harvard.edu/ExpressDB）、HuGE Index（Human Gene Expression Index，http://www.hugeindex.org/welcome/index.html）等，这些数据库收集的数据往往具有物种特异性，使用比较方便。

13.3.2 微阵列数据的预处理

一次微阵列实验能获得细胞在某一条件下的全基因组表达数据，包含成千上万个基因在细胞中的相对或绝对丰度。不同条件（细胞周期的不同阶段、药物作用的不同时间、不同肿瘤类型、不同病人等）下的基因表达数据构成一个 $G\times N$ 的数据矩阵 M，其中 G 代表基因的数目，N 代表条件的个数，通常情况下 $G\gg N$。矩阵 M 的每一个元素 m_{ij} 表示第 i 个基因在第 j 个条件下的表达水平值（在多数应用情况下，该值是 Ratio 值或 log（Ratio）值）。行向量 $m_i=(m_{i1}, m_{i2}, \cdots, m_{iN})$ 代表基因 i 在 N 个条件下的表达水平，称为基因 i 的表达谱；列向量 $m_j=(m_{1j}, m_{2j}, \cdots, m_{Gj})$ 代表某一条件下的各基因的表达水平。

对基因表达数据进行聚类、分类等数据分析之前，往往需要进行预处理，包括对丢失数据进行填补、清除不完整的数据或合并重复数据等，根据分析的目的进行数据过滤，针对分析方法选择合适的数据转换方法等。

数据清洗是数据分析前必须进行的一项工作。对于基因表达数据来说，目的是去除表达水平为负值的数据或很小的数据、或者明显的噪声数据（单个异常大或异常小的峰谷信号），同时处理缺失数据。DNA 微阵列实验得到的数据一般是经过归一化处理的，每个点的信号强度是前景信号减去背景信号，因此有时会出现负值或很小的值，显然负值是没有生物学意义的。对于这些数据点，通过数据清洗过程可以将其置为缺失或赋予统一的数值，由于实验条件和芯片的因素，DNA 微阵列表达数据中检测得到的信号强度往往与细胞中实际的 mRNA 丰度之间没有对应关系，因此，通常是采用两个条件下的信号强度的比值，例如，在

cDNA 微阵列双色实验中,最后得到的往往是 Ratio 值。虽然寡核苷酸单色实验的结果是信号强度,然而在处理一组数据时,也往往选择一个样本作为对照样本,将实验数据转换成 Ratio 值。在计算 Ratio 值时,如果参考样本的信号强度很小,则就可能得到很大的 Ratio。如果一个基因谱中仅仅存在单个特别大的 Ratio 值,则称之为异常数据点,这往往是由于噪声造成的。这个异常数据点必须去除。数据的缺失对于某些后续数据分析方法(如层次式聚类和主元分析 PCA)有着非常大的影响,甚至是致命性的,这时必须采取相应的方法。一个简单方法是直接过滤掉这些存在缺失数据项的行向量或列向量,另一个方法是设定阈值,计算行向量或列向量中的缺失项数目,如果达到该阈值,则将该数据项所在行或列从数据矩阵 M 中删除,如果没有达到阈值但存在缺失项,则可以对这些缺失项进行插值,以 0 代替缺失项,或用基因表达谱中的平均值或中值进行替代。这些方法都比较简单,但是否与真实值接近却很难进行评估。较为复杂和可靠的方法是分析基因表达谱的模式,从中得到相邻数据点之间的关系,根据这种关系,利用相邻数据点估算得到缺失值。这种方法类似于 k 近邻方法,需要有足够的完整的模式来发现有缺失值的相邻模式,需要有足够的值来确定它们的邻居。

在细胞中,基因表达有时空特异性,在某一条件下,能够表达的基因占基因总数的少部分,而大多数基因仅维持基础转录或不转录,转录本丰度很小,因此,DNA 微阵列实验得到的数据矩阵中大量的基因表达谱曲线是平坦的,即基因表达水平变化很小。这些基因往往不是生物学家所关心的,而它们的存在,却会大大增加数据分析的复杂性,而且会对一些分析方法的结果有干扰,所以对这些数据进行过滤是非常有必要的。要保留的基因表达谱究竟占总体数据的多少比例?这个问题是与分析目的密切相关的,例如,分析细胞周期相关的基因表达时,保留的基因可能较多;而分析肿瘤特异基因表达谱时,保留的基因往往较少。过滤基因所采用的标准有:①基因表达谱中最大值与最小值的差;②标准差;③均方根;④绝对值大于阈值的数据个数等。根据分析的对象和目的,可以选择以上一个或多个标准来确定阈值,从而选择基因表达谱。

基因表达谱数据经过过滤,在进行聚类分析等操作前,往往还需要进行数据转换。数据转换是将数据变换为适合数据挖掘的形式,可以根据需要构造出新的数据属性以帮助理解分析数据的特点,或者将数据规范化,使之落在一个特定的数据区间中。因此,数据转换包括对数转换和标准化两个过程。

许多 DNA 微阵列实验的结果是测量样本与对照样本间信号强度的 Ratio 值,对于 Ratio 值,在大多数情况下是转换到对数(log)空间中进行处理,常用的对数底为 2,e,10。考虑时间序列上的基因表达数据时,实验结果是相对于 0 时刻的表达水平。假设在时间点 1 基因的表达水平没有改变,在时间点 2 上调 2 倍,而在时间点 3 又下调 2 倍,则原始的比率值分别为 1.0、2.0、0.5。在大多数应用中,需要把上调2倍和下调2倍看作是相同幅度的变化,只是方向不同。在 Ratio 空间中,时间点1和2之间的差异是+1.0,而时间点1和3之间是 -0.5。而在 log 空间中,(为了简化,用2为底),这三个数据点分别为0、1.0、-1.0,上调2倍与下调2倍是关于0对称的。因此,对数转换可以使小于1的值变大,大于1的值变小,从而使它们关于0对称化。

数据的标准化是将所有的数据转换到同一个范围内,这样做的好处是方便比较和计算相关系数,缺点是在标准差接近0的时候会产生大的噪声,这也是首先要进行数据过滤的一个重要理由。通过标准化,使得每个基因表达谱的平均值为0,标准差为1。还可以进一步将所有数据转换为在 [0,1] 区间内分布。

13.3.3 基因表达差异的显著性分析

用于检测基因表达水平的 DNA 微阵列的应用之一是比较实验,目的是比较两个条件下的基因表达差异,从中识别出与条件相关的特异性基因或显著差异表达的基因。例如,识别可用于肿瘤分型的特异基因等。为了提高实验的可靠性,对于同一样本,往往要有两次或更多次的重复实验,但是,由于 DNA 微阵列的实验费用仍然很昂贵,不可能重复足够多的次数来满足实验数据分析的要求,因此需要采用统计方法来分析这些数据。何谓显著差异表达?通常是指一个基因在两个条件中表达水平的检测值在排除实验、检测等因素后达到一定的差异,具有统计学意义,同时也具有生物学意义。常用的分析方法有三类,第一类称之为倍数分析,计算每一个基因在两个条件下的 Ratio 值,若大于给定阈值,则为表达差异显著的基因;第二类方法采用统计分析中的 t 检验和方差分析,通过计算表达差异的置信度来分析差异是否具有统计显著性;第三类是建模的方法,通过确定两个条件下的模型参数是否相同来判断表达差异的显著性,如贝叶斯方法。

13.3.4 基因表达谱聚类分析

对于基因表达谱进行聚类分析的目的是从数据矩阵 M 出发,将表达模式相似的基因聚为一类,在此基础上寻找基因之间的关系,发现共表达或共调控的基因,分析基因的功能,分析基因的转录调控。通过聚类分析,将表达模式相似基因分组。从数学的角度来看,聚类得到的基因分组,一般是组内各成员在数学特征上彼此相似,但与其他组中的成员不同;从生物学的角度来看,聚类分析方法所隐含的生物学意义或基本假设是,组内基因的表达谱相似,它们可能有相似的功能。然而,产物具有相同功能的编码基因(例如,对其他蛋白质有磷酸化作用)不一定共享相似的转录模式,相反,具有不同功能的基因可能因为巧合或随机扰动而有相似的表达谱。尽管有许多意外的情况存在,但大量功能相关的基因的确在相关的一组条件下有非常相似的表达谱，特别是被共同的转录因子所调控的基因，或者产物构成同一个蛋白复合体，或者参与相同的调控路径的基因。因此，在具体的应用中，可以根据对相似表达谱的基因进行聚类，从而指派未知基因的功能。

聚类分析是模式识别和数据挖掘中普遍使用的一种方法，是基于数据的知识发现的有效方法，特别适用于不知道模式分类数的情况。聚类分析是一种无监督学习方法，不需要任何先验领域知识，它根据数学特征提取聚类标准，并对数据进行聚类，这种数学特征的例子有统计平均值、相关系数、协方差矩阵的本征值及本征向量等。聚类分析在基因表达数据分析中应用得很多，主要有层次聚类、K均值、自组织特征映射网络等。

对微阵列基因表达谱的聚类分析得到的一般是基因的分组信息和基因表达谱的相互关系，如何进一步了解同组基因的表达谱差异？不同组基因之间是否存在相互关系？哪些基因是上调或下调的？幅度变化有多大？在何种条件下发生较大的变化？这些问题是生物学家普遍关注的问题，需要通过简单、直观的方法来给出答案。数据对于大多数人来说太抽象了，而文字的描述又难以反映数据的本质，采用可视化的方法可以大大方便对表达谱分析结果的理解，有利于回答上述问题。表达谱数据及其聚类结果通常用两种方式表示，第一种可视化表示方式是彩色盒图和树状图。所谓的彩色盒图是用不同的颜色小方盒来表示基因表达谱数据，一个小方盒表示一个数据，绿色表示数据小于0，红色表示数据大于0，其生物学意义是对应的基因在相应的条件下是上调还是下调，而颜色的深浅反映了数据的绝对值大小。树状图是系统发生分析中常用的物种进化关系的表示方法，在这里反映了基因表达谱之间的关系，通过不同层次的剪枝，可以得到不同的基因子集。树状图和彩色盒图的结合可以很好地反应具有不同表达特征的基因之间的相互关系，例如，检测细胞周期的基因表达，可以很方便地知道哪些基因是周期性表达的，它们表达高峰分别在哪一个时期等。通过这种表示方式，可以方便地发现相关的基因，并对它们进行深入的分析。第二种可视化表示方式是点线图。在直角坐标系的第一象限中用点表示基因表达数据，并用线将相邻的点连接起来。这样，一条曲线就表示了一个基因在不同条件下的表达水平对于时间相关的数据，这可以在一定程度上反应基因的动力学行为。对表达谱进行聚类分析以后得到的每一个基因子集可以在一幅点线图中显示出来，由此分析它们的共性。点线图比盒形图更能直观地表示基因的表达水平和不同基因在相同条件下的共性和差异。

13.3.5 基因表达数据的分类分析

在生物医学中，基于表达数据的肿瘤分型诊断是DNA微阵列的重要应用领域。通过对一组特异基因的表达检测和分类分析，可以进行临床诊断，并指导治疗方案的制定。

分类是从训练数据中找出一组能够描述数据集合典型特征的模型（或函数），以便能够识别未知数据的归属或类别，即将未知事例映射到某种离散类别之中。与聚类分析相比较，分类分析是一种有监督的学习方法，需要关于数据分类的先验知识。基于表达数据的肿瘤分类就是根据已知肿瘤类型的样本数据来构建分类器，然后利用它对新的表达数据进行分类分析，从而确定肿瘤的类型。基于基因表达数据的肿瘤分型诊断的数据分析主要包括三个过程。

第一是选择肿瘤分型特异基因。在 DNA 微阵列实验中，基因数目成千上万，但实际上，影响样本分类的往往只是很少一部分的关键基因，其他的基因往往是不相关的，是冗余的或显著性较小的。过多的基因会导致噪声的增加，影响到分类效果。因此，需要选择对肿瘤分型有效的一组基因，这组基因的表达行为对于诊断肿瘤是特异性的，因此，这组基因也称为信息基因。要确定信息基因并非是件容易的事，常用的方法是前面所述的显著性分析，从不同肿瘤类型的样本中分析基因表达差异的显著性，挑选出显著性高的基因作为信息基因。

第二是构建分类器，利用已知类别的数据，通过训练来建立分类决策规则或者构建分类器。有许多分类器模型和方法，如贝叶斯分类法、k-近邻法、人工神经网络等。

第三是检验分类预测结果的有效性。在对肿瘤分型表达谱数据进行分类分析时，可以通过敏感性和特异性来分析分类结果的好坏。对于一个好的分类方法，要求它有高的敏感性和特异性，但这往往是一对矛盾体，此外，对于肿瘤分类问题，还要考虑由于错分带来的风险，需要寻求某种折中。在对肿瘤样本分类结果进行评价时，通常采用的方法是留一法和独立检验法。留一法是指每次去除一个样本，构建新的分类器，然后对所去除的样本进行分类，统计错误分类的次数。独立检验法则将样本分为测试集和训练集。随机将数据分为 k 个子集合，依次取出一个子集作为测试集，而其余的 k－1 个子集合作为训练集，利用分类器，对测试集的样本分别进行分类，计算错误分类的次数，此过程循环 k 次。

13.3.6 其他分析方法

对于基因表达数据还有许多其他分析方法，如主成分分析（principal component analysis，PCA）、基于基因表达数据的基因调控网络分析等。

主成分分析是一种掌握事物主要矛盾的统计分析方法，它可以从多元事物中解析出主要影响因素，揭示事物的本质，简化复杂的问题。计算主成分的目的是将高维数据投影到较低维空间。对于一个由多个变量描述的复杂事物，人们难以认识，那么是否可以抓住事物主要方面进行重点分析呢？如果事物的主要方面刚好体现在几个主要变量上，我们只需要将这几个变量分离出来进行详细分析即可。但是，在一般情况下，我们并不能直接找出这样的关键变量。这时我们可以用原有变量的线性组合来表示事物的主要方面，PCA 就是这样一种分析方法。

在基因的转录过程中，转录因子（蛋白质）与 DNA 结合以激活基因的转录，而基因的表达产物有可能是转录因子，它又能激活或抑制其他基因的转录，以此类推就形成一个基因调控网络。从基因表达数据出发，可以建立基因相互作用的网络模型，在此基础上进一步研究基因调控网络的动力学性质。

13.4 Bioconductor 开发背景

13.4.1 Bioconductor 的分析对象

随着现代生物技术的迅速发展，目前已经积累了大量的基因组数据。而由于 DNA 微阵列（基因芯片）技术的异军突起，DNA 微阵列数据成为近几年飞速增长的一大类数据。分析和利用 DNA 微阵列数据是目前生物信息学研究的热点和重点。在以往生物信息学数据分析处理中，一次数据处理的对象往往只是单个或几个生物分子，而现在，一块 DNA 芯片就可以产生上千个基因的表达数据，数据处理量大幅度增加，数据之间的关系也更加复杂。在大规模数据集上对基因表达数据进行分析、归纳，可以了解基因表达的时空规律，探索基因表达的代谢控制，了解基因的功能，理解遗传网络，提供疾病发病机理的信息。

海量的 DNA 微阵列数据对生物信息学提出了巨大的挑战，在数据获取、数据管理、数据转换、不同数据的集成、数据建模、数据分析、机器学习等方面提出了新的要求。需要研究新的分析方法，发展新的分析技术，建立实用的分析平台。因此，开发 Bioconductor 软件包就是为了适应 DNA 微阵列技术发展，推动这种新技术的应用的。通过 Bioconductor 的研究，创建一个自由的、能长久使用的软件开发环境，尽可能减少生物信息学研究的困难，使统计学研究人员能方便地了解数据资源以及采用合适的算法用于数据分析，使生物学家能得到和使用各种用于知识推断的最新的统计学方法。

目前，Bioconductor 软件包已经具有相当的规模，为相关研究和应用人员提供了多方面的、强有力的基因组数据的统计与图形分析方法，促进了各种生物数据的集成，推动了数据的综合分析和利用，加速发展了各种开放式软件。Bioconductor 专注生物信息学问题，特别是与 DNA 微阵列相关的数据管理和分析问题，这种定位要求编程环境要能提供相当强的数值计算能力和统计分析能力，具有丰富的数学算法，具有自由的图形显示和数据可视化功能，可以方便地访问各种数据库。

13.4.2 Bioconductor 的设计要求

研究人员在设计基因组信息计算分析平台时强调软件的透明性、数据处理的再现能力和开发效率。生物信息学的高通量计算分析方法非常复杂,在将原始实验数据(如 DNA 微阵列扫描图像)转换为高度精炼的、附有相关信息的数据(如基因表达谱)的过程中,需要进行许多数据处理,不可能明确地给出最终分析结果对分析流程中误差的敏感程度。为了保证得到可信的数据分析结果,需要让用户详细地了解各种软件的中间处理过程,使每一个处理步骤对用户来说都是透明的,而不是一系列的"黑匣子"。

做生物学实验需要遵循标准的实验规程,以便能够再现实验结果,验证重要的科学发现。同样,进行数据处理和分析也要遵循标准的协议,对于所得到的分析结果,需要附有得到该结果的软件代码及原始数据。这样,其他人才可以再现分析结果,并验证所得到的结论。

开发效率不仅包括开发计算资源(包括软件和大量数据)的效率,还包括发展新的生物信息分析方法的效率。一个开放环境中的软件和数据应该能够被使用者读懂并理解,并且能够被扩展、延伸出新的功能。而初学者则应能够利用开放资源作为学习资料,利用软件分析样本数据,从而逐步掌握特定软件的实用分析技术。

13.4.3 Bioconductor 的计算科学基础

Bioconductor 是一个面向生物信息管理和分析科学计算的开放式软件,在开发 Bioconductor 时主要考虑程序设计语言、软件开发基础、软件设计策略、软件分布开发方式等几个方面。

1. 选择合适的语言

Bioconductor 面向生物信息学领域,侧重 DNA 微阵列数据的管理和分析。由于 DNA 微阵列的数据量巨大,数据关系复杂,因此,需要一个具有较强数据库和网络访问能力、数值计算能力、统计分析能力、数据可视化能力的编程环境。而 R 语言具有强大的数学统计分析和科学数据可视化功能,也具有较强的数据库和网络访问能力,并且 R 语言已经在生物信息学领域得到越来越多的应用。R 语言也是一个开放式的软件开发平台,它可以提高生物信息学软件的开发效率,所以,Bioconductor 的开发者们选择 R 语言作为软件开发环境。

R 语言有很多特点,表现在以下几个方面:①原型化能力。R 语言是一个高级解释语言,可以方便和快速地原型化新的计算方法,即在一种开放式的环境下探索新的分析方法，建立和逐步完善新的算法。虽然新算法在解释实现环境中运行计算速度不快，但是，一旦证明它们是成功的，则就可以在其他高效的计算环境中实现新方法。②包系统。在 R 语言环境中包含了一个用于组织相关软件和文档打包的完善系统，用包（package）的形式支持创建、测试和发布软件，这种思想已被大多数软件开发人员采纳。③支持面向对象的编程方式。生物信息学中的许多问题非常复杂，通常需要使用多个不同的软件工具来解决某一个具体的问题，这些软件需要协调地工作，处理共同的对象，而面向对象的软件编程方式能够很好地适应这种需求。④WWW 链接。访问网络在线数据库是大多数生物信息分析必不可少的。R 语言有一套经过测试的函数和包，它们提供了对不同数据库和 web 资源（通过 http）的访问。同样有包可以处理 XML 文档。⑤统计模拟和建模。R 语言提供的统计学和数值算法中有随机数发生器和机器学习算法等，它们已被测试是可靠的。⑥可视化。R 语言的一个优势是数据和模型的可视化能力，而且这些能力是可以扩展的。⑦并行计算。R 语言支持并行计算。⑧团体性。R 语言的一个最突出的特点是用户和开发人员形成了一个统一的整体，R 语言提供了一个开放式的平台，通过这个平台，生物学家和生物信息学开发人员相互交流，相互合作，不断拓展 R 语言。

2. 软件开发基础

Bioconductor 的开发者们十分重视软件开发的基础，在最初的两年中，他们主要发展基本的可重用的数据结构和软件模块。可重用软件既是一种基本的软件，也是一种可以扩展的软件，它和固定软件有很大的差别。例如，我们为解决某个问题开发了一个固定软件，该软件只能解决原来的问题，不能解决其他相近的问题，更不能应用于不同的问题。然而，在生物信息学分析中，我们需要更加灵活的可重用的基本软件，研究人员在应用中可以根据具体情况扩充和优化这些基本软件，以满足实际应用的需求。例如，Biobase 包的 exprSet 类和元数据包 hgu95av2 就是两个典型的 Bioconductor 基础软件。

exprSet 是一种连接基因表达度量与 DNA 微阵列实验结果的数据结构，它是建立在 R 语言基本数据结构 data.frame 和 list 的基础上的。exprSet 为筛选基因、构建基因分类子集以及其他 DNA 微阵列数据处理提供了便利，它为新的微阵列实验平台的数据分析建立了一种三层结构体系，即底层数据-exprSet-高层分析。底层数据处理软件的设计者重点创建 exprSet 实例，而高层分析软件的设计者则可以忽略底层的数据结构和基本的数据处理，只要直接分析 exprSet 表示的数据即可。

hgu95av2 是一系列相关数据包的集合，这些数据包将 DNA 微阵列上的探针与基因序列、基因功能及其他基因元数据关联起来。hgu95av2 同时提供高效的数据获取方式，可以根据探针的命名返回元数据，或者根据元数据的说明返回一组探针。通过 exorSets 可以有效地利用探针和元数据这两大类信息，例如，利用一个探针名的矢量提取对应探针的表达值。

3. 软件设计策略

一个好的软件应该能够降低数据的复杂度，便于使用各种工具，支持对各种数据源的集成访问。在设计软件时，应尽量运用软件工程技术。Bioconductor 采用了协议设计、面向对象编程、模块化、多种执行文档、自动发布等软件工程技术。

为了开发出能够被用户共同使用的软件，Bioconductor 借鉴了软件工程中协议设计的思想。假设现在要分析存储在关系数据库中的基因表达数据，从技术上来说，可以通过不同的途径获取数据，但是返回的数据对象必须满足一定的约定或协议，如 exprSets。在设计数据结构和分析工具时必须遵循大家共同认可的协议，这样才能设计出通用的软件。

Bioconductor 具有面向对象编程的特征，使用了类（class）的概念。一个类具有特殊的结构和继承关系，类的结构主要反映在成员变量（slot）和方法（method）上，"slot"和"method"是一个类的主要成分，一个"slot"描述了对象的某个属性，而一个"method"则说明了如何加工及处理对象。Bioconductor 的每个包中含有许多类，同时还包括一些通用的函数或方法。

Bioconductor 强调软件的模块化，主要体现在数据结构的模块化、函数的模块化以及包的模块化。数据结构的模块化意味着一个数据结构具有最精简的、但又是充分的信息，如 exprSet（Bioconductor 的一个基本类）包含表达水平（slot exprs）、可变性（slot se.exprs）、协同数据（slot phenoData）以及一些元数据（slots description，annotation，notes）等信息。数据结构 exprSet 将基本的表达数据与其他相关信息组织在一起，使得数据处理和分析变得更加方便，能够得到更有意义的分析结果；但是 exprSet 又排除了一些信息，如基因符号、染色体定位等，因为在大多数情况下用不到这些信息。在函数水平上的模块化意味着一个函数只完成一个特殊的任务，通过函数的组合使用可以完成复杂的任务。每个函数都具有相应的文档（如帮助文件）以及实例。函数的模块化便于软件的跟踪调试和性能测试。包的模块化意味着所有的包都具有充分的功能，具有完善的文档。

准确和完善的文档是有效开发和使用软件的基础，在开发软件的过程中，需要专门建立和维护相关文档。Bioconductor 继承了 R 语言的最小规模文档和单元测试的体系，在面向函数的用户手册中有专门的可执行实例。与此同时，Bioconductor 还引入了一种大规模文档，即 vignette 的概念。vignette 超越了传统的使用手册文档。传统的方法着重说明一个或几个函数的功能和作用，而 vignette 则详细说明完成某一项复杂任务（需要用到多个函数和多个包）所需要进行的每一个步骤。用户可以通过交互的方式访问与一个包相关的各种 vignettes。对于一个具体的 vignette，用户可以阅读相关的 Adobe 文档（PDF 格式），也可以访问其代码块。Bioconductor 有一种 vignette 的浏览器 vExplorer，它提供一种窗口小部件（widget），可以浏览各种代码块。在 widget 中，每个代码块对应于一个命令按钮，代码显示在 widget 的窗口中。用户点击命令按钮以后就可执行代码，并在一个新窗口中显示输出结果。也可以通过按钮执行其他功能，如访问 PDF 文档。Bioconductor 中的每一个包都至少有一个 vignette。

为了给用户提供更多的方便，Bioconductor 支持在用户层次上开发和管理软件包。当有新版本的软件包时，系统可以自动更新用户的软件包。

4. 软件分布开发方式

开发 Bioconductor 是一个庞大的计划，仅靠一个研究单位的人员不可能完成这个计划，需要采用分布式开发的策略，联合处于不同地理位置的研发人员共同开发和扩展软件。分布式开发的另一个好处是集思广益，发挥不同研究单位的优势。

当然，一个人所研制的代码应该相对独立，对某段代码的修改不能牵涉其他代码，不能导致其他代码出错。在 R 语言中，软件被分解成一个个包，每个包对应于一个特定的主题，完成特定的任务。每个包的开发者需要提供必备的文档，详细地说明每一个函数，并附有运行实例，同时提供测试代码。

除以上 4 个方面之外，在开发 Bioconductor 时还坚持尽可能使用成熟的软件，避免重新开发新的算法。

5. 针对生物信息学的特殊考虑

针对生物信息管理和分析的特点，Bioconductor 的开发者们十分关注软件的再现能力、数据的扩展、用户培训和用户需要响应。科学发现应该能够重现，软件计算分析结果也应该能够再现，R 语言和 Bioconductor 提供了一种很好的机制，能够同时发布数据、软件代码以及说明文档，满足分析结果再现的要求。

Bioconductor 使用了元数据（metadata）的概念。所谓元数据就是关于数据的数据。究竟哪些数据是元数据，需要根据实际情况来确定。比如，基因的名称、基因的功能及其他基因注释对于研究基因本身的人来说就是一般的数据，而对于应用 DNA 微阵列或基因芯片的人来说就是元数据。随着基础研究的不断深入，元数据的数量也在不断扩充，其内容也更加丰富，而且更加复杂，而用户总是希望能够得到最新的数据。因此，需要一种机制来适应元数据的发展和变化。Bioconductor 处理这个问题的策略是将元数据放在 R 语言的包中，通过半自动的方式建立元数据包，并通过特殊的工具及时发布元数据包，用户通过版本号确认最新的数据。

生物信息学的许多研究和应用要求研究者具有生物学、计算机科学和数学的综合知识结构。由于生物信息学是一个新的领域，而 R 语言和 Bioconductor 又是新的程序设计语言和新的软件，所以需要加强对使用者的培训。面对这个问题，Bioconductor 开发了大量的教学材料，并且建立一个基于 vignette 的互动式教学体系，帮助新手学习使用软件，使用各种文档。

一个软件是否成功既依赖于它能否有效地解决实际问题，依赖于它是否能够响应用户的需求，同时也依赖于它能不能吸引广大的用户。正如元数据在不断发展和变化一样，生物信息学分析的需求也在不断地变化、不断地提高。Bioconductor 本身是一个开放的系统，研究人员可以随时针对特殊的需求开发相应的软件。在面向用户方面，Bioconductor 通过邮件组与广大用户进行交流，通过提供免费的开放软件和大量的培训资料使更多的人了解 Bioconductor，通过提供图形化的接口使用户更容易使用 Bioconductor。

13.5 Bioconductor 各种包的分类介绍

从整体上可以将 Bioconductor 的各种包分为两大类。一类是基本的包，为有关人员开发高质量的基因组数据分析软件提供基础支撑；另一类是特殊的包，为分析基因组数据提供新的方法。如果根据包的功能和处理的数据对象对包进行分类，则可以将 Bioconductor 所有的包分为 10 大类。下面简单介绍这 10 类包的主要功能。

13.5.1 数据库访问（database interaction）

生物信息学分析依赖于各种数据库，在应用程序中实时访问网络数据库是一个重要的环节。Bioconductor 具有数据库连接和数据库操作能力，可以实时连接网络数据库，对数据库进行读写和查询。在 Bioconductor 中有 3 个与数据库访问有关的包：

- Rdbi
- RdbiPgSQL
- SAGElyzer

Rdbi 提供关于数据库连接、数据读写和数据查询等基本函数。RdbiPgSQL 提供与 PostgresSQL（一种对象-关系型数据库管理系统）数据库有关的接口，并提供相应的数据库操作函数。SAGElyzer 是一个对 SAGE 数据库进行管理、分析和注解的 R 语言接口，主要是根据 SAGE 标签来进行基因定位，该包提供一些函数，将 SAGE 库里面的数据放到 R 语言建立的数据库中，并且调用其他程序寻找与给定的 SAGE 标签相似的基因。

13.5.2 图形及用户接口（graphics & user interface）

Bioconductor 为用户提供了非常方便的图形接口，用户可以创建图形界面，通过图形界面或窗口小部件与 Bioconductor 进行交互。这部分的包共有 7 个，其中有 2 个包用于创建窗口小部件，两个包提供 Affymetrix 芯片和 cDNA 芯片的基因表达芯片数据分析的 limma 包的图形化界面操作，还有 2 个包则提供绘制图形的图形化界面，还有 1 个包集成 Web 界面，用于微阵列数据的分析，可以作为中心化的生物信息学资源而被用户使用。

- widgetTools
- tkWidgets
- geneplotter
- hexbin
- limmaGUI
- affylmGUI
- webbioc

widgetTools 和 tkWidgets 是 Bioconductor 中最具特色的两个包。R 语言的编程和使用与目前流行的计算机程序设计语言相差很大，新用户会感到很繁琐，难以适应。为了解决这个问题，Bioconductor 的研究人员设计了一种窗口小部件（widget）的机制，用户可以通过这种交互方式逐步了解和掌握 Bioconductor 的各种功能。一个窗口小部件实际上是一个小规模的图形用户界面（GUI）。用户可以利用这两个包生成浏览文件、输入数据等各种功能的窗口小部件。widgetTools 包是建立初级窗口小部件的工具，利用它生成图形用户界面，而 tkWidgets 提供了较为高级的窗口小部件创建函数及其视图函数和控制器函数。

geneplotter 为基因组数据分析提供相应的图形化工具，例如，沿染色体绘制基因表达的图谱，或形成基因表达数据矩阵的彩色图像。这个包独立于数据源，其函数不依赖于具体的物种和染色体，可以处理不同的微阵列数据包。hexbin 以正六角形表示数据点进行绘图，选用灰度或彩色区分不同密度的数据区，使得数据表示清晰，尤其是对于大量集中的数据点。

limmaGUI 提供 limma 微阵列包的图形化用户界面，是对 cDNA 芯片数据进行分析的交互手段，可以导入导出数据文件，执行 limma 包的大多数分析功能。affylmGUI 是使用 limma 微阵列包进行 affy 芯片数据分析的图形用户界面，其功能与 limmaGUI 包相似。

webbioc 包集成 Web 界面，使用多个 Bioconductor 包，用于微阵列数据的分析。

13.5.3 图结构（graphs）

图（graph）是一种基本的数据结构，在计算机程序设计中，用图来表示数据之间复杂的关系。图也是 Bioconductor 的基本数据对象。在 Bioconductor 中有 4 个与图有关的包，它们涉及图的数据结构和图的操作。这 4 个包分别是：

- graph
- RBGL
- Rgraphviz
- SNAData

graph 包提供关于图的基本类和函数，这些基本的类实际上对应于图的数据结构，通过函数对图进行操作，如构建一个图、修改一个图、合并若干个图、转换不同结构的图、对图中的顶点或边进行操作等。

RBGL 提供有关图论算法，如图的宽度优先搜索和深度优先搜索、寻找连通分量、计算最短路径、计算一个图的最小生成树、生成有向图的顶点拓扑排序等。

Rgraphviz 主要的功能是画图，该软件包提供不同的布局方法和画图算法。在作图之前，用户可以设置相应的画图参数（如线型、颜色等）及顶点布局方式，然后调用函数 plot 绘图。

SNAData 是一个数据包，包含一些关于社会关系网络的实例数据，可以用图结构显示各种社会关系的分析结果。

13.5.4 通用工具（general tools）

通用工具类包主要是为 Bioconductor 平台的用户提供一些通用工具，分为两方面，一是关于 Bioconductor 使用的基本工具，二是对基因组数据分析的基本工具。这类包共有 10 个，主要用于管理和使用 Bioconductor 的各种包以及由包所构成的文件库，提供其他包所需要的基本函数，提供生物分子序列的基本类及其操作，提供全局唯一标识符操作方式。所有的包如下：

- reposTools
- Biobase
- Biostrings
- DynDoc
- Ruuid
- ctc
- convert
- Icense

- exprExternal
- externalVector

文件库（file repository）是一种文件的组织形式，它是包（package）、vignettes 和其他数据的集合。任何 Bioconductor 的使用者都可以建立自己的文件库。用户可以将自己开发的文件、数据、窗口部件等资源通过文件库向其他用户发布。其他用户可以查看网络中文件库包含的资源，下载自己感兴趣的内容。reposTools 包含一组工具，用于处理文件库，允许用户方便地使用、安装、更新和分发软件包、vignette 文档和其他文件。reposTools 包的功能可分为两个方面：文件库的客户端操作与文件库的服务器端构建，前者允许用户方便地安装、更新软件包；后者用以发布软件包、vignette 文档和其他文件。

Biobase 是通用工具类包中最重要的一个包，其功能是为基因组数据建立标准化的数据结构，目前已经建立的数据结构包括处理芯片信息的 exprSet 类、phenoData 类等。它提供其他包所需要的基本函数，主要分为 3 类，包括对包的操作、对实验相关数据的操作和对环境的操作。为了高效地表示和操作多种类型的生物数据，它使用面向对象的、基于类和方法的程序设计方式。例如，类 exprSet 提供了一种关于 DNA 微阵列表达数据的系统表示方式，它不仅包括基因表达的量，也包括目标样本的各种相关数据，如病人年龄、性别，肿瘤的分类，对治疗的反应等，还包括微阵列上各个探针的序列注释信息。各个类的设计遵循 MIAME 标准。

Biostrings 包中既包括对生物分子序列进行定义的各种类，如定义核酸序列、蛋白质序列的基本字母表，定义表示模式序列的通用字母表，也包括各种序列处理和分析的基本函数及通用函数，如取反向互补序列、对序列进行排序、序列搜索和序列模式匹配等。

DynDoc 包主要是对各种文档进行操作，包括动态文档、vignette 文档和其他可导航文档，并完成它们之间的交互；Ruuid 包的主要功能是应用 R 语言建立全局唯一的标识符，建立一种访问全局数据对象的机制；ctc 包用于向其他项目导入和导出树状结构和聚类结构，它没有特有的类，而是一组函数的集合；convert 包用于将 Biobase、limma 和 marray 包中定义的芯片信息格式进行转换；Icense 包是一组函数，用于计算删减数据的非参数最大似然估计；exprExternal 是 Biobase 包中 exprSet 类的子类，与 exprSet 类具有相同的特征，但应用于在外部储存的外部 Matrix 对象；externalVector 包用于处理外部向量，包含基于 R 语言向量对象的外部向量类和通用函数。

13.5.5 注释（annotation）

微阵列数据与许多生物数据库（如 GenBank, Locuslink, PubMed）中的元数据密切相关。注释类包的主要作用是为在 Bioconductor 中处理不同的元数据包提供接口，这些元数据是来自各个数据库的注释数据。注释包具有将微阵列数据与其他基因组数据进行实时连接的函数，利用 Enviroments（本质上是一种哈希表，Hash table）建立不同来源的、与探针或基因相关的数据之间的映射关系，如来自于 Affymetrix、GenBank、PubMed、UniGene、GO 等数据库的数据。对于这些数据库，可以一次查询或搜索其中的多个基因，利用 R 语言获取、存储和处理返回的结果。

注释类共有 5 个包，它们分别是：

- annotate
- AnnBuilder
- Resourcer
- SNPtools
- Data packages

annotate 和 AnnBuilder 是最重要的两个包。annotate 包提供了对不同注释数据包的访问方法，为在 R 语言环境中处理不同的元数据包提供接口。annotate 包处理的元数据主要有两种来源，一种是由许多数据源组合起来的数据，这些数据以数据包的形式存储；另外一种是通过网络实时地生成的数据包。AnnBuilder 包可以集成和处理各种数据库的基因组注释数据，剖析不同形式的数据，将相关元数据整合到一起，形成数据包或注释文件，并以 XML 文档的格式输出，提交给 annotate 进行进一步的处理和分析。基因组注释数据来自于 GenBank、GO、LocusLink、UniGene、UCSC Human Genome Project 等数据库。

注释类还有另外 3 个包，分别是 Resourcer、SNPtools 以及 Data packages。Resourcer 包提供了一些函数，这些函数可以从 TIGR 数据库中读取注释文件并构建一个具有 Bioconductor 的元数据格式的注释数据包；SNPtools 包主要包含了用于处理 SNP 元数据的函数。通过调用这些函数，可以从 SNPper 获取与 SNP 相关的数据；Data packages 包中含有许多 XML 和 R 语言注释数据包，提供不同数据库中探针标识符之间的映射，如 Affymetrix 芯片数据库、GenBank 核酸数据库、PubMed 生物医学文献数据库等。

13.5.6 基因本体学（ontologies）

为了便于进行准确的信息交换，也为了便于进行数据挖掘，需要为生物学中的各种概念建立统一的标准。基因本体论（gene ontology）的出现就是为了解决这样一个问题，它用一套树状结构组织与基因有关的标准术语表，对生物学术语进行标准化描述。基因本体数据库 GO（gene ontology）为大量的基因提供有效的注释及分析。这类包一共有 3 个，主要提供利用 GO 数据库分析基因的一些方法和工具。

- goTools
- ontoTools
- GOstats

GOTools 包主要用于图形化分析一组或多组芯片探针与哪些 GO 术语有联系，从而得出芯片上的探针主要与哪些基因功能相关；ontoTools 主要是一套用于建立本体的工具，它可以将一组词语实体集合转换成一套本体结构，该包与其他一些包有密切的联系，如 Bioconductor 中的 graph 包、UIUC 中的 SparseM 包以及 CRAN 中的一些包；GOstats 包提供一组工具，用于 GO 和微阵列数据的交互，用于图形显示、假设检验和其他的简单计算，借助基因的 LocusLink 数据库标识符和它对应的 GO 术语进行信息的相互获取和转换，并对我们所感兴趣的信息建立树状图形，从而进行统计和检索。

13.5.7 微阵列数据预处理（pre-processing）

这类包的主要功能是对 Affymetrix 寡核苷酸芯片和双色 cDNA 微阵列产生的实验数据进行预处理，如背景校正、归一化等。它定义了各种类及相关的处理方法，用于在探针水平上对微阵列实验数据进行各种形式的预处理，用户可以使用不同的方法进行芯片数据的预处理；它还具有各种统计图的绘制函数，提供可视化分析手段；它也提供各种函数和窗口小部件，用于从文件中输入数据，或者自动产生微阵列数据对象。该类一共有 11 个包，分别是：

- affy
- affycomp
- affydata
- affypdnn
- affyPLM
- gcrma
- makecdfenv
- annaffy
- marray
- matchprobes
- vsn

affy 芯片上每一条探针的荧光强度的检测数据称为探针水平的数据，对这些数据需要进行背景校正、归一化、探针值校正等处理，然后得到基因表达数据。affy 包提供了一系列的分析算法来实现这个分析过程，并提供了一组绘图函数，对芯片数据和分析结果进行可视化分析。

affypdnn 包、affyPLM 包和 gcrma 包分别用不同的方法计算基因表达数据。affypdnn 包应用探针位置依赖最近邻法（PDNN 算法）分析探针水平的数据，计算基因表达数据。PDNN 算法是为了提高探针的敏感性而设计的模型，该模型考虑探针的特异性结合和非特异性结合，引入自由能的概念来模拟 DNA-RNA 复合体的形成。实验证明，PDNN 方法对 affy 芯片数据的处理有较好的效果。affyPLM 包提供了一种鲁棒的探针水平模型，用来计算 Affymetrix 基因芯片的表达数据。affyPLM 包的核心函数是 fitPLM，它可以从一组线性模型中选择一个模型用于处理探针水平的数据，从而计算基因表达数据。gcrma 包使用 RMA（robust multi-array average）方法并结合探针序列信息分析微阵列的探针水平数据，并计算基因表达数据。

marray 包用于 cDNA 微阵列数据的诊断性作图和归一化处理，是 Biocoductor 中的重要组成部分，其主要功能包括三部分：cDNA 微阵列数据的读取，通过简单的作图来评价数据质量，对数据进行归一化处理。matchprobes 包的功能是计算微阵列上的探针序列和相关信息。vsn 包中含有一种针对微阵列数据的特殊预处理方法，用于微阵列探针水平数据的校正处理和图形化分析。

在芯片数据预处理的实践过程中，选择最佳的预处理方法是很困难的。affycomp 包提供了一组图形化工具，用来评价那些 affy 芯片数据分析算法的性能。affycomp 包提供了图形化工具，通过对预处理的分析结果——基因表达数据进行统计分析，来分析算法的性能。

affydata 包本质上是一个数据包，提供 DILUTION 数据集中的 4 块芯片的数据。实验样本来自人肝组织和中枢神经系统的细胞系，分别以两种不同浓度的样本与 Affymetrix 公司的人类 hgu95av2 芯片杂交，检测实验结果，形成 affydata 包中的数据。

makecdfenv 包根据 Affymetrix 芯片描述文件创建与 affy 包配套使用的 CDF 环境。CDF 环境是保存在 R 语言环境中的芯片描述信息，为探针集标识符与探针在芯片上的位置索引号之间构建了映射关系。annaffy 包提供了 Affymetrix 分析结果与多个 Web 数据库之间的接口。利用这个包可以通过交互方式访问网络数据库资源，搜索元数据，获取注释数据，并可以产生静态的 HTML 报告。这个包与 Bioconductor 中的注释类的包密切相关。

13.5.8 数据分析（analysis）

该类包主要用于分析微阵列数据，研究基因之间的关系，研究样本之间的关系，识别差异表达基因，其基本方法包括分类分析、聚类分析、基因过滤等。该类的 14 个包提供了对实验数据的后续处理操作。

- daMA

- edd
- factDesign
- genefilter
- globaltest
- gpls
- multtest
- pamr
- MeasurementError.cor
- limma
- ROC
- siggenes
- splicegear
- RMAGEML

daMA 包中含有一组函数，主要应用于设计双色因子微阵列实验，并对相关的实验结果数据进行统计分析；edd 进行表达密度诊断，包括用于分布形状分类（distribution shape classification）的图形化方法和模式识别算法，该包提供一系列工具，计算基因表达谱的分布函数，并根据分布函数对基因进行分类；factDesign 提供一组工具，用于分析因子微阵列实验的数据，用于评价对照的正确检验和单个奇异点的检测，采用线性模型的方法筛选某条件下的目的基因；genefilter 使用一组过滤函数，根据芯片实验数据过滤、筛选基因，过滤器采用的过滤标准包括缺失数据的数目，反映表达水平变化的方差，协方差分析的 p 值，Cox 回归模型的 p 值等，这些工具可以用来对基因进行连续筛选；globaltest 主要分析与临床参数相关的一组基因是否具有显著性；gpls 使用 GPLS（generalized partial least squares，广义偏最小二乘）算法对 DNA 微阵列实验数据进行分类，可以对数据进行两组或多组分类；multtest 是用于控制 FWER（family-wise error rate）和假发现率（FDR，false discovery rate）的多重检验步骤，提供基于单因子和双因子设计的 t 或 F 统计量检验，提供重排过程来估计调整的 p 值，该包有多种统计检验函数和可视化函数；pamr 包的主要功能是对基因表达数据进行分类，提供各种基于最邻近法、缩小质心法等统计方法的样本分类函数，同时提供分类结果的显示工具；MeasurementError.cor 是一种两步测量误差模型（Two-stage measurement error model），用于估计双变量正态下两个随机变量之间的相关性，主要应用于分析基因表达数据间的相关性，相对于通常的样本相关性而言，有更小的相关性估计偏差；limma 包是关于基因表达芯片数据分析工具的一个库，提供读取微阵列数据和基因信息的基本函数，使用线性模型来设计实验和评估差异表达，还提供针对双色点样芯片数据的归一化和其他分析的函数；ROC 包是与 ROC（receiver operating characteristic）曲线相关的 R 语言的类和函数的集合，这些函数对 DNA 芯片试验进行 ROC 分析；siggenes 识别差异表达基因，利用对芯片数据的显著性分析（SAM）以及对芯片的经典贝叶斯分析（EBAM），确定差异表达基因并估计检出率（false discovery rate），另外，该包还提供了针对多类数据以及未加工的原始数据的芯片显著性分析工具；splicegear 是用于选择性剪切分析的一组工具；RMAGEML 包的主要功能是处理 Bioconductor 中的 MAGE-ML 文档。

13.5.9 微阵列比较基因组杂交（arrayCGH）

arrayCGH（array based comparative genomic hybridization）是一种基于微阵列的比较基因组杂交技术，又称微阵列 CGH，它利用微阵列检测不同样本中 DNA 拷贝数的变化，主要用于肿瘤相关基因的鉴定及肿瘤诊断，也可以检测其他遗传性疾病。在 Bioconductor 中有 2 个与 ArrayCGH 有关的包：

- aCGH
- DNAcopy

aCGH 包可以从 DNA 微阵列图像中读取及存储 DNA 拷贝数变化的信息，并分析这些信息，同时能够以直观的形式显示不同样本中 DNA 拷贝数的变化；DNAcopy 包主要利用循环二分法（circular binary segmentation）分析 DNA 拷贝数的变化，生成一系列 DNA 拷贝数的等值区，检测有异常拷贝数目的区域。

13.5.10 蛋白质组学（proteomics）

Bioconductor 主要用于管理和分析基因组信息，特别是管理和分析 DNA 微阵列的数据，但是，Bioconductor 也在不断适应生物技术的发展，数据管理和分析的对象也在从基因组向蛋白质组拓展。在 Bioconductor 中有 3 个与蛋白质组学相关的包，它们分别是：

- PROcess
- gpls
- apComplex

PROcess 包对蛋白质质谱分析实验数据进行质量评估、处理分析和显示；gpls 包使用广义偏最小二乘方法对蛋白质进行分类；apComplex 包则利用蛋白质亲和纯化/质谱分析实验数据来推测蛋白质之间的关系。

第 14 章　Bioconductor 的使用

14.1　Bioconductor 的获取和安装

Bioconductor 是针对基因组分析的一组 R 语言扩展包，Bioconductor 的包与其他 R 语言扩展包一样可以在 Bioconductor 网站上下载，然后安装。与其他 R 语言扩展包略有不同的是，Bioconductor 提供了安装脚本 getBioc.R，可以通过 getBioc 安装所有的包或者部分包。此外，在 Windows 系统下，R 语言还提供了窗口菜单，帮助用户更方便地在线安装和更新 Bioconductor 包。

Bioconductor 网站（http://www.bioconductor.org）提供了所有发行的或开发版本的 Bioconductor 包的源码、二进制可执行程序和文档等，用于 Windows 版本的包是 .zip 文件，而用于 unix/linux 的包是 .tar.gz 文件形式的。用户可以根据不同的操作系统选择对应的版本，下载相应的安装文件。需要注意的是，Windows 版本和 unix/linux 版本中的包并不完全相同，有些包是没有 Windows 版本的，例如 Rgraphviz 包，目前只有 unix/linux 版本。

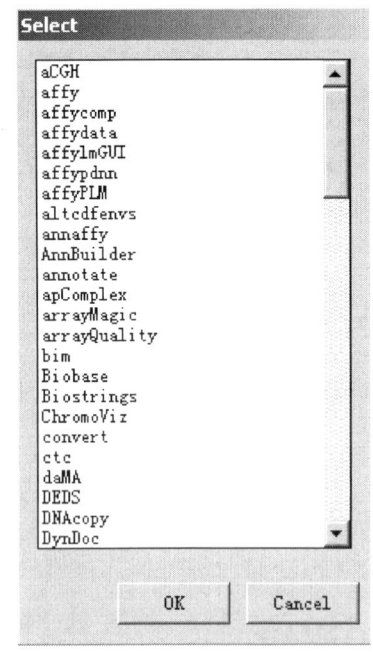

图 14.1　Bioconductor 包的列表

1. Windows 系统下安装 Bioconductor

如果还没有安装软件 R 语言，请先获取 R 语言软件，并根据安装指南安装 R 语言。R 语言安装完毕后，启动 R 语言程序，进入 R 语言工作台。本书中的大部分示例语句都是在 Windows 2000 操作系统下的 R 语言 2.0.1 版中实现的。

在 Window 中安装 Bioconductor 的方法有以下 4 种：

1）使用 R 语言菜单功能在线安装

选择菜单［Packages］下的［Install package(s) from Bioconductor...］，首先出现下载进度提示条，然后显示包的列表，如图 14.1 所示。用户可以用鼠标配合键盘上的［Shift］键或［Ctrl］键选择所需要安装的包，然后点击［OK］就启动下载并安装。安装完成后，在 R 语言控制台上会提示用户是否需要保存安装文件，用户可以输入"Y"或"N"确定保存或不保存。

同样，可以选择菜单［Packages］下的［Update packages from Bioconductor］来在线更新已安装的包。在 R 语言控制台显示以下信息：

```
> update.packages(CRAN=getOption("BIOC"));
trying URL'http://www.bioconductor.org/bin/windows/contrib/2.0/PACKAGES'
Content type 'text/plain; charset=ISO-8859-1' length 7858 bytes
opened URL
downloaded 7858 bytes


affy :
Version 1.5.8 in C:/PROGRA~1/R/rw2001/library
Version 1.5.8-1 on CRAN
Update (y/N)?
```

语句 update.package 将连接到 Bioconductor 的在线文件库，然后比较用户已安装的包和最新发布包的版本，如果包需要更新，则显示信息，提示是否需要更新，用户从键盘输入"y"或"N"，确定是否进行更新。上面的信息提示已安装的 affy 包的版本是 version 1.5.8，而 CRAN 在线发布的版本是 version 1.5.8-1，两者不一致，于是就给出更新提示信息，询问是否进行更新，用户可以输入"y"进行版本更新，或者输入"N"表示不进行更新。

通过菜单安装 Bioconductor 的方法简单、方便，但要求用户的计算机已连接到 Internet 网，能在线访问 Bioconductor 网站。

2) 使用安装脚本 getBioc.R 在线安装

Bioconductor 提供了安装脚本 getBioC，可以获取、安装和更新 Bioconductor 包。建议用户使用该方法来安装和更新 Biocondctor 包。

在 R 语言控制台中输入以下语句下载 getBioC 脚本。

```
> source("http://www.bioconductor.org/getBioC.R");
```

使用以下语句下载和安装缺省的包，安装成功后，将在 R 语言控制台输出 "Installation complete" 和 TURE 信息。

```
> getBioC();
```

函数 getBioC 的使用形式是

getBioC(libName ="default",develOK=FALSE,destdir,
      versForce=TRUE,verbose=TRUE, force=TRUE,
      getAllDeps=TRUE, method="auto")

其中，libName 为包的名称，可以是单个包，也可以是包的子集；libName 可以有不同的值，它们对应于下载和安装的不同的包，详见表14.1。

表14.1 参数 libName 的各个值的含义

libName 值	将要安装的包
"al"	下载和安装所有的 Bioconductor 发布包 （提醒：因为包的数量很多,可能会花费很长的时间）
"affy"	下载和安装 affy、affycomp、affydata、affyPLM、annaffy、gcrma、makecdfenv、matchprobes 包，以及值为"exprs"时将要安装的包
"cdna"	下载和安装 marray、vsn 包，以及值为"exprs"时将要安装的包
"default"	下载和安装值为"affy"，"cdna"和"exprs" 的包
"exprs"	下载和安装 Biobase、annotate、edd、genefilter、geneplotter、globaltest、ROC、MAGEML、multtest、limma、pamr、siggenes 和 vsn 包
"graph"	下载和安装 graph、Rgraphviz 和 RBGL 包
"prog"	下载和安装 externalVector、graph、hexbin 和 Ruuid 包
"widgets"	下载和安装 tkWidgets、widgetTools 和 DynDoc 包
"database"	下载和安装 AnnBuilder、SAGElyzer、Rdbi 和 RdbiPgSQL 包
"design"	下载和安装 daMA 和 factDesign 包
"annotation"	下载和安装 annotate、AnnBuilder、humanLLMappings、KEGG、GO、SNPtools、makecdfenv 和 ontoTools 包
"analyses"	下载和安装 Biobase、ctc、daMA、edd、factDesign、genefilter、geneplotter、globaltest、gpls、limma、RMAGEML、multtest、pamr、ROC、siggenes 和 splicegear 包
"externalData"	下载和安装 externalVector 包
"arrayCGH"	下载和安装 DNAcopy 和 aCGH 包
"proteomics"	下载和安装 gpls、PROcess 和 apComplex 包

函数 getBioC 还可以使用其他参数，destdir 是包的安装目录，缺省的是当前工作目录；develOK 的值为 TRUE 或 FALSE，缺省值为 FALSE，表示仅仅下载和安装发行版的包，如果值为 TRUE，则将优先安装开发中的包；verbose 的值为 TRUE 或 FALSE，表示下载过程中任何错误信息被打印（TRUE）或不打印（FALSE），如果设置为 FALSE，则错误信息仍将被返回，但是在 R 语言工作台中是不可见的；force 是布尔值参数，缺省值为 TRUE，表示包所依赖的其他包不存在时，还是要下载该包，如果值为 FALSE，则不下载该包。

使用脚本 getBioC 同样要求用户的计算机已连接 Internet 网，能在线访问 Bioconductor 网站的安装包。

3) 安装已下载在本机的包

如果用户硬盘上已有 Windows 版本的安装文件，这些文件是以 .zip 的格式保存，一个包为一个.zip文件，则不需要解压缩这些文件，可以选择菜单［packages］下的［Install package from local zip file...］，根据文件选择框的提示选择需要安装的一个或多个包的安装文件，选择后，R语言将自动安装这些包。

4) 使用reposTools包安装

在Bioconductor的reposTools包中有函数install.packages2和update.packages2可以安装和更新包，具体用法请参考本书介绍reposTools包的相关章节（18.1节）。

2. Unix/Linux系统下安装Bioconductor

与在Window系统中一样，首先需要安装R语言，然后才能安装Bioconductor。安装Bioconductor的方法基本上与在Windows中一样。也可以使用安装脚本getBioc.R安装Bioconductor，使用方法与在Windows中的一样，用户可以参考在Windows中使用脚本安装Bioconductor的相关内容进行。也可以使用reposTools包中的工具安装Bioconductor。不同的是，Unix/Linux系统中R语言程序没有视窗菜单，因此不能使用菜单来安装。但是可以使用R CMD INSTALL命令来安装Bioconductor，首先将要安装的包pkg_version.tar.gz下载到本机硬盘上，然后在Unix/Linux控制台的命令提示符后输入"R CMD INSTALL /path/to/pkg_version.tar.gz"来安装pkg包。

对于下载和安装Bioconductor过程中遇到的问题，可以从Biocondutor网站http://www.bioconductor.org上寻找答案。

14.2 Bioconductor快速入门

因为Bioconductor包是R语言的扩展包，所以Bioconductor的使用遵循R语言的使用规范。使用方法有两种，一是直接在R语言控制台书写语句，书写一句执行一句，最后可以通过菜单［File］下的［Save Workspace...］把当前工作台中的对象保存到后缀为.Rdata的文件中，下次可以直接调用.Rdata文件，把对象加载到R语言环境中，当前工作台中的R语言语句可以通过菜单［File］下的［Save History...］保存到后缀为.Histroy的文件中。另一种使用方式是首先将一次任务中的所有的R语言语句保存到后缀为.R的文件中，然后在R语言工作台运行该R语言文件，R语言文件是文本文件，编辑器有很多，例如，Windows系统中的记事本或R语言自带的文本编辑器。关于Bioconductor包的使用，可以参考本书中介绍包的相关章节。

使用Bioconductor包之前首先要加载包，例如，在R语言工作台中输入语句library（affy）来加载包affy，然后就可以使用affy包中的函数对affy芯片数据进行分析。

对于 Bioconductor 的使用，Bioconductor 提供了大量的实例让用户熟悉各种包的功能和用法，实例是通过 vignettes 文档实现的。vignettes 文档是面向任务的一种动态文档，包含代码块（code chunk）和文档，用户可以交互式地浏览和测试代码块，即时看到代码块中的语句执行的结果，并可以修改语句，即时查看执行结果。使用 vignettes 文档将帮助用户尽快熟悉相关包的功能和用法。vignettes 文档是通过 Bioconductor 中的 widgetTools 和 tkWidgets 包实现和使用的。要使用 vignette 文档，首先要加载 tkWidgets 包，然后运行 vExplorer 函数，这时将跳出窗口小部件，显示已安装的所有 vignette 文档，如图 14.2 所示，然后可以选择感兴趣的 vigettes 文档，如 affy 包的 vignette 文档的 affy.Rnw，此时将跳出新的窗口小部件，如图 14.3 所示，在该窗口中选择左边子窗口的代码块［code chunk］，此时将在右上子窗口［R Source Code］中显示源代码，点击窗口小部件下方的命令按钮［Excute Code］将在右下子窗口［Results of Execution］中显示执行结果，接着可以执行下一个代码块。点击窗口小部件下方的命令按钮［View PDF］将打开与 vignette 文档配套的 pdf 格式的说明文件。

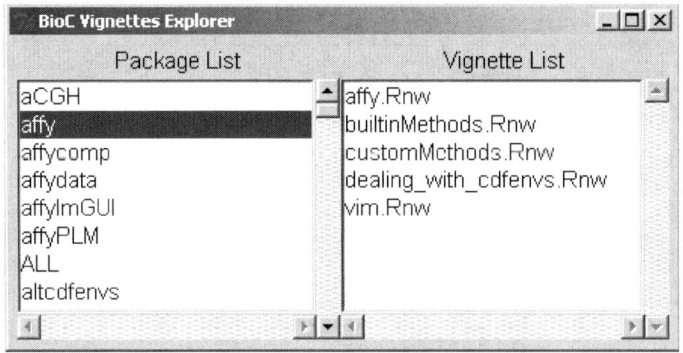

图 14.2　显示所有带 vignette 文档的包列表

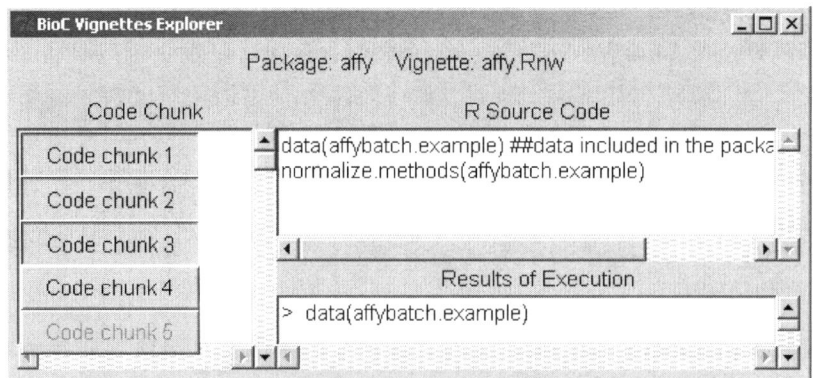

图 14.3　vignette 文档 affy.Rnw

除了利用与软件 R-Biocondutor 结合在一起的 vignette 文档来学习 Bioconductor 包之外，用户还可以从 Bioconductor 网站上下载大量的短课程、不定期的学术报告，Bioconductor 技术文档和相关的文献，从而深入学习和使用 Bioconductor。在使用具体的包分析数据时，如果遇到函数等方面的问题，可以使用在线帮助，例如，在 R 语言控制台输入"？fun"就可以获得关于函数 fun 的详细说明；输入"help. start（）"可以启动在线帮助系统。在 Windows 版本中，通过菜单［Help］下的各子菜单可以快速获取帮助。

下面的应用实例将进一步介绍 Bioconductor 的使用。

14.3 Bioconductor 应用实例

DNA 微阵列用于基因表达检测的研究和应用是后基因组时代的重要研究内容，可以看作是对基因组的注释。人类基因组计划顺利完成，人类基因组和其他物种的基因组序列已经得到了，而对基因组的注释，即确定基因结构及其功能却仍然是一件挑战性的工作。基因表达谱是基因调控的结果，通过对基因表达谱的分析可以发现条件特异的基因和基因之间的调控关系，从而实现对基因组的注释。另一方面，基因表达具有组织特异性、环境响应特异性和细胞周期特异性，这种特异性可以用于肿瘤等疾病的诊断和疗效的评估，这是 DNA 微阵列的重要应用领域。对于这两方面的研究都涉及了一个核心问题，即 DNA 微阵列数据的处理和分析。当前，Bioconductor 的一个主要应用领域就是微阵列数据的处理和分析，大量的 Bioconductor 包都是用来处理和分析 Affymetrix 公司的芯片数据和 cDNA 微阵列数据，以及对基因表达数据进行注释的。在第 13 章中我们对 DNA 微阵列和数据分析方法进行了系统的简要的叙述，在本节中，我们主要通过一个具体的实例来介绍 Bioconductor 在微阵列数据分析中的应用。

Dilution 数据集是 Gene Logic 公司发布的 DILUTION 实验数据（http://www.genelogic.com），RNA 样本的来源是人肝组织和中枢神经系统细胞系 SNB19，每个样本稀释成 6 份，RNA 总量分别为 $20\mu g$、$10\mu g$、$7.5\mu g$、$5\mu g$、$2.5\mu g$、$1.25\mu g$，并将来自两个细胞系的样本按不同的比例混合，即按 7.5-2.5，5-5，2.5-7.5 的比例混合，这样共得到 15（2×6+3）个实验样本，每个样本做 5 次重复实验，所用的芯片是 Affymetrix 公司生产的 HG-U95Av2 基因芯片。在本实例中，选择部分数据进行分析，数据来自 RNA 总量为 $20\mu g$ 和 $1.25\mu g$ 的两个细胞系以及 5-5 混合物样本，每个样本进行 3 次重复实验。具体的数据信息见表 14.2，其中，表头 Experiment ID 对应数据文件的名称，数据文件的后缀为"cel"；Material 是样本 RNA 的来源，对应值有 Liver、SNB19 和 mix；Liver 和 SNB19 表示样本中分别来源于肝细胞和 SNB19 的 RNA，浓度单位为微克；Scanner 对应所用的荧光显微镜的扫描头编号，即 3 次重复实验的编号；Liver

Dilution、SNB Dilution 和 Mixture 分别表示这三类样本的来源。

表 14.2 Dilution 数据注释

Experiment ID	Material	Liver	SNB-19	Scanner	Liver Dilution	SNB Dilution	Mixture
94394hgu95a11	Liver	20	0	1	1	0	0
94395hgu95a11	Liver	20	0	2	1	0	0
94396hgu95a11	Liver	20	0	3	1	0	0
94419hgu95a11	Liver	1.25	0	1	1	0	0
94420hgu95a11	Liver	1.25	0	2	1	0	0
94421hgu95a11	Liver	1.25	0	3	1	0	0
94424hgu95a11	SNB19	0	20	1	0	1	0
94425hgu95a11	SNB19	0	20	2	0	1	0
94426hgu95a11	SNB19	0	20	3	0	1	0
94449hgu95a11	SNB19	0	1.25	1	0	1	0
94450hgu95a11	SNB19	0	1.25	2	0	1	0
94451hgu95a11	SNB19	0	1.25	3	0	1	0
94459hgu95a11	mix	5	5	1	0	0	1
94460hgu95a11	mix	5	5	2	0	0	1
94461hgu95a11	mix	5	5	3	0	0	1

14.3.1 读取实验数据

读取实验数据，产生 AffyBatch 类的对象和 phenoData 类的对象。运行 R 语言程序，选择菜单命令 [File] 下的 [Change dir...]，选择包含数据文件的文件夹并将其设置为工作目录。加载 affy 包，交互式读取数据，所用语句为：

> library(affy);
> AffyRawData <- ReadAffy(widget=TRUE);

上述语句将打开一系列的窗口，交互式地获取数据，创建保存数据的 R 语言对象，下面将简要的介绍这一过程。

(1) 选择 CEL 文件。如图 14.4 所示，在左侧列表框中将列出工作目录中的 CEL 文件，可以选择当前分析所需要的文件，被选择的文件列表在右侧对话框中，通过列表框中的按钮可以选择其他目录中的 CEL 文件，或者删除已经选择的文件等。CEL 文件选择后点击命令按钮 [Finish] 进入第 2 步。

(2) 读取描述实验和数据信息的目标文件，创建 phenoData 类的对象。如

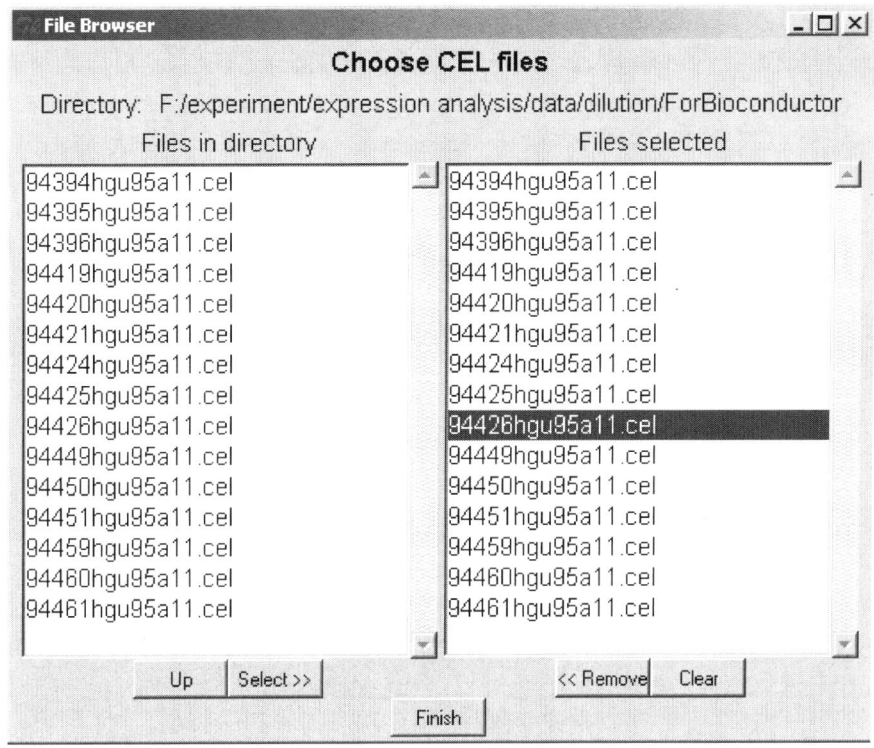

图 14.4　选择用于分析的数据文件

图 14.5 所示，有 4 种方式可以构建与实验数据配套的 phenoData 对象，即可以从目标文件中读取，根据已存在的数据单创建 phenoData 对象，编辑已经存在的 phenoData 对象，创建一个新的 phenoData 对象。在本例中将介绍如何创建新的 phenoData 对象，这可能是在实际应用中使用最多的方法。

点击图 14.5 中的 [Create New phenoData] 按钮将生成数据编辑窗口，如图 14.6 所示，表格中的每一个单元格都是可编辑的，第一列是 CEL 文件的名称，对应着各个样本；第一行是变量名称，在数据的后续分析中可以作为协变量对数据进行分组分析，如差异表达分析等。

接下来是对变量进行描述，如图 14.7 所示，这些描述信息将帮助用户理解和记忆变量的含义。输入信息，点击 [Continue] 后将弹出对话框，提示是否保存这些信息，并要求输入保存这些信息的 R 语言对象的名称，在本例中将保存在 phenodata 变量中。

（3）创建 MIAME 类的对象。创建完 phenoData 对象后，最后一步是创建 MIAME 对象，如图 14.8 所示，这主要是关于实验和实验人员的一些描述信息，这些信息对于数据分析本身而言没有直接作用，因此不是必需的，但是这些信息

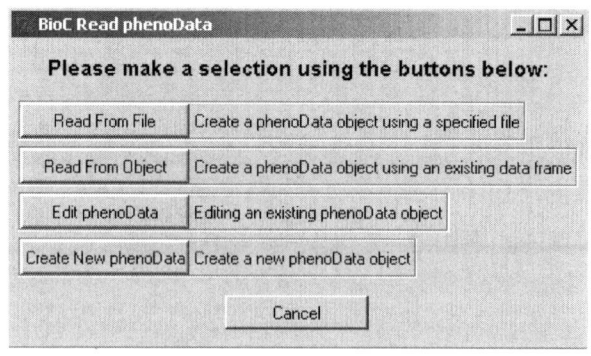

图 14.5 创建 phenoData 对象

	Material	Liver	SNB-19	Scanner	Liver Dilution	SNB Dilution	Mixture
94394hgu95a	Liver	20	0	1	1	0	0
94395hgu95a	Liver	20	0	2	1	0	0
94396hgu95a	Liver	20	0	3	1	0	0
94419hgu95a	Liver	1.25	0	1	1	0	0
94420hgu95a	Liver	1.25	0	2	1	0	0
94421hgu95a	Liver	1.25	0	3	1	0	0
94424hgu95a	SNB19	0	20	1	0	1	0
94425hgu95a	SNB19	0	20	2	0	1	0
94426hgu95a	SNB19	0	20	3	0	1	0
94449hgu95a	SNB19	0	1.25	1	0	1	0
94450hgu95a	SNB19	0	1.25	2	0	1	0
94451hgu95a	SNB19	0	1.25	3	0	1	0
94459hgu95a	Mixture	5	5	1	0	0	1
94460hgu95a	Mixture	5	5	2	0	0	1
94461hgu95a	Mixture	5	5	3	0	0	1

图 14.6 编辑 phenoData 数据

可以帮助你整理和记忆实验的信息，以供以后查询。

以上交互式过程完成了数据和相关信息的获取，将 CEL 文件中的实验数据保存到 AffyBatch 类的对象 AffyRawData 中，并产生 phenoData 类的对象 phenodata。这些数据和信息可以保存在文件后缀是 .RData 的 R 语言工作台文件中，使用菜单 [file] 下的 [Save workspace...]，选择目录和文件保存当前工

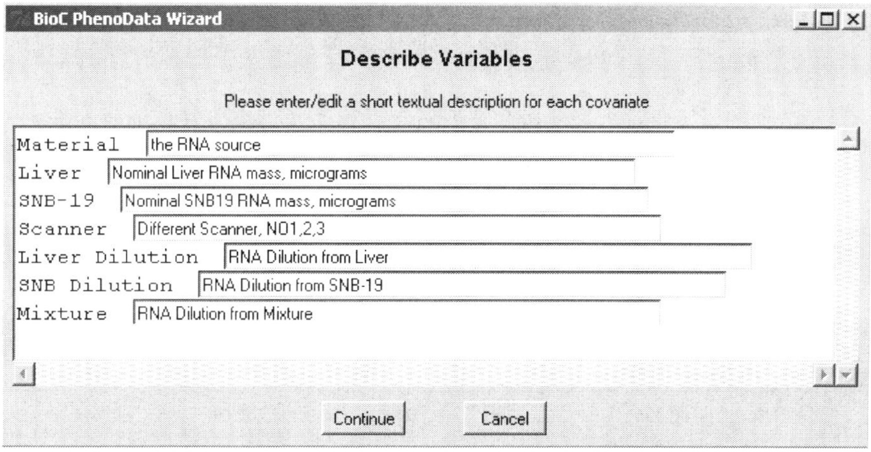

图 14.7　对 phenoData 数据中的变量进行描述

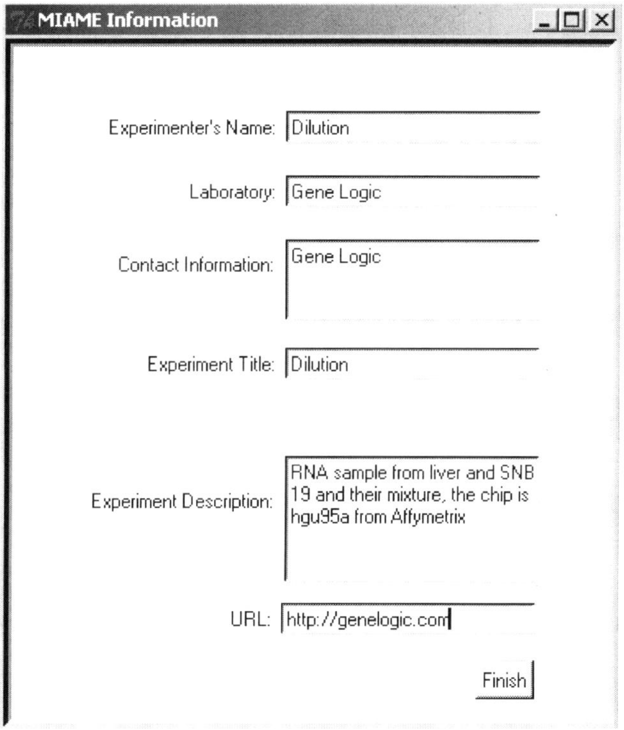

图 14.8　创建 MIAME 对象

作台中的对象及数据，下次可以跳过这些交互式过程直接调用该文件，将这些数据对象加载到 R 语言工作台中。

14.3.2 数据可视化

科学数据的可视化是数据分析和知识发现过程中的常用方法。通过对数据作图，可以评价实验数据的质量，了解数据的分布规律，从而决定下一步的分析方法。

1. 绘制芯片图像

芯片图像用不同的灰度来表示数据的大小，图中的每一个点对应于芯片上的一个探针。

```
> par(mfrow=c(2,3));
> image(AffyRawData[,c(1,4,7,10,13)]);
```

上述语句的结果如图 14.9 所示，对第 1、4、7、10、13 个样本数据进行作图，它们对应着不同的样本。从图 14.9 中可以看到，RNA 总浓度的不同导致芯片亮度上的整体差异，例如，样本 94394hgu95a11.cel 与 94419hgu95a11.cel 的 RNA 总量分别为 $20\mu g$ 和 $1.25\mu g$，它们对应的芯片图像存在明显的亮暗差异。根据芯片图像还可以判断芯片数据的可靠性，例如，是否存在划痕，杂交实验中 RNA 在芯片上的分布是否均匀等。

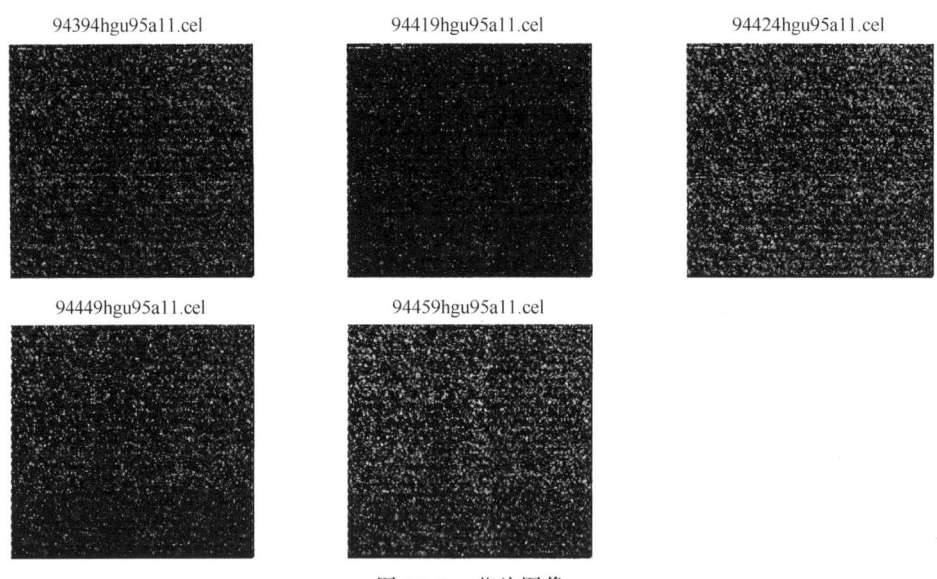

图 14.9 芯片图像

2. 绘制直方图

直方图是对数据进行统计，得出某一数据值出现的次数或频度，并以此作图。直方图可以反映数据的整体分布情况,如均值,还可以反映数据是否满足正态分布或其他分布等。

```
> par(mfrow = c(1,1));
> hist(log2(intensity(AffyRawData[,1])),breaks=100,col="blue");
> hist(log2(intensity(AffyRawData[,4])),breaks=100,col="red");
```

上述语句绘制样本数据 94394hgu95a11.cel 和 94419hgu95a11.cel 的直方图,结果如图 14.10 所示,后者的探针数据值要普遍小于前者,这是与事实相符合的。

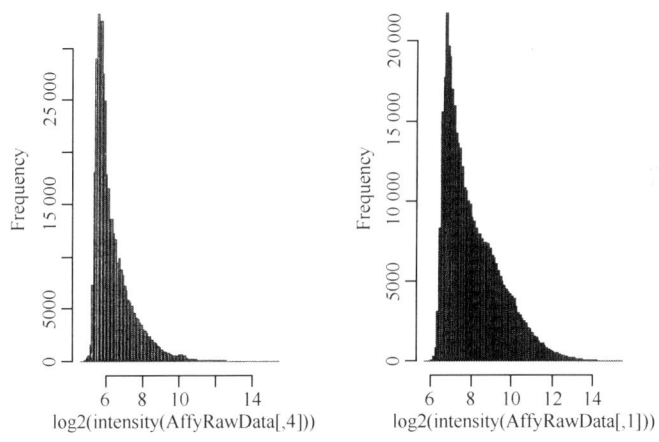

图 14.10 芯片数据的直方图
横轴代表探针测量值对数,纵轴表示频度

3. 绘制盒图

通过盒图可以分析芯片数据的分布情况以及一组芯片之间的相关性。语句如下:

```
> par(mfrow=c(1,1));
> boxplot(AffyRawData,col=c(2,2,2,3,3,3,4,4,4,5,5,5,6,6,6));
```

以上语句的执行结果如图 14.11 所示,一共 15 个样本,按颜色分为 5 组(从左到右编号为 1...5),相同颜色的 3 个样本是重复实验。盒图可以显示微阵列上探针统计量的中位值,第 1、第 3 个四分位值和最大、最小值。图中的盒子表示了统计量的四分位间距(inter-quartile range,IRQ),也就是第 3 个四分位值与第 1 个四分位值之间的差,盒中的横线表示统计量的中位值。从盒图中可以清楚地看到不同浓度的样本的差异,例如,第 1 组与第 2 组之间存在较大的差异,而第 1 组和第 3 组由于样本的总 RNA 量是相同的,所以差异很小。同一组中 3 个样本的中位值有一定的差异，但是观察所有的数据发现，这种差异存在扫描头特异性，这也说明了在进行具体数据分析之前需要对数据进行归一化，以消除类似扫描头等原因造成的系统偏差。

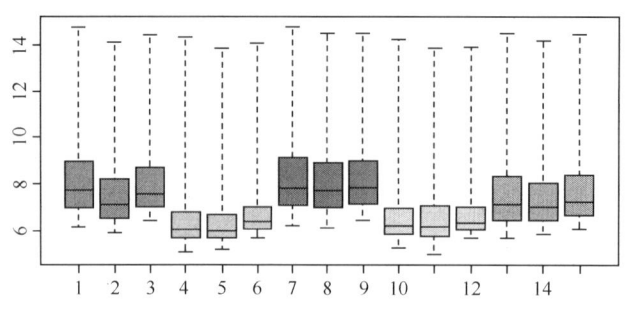

图 14.11　芯片数据盒图

4. 绘制散点图

散点图是对来自两个芯片实验的数据进行点对点或基因对基因的比较，图中的点表示探针或基因在两个芯片或样本中的值。

```
> par(mfrow=c(2,2));
> plot(exprs(AffyRawData)[,1:2],log="xy",pch=".",main="1 vs 2all");
> plot(exprs(AffyRawData)[,c(1,4)],log="xy",pch=".",main="1 vs 4 all");
> plot(exprs(AffyRawData)[,c(1,7)],log="xy",pch=".",main="1 vs 7 all");
> plot(exprs(AffyRawData)[,c(1,13)],log="xy",pch=".",main="1 vs 13 all");
```

以上语句的执行结果如图 14.12 所示，图中 x 轴和 y 轴表示的样本可参见表 14.2，从散点图中可以直观地了解重复实验之间的差异、两个样本的总 RNA 差异和基因差异表达情况等。

5. 绘制 MVA 图

MVA 图的上三角是对 M-A 作图，M 值是两块芯片对应探针的比率值的对数，A 值是对应探针数据的对数均值。下三角显示对应 M-A 图中 M 值的中值和四分位距，即 Median 和 IRQ，对角线为芯片名称。下列语句的执行结果如图 14.13所示。

```
> pms <- pm(AffyRawData[,c(1,4)]);
> mva.pairs(pms);
> par(mfrow=c(1,1));
> mva.pairs(pms);
```

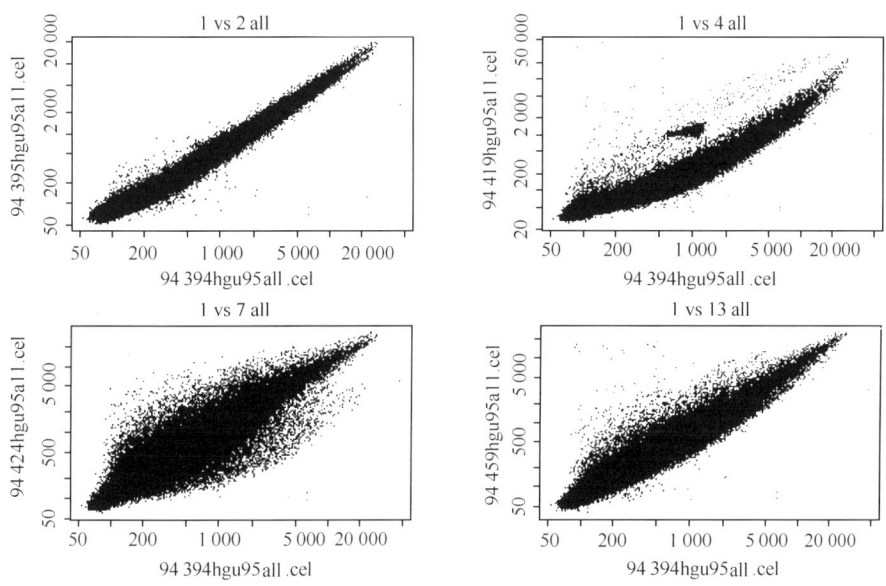

图 14.12 散点图
横轴和纵轴分别表示两块芯片上探针的测量值

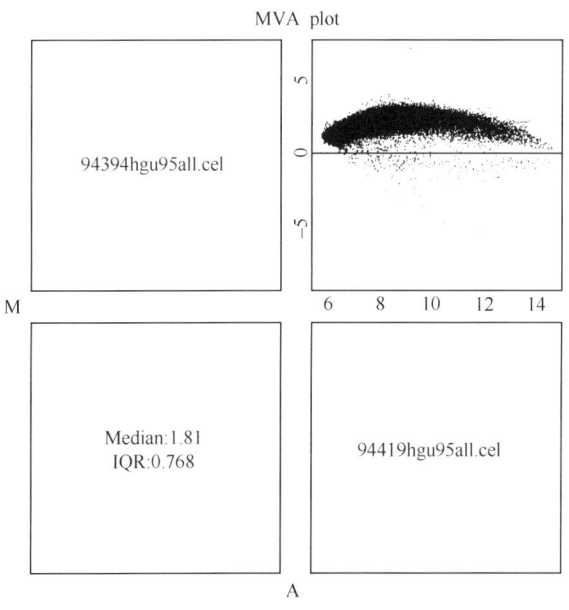

图 14.13 MVA 图

14.3.3 数据预处理和计算基因表达数据

实验数据反映的是芯片上每一个探针点的荧光强度检测值，使用 Affymetrix 芯片时通常用 16～20 个或 11 个探针对来检测同一个基因，而我们关心的是基因的表达数据。从以上对数据所作的图来看，相同样本的实验结果之间存在差异，已知浓度差异的样本的实验数据也不能完全反映事实。造成这种结果的原因有很多，可以发生在样本制备、杂交实验、芯片扫描、图像处理等各个实验阶段，因此在计算基因表达数据之前，为了消除系统偏差，往往需要对实验数据进行预处理，包括背景校正、归一化、pm 探针校正等操作，这些过程的分析算法均有多种。由多个探针汇总基因表达数据的算法也有多种。Bioconductor 提供了多个函数对数据进行预处理并计算基因表达数据。本例使用函数 expresso 计算基因表达数据，该函数封装了数据预处理的方法，并可以交互式地选择分析算法。语句如下：

> AffyExpData <- expresso（AffyRawData, widget=TRUE）;

执行该语句后，将弹出函数 expresso 的算法选择对话框，以下拉式列表框的方式选择分析算法，如图 14.14 所示。选择算法后，点击［Select］按钮计算基因表达数据，并保存到变量 AffyExpData 中。需要提醒的是，选择不同的算法，最终得到的基因表达数据结果可能是不一样的。

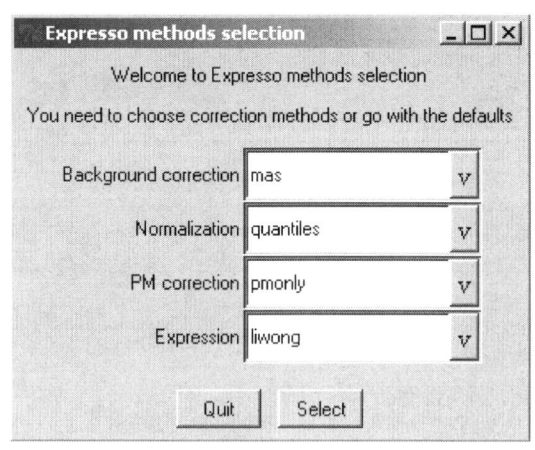

图 14.14 选择表达数据的计算方法

对于所得到的基因表达数据，同样可以采用可视化的方式了解这些数据的分布情况，判断数据预处理的效果。因为这不是数据分析的主要部分，限于篇幅，在这里不再对表达数据的可视化作详细介绍，感兴趣的读者可以参考本节中的数据可视化部分。

得到基因表达数据后，通常需要保存这些数据，以方便其他应用程序分析或以后使用。保存的文件格式一般有两种，文本文件和 excel 文件。可以使用以下语句保存基因表达数据。

> write.exprs(AffyExpData,file="DilutionExp.txt");
> exprs2excel(AffyExpData,file="DilutionExp.csv");

14.3.4 基因表达数据分析

对基因表达数据的进一步分析往往是根据实验目的而进行的，常用的分析方法有差异表达分析和聚类分析等，涉及的算法有很多种，关于算法的介绍可以参考本书第 13 章的相关内容。在本例中，分析目的是确定肝组织和中枢神经细胞中差异表达的基因，所采用的方法是基因表达差异分析。

Bioconductor 的 siggenes、multtest 等包可以进行基因表达差异分析。基本的方法是假设检验，如 t 检验及其改进等。在本例中，选择肝细胞样本 94394hgu95a11、94395hgu95a11、94396hgu95a11 和 SNB-19 样本 94424hgu95a11、94425hgu95a11、94426hgu95a11 进行 SAM（Significance analysis of microarray，是 siggenes 包中的函数名称，也是进行基因差异表达分析的方法）分析。语句如下：

> library(siggenes);
> library(multtest);
> cl<-rep(c(0,1),c(3,3)); ##指定样本分类
> sub<-exprs(AffyExpData[,c(1:3,7:9)]); ##获取基因表达数据
> gn<-geneNames(AffyRawData);
> sam.out<-sam(sub,cl,rand=123,gene.names=gn);

在以上语句中，变量 cl 用于指定样本的分类。本例采用非分组配对分析，因此来源于肝组织的 3 个样本为一类，类号设为 0；来自中枢神经细胞 SNB-19 的 3 个样本为另一类，类号设为 1。样本的分类也可以根据数据 phenodata 中的协变量来确定。变量 sub 保存待分析的基因表达数据，是 AffyExpData 的一个子集。函数 sam 用于分析基因的差异表达，以下是部分分析结果：

SAM Analysis for the Two-Class Unpaired Case Assuming Unequal Variances

	Delta	p0	False	Called	FDR
1	0.1	0.483	10519.90	11466	0.443

2	17.2	0.483	35.70	357	0.048
3	34.3	0.483	8.15	82	0.048
4	51.4	0.483	2.75	28	0.047
5	68.5	0.483	1.65	17	0.047
6	85.6	0.483	0.65	7	0.045
7	102.8	0.483	0.20	3	0.032
8	119.9	0.483	0.05	1	0.024
9	137.0	0.483	0.05	1	0.024
10	154.1	0.483	0.00	0	0.000

其中，Delta 为选择参数，通过设定其值可以得到差异表达的基因，例如，Delta 为 34.3 时，显著表达的基因数（Called 列）为 82 个。所有的 Delta 值与 FDR（False Discovery Rate，假发现率）和差异表达基因的数目的关系可以作图显示，采用以下语句可以得到图 14.15，根据该图，可以通过设定 Delta 值来选择差异表达的基因。

> plot(sam.out);

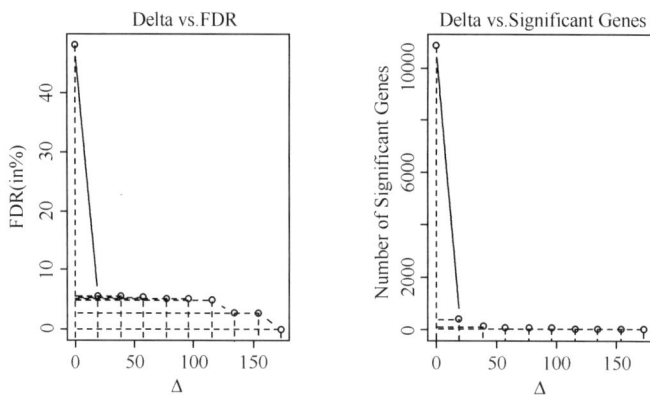

图 14.15 SAM 的 Delta 图

横轴表示 Delta 值，左图纵轴是 FDR 值，右图纵轴是显著基因的数目

设定 Delta 值为 30，获取差异表达的基因进行下一步分析。以下语句将得到分析的详细结果，并列出差异表达的 105 个基因的名称。

> sum.sam.out <- summary(sam.out, 30, ll = FALSE);
> sum.sam.out$row.sig.genes;
> list.siggenes(sam.out, 30);
　　40862_i_at

```
36277_at
    39903_at
    36834_at
    40303_at
    36155_at
    40619_at
    37844_at
    37579_at
    ……
```

对这些差异表达的基因，可以用 heatmap 图来直观地了解其表达情况，如图 14.16 所示。对样本和基因进行双向聚类，每一行表示一个基因，每一列表示一个样本，在图的上方和左侧分别是对样本和基因聚类结果的树图表示。

```
> siggn<-names(sum.sam.out$row.sig.genes);  ##获取差异表达基因的名称
> heatmap(sub[siggn,],col=gentlecol(256));
```

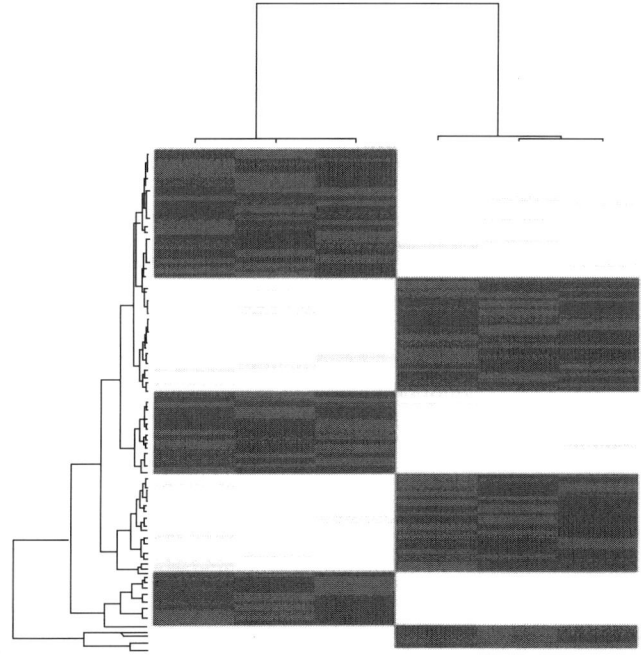

图 14.16　差异表达基因的 heatmap 图

如果有很多个样本，则往往首先进行聚类分析。在聚类分析之前，通常需要进行基因的筛选，genefilter 包提供了大量的函数，可以根据表达数据进行基因的筛选。在本例中,先对基因表达数据进行标准差分析,将标准差从大到小进行排序,筛选出排在前 50 位的基因进行双向聚类,得到 heatmap 图,如图 14.17 所示。

```
> library(vsn);
> library(estrogen);
> rsd <- rowSds(exprs(AffyExpData));
> sel <- order(rsd, decreasing=TRUE)[1:50];
> heatmap(exprs(AffyExpData)[sel, ], col = gentlecol(256));
```

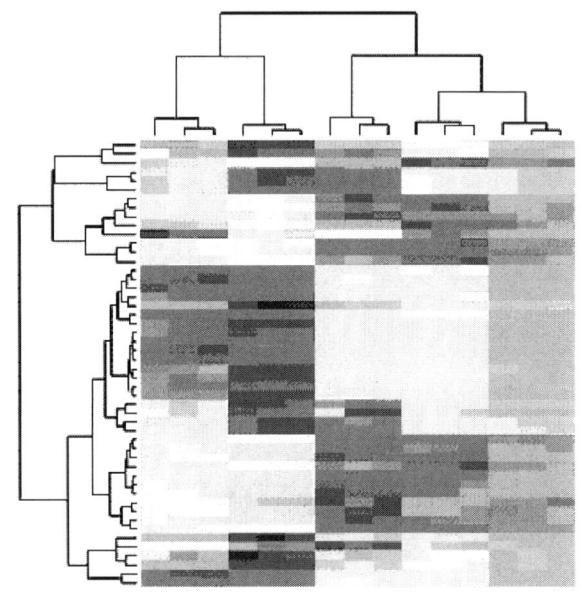

图 14.17 heatmap 图

聚类分析的算法很多,如层次式聚类、k 平均、自组织神经网络等,R 语言的 stat、sma、cluster、class 等包提供了大量用于聚类等统计分析的函数。

14.3.5 注释差异表达基因

对基因表达数据的分析,可以得到一组差异表达的基因,或一组功能相关的基因,这些基因的生物学功能是什么?通常需要获取这些基因的注释信息。Bioconductor 的 annotate 和 annaffy 包可以获取这些信息,包括基因的功能注释、染色体位置、GO 术语、探针序列等。

首先查看 annotate 包可以提供的注释信息,语句如下:

```
> library("annotate");
> library("hgu95av2");
> ls("package:hgu95av2");
```

hug95av2 可提供的注释信息有：

```
[1] "hgu95av2"          "hgu95av2ACCNUM"      "hgu95av2CHR"
[4] "hgu95av2CHRLENGTHS" "hgu95av2CHRLOC"     "hgu95av2ENZYME"
[7] "hgu95av2ENZYME2PROBE" "hgu95av2GENENAME" "hgu95av2GO"
[10] "hgu95av2GO2ALLPROBES" "hgu95av2GO2PROBE" "hgu95av2GRIF"
[13] "hgu95av2LOCUSID"   "hgu95av2MAP"        "hgu95av2OMIM"
[16] "hgu95av2ORGANISM"  "hgu95av2PATH"       "hgu95av2PATH2PROBE"
[19] "hgu95av2PMID"      "hgu95av2PMID2PROBE" "hgu95av2REFSEQ"
[22] "hgu95av2SUMFUNC"   "hgu95av2SYMBOL"     "hgu95av2UNIGENE"
```

针对这些信息项，可以用函数 mget 获取具体的内容，例如，要获取基因名称，则可以使用环境 hgu95av2GENENAME，语句如下：

```
> mget(siggenename, env = hgu95av2GENENAME);
    $"1126_s_at"
    [1] "CD44 antigen (homing function and Indian blood group system)"

    $"1498_at"
    [1] "zeta-chain (TCR) associated protein kinase 70kDa"

    $"1521_at"
    [1] "non-metastatic cells 1, protein (NM23A) expressed in"

    $"1657_at"
    [1] "protein tyrosine phosphatase, receptor type, R"
    …
```

要获取其他信息，只需改变函数 mget 中的参数 env 的值即可。

要获取单个基因的 GO 术语，可以首先获取该基因的 GOID，然后获取 GO 术语，语句如下：

```
> library(GO);
> mget(names(get("1126_s_at", hgu95av2GO)), GOTERM);
    $"GO:0007155"
    GOID=GO:0007155
```

Term=cell adhesion
Definition=The attachment of a cell, either to another cell or to the extracellular matrix, via cell adhesion molecules.
Ontology = BP

$"GO:0016337"
GOID=GO:0016337
Term=cell-cell adhesion
Definition=The attachment of one cell to another cell via adhesion molecules.
Ontology=BP

$"GO:0007160"
GOID=GO:0007160
Term=cell-matrix adhesion
Definition=The binding of a cell to the extracellular matrix via adhesion molecules.
Ontology=BP

$"GO:0005518"
GOID=GO:0005518
Term=collagen binding
Definition=Interacting selectively with collagen, a group of fibrous proteins of very high tensile strength that form the main component of connective tissue in animals. Collagen is highly enriched in glycine (some regions are 33% glycine) and proline, occurring predominantly as 3-hydroxyproline (about 20%).
Ontology=MF

将基因注释信息输出到文件，还可以使用 annaffy 包。

```
> library(annaffy);
> anncols <- aaf.handler()[c(1:3, 8:9, 11:13)];
> anncols;
    [1] "Probe"    "Symbol"   "Description"     "LocusLink"
    [5] "Cytoband" "PubMed"   "Gene Ontology"   "Pathway"
> anntable <- aafTableAnn(siggn, "hgu95av2", anncols);
> saveHTML(anntable, "siggene.html", title="the annotation of differential expression genes");
```

以上语句将探针信息、标别符、基因描述信息、LocusLink等信息生成网页文件siggene.html，见表14.3，这些数据在网页文件中以表格的形式显示，并给出了访问相应数据库的链接，例如，可以直接点击LocusLink的标识符"960"访问LocusLink中对应的条目信息。

表14.3　差异表达基因注释

Probe	Symbol	Description	LocusLink	Cytoband	PubMed	Gene Ontology
1126_s_at	CD44	CD44 antigen (homing function and Indian blood group system)	960	11p13	95	cell adhesion cell-cell adhesion cell-matrix adhesion collagen binding hyaluronic acid binding hyaluronic acid binding integral to plasma membrane membrane receptor activity
1498_at	ZAP70	zeta-chain (TCR) associated protein kinase 70kDa	7535	2q12	18	ATP binding immune response protein amino acid phosphorylation protein binding protein kinase cascade protein-tyrosine kinase activity transferase activity
1521_at	NME1	non-metastatic cells 1, protein (NM23A) expressed in	4830	17q21.3	42	ATP binding ATP binding CTP biosynthesis DNA binding GTP biosynthesis UTP biosynthesis deoxyribonuclease activity kinase activity negative regulation of cell proliferation nucleoside triphosphate biosynthesis nucleoside-diphosphate kinase activity nucleoside-diphosphate kinase activity nucleus transferase activity

第 15 章 数据库访问

数据库访问是统计计算中很重要的一部分。无论是在大规模的数据挖掘软件中，还是在小型的个人数据库应用中，数据库接口已经变得越来越重要了。Bioconductor 中有 3 个与数据库连接有关的软件包，其中 Rdbi 提供关于数据库访问的基本类和函数，它是 RdbiPgSQL 的继承者，RdbiPgSQL 提供与 PostgresSQL 数据库有关的接口，而 SAGElyzer 主要是基于 SAGE 标签来进行基因定位。

15.1 Rdbi 软件包

15.1.1 简 介

该软件包提供 R 语言统计计算环境所必需的数据库连接相关的基本构架。

15.1.2 基 本 用 法

对数据库的操作不外乎数据库打开，数据库内容扩展、读写，数据库表结构的显示，数据库查询，查询结果的显示以及数据库关闭等。下面就依次介绍在 Bioconductor 中是如何完成这些基本操作的。

我们首先要建立一个数据库连接，然后利用不同的函数对这个数据库进行操作。建立数据库连接的函数是 dbConnect。可以根据参数的不同产生相应类型的数据库连接，如 MySQ、PostgresSQL、Oracle 等。一旦数据库连接成功，就会返回一个指向该数据库的数据库连接对象。用户可以通过这个数据库连接对象查看数据库连接的状态信息列表，完成这个功能的函数是 dbConnectionInfo。

建立好一个数据库连接以后，就可以利用函数 dbListTable 显示数据库中的所有表（Table），还可以用 dbAppendTable 将新的数据扩充到一个数据表中；dbReadTable 函数可以把一个数据表读到一个 dataframe 类型的对象中；dbWriteTable函数则可以将一个 dataframe 数据写到一个数据表中去。

SQL 查询是数据库操作的主要部分，也是统计计算中经常要用到的操作。dbSendQuery 函数负责提交一个 SQL 查询语句，返回一个查询对象；dbGetResult 函数通过该查询对象获得查询结果，并以 dataframe 格式存放；dbGetQuery函数则可以一次完成 dbSendQuery 和 dbGetResult 的动作，直接返回对应的查询结果。

dbResultInfo 函数返回一个查询结果对象的状态信息列表，而dbColumnInfo 函数则可以返回一个 dataframe 类型的对象，其中每一行对应查询结果的一个不同的域（field）。这个函数的最有价值的可能是"Type"列，因为它可以用来将查询返回的字符串类型的数据转化成合适的 R 语言类型的数据。dbClearResult 函数则可以清除所有相关的查询结果。

dbDisconnect 函数可以关闭一个打开的数据库连接。一个数据库连接包含重建一个连接的所有信息，因此，在一个 R 语言任务被终止之前，数据库连接对象可以保存，并且在之后可以被重新打开。dbReconnect 函数可以重新打开一个关闭的数据库连接。

下列程序以 MySQL 数据库为例，首先生成一个数据库连接 con，新建一个叫"test"的 MySQL 数据库。用 dbListTables 函数查看该数据库中所有的表，此时数据库是空的。装载一个 data frame 类型的数据表 USArrests，该数据表是事先建好的，存放美国犯人的信息。用 dbWriteTable 函数将该数据表中的信息写到一个叫"arrests"的 Table 中的，存放在之前建立的数据库中。这时候，用 dbListTables 就可以看到刚才新建的这张表了。dbReadTable 可以从数据库中读出指定的数据表，并显示出来。dbGetQuery 从该表中选择强奸次数大于 30 次的犯人的平均数量以及州的名称，并按人数排序。最后从数据库中移走建立的数据表，并关闭数据库连接。

```
> library(RMySQL)；## 同时也将装载 DBI
## 连接 MySQL 数据库
> con <- dbConnect(dbDriver("MySQL"), dbname="test")；
## 列出数据库中所有的表
> dbListTables(con)；
## 装载一个 data frame 到数据库中,同时删除所有存在的备份
> data(USArrests)；
> dbWriteTable(con, "arrests", USArrests, overwrite=TRUE)；
TRUE
> dbListTables(con)；
[1] "arrests"
## 得到整张表
> dbReadTable(con, "arrests")；
Murder Assault UrbanPop Rape
Alabama 13.2 236 58 21.2
Alaska 10.0 263 48 44.5
Arizona 8.1 294 80 31.0
```

```
Arkansas 8.8 190 50 19.5
...
## 查询装载的数据表,同时显示查询结果(所有语句在一行)。
> dbGetQuery(con,"select row_names, Murder from arrests where Rape
           >30 order by Murder");
row_names Murder
1 Colorado 7.9
2 Arizona 8.1
3 California 9.0
4 Alaska 10.0
5 New Mexico 11.4
6 Michigan 12.1
7 Nevada 12.2
8 Florida 15.4
> dbRemoveTable(con,"arrests");
> dbDisconnect(con); ## 关闭数据库连接
```

15.1.3 基 本 函 数

1. 数据库连接相关的函数

函数 dbConnect 产生一个数据库连接,Rdbi 的每一个子包都必须提供一个 dbConnect 函数。dbConnect 函数实际调用的方法是由它的第一个参数的对象类型决定的,例如, Rdbi. PgSQL 包提供一个可以返回 c ("PgSQL","Rdbi")类型对象的函数 PgSQL (),因此,调用 dbConnect (PgSQL (), ...)将激发方法 dbConnect. PgSQL。Rdbi 通过 autoload(自动装载)的机制来安排装载特定的软件包。在这个例子中,PgSQL 被调用的时候,Rdbi. PgSQL 被自动装载。使用形式为

   dbConnect (dbObj, ...)

其中,dbObj 为数据库类型的对象;"..."为一组用于定制连接的参数值。函数返回一个从"Rdbi. conn"继承而来的数据库连接对象。

函数 dbDisconnect 断开已经打开的数据库连接,并且释放和数据库连接相关的所有资源。用户给定之前建立的数据库连接对象。函数的使用形式如下

   dbDisconnect (conn)

其中,conn 为已经建立或打开的数据库连接对象。

函数 dbReconnect 负责重新打开一个建立的数据库连接。一个数据库连接包

含重建一个连接的所有信息，因此，数据库连接对象可以始终保存在一个 R 语言任务中，并且在之后可以被重新打开。使用方式为

    dbReconnect（conn）

其中，conn 为一个数据库连接对象。函数同样返回一个数据库连接类型的对象。

2. 与数据库读写有关的函数

    函数 dbListTables 列出数据库中的所有数据表。使用方式为

        dbListTables（conn，...）

其中，conn 为一个数据库连接类型的对象；"..." 为其他附加的参数。函数返回一个代表数据表名称的字符串列表。

    函数 dbReadTable（conn，...）从给定的数据库连接对象中读取一张数据表，并返回一个包含该表内容的 dataframe。

    函数 dbWriteTable（conn，...）将一个 dataframe 的内容写到数据库的表中。值得注意的是，任何写到数据库后端的操作都应该是小规模的。Rdbi 的子软件包需要事先进行处理。

3. 与数据库查询相关的函数

    函数 dbSendQuery 将一个 SQL 查询语句提交给数据库连接对象并等待处理。其用法如下

        dbSendQuery（conn，...）

其中，conn 为数据库连接对象；"..." 为提交的查询语句。函数返回一个从 Rdbi.result 继承而来的结果对象。

    函数 dbGetResult（result）通过查询对象获得查询结果，并以 dataframe 格式存放查询结果。其中，result 就是一个查询结果对象。

    函数 dbGetQuery（conn，...）执行一个数据库查询，并且返回与该查询对应的查询结果，以 dataframe 类型表示，如果没有查询结果，则返回一个错误信息。其中，conn 代表数据库连接对象，"..." 代表提交的查询语句。dbGetQuery 其实是一次完成 dbSendQuery 和 dbGetResult 的动作。

    函数 dbClearResult（result）清除与 result 这个查询结果对象相关的所有资源。

15.2 RdbiPgSQL 软件包

15.2.1 简　　介

RdbiPgSQL 提供 PostgreSQL 数据库的访问方法。"PostgreSQL 是一个特

性非常齐全的自由软件的对象-关系型数据库管理系统（ORDBMS），它的很多特性正是当今许多商业数据库的前身"（摘自 PostgreSQL 手册）。PostgreSQL 数据库一般在 Linux/Uinx 下使用比较多，有关 PostgreSQL 数据库的资料参见 PostgreSQL 中国的官方网站（http://www.pgsqldb.org/）。

RdbiPgSQL 需要依赖 R 语言（1.2 以上的版本）和 Rdbi 软件包才可以运行。目前 RdbiPgSQL 软件包还没有 Win32 版本提供下载。

15.2.2 基本函数

RdbiPgSQL 是 Rdbi 的一个子软件包（可以理解成派生关系），并且其中的函数跟 Rdbi 中的函数在功能和格式上都很接近。表 15.1 是两个软件包中的函数的对比情况。

表 15.1 RdbiPgSQL 包和 Rdbi 包中函数的对应关系

Rdbi 中的函数	RdbiPgSQL 中的函数
dbAppendTable	dbAppendTable.PgSQL.conn
dbClearResult	dbClearResult.PgSQL.result
dbColumnInfo	dbColumnInfo.PgSQL.result
dbConnect	dbConnect.PgSQL
dbConnectionInfo	dbConnectionInfo.PgSQL.conn
dbDisconnect	dbDisconnect.PgSQL.conn
dbGetQuery	dbGetQuery.PgSQL.conn
dbGetResult	dbGetResult.PgSQL.result
dbListTables	dbListTables.PgSQL.conn
dbReadTable	dbReadTable.PgSQL.conn
dbResultInfo	dbResultInfo.PgSQL.result
dbSendQuery	dbSendQuery.PgSQL.conn
dbWriteTable	dbWriteTable.PgSQL.conn
dbReconnect	无
dbReconnect.Rdbi.conn	无
	PgSQL(新增)
	Psql(新增)

这里不再赘述 RdbiPgSQL 软件包中跟 Rdbi 包中类似的函数。

简单介绍一下新增的两个函数：PgSQL 和 Psql。PgSQL 返回 PgSQL 类型的对象，Psql 可以运行 PostgreSQL 控制前端程序 psql。psql 是一个以终端为基础的 PostgreSQL 前端，它允许用户交互地键入查询，并把它们发出给 PostgreSQL，然后再看查询的结果。另外，输入可以来自一个文件。还有，它提供了一些元命令和多种类 shell 的特性来实现书写脚本以及对大量任务的自动化（参见 PostgreSQL 8.0.0 文档）。

15.3 SAGElyzer 软件包

15.3.1 简　　介

SAGElyzer 是一个对 SAGE 数据库进行管理、分析和注解的 R 语言接口，主要是提供一些函数，将 SAGE 库里面的数据放到 R 语言建立的数据库中，并且调用 genefinder 程序寻找与给定的 SAGE 标签相似的基因。

因为 SAGE 文库很大，所以需要用一个数据库来存放和获取数据。当前版本的 SAGElyzer 已经在 Windows 和 Unix 操作系统下通过一个 PostgreSQL 数据库得以验证。但是，我们最终希望只要一个数据库连接建立好，SAGElyzer 就可以跟任何一个数据库管理系统配合工作。

15.3.2 基 本 用 法

在 Windows 上运行的时候，需要考虑 SAGElyzer 对内存的需求。通常在程序图标的属性中"目标"路径后面设置最大内存。例如，将 R 语言程序的目标路径改成

"C\Program Files\R\rw1080\bin\Rgui.exe"-max-mem-size=512M

则就可以把 512M 内存分配给 R 语言。

在 R 语言运行环境中输入下面的代码就可以运行 SAGElyzer。先作交互性检查是为了关闭自动打包代码的执行。

```
> if (interactive()) {
+ SAGElyzer();
+ }
```

运行之后，R 语言以图形化界面的交互方式启动 SAGElyzer，如图 15.1 所示（下面所演示的界面多数是在 Unix 操作系统下的界面截图）。可以看到有一个 Connect 按钮和两个主要区域：Tasks 和 Procedures，底部还有一个状态栏。

"Connect"是负责连接数据库的。点击 Connect 就可以看到如图 15.2 所示的一个对话框。

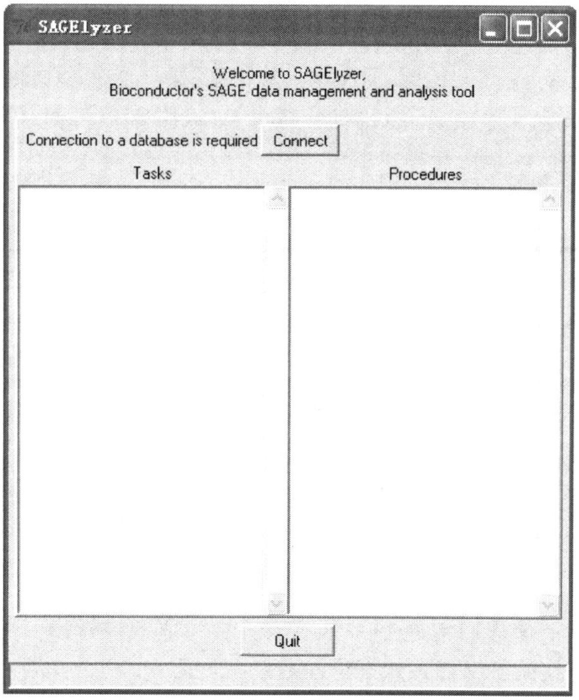

图 15.1　SAGElyzer 的启动界面

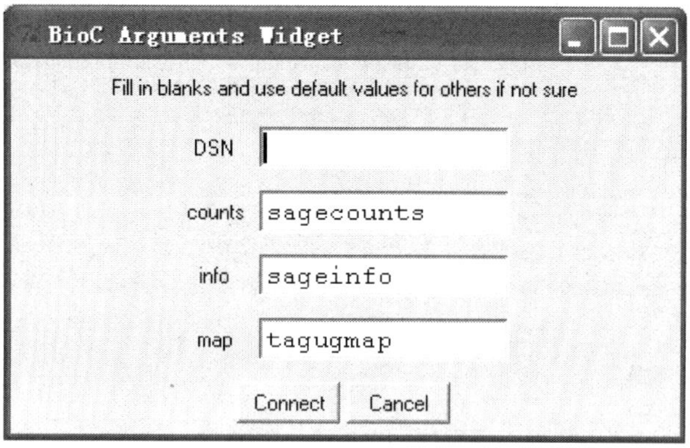

图 15.2　SAGElyzer 设置数据库连接的界面

这是 Windows 下的版本，在 Unix 下没有 DSN 输入框，替代的是 Database，User，Password 和 Host 的输入框。数据源名称（DSN）是一个逻辑名称，开放数据库连接（ODBC）使用它引用驱动器以及访问数据所需的其他信息。Internet

信息服务使用该名称连接到诸如 Microsoft SQL Server 数据库之类的 ODBC 数据源。若要设置该名称，请使用"控制面板"中的 ODBC 工具。DSN 包含数据库名称、所在文件夹、数据库驱动、用户名、密码以及其他信息。用户一旦为某个数据库创建好一个 DSN，就可以在一个应用程序中通过 DSN 调取数据库信息，这些信息是所要连接的数据库信息。有些条目已经有了缺省值，用户可以自己修改。但是在不确定的情况下，建议还是使用缺省值。

无论是 Windows 还是 Unix，系统都会建立与后面 3 个输入框的名字（counts，info 和 map）对应的 3 张数据表，并且维持到下次更新。counts 数据表包含整个 SAGE 文库中 SAGE 标签的数目，info 表包含原始 SAGE 文库以及存储 SAGE 标签数据的数据库表的信息，map 表包含 SAGE 标签和 UniGene ID 之间的映射关系。

数据库连接完成后，SAGElyzer 可用的任务就在任务（Tasks）栏中列出来了。任务栏中的每一个按钮都对应于右边 Procedures 栏中的一系列过程。图 15.3 是点击 Manage Data 后的情况。

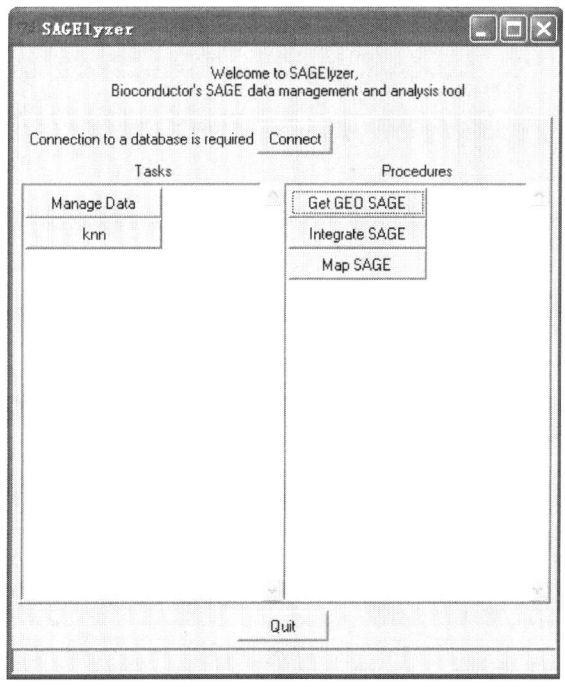

图 15.3　Manage Data 任务

第一次使用 SAGElyzer 的用户必须通过运行 Manage Data 来建立相应的数据表以便于以后使用。下面是对 Manage Data 中 3 个程序的描述。

（1）Get GEO SAGE：下载 Gene Expression Omnibus（GEO. http：//www.ncbi.nlm.nih.gov/geo/）上给定物种的所有 SAGE 文库。下载的数据可以被用户保存在本地硬盘上，以为后面创建数据表使用。

（2）Integrate SAGE：整合下载到本地的 SAGE 文库数据到数据库表中，这个过程将产生 Counts 和 Info 表。

（3）Map SAGE：下载 ASGE 标签到 UniGene ids 的映射数据，并且以 Map 表的形式存在数据库中以备以后使用。

点击 Get GEO SAGE，弹出一个对话框，如图 15.4 所示，让用户输入要下载的物种（Organism），下载文件的保存路径（Save To），下载的地址（Source URL）。一般下载地址是使用软件的缺省值。

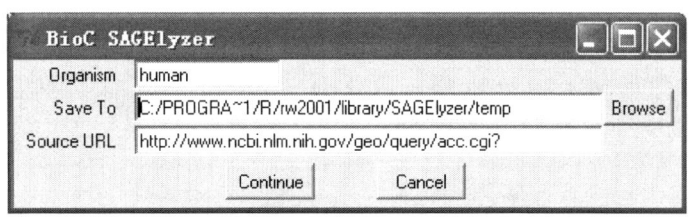

图 15.4　Get GEO SAGE 的连接属性

点击 Continue，就开始下载数据了（下载的 SAGE 文库数据是以.sage 为扩展名保存）。一般要等一段时间，如果用户不想等，可以直接停止。软件安装文件夹中有两个以.test 为扩展名的测试文件。

下载好之后，开始数据整合。点击 Integrate SAGE 就弹出下面的对话框（图 15.5）。

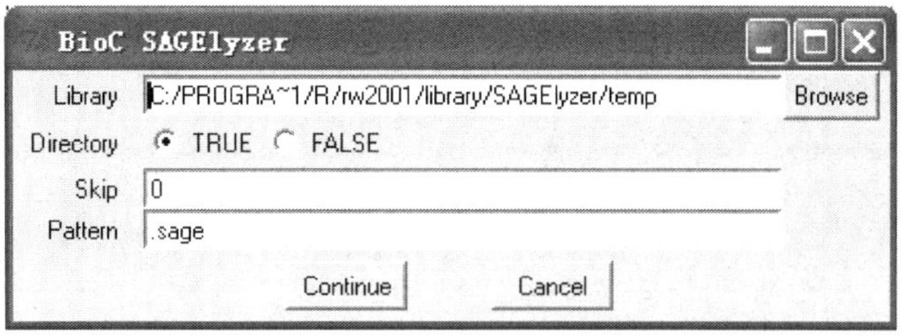

图 15.5　Integrate SAGE 界面

Library 表示下载的 SAGE 文库数据的本地路径，Directory 表示所选路径是文件还是文件夹（TRUE 表示文件夹，FALSE 表示文件），Skip 指读取 SAGE 文库的时候从头部跳过的行数，Pattern 表示读取用户指定扩展名格式的文件。

整合 SAGE 需要所有的数据文件都保存在同一个本地文件夹中（不论有没

有文件头），并且有同样的文件名模式。这个要求对于单纯从 GEO 下载的数据不成问题，但是对于下载的数据和本地数据混合的情况，则需要在整合之前作相应的处理，以满足这个要求。

现在，我们已经下载 SAGE 文库的数据到本地数据库中了，下面要做的就是生成 SAGE 标签到 UniGene ids 的映射。点击 Map SAGE，弹出如图 15.6 所示的对话框。

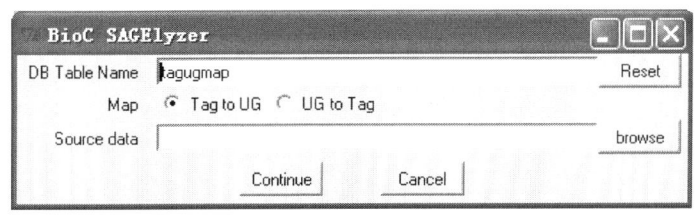

图 15.6　Map SAGE 界面

在 DB Table Name 中输入映射表的保存路径，Map 可以选择是从 SAGE tag 到 UniGene ids 的映射还是从 UniGene id 到 SAGE tag 的映射，Source data 指包含 SAGE tags 和 UniGene ids 映射关系的源文件（SAGEmap tag ugrel. zip）的地址。

只有在 SAGElyzer 第一次安装，或者已经存在的数据库需要更新的时候，用户才需要运行 Manage Data。数据表一旦生成，在以后 SAGElyzer 被装载的时候依然可用。

如果数据表在之前的过程中已经建好，则用户可以调用程序进行数据分析或注解。点击任务栏中的 K-最近邻程序 knn（K-Nearest Neighbor），Procedures 中将出现下面的 5 个按钮（图 15.7）。

（1）Set arguments：设置运行 knn 需要的参数；

（2）Run knn：运行 knn；

（3）Get counts：根据选定的 SAGE 文库得到 knn 程序发现的标签数目；

（4）Map SAGE：将 knn 程序发现的标签映射到 UniGene ids，并且将 UniGene ids 连接到 UniGene 网站；

（5）Find neighbor genes：在染色体上下游一定范围内寻找与 knn 发现的标签相邻的基因。运行该程序需要安装一个相应的数据包 XXXCHRLOC（从 Bioconductor 获取），其中，XXX 是用户要研究物种的名称，例如"human"。

用户应该先运行 Set arguments，再点击 Run knn。下面是点击 Set arguments 后弹出的对话框（图 15.8）。

在这里，用户可以输入一个目标标签序列，目前的 SAGElyzer 版本只支持 10 个字符长度的序列。根据选定的文库，程序将发现具有相似表达模式的一定

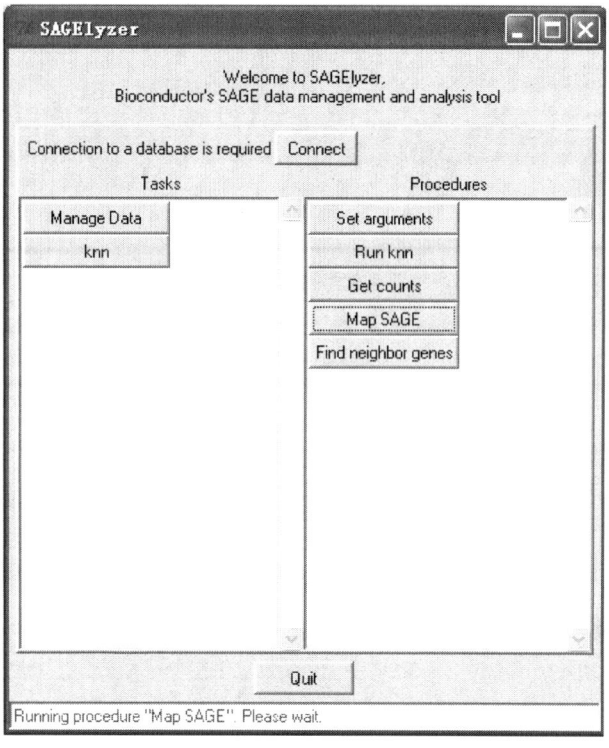

图 15.7 knn 界面

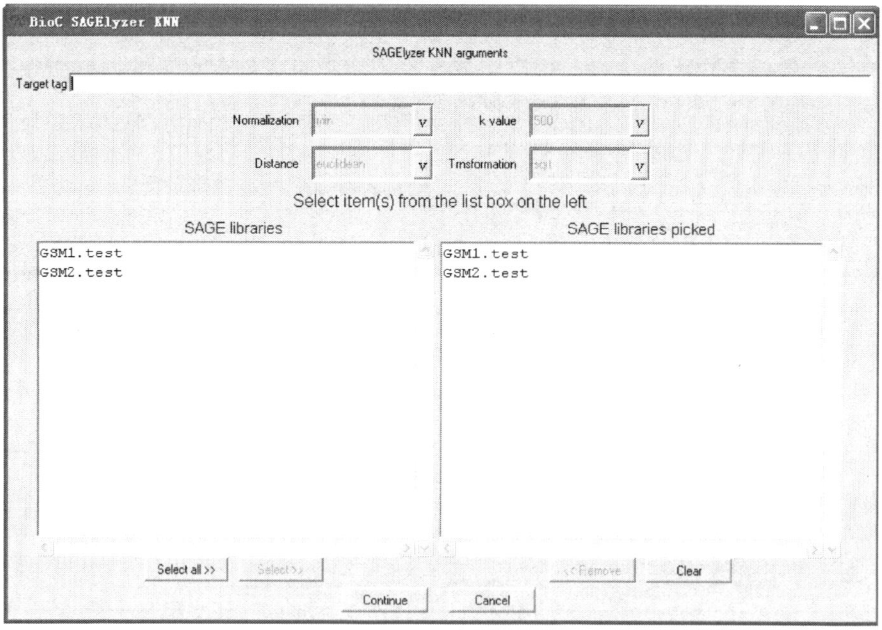

图 15.8 Set arguments 界面

数目的标签（由 k 值决定），如果用户不选定任何文库，程序将搜索所有的文库。Normalization、Distance、k value 以及 Trnsformation 的值可以从选项框中选取。搜索的结果将在一个列表框中给出，包括计算的距离，用户可以选择保存这些结果。

用户可以通过 Get counts 得到 knn 程序发现的标签数目。

Map SAGE 产生一个 HTML 网页，描述发现的标签和 UniGene 之间的映射。点击 UniGene id 可以打开相应的 UniGene 网站以浏览 UniGene 的聚集信息。

Find neighbor genes 按钮显示由 Run knn 发现的标签以及映射的 UniGene ids。映射列在一系列的列表框中，点击任何一个列表框中的条目将显示该标签周围一定范围内的相关基因的 LocusLink ids 值。

15.3.3 基本函数

一般地，SAGElyzer 的运行都是在交互图形界面下完成的，所以背后隐藏的函数不作为重点在这儿提出。如果用户实在对那些具体的函数感兴趣，可以参看 SAGElyzer 软件包附带的手册。

第 16 章 图形及用户接口

GUI 是 graphical user interface 的缩写，意为用户图形接口，指用户通过图形界面和窗口小部件与计算机进行交流。在 Bioconductor 中，与图形及用户接口相关的包一共有 7 个，其中有 2 个包创建窗口小部件，分别是 widgetTools 包和 tkWidgets 包；2 个包提供 Affymetrix 芯片和 cDNA 芯片的基因表达芯片数据分析 limma 包的图形化界面操作，分别是 affylmGUI 包和 limmaGUI 包；还有 2 个包则提供绘制图形的图形化界面，分别是绘制基因组数据的 geneplotter 包和绘制六角形图形的 hexbin 包；而 webbioc 包集成 Web 界面，使用多个 Bioconductor 包，用于微阵列分析，可以作为中心化的生物信息学资源被很多用户使用，当前仅仅提供 Affy 寡核苷酸分析，需要在 Unix 下运行。

16.1 widgetTools 包

16.1.1 简　　介

该包用于建立初级 Tcl/Tk widgets 的工具，如小尺度的图形用户界面。widgetTools 的设计遵从模型-视图-控制器（model-view-controller，MVC）模式。模型 Model 是应用对象，视图 View 是它在屏幕上的表示，控制器 Controller 定义用户界面对用户输入的响应方式。不使用 MVC 时，用户界面设计往往将这些对象混在一起，而 MVC 则将它们分离以提高灵活性和复用性。

Tcl/Tk 是一种简明、高效、可移植性好的编程语言，Tcl/Tk 由核心语言部分 Tcl 和界面编程部分 Tk 所组成。Tcl 语法简单，功能强大，用于创建图形用户接口和实现脚本操作；Tk 则是使用 Tcl 编制的跨平台、开放源代码的窗口小部件工具箱（详情参考 http://www.tcl.tk/）。窗口小部件 widget 是图形部件或控制器，用户通过它与电脑进行交互，例如，窗口、按键、单选框、滚动条或文本栏等。窗口小部件用来构建图形用户接口。

16.1.2 类及其用法

1. 类的列表

widgetTools 包中共有 3 个类，见表 16.1。

表 16.1　widgetTools 包中的类

	1. basicPW
描述	定义执行初级窗口小部件时的动作
Slot	wName：character 类的对象，对象名字； wType：character 类的对象，初级窗口小部件的类型（如按键 button）； wValue：ANY 类的对象，对象的初始值； wWidth：numeric 类的对象，对象的宽度； wHeight：numeric 类的对象，对象的高度； wFuns：list 类的对象，在窗口小部件激活前需要执行的 R 函数； wPreFun：function 类的对象，在窗口小部件各对象的值更新前需要执行的 R 函数； wPostFun：function 类的对象，在窗口小部件各对象的值更改后需要执行的 R 函数； wNotify：list 类的对象，窗口小部件各对象的值更改时需要执行的 R 函数； wEnv：environment 类的对象，对象的值所存储的环境空间对象
方法	用于设定上述 slot 的方法，与 slot 同名
	2. widget
描述	选择初级窗口小部件，创建 widgetView 对象来显示被选择的窗口小部件
Slot	wTitle：character 类的对象，窗口小部件的标题； pWidgets：list 类的对象，basicPW 类的对象的窗口小部件的列表； env：environment 类的对象，对象的值所存储的环境空间； funs：list 类的对象，按键动作的执行函数； preFun：function 类的对象，在窗口小部件被创建前需要执行的函数； postFun：function 类的对象，在窗口小部件被终结前需要执行的函数
方法	用于设定上述 slot 的方法，与 slot 同名
	3. widgetView
描述	显示窗口小部件
Slot	WVTilte：character 类的对象，当窗口小部件的标题被创建时显示的字符串； widgetids：list 类的对象，被显示的窗口小部件的标识符
方法	用于设定上述 slot 的方法，与 slot 同名

2. 使用方法

首先创建 basicPW 类的对象列表 pWidget（模型部分），列出要使用的窗口小部件以及定义执行它们的动作时的函数，然后使用 widget 类（控制器部分）来控制 pWidget 对象的值和动作，最后使用 widgetView 类来显示、存储窗口小部件窗口及其标识符。

16.1.3　实　　例

下面这个例子要建立一个窗口小部件，其功能如下：
（1）浏览文件（使用 tkWidgets 包里面的 fileBrowser 函数）；

(2) 读取对话框中显示的文本标签（text label）；

(3) 定义文本输入栏；

(4) 从一系列单选框中选择一个选项；

(5) 从列表框中选择选项；

(6) 从复选框中选择是或否。

步骤如下：

(1) 定义创建对象 pWidget 的环境空间（而不是把所有对象的值都存储在全局环境空间里面）。

> library(widgetTools);
> library(tkWidgets);
> PWEnv <- new.env(hash =TRUE, parent=parent.frame(1));

(2) 定义一些不同类型的 pWidget 对象：文本标签、文本输入栏、按键、列表框、文本框、单选框、复选框等），分别使用 label、button、listBox、textBox、radioButton 和 checkButton 函数，同时设定这些函数的 slot。

> label1 <- label(wName="label1", wValue="File Name：", wEnv=PWEnv);
##定义文本标签
> entry1 <- entryBox(wName="entry1", wValue="Feed me using browse",
+ wEnv=PWEnv); ##定义文本输入栏
> browse2Entry1 <- function() {
+ tempValue <- tclvalue(tkgetOpenFile());
+ temp <- get(wName(entry1), env=PWEnv);
+ wValue(temp) <- paste(tempValue, sep="", collapse=";");
+ assign(wName(entry1), temp, env=PWEnv);
+ }
> button1 <- button(wName="button1", wValue="Browse",
wFuns=list(command=browse2Entry1), wEnv=PWEnv); ##定义按键动作
> list1 <- listBox(wName="list1", wValue=c(Option1=TRUE,
+ Option2=FALSE, Option3=FALSE), wEnv=PWEnv); ##定义列表框
> text1 <- textBox(wName="text1", wValue="Feed me something",
+ wEnv=PWEnv); ##定义文本框
> label2 <- label(wName="label2", wValue="Select one：", wEnv=PWEnv);
> radios1 <- radioButton(wName="radios1", wValue=c(radio1=TRUE,
+ radio2=FALSE, radio3=FALSE), wEnv=PWEnv); ##定义单选框
> label3 <- label(wName="label3", wValue="Select one to many：",
+ wEnv = PWEnv);
> checks1 <- checkButton(wName="checks1", wValue=c(check1=TRUE,
+ check22=FALSE, check3 = FALSE), wEnv = PWEnv); ##定义复选框

(3) 定义 pWidgets 列表，以确定上述窗口小部件在图形化界面中显示的布局。

> pWidgets <- list(topRow=list(label1=label1, entry1=entry1,
+ button1=button1), textRow=list(list1=list1, text1=text1),
+ radGroup=list(label2=label2, radios1=radios1),
+ chkGroup=list(label3=label3, checks1=checks1));

(4) 使用 widget 函数来显示 pWidgets 列表。

> if (interactive()) {
+ aWidget <- widget(wTitle = "A test widget", pWidgets, funs = list(),
+ preFun = function() print("Hello"), postFun = function() print("Bye"),
+ env = PWEnv);
+ }

创建好的 widget 如图 16.1 所示。

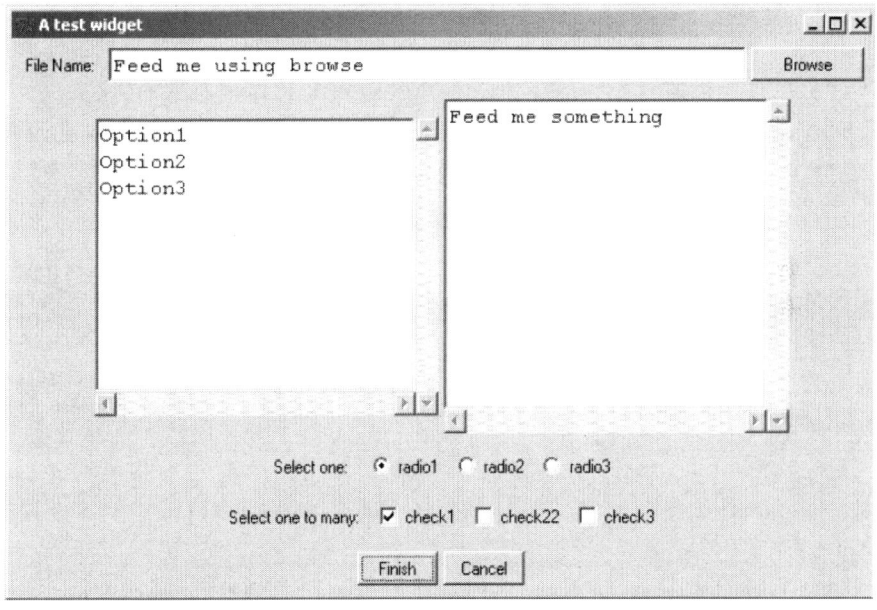

图 16.1 有单选框、复选框和列表框的简单窗口小部件

(5) 使用 wValue 函数提取上述 widget 对象的值，并存储在标准 R 语言对象中。

16.2 tkWidgets 包

16.2.1 简 介

这个包提供了某些较为高级的窗口小部件创建函数及其视图函数和控制器函数。

16.2.2 基 本 函 数

1. 窗口小部件的创建函数

函数 listSelect 创建有选择框的窗口小部件，允许用户选择界面上的项目（item）。函数的具体使用形式为

  listSelect（aList，topLbl="Select Elements From The Following List"，
    typeFun=stdType，valueFun=stdView）

其中，aList 为可供选择的项目名称；topLbl 为对话框命令的字符串；typeFun 返回对选取的 R 语言对象的描述；valueFun 则显示 R 语言对象的内容。

函数 importWizard importWizard 导入数据文件，该函数返回 R 语言数据单。函数的使用形式为

  importWizard importWizard（filename=""，maxRow=400）

其中，filename 为要被导入的文件名称，为字符串格式，默认为空字符串，用户必须点击 browse 按键，通过与之关联的 fileBrowser 函数来选取文件；maxRow 则为数据的最大行数。

函数 eExplorer 创建浏览例子的代码和相应 R 语言软件包帮助文件的窗口小部件。函数的使用形式为

  eExplorer（pkgName，font="arial 13"）

其中，pkgName 为相应的 R 语言软件包的名称，为字符串格式；font 设置显示字体。

函数 dataViewer 创建窗口小部件，使用户可以看到数据单并决定是否存储这些数据。函数的使用形式为：

  dataViewer（data，caption=""，save=TRUE）

其中，data 为要显示的数据单；caption 为该窗口小部件的标题；save 设置是否存储数据，当设置为 TRUE 时表示存储数据。

另外，函数 pExplorer 创建浏览 R 语言库中的软件包并且运行例子中的代码的窗口小部件；函数 vExplorer 创建视图，编辑并运行 vignettes 中的程序段的窗口小部件；函数 pickItems 创建包含列表框的窗口小部件，从已有的资源中选

择项目（item）；函数 DPExplorer 创建窗口小部件，使用户可以看到 Bioconductor 中的数据包并且选择某些数据包在 R 语言中读取。

2. 视图函数

函数 widgetRender 详细定义 Tk widget 的外观和动作。函数的使用形式为
widgetRender（iWidget，tkTitle）
其中，iWidget 为一串定义窗口小部件外观的列表；tkTitle 则为该窗口小部件的标题栏名称，为字符串格式。

函数 objViewer 选择一个 R 语言对象，并且在已有的窗口小部件的列表框中显示该 R 语言对象的内容。函数的使用形式为
objViewer（toView，width=40，height=10）
其中，toView 为要显示的 R 语言对象；width 和 height 为设置该窗口小部件的宽度和高度。

3. 控制器函数

fileBrowser：当选择了文件并按下"End"键之后，函数返回文件路径。

objectBrowser：在工作区中查看并且选择对象。按下"End"键时，被选择的多个对象将返回为一个列表。

values.Widget：打印或列出由 widgetRender() 创建的窗口小部件各对象的值。

getWvalues：返回由 widgetRender() 创建的窗口小部件各对象的值。

guess.sep：从数据文本文件中读取一些行，从中判断标题是否存在，判断列的数据格式。

args2XML：读取命令到指定的函数并且将内容转化为 XML 格式。

dbArgsWidget：创建交互式窗口小部件，使用户可以对 Unix 数据库输入命令。

hasChar：检查字符串的前缀和后缀。

16.2.3　实　　例

```
> library(tkWidgets);
> if(interactive()){
+ importWizard() ;
+ } ##使用 importWizard 函数导入数据
```

结果如图 16.2 所示。

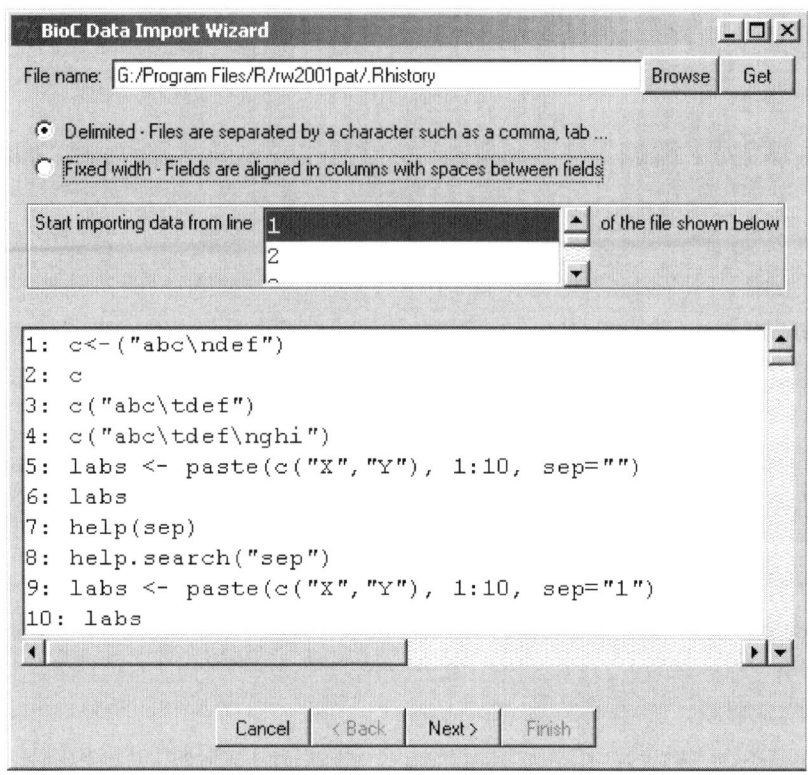

图 16.2 使用 importWizard 函数导入数据的界面

16.3 geneplotter 包

16.3.1 简　　介

用于基因组数据分析的图形化工具，例如，在染色体上绘制基因表达数据，或者产生表达数据矩阵的彩色图像。

16.3.2 全基因组图形的绘制

在载入基因组数据之后，获取染色体信息和基因在染色体上的定位。染色体将以与 x 轴平行的直线表示，这些直线上的短竖线表示基因。用户可以根据需要定义竖线的颜色，用以表示不同组合的基因。

1. 基本函数

buildChromLocation 属于 annotate 包的一个函数,作用是读取数据包,建立 chromLocation 对象,以表示数据中的染色体信息,如染色体所属物种,染色体的条数、长度等。其使用形式如下:

```
> chrObj <- buildChromLocation(dataPkg);
```

将名字为 dataPkg 的数据包中的染色体位置传递给 chrObj 变量。例如,读取 hgu95av2 数据包,使用以下命令查看染色体信息:

```
> chrObj <- buildChromLocation("hgu95av2");
> chrObj;
```

结果为:

```
Instance of a chromLocation class with the following fields:
    Organism: Homo sapiens
    Data source: hgu95av2
    Number of chromosomes for this organism: 25
    Chromosomes of this organism and their lengths in base pairs:
        1:246127941
        2:243615958
        3:199344050
        4:191731959
        5:181034922
        ...
```

函数 cPlot 绘制给定的 chromLoacation 对象中所有的基因。函数使用形式如下:

```
cPlot (plotChroms, useChroms=chromNames (plotChroms),
    scale=c ("relative","max"), fg="white", bg="lightgrey",
    glen=0.4, xlab="", ylab="Chromosome", main=organism
    (plotChroms))
```

其中,plotChroms 为包含所有需要绘制的基因的 chromLocation 对象,如前面的 chrObj;useChroms 为绘制的图形中染色体的名字,默认使用 plotChroms 对象中的设定;scale 为传递给 cScale 函数的命令,设定显示的染色体长度是相同还是按相对长度显示;fg 为基因的显示颜色,默认为白色;bg 为图形的背景颜色,默认为浅灰色;glen 为每个基因长度的比例因子,默认为 0.4,不得高于 0.5,否则图形中的染色体之间会重叠;xlab 和 ylab 分别为 x 轴和 y 轴的名字;

main 为这个图形的名字。

函数 cColor 设置探针的高亮度显示颜色。对于给定的一组探针,在 cPlot 创建的图形中可以用不同的颜色高亮度显示。函数的使用形式如下

cColor(probes, color, plotChroms, scale=c("relative","max"),glen=0.4)

其中, probes 为需要高亮度显示的探针组;color 为用于高亮度显示的颜色,其他参数与 cPlot () 中的解释相同。

2. 实例

(1) 首先载入软件包和数据包并读取数据包中的染色体信息。

```
> library(geneplotter);
> chrObj <- buildChromLocation("hgu95av2");
> data(eset);
```

(2) 定义颜色类型和图形布局。

```
> cols <- dChip.colors(10);
> nf <- layout(matrix(1:3,nr=1), widths=c(5,5,2));
```

(3) 绘制染色体和基因的图形,以不同颜色表示染色体横线和基因竖线。

```
> cPlot(chrObj);
> cColor(geneNames(eset),"red",chrObj); ##eset 为数据包中的表达数据
> cPlot(chrObj);
> cColor(geneNames(eset),"blue", chrObj);
```

注意,(表示基因的)竖线在染色体横线之上的,表示它们处在正义链上;否则表示它们处在反义链上。

(4) 在图形右方建立颜色坐标,使用 image 函数以渐进的颜色表示不同表达水平的基因。

```
> image(1,1:10,matrix(1:10,nc=10),col=cols, axes=FALSE, xlab="",
        ylab="");
> axis(2, at=(1:10), las=1);
```

执行结果如图 16.3(彩图见书后)所示。

16.3.3 单条染色体绘图

另外一种显示基因不同表达水平的方式是通过在单条染色体上的连续区域绘制累积的基因表达水平。虽然人们普遍认为基因的表达水平与其所处的染色体位置没有多大关联,但是这些图形有助于探测两个染色单体的缺失或扩增以及基因

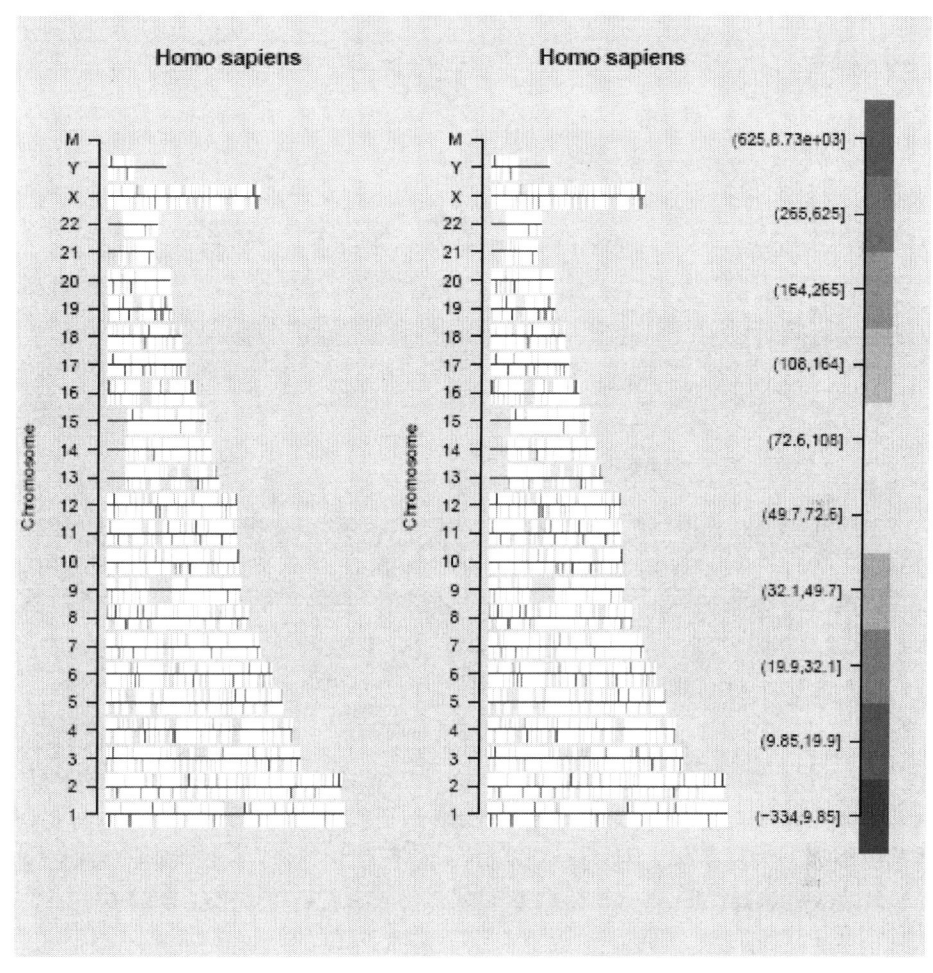

图 16.3 人类各染色体上基因的表达数据

组中其他令人感兴趣的特征。这种绘图是通过 alongChrom 函数来完成的。函数使用形式如下：

alongChrom（eset，chrom，specChrom，xlim，whichGenes，
　　　　　plotFormat＝c（″cumulative″,″local″,″image″），
　　　　　xloc＝c（″equispaced″,″physical″），scale＝
　　　　　c（″none″,″zscale″,″rankscale″,″rangescale″,″zrobustscale″），
　　　　　geneSymbols＝FALSE，byStrand＝FALSE，colors＝″red″,
　　　　　lty＝1，type＝″S″，…）

其中，eset 为待分析的表达数据。查看 geneplotter 包自带的数据的方法是：

```
> data(eset);
> eset;
```

结果是：

```
Expression Set (exprSet) with
    500 genes
    26 samples
        phenoData object with 3 variables and 26 cases
    varLabels
        cov1: Covariate 1; 2 levels
        cov2: Covariate 2; 2 levels
        cov3: Covariate 3; 3 levels
```

chrom 是待分析的染色体编号，如"1"表示第 1 条染色体；specChrom 是相应于该物种的 chromLocation 类型对象；xlim 是所选择的该染色体的位置范围，以碱基序列号表示，如 xlim＝c(87511280，127717880)，默认为整条染色体；whichGenes 选择显示的基因，默认为 xlim 区域的全部基因；xloc 设定 x 轴下标注的基因名称是根据染色体位置排列（xloc＝"physical"）或是等间距排列（xloc＝"equispaced"），后者为默认设定；plotFormat 设定绘制数据的方法，分别为以渐进颜色显示各个基因表达水平的"image"，显示不同样本累积表达水平的"cumulative"和显示不同样本基因表达水平的箱线图"local"；scale 设定对数据的缩放方法，默认为无；geneSymbols 注明使用 Affy 的 ID 或是 Gene Symbols，默认为前者；byStrand 设定每次显示一个图或是使用隔线显示多个图，默认为前者；lty 设定线形；type 设定表示数据的方式，如点（"p"），线（"l"），默认为阶梯图（"S"）；colors 设定线条的颜色。

例如：

```
> library(geneplotter);
> newChrom <- buildChromLocation("hgu95av2");
> data(eset);
> cols <- c("red","green","blue");
> cols <- cols[eset$cov3];
> par(mfrow = c(3,2));
## 关于 mfrow 函数可参考 R 语言中的多维图形函数部分的解释
> alongChrom(eset,"1", newChrom, xloc="equispaced",
plotFormat="cumulative",+col=cols,lwd=2);
```

上述程序绘制出的图形如图 16.4 所示。

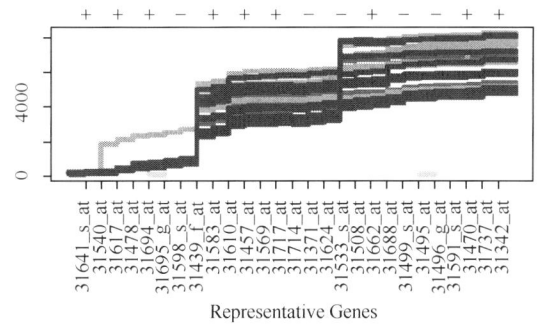

图 16.4　染色体 1 中各基因的累积表达水平

横坐标为代表基因，纵坐标为累积表达水平

16.4　hexbin 包

16.4.1　简　　介

以正六边形表示数据点，选用灰度或彩色区分不同密度的数据区，使得数据表示清晰，尤其对于大量集中的数据点有效。

16.4.2　基　本　函　数

创建 hexbin 对象。函数的使用形式如下：

　　hexbin（x，y，xbins＝30，shape＝1，xbnds＝range（x），

　　　　　ybnds＝range（y），xlab＝NULL，ylab＝NULL，IDs＝FALSE）

其中，x，y 为待绘制的数据集合，均是向量；xbins 为在 xbnds 范围内绘制的六角形的个数，数值越大，则六角形越密，单个六角形越小；xbnds/ybnds 为 x/y 坐标的范围，其值是长度为 2 的向量，即（Xmin，Xmax），X 为坐标；xlab/ylab 为标记 x/y 坐标轴的字符串，其值通常为 NULL；shape 为绘图区域的长宽比，其值为绘图区域的 y/x；IDs 的解释是：如果其值为 TURE，则返回该六角形的 ID。

16.4.3　扩　展　函　数

（1）grid.hexlegend：定义每个六角形的格式；

（2）ColorRamps：以渐进的颜色表示数据的连续分布；

(3) hcell2xy：从六角形的 ID 得到其 x，y 坐标；

(4) erode.hexbin：移去低于设定的置信度的六角形；

(5) smooth.hexbin：只显示图形中间区域的清晰形状，而模糊外围的六角形形状。

16.4.4 实　　例

```
> x <- rnorm(10000);
> y <- rnorm(10000);  ##选取均值为0,标准偏差为1,
在[-4,4]随机分布的1万个数对
> bin <- hexbin(x,y,xbins=20);  ##定义图形绘制格式
> smbin <- smooth.hexbin(bin);
> erodebin <- erode.hexbin(smbin,cdfcut=.5);  ##设定置信度为0.5
> plot(erodebin,colramp=plinrain);  ##作图,使用colramp设定渐进颜色
```

作出的图形如图 16.5 所示。

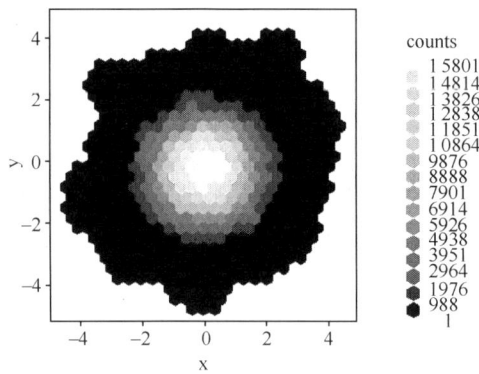

图 16.5　1 万个随机数对的六角形图形

16.5　limmaGUI 包

16.5.1　简　　介

limmaGUI 是 limma 包对 cDNA 芯片数据分析的图形化界面，可以导入导出数据文件，执行 limma 包的大多数分析功能。Windows 用户需要安装 Tktable2.8 和 bwidget1.6，可以在如下网址下载：http://tktable.sourceforge.net；

http://tcllib.sourceforge.net。还需要 R 语言软件包中的 sma 和 thrplot 两个包。

16.5.2 使用方法

样本数据来自 http://bioinf.wehi.edu.au/limmaGUI/Doc/，可以先下载到本地机，保存为 .lma 文件 SwirlLinearModelComputed.lma，然后再运行

> library(limmaGUI);

之后，在 GUI 界面中点击 [file] - [open] 菜单载入这个文件。

也可以在运行 R 语言时从网络载入：

> library(limmaGUI);
> if (interactive()) browseURL("http://bioinf.wehi.edu.au/limmaGUI/Doc/");

之后可以看到如图 16.6 所示的界面。

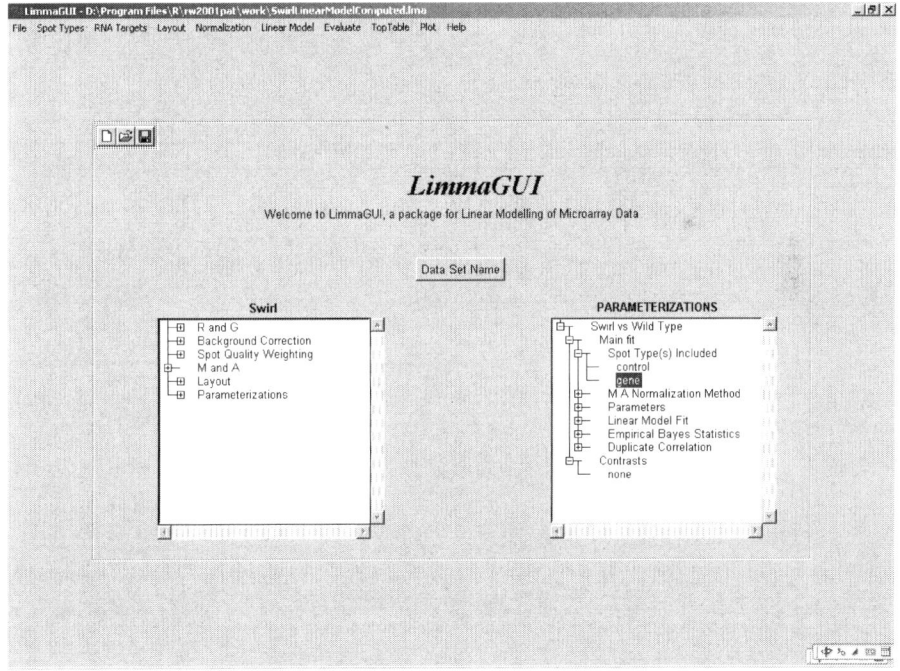

图 16.6　limmaGUI 的图形化界面

也可以导入自己的数据，存为 .lma 文件即可。

16.5.3 功能介绍

1. 导入微阵列数据

导入.txt 格式的 M 值和 A 值数据文件（请参考 limma 包中 MAList 的说明）。

2. 导出分析结果

导出.xls 格式的 M 值和 A 值数据文件。

3. 标准化方法的图形化操作

三种区域的标准化操作：阵列内部，阵列之间以及两者皆有。在每种标准化区域中均有多种标准化方法。

4. 主要分析功能

这部分的功能有：①基因排序；②作图功能，包括定义绘制的点的形状；③执行 R 语言源代码。

16.6　affylmGUI 包

提供 Affy 芯片的 limma 包分析的 GUI，用法与 limmaGUI 类似，在此不赘述。

16.7　webbioc 包

16.7.1　简　　介

Webbioc 包集成 Web 界面，使用多个 Bioconductor 包，用于微阵列分析，可以作为中心化的生物信息学资源被很多客户端用户使用，当前仅仅提供 Affy 寡核苷酸分析，接受用户提交的 cel 文件，进行差异表达分析和假设检验。需要在 Unix 下运行。作为一个图形用户界面，它有如下优点。

（1）方便使用：使用 Web 界面，用户无需学会使用任何命令行语句或 R 语言；

（2）安装简便：只要主机上安装了 R 语言和所有的 Bioconductor 软件包，客户端用户只需提交数据在主机上进行处理即可，无需在用户机上重复安装；

（3）便于寻找功能：相比于命令行操作，客户端用户使用图形用户界面可以很方便地浏览软件包的内容，进而发现用户需要的功能；

（4）便捷的嵌入式文档：帮助用户快速入门。

16.7.2 构　　架

Webbioc 是用 Perl、R 和 shell 脚本语言编写的。对于大多数处理过程，先由 Perl 驱动的 web 界面动态创建 R 语言脚本，然后批处理执行这些脚本。Shell 脚本执行 R 语言，获得可能的出错信息。

主机和客户机通过网络文件系统进行资源共享。主机有输入和输出两个处理系统，以获得客户机的上载数据并输出结果数据给客户机。这两个系统分别有控制器。

数据交换格式是标准的 R 语言数据文件，如 .rda 和 .rdata。

16.7.3 需要安装的软件

（1）R 语言 1.8.0 或其更高的版本；
（2）Bioconductor 中的 affy、multtest、annaffy、vsn 和 gcrma 包；
（3）Unix 系统；
（4）Perl 5.6 或其更高版本；
（5）Ghostscript；
（6）Netpbm；
（7）SGE 或 PBS（可选）。

第17章 图 结 构

图（graph）是一种基本的数据对象，涉及图的数据结构和图的操作。在计算机程序设计中，图往往充当一种典型的数据结构，用于表示复杂数据之间的关系。图是由顶点和边所组成的，无向图中的边没有方向，而有向图中的边具有方向。在有向图中，一个顶点的"入度"为指向该顶点的所有有向边的条数，而一个顶点的"出度"为该顶点所发出有向边的条数。在无向图中，一个顶点的"度数"等于和该顶点相连接的边的条数。在BioConductor中有3个与图有关的软件包，其中graph提供关于图的基本类和函数，RBGL提供有关图论算法（如最短路经，连通性）的接口，而Rgraphviz的主要功能是画图，该软件包提供不同的布局方法和画图算法，用户可以设置相应的画图参数，如线型、颜色等。

17.1 graph 包

17.1.1 简　　介

该软件包提供与图有关的基本类和函数，这些基本的类实际上对应于图的数据结构，通过函数对图进行操作，如构建一个图、修改一个图、合并若干个图等。

17.1.2 基 本 用 法

可用许多不同的方式表示图，最基本的方式是用一个顶点集合与一个边的集合表示图，利用这两个集合说明一个图的构成元素。也有许多人用邻接矩阵来表示图，矩阵行和列表示对应的顶点，而矩阵元素的值则用以说明顶点之间是否有边相连及边的权值（即边的长短），权值0表示对应顶点之间没有边。还有另一种图的表示方式，即邻接表。邻接表的每个元素对应于图中的一个顶点，而每个表元素本身又是一个列表，它列出所有与该顶点相连接的其他顶点。在Bioconductor中，可以用各种工具进行不同表示形式之间的转换。

在实际应用中，我们首先要建立一个图，然后利用不同的函数对这个图进行操作。可以产生随机图，也可以构建特定的图。有三种产生随机图的方法：①randomEGraph，产生边是随机的图，即用户给定顶点个数，该函数按照指定的概率或边的个数随机产生图的各条边。②randomGraph，在使用该函数时，用户提供各个顶点的标记以及一个表示顶点分组个数的因子，每个分组内的顶点具有相同的级别；在产生一个随机图时，每个顶点被随机地赋予因子的级别，然后在具有同样因子水平的顶点间建立边；函数返回 graphNEL 类的对象。③ randomNodeGraph，根据预先设定的顶点度数的分布产生随机图，函数返回一个有向图。在实际应用中，更多的是直接根据已知顶点和边的集合创建一个确定的图。在创建一个图的过程中，首先设置顶点的个数和名称，然后设置各条边，再利用函数 new 创建一个具体的图。

当建立好一个图以后，可以利用函数 addNode 和 addEdge 添加新的顶点或边，也可以利用函数 removeNode 和 removeEdge 去除原来的顶点或边。所有的函数都接受一个顶点向量或者边的向量，在图中一次性增加或删除若干顶点或者多条边。这一族函数中的另一个是 combineNodes，该函数要求输入一个顶点向量和一个图，然后将这些顶点合并成为一个新的单个顶点（需要给出新顶点的名称）。函数 clearNode 删除所有与指定顶点相连接的边。在确定一个图以后，可以用函数 show 显示图的整体结构。

对于给定的一个图，我们可以列出该图的顶点，或者查询顶点的度数。无向图不区分顶点的入度和出度。对于给定图中的任何一个顶点，我们可以通过函数 adj 找出与其相邻的其他顶点，也可以通过函数 acc 找出从该顶点出发能够到达的其他顶点及其路径上边的个数。

下列程序首先生成一个由 5 个顶点形成的简单无向图 G1，如图 17.1 实线所示。然后在顶点 A 和 C、A 和 D 之间增加新的边（如虚线所示），并计算顶点的度数，寻找与顶点 A 邻接的顶点，找出顶点 C 所能够到达的其他顶点。

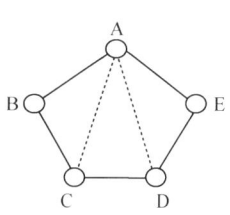

图 17.1 简单无向图 G1

```
>library("graph");
>V <- LETTERS[1:5];
>edL <- vector("list", length=5);
>names(edL) <- V;
>for(i in 1:5) edL[[i]] <- list(edges = c(2, 3, 4, 5,1)[i]);
>G1 <- new("graphNEL", nodes=V, edgeL=edL,"undirected");
>show(G1);
>edges(G1);
>G1 = addEdge(c("A","A"), c("C","D"), G1,1);
>degree(G1);
>adj(G1, "A");
>acc(G1, "C");
```

上述程序首先指定图的 5 个顶点，其名称分别是 A、B、C、D、E，序号为 1～5。然后设置 5 条边，以 c（2，3，4，5，1）表示，其各个分量分别表示顶点 1 连接到顶点 2（以第一个分量值 2 表示，以下类推），顶点 2 连接到顶点 3，顶点 3 连接到顶点 4，顶点 4 连接到顶点 5，顶点 5 连接到顶点 1。设置好顶点和边以后，利用函数 new 创建一个新的无向图 G1，并用函数 show（G1）显示图的整体情况，其结果如下：

```
A graph with undirected edges
Number of Nodes＝5
Number of Edges＝2.5
```

函数 edges（G1）输出图中与各个顶点相连的边：

```
$A
[1] "B"
$B
[1] "C"
$C
[1] "D"
$D
[1] "E"
$E
[1] "A"
```

然后程序又使用函数 addEdge 增加两条新边（如图 17.1 虚线所示），用 degree（G1）输出各个顶点的度数：

```
A B C D E
3 1 2 2 1
```

adj（G1，"A"）输出与顶点 A 相邻的其他顶点：

```
$A
[1] "B" "C" "D"
```

最后，acc（G1，"C"）输出从顶点 C 出发能够到达的其他顶点及其跨越的长度：

```
$C
A B D E
1 2 1 2
```

对于图的其他有趣操作还包括并、交和补，虽然这些操作用得不多，但是在生物信息学和计算生物学中非常有用。对于两个或者更多具有同样顶点的图，

"并"操作的结果是生成一个具有同样顶点的新图，但是它的边是各个图的并集，在任意一个图中出现的边都包含在新图中；"交"操作的结果也是生成一个具有同样顶点的新图，但是它的边是各个图的交集，即新图中任意一条边一定出现在所有的图中；"补"操作的结果生成这样一个新图，其顶点与原来各图中的顶点一样，但是它的边是各个图的补集，即新图中所有的边都不出现在所有的图中。完成这三种操作的函数分别为 union、intersection 和 complement。

除了上述介绍的图操作之外，还有一些复杂的图论算法。如函数 connComp 返回一个图中连通顶点的列表。对于有向图或者双向图，基本图（underlying graph）是去除各条边的方向以后所形成的图，函数 ugraph 提供这个功能。一个双向图的弱连通图是其基本图的连通部分，函数 connComp 可以用来得到一个双向图的弱连通图。

17.1.3　graph 的类

在 graph 软件包中一共有 11 个类，每个类都有相关的图操作方法或函数，详见表 17.1。

表 17.1　graph 的类

\multicolumn{2}{c}{1. propertyHolder}
描述	这是一个虚拟的类，作为顶点和边的基类，用于存放对象的特性
Slots	property：list 类的对象，用于存放特性的命名列表
方法	存取对应的特性
\multicolumn{2}{c}{2. hashtable}
描述	这是一种实现哈希表的类
Slots	hashtable：一个 environment 类的对象，作为一种特殊的数据结构
方法	提供初始化以及其他操作哈希表的函数
\multicolumn{2}{c}{3. gNode}
描述	关于图中顶点的类
Slots	label：character 类的对象，代表顶点的标记； fromEdges：list 类的对象，一个存放从该顶点出发的边的向量； toEdges：list 类的对象，一个存放指向该顶点的边的向量； edgeOrder：list 类的对象，一个边标识符组成的向量，它说明"fromEdges"中各边的顺序； nodeType：character 类的对象，顶点类型； nodeID：Ruuid 类的对象，顶点的唯一标识符； property：list 类的对象，一个存放顶点特性的列表
方法	初始化 gNode 类，返回顶点的类型、标记、标识符，获取或指派与顶点相连的边

续表

4. gEdge	
描述	关于图中边的类
Slots	edgeID：Ruuid 类的对象，表示边的唯一标识符； edgeType：character 类的对象，边的类型； bNode：integer 类的对象，边的起始顶点； eNode：integer 类的对象，边的终止顶点； property：list 类的对象，一个存放与边相关特性的列表，它至少含有一个元素，即边的权值
方法	初始化 gEdge 类，返回一条边起始顶点和终止顶点的标识符

5. simpleEdge	
描述	一种表示图中边的简单类
Slots	edgeType：character 类的对象，边的类型； weight：numeric 类的对象，边的权值； directed：logical 类的对象，表明是否为有向边的逻辑值； bNode：character 类的对象，边的起始顶点； eNode：character 类的对象，边的终止顶点
方法	没有特别的方法

6. graph	
描述	关于图的一个基本虚拟类，可以扩展为其他类
Slots	Edgemode：character 类对象，表示边的模式，它说明图中的边是"有向"的还是"无向"的
方法	寻找从给定顶点能够到达的顶点，寻找与一个顶点相连的边，寻找图的连通部分，计算顶点的度，判别一个图是否为全连通图，进行深度优先搜索，计算两个图的交、并和补，打印或绘制图

7. graphNEL	
描述	这是关于图的一个类，由 graph 类扩展而来。它以顶点和边的列表来表示图，适合于表示顶点多而边少的图。它类似于图的邻接表表示方法
Slots	nodes：vector 类的对象，一个存储顶点的向量； edgeL：list 类的对象，一个存储边的列表，该列表的大小与存储顶点的向量的长度一致，其每个元素本身也是列表，存放与对应顶点相连的边的信息
方法	返回一个图中与顶点或者边相关的信息，确定一个顶点的个数，计算一个图中由给定顶点构成的子图，还提供画图函数

8. graphH	
描述	这是一种以顶点为主线的图类，由 graph 类扩展而来。对于每个顶点，有一个入边表和一个出边表，同时对整个图有一个存放所有边的哈希表。它适合于表示顶点多而边少的有向图
Slots	graphID：Ruuid 类对象，图的唯一标识符； nodes：list 类对象，存储顶点的列表； label2nodeID：character 类对象，用于建立顶点标记与顶点标识符的映射关系； edges：environment 类对象，用于存储边的哈希表； edgemode：character 类对象，边的模式
方法	获得顶点的相关信息，计算顶点的度，得到各顶点的出边

续表

	9. generalGraph
描述	通用的图类，由 graph 类扩展而来
Slots	nodes：hashtable 类对象，存放顶点的哈希表； edges：hashtable 类对象，存放边的哈希表； edgemode：character 类对象，边的模式
方法	提供初始化操作，提供从类 graphNEL 到类 generalGraph 的转换

	10. clusterGraph
描述	这是一种针对聚类分析而设计的特殊的图，由类 graph 扩展而来。每个聚类形成一个全连同子图，而各聚类之间没有边直接相连
Slots	clusters：list 类对象，是一个列表，其每个元素对应于一个聚类
方法	存取顶点相关信息，返回顶点数目，寻找与给定顶点相邻的顶点，发现从一个顶点可以到达的其他顶点，寻找图的连同分量（即聚类）

	11. distGraph
描述	这是一种基于距离的图类，由类 graph 扩展而来
Slots	Dist：一个 dist 类的对象，是边权值的基础
方法	返回顶点信息，返回 dist 对象，计算顶点数目，寻找与给定顶点相邻的顶点，打印图，删除大于给定阈值的距离

17.1.4 基本函数

1. 产生随机图

函数 randomGraph 产生一个随机的图，用户提供顶点的标记以及一个固定级别个数的因子，每个顶点被随机地赋予因子的级别，然后在具有同样因子水平的顶点间建立边。使用形式如下

randomGraph (V, M, p, weights=TRUE)

其中，V 为顶点的集合；M 为一组用于产生图的数值；p 为 0~1 之间的数，指明从 M 中选择一个元素的概率；weights 为一个逻辑变量，说明是否将 M 中各元素的值作为权值。函数返回 graphNEL 类的对象。

函数 randomEGraph 按照随机边模型产生随机图。用户给定顶点个数，函数按照指定的概率或边的个数随机产生图的各条边。函数使用形式如下

randomEGraph (V, p, edges)

其中，V 为图的顶点集合；p 为选择一条边的概率；edges 为期望的边的条数。函数返回 graphNEL 类的对象。

函数 randomNodeGraph 根据预先设定的顶点度数的分布产生一个随机的有

向图（可以强制转换为无向图），并允许形成自循环回路。使用方式为

    andomNodeGraph（nodeDegree）

其中，nodeDegree 为一个命名的整数向量，它说明图中各个顶点的度数。每个命名就是各个对应顶点的名字，所有整数的和必须为偶数（这是由顶点度数的性质所决定的）。函数同样返回 graphNEL 类的对象。

2. 与顶点有关的函数

  函数 addNode 向一个图中添加一个或多个新的顶点。使用方式如下

    addNode（node，object，edges）

其中，node 为一个顶点名称的向量；object 为需要新增顶点的图；edges 为边的列表。函数返回一个新图。

  函数 removeNode（node，object）从给定的图中删除一个顶点，与该顶点相连接的边也同时被删除。clearNode（node，object）函数在一个图中清除进入一个顶点及从一个顶点发出的所有边。函数返回经过处理后的新图。

  函数 combineNodes 合并图中的顶点。该函数要求输入一个顶点向量和一个图，将这些顶点合并成为一个新的单个顶点（需要给出新顶点的名称），原来与各个合并顶点相联接的边都连接到新的顶点。使用方法如下

    combineNodes（nodes，graph，newName）

其中，nodes 为一组待合并的顶点；graph 为一个图；newName 为合并后的新顶点的名字。函数返回合并以后的新图。

3. 与边相关的函数

  函数 addEdge 向一个图中添加新的边。其用法如下

    addEdge（from，to，graph，weights）

其中，from 为新增边的起始顶点；to 为边的终止顶点，它们都可以是向量，不一定要求同样的长度；addEdge 为这两个集合的任意一对顶点添加新的边；graph 指明需要添加新边的图；weights 为新增边的权值。如果是无向图，则边是双向的（只添加一次）。函数返回添加新边以后的新图。

  与 addEdge 相对应的函数是 removeEdge。removeEdge（from，to，graph）在图 graph 中删除从顶点 from 出发到 to 结束的边。

  函数 numEdges（graph）计算图 graph 中总的边数；函数 aveNumEdges（graph）计算图 graph 中各个顶点平均连接的边数（即总的边数除以总的顶点数）；函数 mostEdges（graph）寻找图中具有最多连接边的顶点；函数 inEdges（node，object）计算图 object 中进入顶点 node 的边。

  edgeWeights（object，index）返回与 index 所指定顶点相连接的边的权值。如果没有明确指定 index，则该函数返回图中所有顶点对应的边的权值。

listEdges（object，dropNULL=TRUE）列出一个图中的所有边，具体说就是按照顶点名称的词典顺序逐对列出任意两个顶点之间的边。这里，object 是 graphNEL 类的实例。

4. 寻找相邻顶点

函数 adj 寻找相邻顶点。该函数要求输入一个图及一个顶点，然后在图中寻找与给定顶点直接相邻（通过一条边连接）的其他顶点，并返回这些相邻顶点的信息。使用方法如下

adj（graph，index）

其中，object 为一个 graph 类的实例，表示一个图；index 为一个（或一组）顶点。

5. 寻找可到达的顶点

函数 acc 的输入包括一个由 graph 类派生出来的对象和图中的一个顶点，返回一个向量，该向量含有从给定顶点出发能够到达的所有顶点的信息。该函数是向量化的，所以函数的顶点输入也可以是一个顶点向量。使用方法如下

acc（object，index）

其中，object 为一个 graph 类的实例；index 为一个字符向量，说明若干需要得到连通信息的顶点。函数返回一个整数向量的命名列表。列表名称对应于提供的顶点名，对于表中的每一个元素，命名返回的向量，各向量分量的名称对应于从给定顶点出发能够到达的顶点，各分量的值指示对应顶点之间存在多少条边。

6. 子图相关函数

当给定一个图及一组顶点后，subGraph 函数建立并返回由给定顶点及连接这些顶点的边所组成的一个子图。该函数的使用形式如下

subGraph（snodes，graph）

其中，snodes 为一个顶点标记的向量，代表一组顶点；graph 为一个图类的对象。

函数 boundary 返回一个子图的边界。一个子图的边界实际上就是原图与子图顶点直接相连的顶点。函数的使用形式如下

boundary（subgraph，graph）

其中，subgraph 为一个子图，即顶点所组成的向量；graph 为原图。

7. 不同图结构的转换

ftM2adjM 及 ftM2graphNEL 这两个函数将矩阵表示的图转换为 graph 对象。使用方法如下

ftM2adjM (ft, W=NULL, V=NULL, edgemode="directed")
ftM2graphNEL (ft, W=NULL, V=NULL, edgemode="directed")

其中，ft 为一个 2×N 或者 N×2 矩阵，或称头尾矩阵（from-to matrix），该矩阵的每一对元素表示图中一条边所连接的两个顶点；W 为边的权值向量；V 为顶点名称的向量。函数 ftM2adjM 将一个头尾矩阵转换为邻接矩阵，而函数 ftM2graphNEL 将一个头尾矩阵转换为 graphNEL 类的对象。

函数 sparseM2Graph 和 graph2SparseM 将 graphNEL 和稀疏矩阵表示方法进行转换。使用方法如下

graph2SparseM (g, useweights=FALSE)
sparseM2Graph (sM, nodeNames)

其中，g 为一个 graph 实例；useweights 为逻辑值，表示是否将边的权值作为稀疏矩阵的值；sM 为一个稀疏矩阵；nodeNames 为顶点名称的向量。graph2SparseM 返回一个表示图的稀疏矩阵，sparseM2Graph 返回 graph 类的实例。

17.1.5 特殊类型的图

在解决生物信息学问题时，有时需要用到一些特别类型的图，这些图的用途非常广。第一个特殊的图就是聚类图 clusterGraph。在聚类图中，顶点被分成若干个组或聚类，在每个聚类中，所有顶点连通，形成一个完全图，而在不同的聚类之间，没有边相连。这样一种特殊的图结构在表示聚类分析算法的输出时非常有用。

```
>G2 <- new("clusterGraph",clusters=list(a=c(1,2,3),b=c(4,5,6),
        c=c(7,8,9,10)));
>connComp(G2);
```

上述程序建立 3 个聚类 a、b、c 所形成的图 G2，即图 G2 中有 3 个连通分量。聚类情况如下：

```
$a
[1] 1 2 3
$b
[1] 4 5 6
$c
[1] 7 8 9 10
```

建立好一个聚类图以后，我们就可以进行各种操作了。例如，对于相同数据集，可以尝试不同的聚类算法，观察不同算法聚类的实际结果是否接近。下面是

一个聚类图的实例,程序首先读入数据,然后进行聚类分析,最后再根据分析结果生成聚类图。

```
> library("graph");
> library("cluster");
> data(ruspini);
> pm <- pam(ruspini, 4);
> G3 <- new("clusterGraph", clusters = split(names(pm$clustering),
            pm$clustering));
> nodes(G3);
 [1] "1"  "2"  "3"  "4"  "5"  "6"  "7"  "8"  "9"  "10" "11" "12" "13" "14" "15"
[16] "16" "17" "18" "19" "20" "21" "22" "23" "24" "25" "26" "27" "28" "29" "30"
[31] "31" "32" "33" "34" "35" "36" "37" "38" "39" "40" "41" "42" "43" "44" "45"
[46] "46" "47" "48" "49" "50" "51" "52" "53" "54" "55" "56" "57" "58" "59" "60"
[61] "61" "62" "63" "64" "65" "66" "67" "68" "69" "70" "71" "72" "73" "74" "75"
> connComp(G3);
$"1"
 [1] "1"  "2"  "3"  "4"  "5"  "6"  "7"  "8"  "9"  "10" "11" "12" "13" "14" "15"
[16] "16" "17" "18" "19" "20"

$"2"
 [1] "21" "22" "23" "24" "25" "26" "27" "28" "29" "30" "31" "32" "33" "34" "35"
[16] "36" "37" "38" "39" "40" "41" "42" "43"

$"3"
 [1] "44" "45" "46" "47" "48" "49" "50" "51" "52" "53" "54" "55" "56" "57" "58"
[16] "59" "60"

$"4"
 [1] "61" "62" "63" "64" "65" "66" "67" "68" "69" "70" "71" "72" "73" "74" "75"
```

上述程序首先读入数据集 ruspini,它是一个专门用于演示聚类分析技术的数据集,含有 75 个二维向量;然后利用函数 pam 将数据对象进行聚类(类似于 k 均值聚类分析),形成 4 个类;接着再利用 new 函数根据聚类结果创建一个新图 G3,该图共有 75 个顶点,形成 4 个聚类,分别为顶点 1~20、顶点 21~43、顶点 44~60 和顶点 61~75。

距离图是另外一种基于距离的特殊图。这种图是全连通的,但边的权值则取决于顶点之间的距离,实际距离可能来自于实验数据。下列程序建立一个距离图 G4 并且计算图中各个顶点之间的距离,计算结果见表 17.2。

```
>set.seed(123);
>x <- rnorm(8);
>names(x) <- LETTERS[1:8];
>d <- dist(x);
>G4 <- new("distGraph",Dist=d);
>Dist(G4);
```

程序首先利用函数 rnorm 产生正态分布随机数序列 x，然后用函数 dist 计算各个数据之间的距离，计算结果存放在 d 中，并根据 d 生成距离图 G4。

表 17.2　图 G4 的距离矩阵

	A	B	C	D	E	F	G
B	0.330 298 16						
C	2.119 183 96	1.788 885 80					
D	0.630 984 04	0.300 685 88	1.488 199 92				
E	0.689 763 38	0.359 465 22	1.429 420 58	0.058 779 34			
F	2.275 540 63	1.945 242 48	0.156 356 67	1.644 556 60	1.585 777 25		
G	1.021 391 85	0.691 093 70	1.097 792 11	0.390 407 81	0.331 628 47	1.254 148 78	
H	0.704 585 59	1.034 883 75	2.823 769 55	1.335 569 63	1.394 348 97	2.980 126 22	1.725 977 44

17.2　RGBL 包

17.2.1　简　介

RBGL 是到 BOOST 图库的接口，该软件包提供若干关于图的算法，如图的宽度优先搜索和深度优先搜索、寻找连通分量、计算最短路径等。

17.2.2　基 本 函 数

1. 广度优先搜索和深度优先搜索

bfs 和 dfs 这两个函数利用 BOOST 库中的程序分别执行图的广度优先搜索和深度优先搜索。函数的使用形式为

　　bfs（object, node, checkConn=TRUE）

　　dfs（object, node, checkConn=TRUE）

其中，object 为 Bioconductor 中 graph 类的实例；node 为执行搜索的起始顶点；

checkConn 为一个逻辑值，表明是否需要进行图的连通性检查，如果 checkConn 的值为真并且图是非连通的，则函数报错。函数 bfs 返回一个按照广度优先搜索策略顺序访问的各个顶点的向量，而函数 dfs 返回两个顶点的向量，分别代表深度优先搜索发现顶点和完成的顺序。

2. 寻找连通分量

函数 connectedComp 在无向图中标出各连通分量，或者在有向图中标出弱连通分量。函数的使用形式为

connectedComp（g）

其中，g 为一个无向图。该函数利用深度优先搜索方法在无向图中发现连通的部分，如果输入的图是有向图，则首先通过 ugraph 将它转换为无向图，然后再执行 connectedComp。函数执行的结果是返回一个列表，每个列表元素包含连通部分的各个顶点标记。

3. 寻找最短路径

函数 dijkstra.sp 在一个图中寻找从特定顶点出发到达其他顶点的最短路径。使用形式为：

dijkstra.sp(g, start=nodes（g）[1])

其中，g 为 graph 类的实例；start 为路径起始顶点的名字；dijkstra.sp 为到 Boost 库 dijkstra 最短路径程序的接口。函数返回从起点到图 g 中各个顶点的最短距离以及对应的最短路径。

4. 计算边的连通性

函数 edgeConnectivity 计算无向图的边连通度及最小不连通集合。使用形式如下

edgeConnectivity（g）

其中，g 为一个无向图，函数返回 g 的边连通度和最小不连通集合。假设一个图只含有一个连通分量，则该图的边连通度就是图中可以删除边的最小数，删除这些边以后，形成两个不连通的分量，而删除的边的集合就称为最小不连通集合。

5. 计算顶点之间的路径

函数 extractPath 计算两个顶点之间的路径，使用形式为

extractPath（s，f, pens）

其中，s 和 f 分别为路径的起始顶点和终止顶点；pens 为用于存储路径的向量。

6. 计算最短路径矩阵

函数 johnson.all.pairs.sp 计算一个图中的所有顶点对的最短路径矩阵。函数的使用形式为

johnson.all.pairs.sp（g）

其中，g 为一个 graph 类的对象，函数返回最短路径矩阵。

7. 计算一个图的最小生成树

函数 mstree.kruskal 计算一个图的最小生成树（MST），使用方式为

mstree.kruskal（g）

其中，g 为一个图。

8. 计算一个有向图中的强连通分量

函数 strongComp 计算一个有向图中的强连通分量，其使用方式为

strongComp（g）

其中，g 为一个 graph 类的对象。函数返回结果与 connectedComp 类似。

9. 生成有向图的顶点拓扑排序

函数 tsort 生成有向图的顶点拓扑排序，其使用方式为

tsort（g）

其中，g 为类 graphNEL 的实例。

17.2.3 实　　例

图 17.2 是一个具有 7 个顶点和 8 条边的有向图 G5，我们以一个程序说明 RGBL 软件包中有关函数的应用。首先建立图，然后从第一个顶点出发对该图进行深度优先搜索和广度优先搜索。

程序首先指定图的 7 个顶点，放在向量 V 中，各个顶点的名称分别是 A、B、C、D、E、F、G，序号为 1～7；然后设置 8 条边，放在向量 edL 中。例如，edL[[1]] <- list (edges=c (2, 3)) 表示顶点 1 分别连接到顶点 2 和顶点 3。创建好图 G5 以后，就可以进行各种操作。

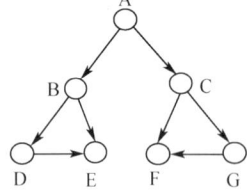

图 17.2　有向图实例 G5

```
>library("graph");
>library("RBGL");
>V <- LETTERS[1:7];
>edL <- vector("list", length=7);
>names(edL) <- V;
>edL[[1]] <- list(edges=c(2,3));
>edL[[2]] <- list(edges=c(4,5));
>edL[[3]] <- list(edges=c(6,7));
>edL[[4]] <- list(edges=c(5));
>edL[[7]] <- list(edges=c(6));
>G5 <- new("graphNEL", nodes=V, edgeL=edL, _"directed");
>dfs(G5);
$discovered
[1] 1 2 4 5 3 6 7
$finish
[1] 5 4 2 6 7 3 1
>bfs(G5)
[1] 1 2 3 4 5 6 7
```

以上程序首先对图 G5 进行深度优先搜索,其结果列在 dfs(G5) 语句之后,然后对图 G5 进行广度优先搜索。以下程序继续寻找从第一个顶点出发、到所有顶点的最短距离,结果如下。其中,distances 表示顶点 A 到其他顶点的最短距离,而 penult 表示各个目标顶点沿最短路径反向回到顶点"A"时的前趋顶点下标。

```
>dijkstra.sp(G5,"A");
$distances
A B C D E F G
0 1 1 2 2 2 2
$penult
A B C D E F G
1 1 1 2 2 3 3
$start
A
1
```

进一步计算所有顶点对之间的最短距离。

> johnson.all.pairs.sp(G5);

形成如表 17.3 所示的最短路径矩阵。

表 17.3 G5 所对应的最短路径矩阵

	A	B	C	D	E	F	G
A	0	1	1	2	2	2	2
B	Inf	0	Inf	1	1	Inf	Inf
C	Inf	Inf	0	Inf	Inf	1	1
D	Inf	Inf	Inf	0	1	Inf	Inf
E	Inf	Inf	Inf	Inf	0	Inf	Inf
F	Inf	Inf	Inf	Inf	Inf	0	Inf
G	Inf	Inf	Inf	Inf	Inf	1	0

再计算该图各个顶点的拓扑排序。

> tsort(G5);
[1] 0 2 6 5 1 3 4

17.3 Rgraphviz 包

17.3.1 简 介

Rgraphviz 是到 AT&T GraphViz 库的接口,该软件包提供图的布局和图的绘制程序。在作图前,用户首先设置图的属性及布局方式,然后用函数 plot 绘图。

17.3.2 Rgraphviz 的类

Rgraphviz 的类见表 17.4。

表 17.4 **Rgraphviz 的类**

	1. xyPoint
描述	该类用于描述二维空间(X-Y)中的坐标
Slots	x: numeric 类的对象,表示 X 坐标的值; y: numeric 类的对象,表示 Y 坐标的值
方法	分别返回 x 和 y 坐标的值,或者返回两个坐标组合在一起的向量,代表二维平面上的点,显示对象的信息

续表

	2. AgTextLabel
描述	该类用于表示标记的字符正文
Slots	labelText：character 类的对象，说明标记正文； labelLoc：xyPoint 类的对象，说明标记的位置； labelJust：character 类的对象，表示如何调整标记； labelWidth：integer 类的对象，说明标记的宽度； labelColor：character 类的对象，说明标记的颜色； labelFontsize：numeric 类的对象，说明标记字体的大小
方法	一组方法，分别返回一个标记对应的不同信息，标记的位置、字体、颜色等
	3. BezierCurve
描述	该类表示 R 中的贝塞尔曲线（Bezier curve），主要用于画图
Slots	cPoints：list 对象，是一个 xyPoint 对象的列表，代表一条曲线的各个控制点
方法	返回曲线的各个控制点，绘制贝塞尔曲线
	4. AgNode
描述	这个类用于表示 Ragraph 类中顶点。使用者可以获取各种与顶点相关的信息，并绘制顶点
Slots	center：xyPoint 类对象，对应于顶点的中心位置； name：character 类对象，代表顶点的名称； txtlabel：AgTextLabel 类对象，表示顶点的标记； height：integer 类对象，表示顶点的高度； rWidth：integer 类对象，表示顶点右半边的宽度； lWidth：integer 类对象，表示顶点左半边的宽度； color：character 类对象，说明顶点的作图颜色； fillcolor：character 类对象，说明顶点内部的填充颜色； shape：character 类对象，说明顶点的形状； style：character 类对象，说明顶点的风格或类型
方法	获取与顶点相关的各种信息，如顶点的名称、位置、形状、颜色等
	5. AgEdge
描述	这是一个关于 Ragraph 对象中边的类
Slots	splines：list 类对象，本质上是一个 BezierCurve 对象的列表； sp：xyPoint 类对象，边的起始点； ep：xyPoint 类对象，边的终止点； head：character 类对象，说明边的箭头顶点； tail：character 类对象，说明边的尾部顶点； arrowhead：character 类对象，说明边的箭头类型或风格； arrowtail：character 类对象，说明边的尾部类型或风格； arrowsize：character 类对象，说明箭头和箭尾的缩放比例
方法	返回边所对应的特性，显示关于对象的描述，绘制对应的边

续表

	6. pNode
描述	该类用于向 Graphviz 传递信息，这些信息与表示和绘制顶点有关
Slots	name：character 类对象，顶点的名称； attrs：list 类对象，说明顶点的相关属性； subG：integer 类对象，说明顶点所属的子图
方法	只有一个，即返回对象的名称

	7. pEdge
描述	该类用于组织 Graphviz 中绘制一条边所需要的所有信息
Slots	from：character 类对象，代表一条边起始顶点的名称； to：character 类对象，代表一条边终止顶点的名称； attrs：list 类对象，说明边的相关属性； subG：integer 类对象，说明该边所属的子图
方法	获得一条边的起始顶点和终止顶点

	8. boundingBox
描述	用于约定画图的区域范围
Slots	botLeft：xyPoint 类对象，确定画图区域左下角的位置； upRight：xyPoint 类对象，确定画图区域右上角的位置
方法	返回画图区域左下角和右上角所对应的坐标

	9. Ragraph
描述	该类用于处理 R 语言的图形对象 libgraph 的表示形式
Slots	agraph：externalptr 类对象，包含图类库的基本信息； laidout：logical 类对象，说明一个图是否已经过布局； layoutType：character 类对象，说明一个图的布局方式； edgemode：character 类对象，说明边的模式（无向或有向）； AgNode：list 类对象，一个顶点的列表； AgEdge：list 类对象，一个边的列表； boundBox：boundingBox 类对象，定义画图区域
方法	一方面返回一个对象的总体属性，如顶点的集合、边的集合、画图区域、布局方法等，另一方面获取详细信息，如顶点的名称、顶点的二维坐标、顶点的大小等

17.3.3 画图的属性

在 Rgraphviz 中有许多画图的属性，大部分属性直接影响图的整体布局、画图形式、画图的效果，少部分属性与精细绘图有关。这些属性非常多，总体上分为图的属性、边的属性和顶点的属性这3大类，而在每一大类中又有各种分类属性，如图属性大类中又分为一般性的绘图属性、点布局属性、Neato布局属性、Twopi属性、Not Dot属性等。下面简要介绍各大类属性。

图的属性包括：背景的颜色、是否透明，是否对准背景的中心进行画图，正文的字体、大小及颜色，图的分层结构，图形的比例尺，图形的旋转，与点布局方式相关的属性，与Neato布局方式相关的属性，与Twopi布局方式相关的属性，与图形输出相关的属性以及其他的属性。

边的属性包括：有向边的箭头和箭尾的形状、大小，边的标记，标记的方向及标记与边的距离，正文的字体、字符的颜色和大小，边的权值，边的长度，边的风格和边的颜色（缺省值为黑色），附着在边上（包括边的出发点和终止点）的超文本链接等。

顶点的属性有：顶点布局的层次，顶点外周的形状和风格，顶点外周和内部填充区域的颜色（缺省值为黑色），顶点的位置，顶点的大小，绘制顶点的变形因子（正值表示图形上端的顶点比下端的顶点大），顶点的标记，正文的字体、字符的颜色和大小。

可以从整体上为一个图设置全局属性，通过列表将各种属性值传递给作图函数；也可以为图的某一部分设置特别的局部属性，为每一个顶点、每一条边分别设置属性。假如，为一个特殊的顶点设置了特别的属性，那么在作图时，该顶点就使用特别的属性，而其他顶点使用全局属性。设置属性的一个关键函数是get-DefaultAttrs。

17.3.4 布　　局

在Rgraphviz中画图时有不同的布局方法，各种布局方法具有不同的画图特点，各有优势及不足之处。目前主要有3种布局方法或画图算法，即点模式（处理有向图）、Twopi模式（处理无向图）和Neato模式（环形布局），这些方法均具有最小边或线段交叉的特性。在这3种布局方法中，点模式是最常用的方法，也是缺省的布局方法。下面分别介绍这3种布局方法。

1. 点布局方法

点模式布局的特点是根据图中边的方向先确定每个顶点的Y坐标，而后确定X坐标，由此产生一个分层次的布局结构，特别适用于有层次的图（如树，树是一种特殊的图）或非循环有向图。在绘制一个图结构时，点画图算法有5个步骤。首先，根据需要将图中的一些边进行反向，以打断图中的环路。其次，给顶点赋予离散的秩或者级别，按照自上而下的顺序，每个顶点的秩决定了其Y坐标，具有相同秩的顶点在画图时位于同一个层次。然后，对处于同一个层次的顶点进行排序，以避免边的交叉。接着，为每个顶点设置 X 坐标，尽量使得每条边都比较短。最后，根据上面设置的顶点位置画出每个顶点，并根据边的信息，画出连接各个顶点的边。对于复杂的图，点画图算法还需要对图的布局结构进行细致的调整。在点布局中，较高的权值将使得对应的边较短，并且使边的线形更接近于直线。

2. Neato 布局方法

Neato 是一个专门对无向图进行布局的一个算法。该算法具有启发式或经验性的布局特征，通过反复迭代寻找一个能量最低的布局结构。在每一对顶点之间放置一个理想的弹环，弹环的长度等于这两个顶点之间的最短距离。在这样的模型中，弹环牵动各个顶点，使得各个顶点对之间的距离接近于它们在图中的实际距离。

3. Twopi 布局方法

Twopi 是一种对图中的顶点进行环形布局的方法。该方法首先选择一个布局中心顶点，然后将其他顶点排布在中心顶点周围的一系列同心圆上，一个同心圆的半径与位于同心圆上的顶点到中心顶点的距离一致。例如，将与中心顶点直接相连的顶点排布在第一层同心圆上。Twopi 布局方法的关键是选择中心顶点。在一般的情况下，Twopi 选择一个与边界顶点最远的顶点作为中心顶点。所谓边界顶点就是度数为 1 的顶点。在实际应用中，也可以人工选择一个顶点作为中心顶点，以得到更好的布局效果。Twopi 的画图方式需要保证一个图的对象是全连通的，可以用 isConnected 函数判断一个图是否为全连通图。

17.3.5 基 本 函 数

1. 打开及读写 Ragraph 对象

函数 agopen 的功能是打开 Ragraph 对象。它读入一个 graph 对象，创建并返回一个 Ragraph 对象。针对创建好的 Ragraph 对象，可以进行各种布局操作。函数的使用形式如下

```
agopen (graph, name, nodes, edges, kind=NULL, layout=TRUE,
        layoutType=c ("dot","neato","twopi"),
        attrs=list (),
        nodeAttrs=list (), edgeAttrs=list (),
        subGList=list (), edgeMode=edgemode (graph),
        recipEdges=c ("combined","distinct"))
```

其中，graph 为一个图，它是一个 graphNEL 类的对象；name 为图的名称；

nodes 为顶点集合，是一个 pNode 对象的列表；edges 为边的集合，是一个 pEdge 对象的列表；kind 为图的类型；layout 说明是否对图进行布局，如果其值为 TRUE，则调用其他函数计算该图的布局位置，否则不返回该图的布局信息；layoutType 指明图的布局方法，缺省的布局方法是点布局；attrs 为一个关于 graphviz 属性的列表；nodeAttrs 为顶点属性的列表；edgeAttrs 为关于边属性的列表；subGList 为关于子图描述的列表；edgeMode 表示图究竟是有向图还是无向图；recipEdges 说明如何处理图中往返的边。

函数 agwrite 的功能是将一个 Ragraph 对象以 DOT 格式写入指定文件。该函数的使用形式如下

  agwrite（graph，filename）

其中，graph 为一个 Ragraph 对象；filename 为输出文件名。与 agwrite 相对应的另一个函数是 agread，它从指定的文件中读入一个 Ragraph 对象。

2. 建立顶点和边的列表

函数 buildNodeList 和 buildEdgeList 的主要功能是根据 graph 类的对象构建 pNode 和 pEdge 对象，返回这两类对象的列表。这些列表将被送给 Graphviz 进行画图前的初始化和布局工作。它们的使用方式如下

  buildNodeList（graph，nodeAttrs = list（），subGList=list（），defAttrs=list（））

  buildEdgeList（graph，recipEdges=c（"combined"，"distinct"），edgeAttrs=list（），subGList=list（），defAttrs=list（））

其中，graph 为 graph 类的对象；nodeAttrs 和 edgeAttrs 分别为顶点和边的属性列表；subGList 为子图的列表；recipEdges 注明如何处理往返的边；defAttrs 为缺省属性的列表，其每个元素的名称说明具体的属性，元素值表示具体的缺省值。

3. 属性操作

利用函数 getDefaultAttrs 产生缺省的全局属性表，一共有 4 个表，分别是 graph 表、cluster 表、node 表和 edge 表。利用函数 checkAttrs 检查给定的全局属性表是否有效。这两个函数的使用方式如下

  getDefaultAttrs（curAttrs=list（），layoutType=c（"dot"，"neato"，"twopi"）[1]）

  checkAttrs（attrs）

其中，函数 getDefaultAttrs 的两个参数是 curAttrs 和 layoutType，分别是定义的属性和布局的方式；而函数 checkAttrs 的参数 attrs 是 graphviz 的属性。

4. 布局

利用函数 layoutGraph 可以对一个图进行布局，确定图中的各个部分（主要是顶点）的位置。该函数的使用方式如下

    layoutGraph（graph）

其中，参数 graph 是 Ragraph 的一个对象。函数返回一个 Ragraph 类对象的布局。如果一个图已完成布局，则该函数仅仅返回其布局参数；否则，函数进行布局，同时返回布局参数。

5. 画图

直接使用函数 plot 绘制一个图，使用方式如下

  ′graph′：plot（x，y，…，subGList＝list（），attrs＝list（），
      nodeAttrs＝list（），edgeAttrs＝list（），xlab＝″″，
      ylab＝″″，main＝NULL，sub＝sub，
      recipEdges＝c（″combined″，″distinct″））
  ′Ragraph′：plot（x，y，…，xlab＝″″，ylab＝″″，main＝NULL，
      sub＝sub，drawNode＝drawAgNode，
      nodeAttrs＝list（），edgeAttrs＝list（））

其中，x 为需要绘制的图；y 为布局方法（dot、neato 和 twopi，缺省值为 dot）；subGList 为子图的列表，如果提供该参数，则子图将会在图面中聚集在一起；attrs 为一个 Graphviz 属性的列表；nodeAttrs 为顶点属性的列表；edgeAttrs 为边的属性列表；xlab 为 x 坐标的标记；ylab 为 y 坐标的标记；main 为整个绘图的标记；sub 为子标记；drawNode 为画顶点的函数，缺省值为 drawAgNode；recipEdges 说明如何画往返的边。此外，还可以向 plot 发送其他命令。

上述的第一个绘图命令是针对 graph 软件包中的 graph 对象的，它将一个 graph 对象转换为 Ragraph 对象，在进行布局以后绘制对应的图。第二个命令直接针对 Ragraph 的类。

在画图时，需要确定选择项 recipEdges，它说明如何处理图中往返的边，其值为"combined"（缺省值）或者为"distinct"。该选择项在有向图中非常有用，选项"combined"将往返的两条边以一条两端都有箭头的边表示，而选项"distinct"则用两条分离的有向边分别表示。

用户还可以通过 drawNode 选择项为顶点指定任意的画图函数，在一般的情况下，根据图的布局，用圆、椭圆或者矩形表示图中的一个顶点，当然，用户也可以提供一个定制的顶点作图函数。

Ragraphviz 支持顶点的聚类显示，在作图时，尽量使得属于同一类的顶点在画面上聚集在一起。然而，这需要用户首先定义一个图的各个子图，每个子图

代表一个顶点的聚类。

6. 绘制饼图

用户可以使用函数 pieGlyph 在画图区域的特定位置绘制出饼图（pie graph）。该函数的使用形式如下

pieGlyph（x, xpos, ypos, labels=names（x）, edges=200,
　　　　radius=0.8, density=NULL, angle=45, col=NULL,
　　　　border=NULL, lty=NULL, main=NULL, ...）

其中，x 为一个正数的向量，对应于饼图各个扇形区的面积；xpos 和 ypos 分别为绘制饼图的 x 坐标和 y 坐标；edges 为饼图多边形外轮廓边的条数；radius 为饼图的半径；density 为饼图阴影线的密度，其缺省值为 NULL，表示没有阴影线；angle 为阴影线的斜率；col 为一个向量，它的每个分量对应于一个扇形区的填充颜色或阴影线颜色；border 和 lty 为画多边形轮廓的参数；main 为饼图的标题。在使用函数时，还可以说明其他的图形参数。

7. 其他函数

函数 removedEdges 返回一个数字向量，表示如果在画图时需要合并往返的边，则应该删除哪些边。使用形式如下

removedEdges（graph）

其中，graph 为一个 graph 类或者 Ragraph 类的对象。

函数 graphvizVersion 返回 Rgraphviz 包的版本号。

17.3.6　实　　例

下面一段程序首先建立一个具有 13 个顶点和 12 条边的无向图 G6，然后以缺省的点模式进行布局，并绘制出该图。作图结果如图 17.3 所示。

```
>library("graph");
>library("Rgraphviz");
>V <- LETTERS[1:13];
>edL <- vector("list", length=13);
>names(edL) <- V;
>edL[[1]] <- list(edges=c(2,3,4));
>edL[[2]] <- list(edges=c(5,6,7));
>edL[[3]] <- list(edges=c(8,9,10));
>edL[[4]] <- list(edges=c(11,12,13));
>G6 <- new("graphNEL", nodes=V, edgeL=edL,"undirected");
>plot(G6,"dot");
```

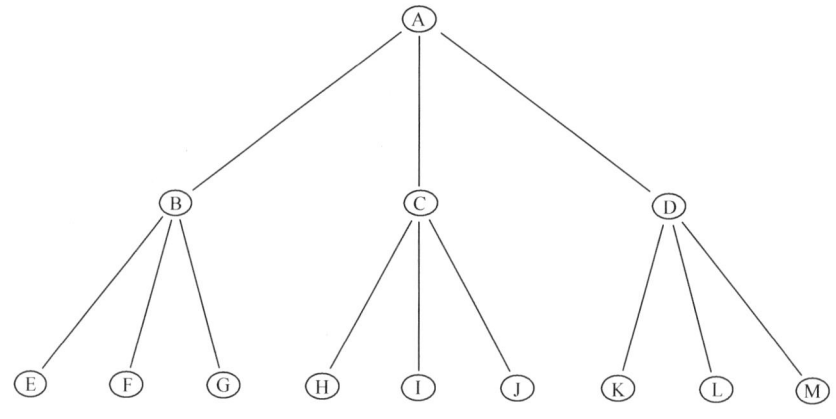

图 17.3 无向图 G6 的 "dot" 模式布局结果

如果以 "twopi" 模式进行布局,并且将顶点 A 用正文表示,顶点 B、E、F、G 用方框表示,顶点 C、H、I、J 用圆表示,顶点 D、K、L、M 用椭圆表示,则程序如下:

```
>nAttrs<-list();
>nAttrs$shape <- c(A="plaintext",B ="box", E="box", F="box",
        G="box", C="circle", H="circle", I="circle",
        J="circle",D="ellipse", K="ellipse", L="ellipse",
        M="ellipse");
>plot(G6,"twopi", nodeAttrs = nAttrs);
```

上述程序的运行结果如图 17.4 所示。

下面一段程序用 pieGlyph 函数绘制饼图,饼图的各个部分面积依次减半,

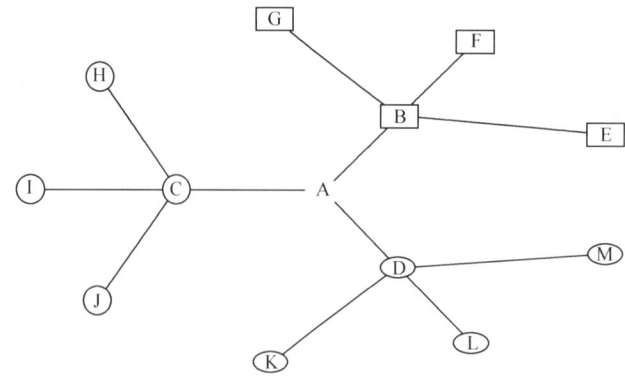

图 17.4 无向图 G6 的 "twopi" 模式布局结果

并分别用不同颜色绘制对应的扇区。

```
>plot(1:10, col="white");
>pieGlyph(c(50,25,12.5,6.25,3.125,3.125), 5,5, radius=4,
         col=c("red","green","blue","yellow","purple","brown"));
```

绘图结果如图 17.5 所示。

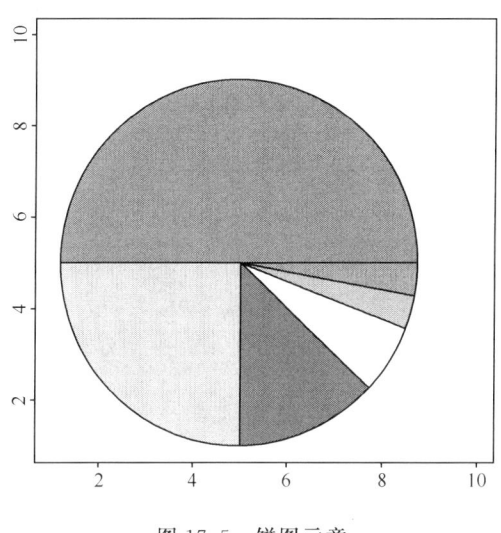

图 17.5　饼图示意

17.4　SNAData 数据包

SNAData 是一个数据包，包含多个 graphNEL 类对象，这些数据对象描述社会关系网络，可以用图结构显示各种社会关系的分析结果。

第 18 章 通 用 工 具

Bioconductor 的通用工具（general tool）类软件有 10 个包，这部分的包主要是为 Bioconductor 平台的用户提供一些基本的通用工具，分为两类，一是关于 Bioconductor 使用方法的基本工具，二是进行基因组数据分析的基本工具。本章首先介绍 reposTools 如何选择、使用、管理 Bioconductor 的各种包以及包的文件库的构建结构；之后介绍 Biobase 包定义的 Bioconductor 中的基本数据结构及其操作，Biostrings 包对生物序列的基本操作，DynDoc 包对动态文档、vignette 文档的基本操作；最后介绍 ctc、convert 等函数集实现聚类结构转化和基本数据结构转化，函数集 Icens 实现不同算法的非参数最大拟然估计 NPMLE；另外，还介绍了 Ruuid 包对全局唯一 id 值（uuid）的操作方式，介绍了 exprExternal 和 externalVectorRuuid 包对外部存储的操作方式。

18.1 reposTools 包

reposTools 包是一组工具，用于处理文件库。所谓 R 语言文件库（file repository）是包（package）、vignettes 和其他数据的集合。任何 Bioconductor 的使用者都可以建立自己的文件库。用户可以将自己开发的文件、数据、视图等资源通过文件库向其他用户发布。其他用户可以查看网络中文件库包含的资源，下载自己感兴趣的内容。用户还可以自动更新包、数据和其他 R 语言相关资源。reposTools 包的功能可分为两个方面：文件库的客户端操作与文件库的服务器端构建，前者允许用户方便地安装、更新软件包；后者用以发布软件包、vignette 文档和其他文件。

18.1.1 文件库客户端的操作

reposTools 包提供了一系列与 R 语言文件库进行交互的工具，可以从远端服务器下载、安装和更新包到本地系统，这些包可以自动管理用户的库。

reposTools 包可以从 www.bioconductor.org 获得并安装，使用该包的工具首先要载入：

> library(reposTools);

为说明这些用法，我们先建立一个临时文件夹，用以模拟用户的库。

> tmpLib <- tempfile();
> dir.create(tmpLib);

我们刚刚建立的临时库中是空的,所以要对临时库目录下的数据库做初始化。

> syncLocalLibList(tmpLib);

reposTools 包含一个在 R 语言库目录下的小数据库,用来反应当前库内包的安装情况,这个小数据库的初始化和更新由命令 syncLocalLibList 实现。该命令确定当前安装的是哪些包和包的版本,并建立或改写数据库文件 liblisting.Rda。在用户安装、更新或删除某些包时,这个数据库文件都会随之更改。用户可以手动删除某个包,但这样可能会引起错误,建议用户使用 reposTools 工具对包进行操作。

用户要下载新的应用包时必须同文件库连接,reposTools 包为用户提供了一些默认的文件库,可以使用 getReposOption 命令查看这些文件库。

> getReposOption();
                 CRAN
    "http://www.bioconductor.org/CRANrepository"
                BIOCRel1.5
"http://www.bioconductor.org/repository/release1.5/package"
                BIOCDevel
  "http://www.bioconductor.org/repository/devel/package"
                BIOCData
     "http://www.bioconductor.org/data/metaData"
                BIOCDevData
                ...

也可以使用另一种方法查看。

> getOption("repositories2");
                 CRAN
    "http://www.bioconductor.org/CRANrepository"
                BIOCRel1.5
"http://www.bioconductor.org/repository/release1.5/package"
                BIOCDevel
  "http://www.bioconductor.org/repository/devel/package"
                BIOCData
     "http://www.bioconductor.org/data/metaData"
                BIOCDevData
   "http://www.bioconductor.org/data/metaData-devel"
                ...

这些默认的文件库中，第一个是 CRAN（The Comprehensive R Archive Network，http://cran.r-project.org）的一个镜像，之后是 Bioconductor 发行版本和开发中版本的文件库，以及一些 Bioconductor 数据包的文件库。如果用户有一些需要经常访问的文件库，则可以手动编辑 repositories2 选项，把这些文件库及其 URL 添加进去。

下面我们可以访问感兴趣的文件库了。首先必须下载文件库的信息，这些信息包含在一个 ReposEntry 类的对象中。获得 ReposEntry 对象有两种方法，一种是利用 repositories 函数从列表中选择；另一种是给定具体的 URL，通过函数 getReposEntry（URL）获得 ReposEntry 对象。下面分别就两种方法给出实例。

```
> if (interactive()) { a <- repositories();}
  Available Repositories：Select By Number，0 For None
  1:CRAN package repository
  2:Bioconductor Release 1.5 Source Repository
        ……
  13:Bioconductor Repository of Jim Lindseys Packages
  Selection：6
> a;
  Repository Information：
  Repository Listing：
      Repository：Bioconductor Data Packages
          Type：package
       pkgs         vers    types
  [1,]  GO          1.6.8   Source，Win32
  [2,]  KEGG        1.6.8   Source，Win32
  [3,]  YEAST       1.6.8   Source，Win32
  [4,]  agahomology 1.6.8   Source，Win32
        ……
  [85,]zmahomology 1.6.8    Source，Win32
  No themes registered with this repository
> z <- getReposEntry("http://www.bioconductor.org/repository/sample/
                 package");
> z;
  Repository Information：
  Repository Listing：
```

```
        Repository: Sample Package Repository
                 Type: package
       pkgs          vers  types
[1,]  Biobase       1.0   Source, Win32
[2,]  annotate      1.0   Source, Win32
[3,]  geneplotter   1.0   Source, Win32
The following themes are registered with this repository:
Theme 'TestTheme':
A simple example theme
Theme Contents:
    Package Biobase, version 1.0
    Package geneplotter, version 1.0
```

上例的前半部分中，利用函数 repositories 获取各个文件库的信息，并选择"6"显示 Bioconductor 数据包文件库的详细内容；在示例的后半部分中，利用函数 getReposEntry（URL）获得用于演示的实例文件库的信息，其中有 3 个包，分别是 Biobase、annotate 和 geneplotter。我们可以使用 install.packages2 命令安装所需要的包，此命令需要设定包的名字（pkgs）、ReposEntry 对象（repEntry）、本地库（lib）等。Force 是一个特别的参数，通常设为 FALSE，这里设为 TRUE，以跳过对包的依赖性检查。但在一般情况下，这种检查是需要的。在接下来的程序中，我们把实例文件库（z 代表，见前面一段程序）中的 Biobase 包安装在前面所建立的临时文件夹 tmpLib 中。

```
> install.packages2(pkgs="Biobase", repEntry=z, lib=tmpLib,
            force=TRUE, searchOptions=FALSE);
  Note: You did not specify a download type. Using a default value
of: Win32
  This will be fine for almost all users
  [1]"Attempting to download Biobase from
http://www.bioconductor.org/repository//sample/package"
  [1]"Download complete"
  [1]"Installing Biobase"
  [1]"Installation complete"
  From URL: http://www.bioconductor.org/repository//sample/package
     Biobase version 1.0
```

有时候会因用户的拼写错误而找不到要安装的包，这时可以通过函数 matchesList 列出与用户输入匹配的可能的下载包，提示用户进行正确的安装。在使用函数 install.packages2 或函数 update.packages2 时都可以应用 matchesList 函数。

> out <- install.packages2(c("foo","genfplotter"), repEntry=z,
                    lib=tmpLib, force=TRUE, searchOptions=FALSE);
Note：You did not specify a download type. Using a default value of：Win32
This will be fine for almost all users
> matchesList(out);
$genfplotter
[1] "geneplotter"

上述程序试图从实例文件库中安装"foo"和"genfplotter"。在实例文件库没有与"foo"匹配的包，但是有一个与"genfplotter"近似匹配的包，即"geneplotter"。

Bioconductor 的包分为两类：正式发行的版本（release）和正在建设中的版本（devel），在默认情况下，安装和更新都会忽略那些 devel 的包，而不考虑用户是否需要。若用户要下载安装 devel 的包，则必须修改 install 和 update 命令中的参数。

> devRep <- getReposEntry("http://www.bioconductor.org/data/metaData-devel");
> "hgu95av2" %in% repPkgs(devRep);
[1] TRUE
> repReleaseLevel(devRep);
[1] "devel"
> install.packages2("hgu95av2", repEntry=devRep, lib=tmpLib,
                    develOK=TRUE);
Note：You did not specify a download type. Using a default value of：Win32
This will be fine for almost all users

[1] "Attempting to download hgu95av2 from
http://www.bioconductor.org/data/metaData-devel/"
[1] "Download complete"
[1] "Installing hgu95av2"
[1] "Installation complete"
From URL: http://www.bioconductor.org/data/metaData-devel/
hgu95av2 version 1.6.5

上述程序获取元数据包的 devel 版本，并判断 hgu95av2 包是否在其中，经过确认，安装 hgu95av2 包。

除了单个包之外，在 reposTools 中还有另外一种概念，即主题（theme）。一个主题实际上是一个文件库中若干个包的集合，这些包的功能密切相关，所以被组织到一起，形成子文件库，并用一个主题名代表它们。文件库的主题是供用户下载的独立实体，通常用 XML 文件定义，再通过 genRepos 函数读取，所得的 R 结构存储在 reposThemes.rda 文件中。管理员可以自己修改 XML 文件，也可以通过 writeThemeXML 函数来改写。

从 XML 文件的结构来看，每个主题分为两个子区：定义主题名的 themeName 区和指明所包含的包的 themePackage 区。themePackage 是与包一一对应的一系列标签区，每个包都含一个 packageName 标签，指定包的名字，也可以包含一个说明包的版本的 packageVersion 标签，若未说明则默认为文件库内包的最高版本。XML 文件的具体结构构成如图 18.1 所示。

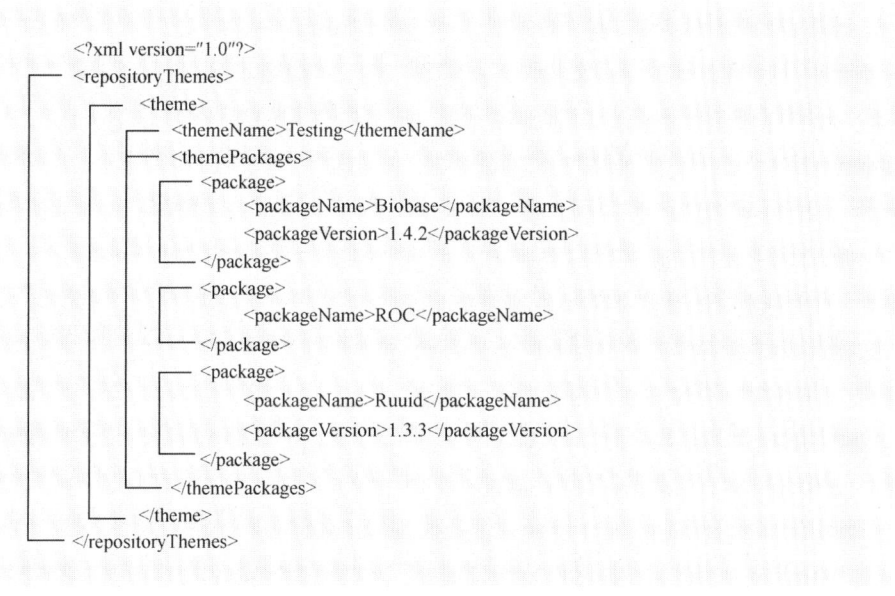

图 18.1　文件库主题的 XML 文件结构

安装主题也是通过 install.packages2 函数实现的，但参数 pkgs 使用缺省值，而用参数 theme 确定要下载的内容。

> install.packages2(repEntry=z, theme="TestTheme", lib=tmpLib,
　　　　　　　force=TRUE, searchOptions=FALSE);
Note: You did not specify a download type. Using a default value of: Source

```
This will be fine for almost all users
    [1] "Attempting to download Biobase from
    http://www.bioconductor.org/repository//sample/package"
    [1] "Download complete"
    [1] "Installing Biobase"
    [1] "Installation complete"
    [1] "Attempting to download geneplotter from
    …
```

安装好的包或主题可以进行及时更新，更新的方法和安装类似，但也有一些区别：如果没有指定更新的包，系统会更新用户库内所有的包；通常参数 prevRepos 设为 TRUE，系统自动从最近访问的文件库获取更新，设为 FALSE 时则系统将在所有可用的文件库搜索更新。

```
> update.packages2(repEntry=z, lib=tmpLib, searchOptions=FALSE,
                   prevRepos=FALSE);
    Note: You did not specify a download type. Using a default value
of: Win32
    This will be fine for almost all users

    $"C:\DOCUME~1\007\LOCALS~1\Temp\Rtmp3066\file12318"
    [1] "No updates found for this library directory"
```

现在我们来看看如何删除一个包，其实很简单，用 remove.packages2 命令即可实现。

```
> remove.packages2("Biobase", lib=tmpLib, force=TRUE);
    [1] "Removing package Biobase from system…"
    [1] "Removal complete"
> unlink(tmpLib, recursive = TRUE);
```

最后，删除临时文件夹。

18.1.2 文件库服务器端的构建

用 reposTools 包建立一个 R 语言文件库并向其他 R 语言用户发布文件时必须安装并载入与 R 语言版本相同的 reposTools 包。

```
>library(reposTools);
```

建立文件库的第一步是要在本地系统上确定发布文件库的路径，具体方法可因具体的操作系统而异。用下述函数建立一个文件库：

　　　　genRepos（reposName，urlBase，urlPath，dir="."）

其中，reposName 为文件库的名字；urlBase 为文件库的基 URL 地址；urlPath 为文件在基 URL 地址中的路径；dir 为构建文件库的目录，通常为当前目录。

```
> genRepos("Test Repository",
          "http://biowww.dfci.harvard.edu/~jgentry/","newRepos");
    Loading required package：XML
    $repName
    [1]"Test Repository"
    $repType
    1
    [1]"package"
    $repaddrBase
    [1]"http://biowww.dfci.harvard.edu/~jgentry/"
    $repaddrPath
    [1]"newRepos"
    ...
> dir();
    [1]"Ruuid_1.0.tar.gz" "qvcalc_0.7.tar.gz" "repThemes.rda"
    [4]"repdatadesc.rda" "replisting" "xtable_1.1-2.tar.gz"
```

其中，repThemes.rda 为关于文件库主体的文件；repdatadesc.rda 为数据库文件，包含所有发布文件的具体信息；replisting 文件包含关于文件库自身的信息。现在，其他用户就可以通过客户端工具访问这个新的文件库了。

使用 writeThemesXML 函数可以生成如图 18.1 所示主题的 XML 文件：

```
> themeList <- list(Theme1=list("Biobase","Ruuid","ROC","geneplotter"),
            Theme2=list(buildPkgInfo("annotate","1.3.0"),
                "genefilter",buildPkgInfo("affy",
                "1.3.0")));
> outFile <- tempfile();
> writeThemesXML(themeList,outFile);
```

文件库构建好之后还要通过手动编辑'replisting'文件与其他的文件库之间的逻辑连接。

replisting 文件属于 DCF 格式：

　　　　repname：<repository name>
　　　　reptype：<repository type>

repaddrBase：<URL base>

repaddrPath：<path from URL base>

DCF 是储存数据库信息的简单文本格式，便于直接读写，它储存了 R 语言的系统信息。R 语言中有大量可以处理 DCF 文件的函数，最简单的是 read.dcf。

完成文件库构建和联接后，客户端就可以使用文件库工具与文件库服务器进行交互了。用户可以查询列表，选取适合自己需要的包下载安装。

有关 reposTools 包的类和函数的详细介绍，请查阅 Bioconductor 的帮助文件。

18.2 Biobase 包

Biobase 包可对基因组数据进行面向对象的表示或操作，是其他大部分 Bioconductor 库应用的必要条件，在加载其他包时系统会自动加载 Biobase 包。Biobase 部分的功能是为基因组数据建立标准化的数据结构，目前已经建立的数据结构包括处理芯片信息的 exprSet 类及 phenoData 类等。

18.2.1 Biobase 的类

Biobase 的类见表 18.1。

表 18.1 Biobase 的类

	1. MIAME
描述	储存芯片实验信息，即实验设计、样本、杂交、归一化控制及预处理信息
Slots	name：character 类对象，实验名称； lab：character 类对象，完成实验的实验室名称； contact：character 类对象，实验室的联系信息； title：character 类对象，实验标题； abstract：character 类对象，描述实验的摘要； url：character 类对象，实验的 URL 地址； samples：list 类对象，包含样本数据的列表； hybridizations：list 类对象，包含杂交数据的列表； normControls：list 类对象，控制数据的列表； preprocessing：list 类对象，对实验原始数据的预处理步骤的列表； other：list 类对象，其他数据列表
方法	获取各个 Slots，呈递关于 MIAME 的信息
	2. phenoData
描述	由数据单和适合于处理芯片中病例数据的方法两部分组成

续表

Slots	pData: data.frame 对象，处理芯片样本所属病人的数据； varLabels: list 对象，包含不同变量的名称	
方法	获取、替换 pData；替换 phenoData；显示变量标记	

3. exprSet

描述	描述芯片信息的类
Slots	exprs: matrix 类对象，行表示基因，列表示不同病人或病例，矩阵元素的值存贮基因的表达信息； se.exprs: matrix 类对象，与 exprs 维数相同，包含标准差估计； phenoData: phenoData 类对象，包含样本信息，行为病人或病例，列为变量； annotation: character 类对象，说明 exprSet 实例的注释； descrption: MIAME 类对象，描述此 exprSet 对象； notes: character 类对象，解释说明文本的向量
方法	摘录 phenoData 中命名的变量；获取、设定 descrption；获取 exprs 的基因名（即列名）；获取样本标记，包括 exprs 的列标记和 pData 的行标记。另外，还可以将表达信息写入文件或 excel 表格

4. aggregator

描述	进行累加计算，由三部分组成：包含变量的环境对象、设定初始值的函数和按一定增量的加和函数
Slots	aggenv: environment 类对象，存储迭代过程中的值； initfun: function 类对象，指定如何为一个命名赋初值； aggfun: function 类对象，用于增量计算
方法	获得累加器的环境；执行累加功能；执行初始化功能

5. eSet

描述	结合表型数据和探针数据从全局定义实验数据
Slots	elist: exprList 类对象，包含实验相关数据（exprList 对象是包含 list 和 environment 的类集合）； phenoData: phenoData 类对象，包含表型和样本数据
方法	合并两个 eSet；获取和替换表型数据；打印及设定打印参数

6. container

描述	一个列表结构，用于限定内容是否可以被访问
Slots	X: list 类对象，允许共享的实体列表； content: character 类对象，描述 container 内容的标签； locked: logical 类对象，表示锁定状态的布尔值，true 表示锁定，即不允许向 container 内进行分配
方法	返回满足的参数；返回锁定的参数；打印、获取、替换 container 中的元素

Biobase 包中还包含一些其他的类如 exprList、exprMatrix 等,多为基本类的集合,便于进行含大量参数的对象操作。在数据结构描述方面,Biobase 不仅有类,还有一些数据集,如 geneData 是一个 500×26 的数据单,包含通过 AffymetrixU95v2 芯片得到的表达数据,可以直接使用 data(geneData)命令调用该数据集。类似的,eSet 是 exprSet 类的数据集,与 geneData 一样,这些数据都是匿名的,包含 26 个用 A~Z 编号的病例和 500 个基因,而且这些数据也是由 AffymetrixU95v2 芯片获得的,经芯片分析软件 dChip 处理后再导入 R 语言进行分析。aaMap 是 20×6 的数据单,包含氨基酸的基本信息,如氨基酸 1 个或者 3 个字符的编码、pH 为 7 时侧链的极性、亲水性和酸性等。

18.2.2 基本函数

Biobase 包的功能函数主要分为三类,包括对包的操作、对实验相关数据的操作和对环境的操作。

1. 对包的操作

函数 testBioCConnection 确认用户与 Bioconductor 站点是否存在网络连接;getPkgVigs 返回包文件目录中存储的所有 vignettes 的 pdf 文件列表;package.version 查询要求安装的包的版本号;dumpPackTxt 输出包的文本描述,即从包的源文件中输出描述和索引;openPDF 显示指定的 pdf 文件;addVigs2WinMenu 在菜单中为一个包的 vignette 文件添加选项;openVignette 提供打开 vignette 文件的简便方法。这些函数的使用形式如下

    testBioCConnection()
    getPkgVigs(package = NULL)
    package.version(pkg, lib.loc = NULL)
    dumpPackTxt(package)
    openPDF(file, bg=TRUE)
    addVigs2WinMenu(pkgName)
    openVignette(package)

函数 createPackage 利用符号替换根据模板创建包目录。

    createPackage(pkgname, destinationDir, originDir, symbolValues,
      unlink=FALSE, quiet=FALSE)

其中,pkgname 为包的名字;destinationDir 为包的目录路径;originDir 为模板包路径;symbolValues 为替换列表;unlink = FALSE 删除已有冲突文件;quiet=FALSE 打印信息。

2. 对实验相关数据的操作

函数 read.exprSet 读取实验数据并创建一个 exprSet 对象，利用参数 exprs, se.exprs, phenoData, annotation, description, notes, seps 为 exprSet 对象的 Slot 赋值，该函数的具体使用形式如下

　　　　read.exprSet（exprs, se.exprs, phenoData, annotation, description, notes, seps=″\t″）

函数 read.MIAME 通过访问文件或使用控件读取 MIAME 信息，其使用形式如下

　　　　read.MIAME（filename = NULL,
　　　　　　　　widget=getOption（″BioC″）$ Base $ use.widgets,...）

其中，filename 为读取文件的文件名；widget 为逻辑值，如果其值等于 TRUE 并且没有给出文件名，则通过一个窗口小部件获取文件。

函数 read.phenoData 通过读取文件或使用控件创建 phenoData 类的实例，使用形式如下

　　　　read.phenoData（filename=NULL, sampleNames=NULL,
　　　　　　　　widget=getOption（″BioC″）$ Base $ use.widgets,…）

其中，filename 为读取文件的文件名；sampleName 为样本名称；widget 为逻辑值，如果其值等于 TRUE 并且没有给出文件名，则通过一个窗口小部件获取文件。

函数 esApply 对 exprSet 的表达数据进行处理分析，利用指定评估范式对行信息和列信息进行分别处理，使用形式如下

　　　　esApply（X, MARGIN, FUN,...）

其中，X 为用于数据分析的病例信息；MARGIN 为选择列或行，取 1 为行，取 2 为列；FUN 指定评估范式。

函数 as.data.frame.exprSet 将 exprSet 强制转换为数据单，其使用形式为

　　　　as.data.frame.exprSet(x, row.names=NA, optional=NA)

其中，x 为 exprSet 对象；row.names、optional 的说明参见 as.data.frame。

函数 combine 可以合并不同的 Bioconductor 数据结构。有两种合并策略，其一是取交集，即返回所有数据对象都包含的行和列；其二是取并集，即返回不同数据对象包含的所有行列，使用形式如下

　　　　combine（x, y,...）

其中，x 和 y 为待合并的对象。

3. 对环境的操作

函数 multiassign 在环境中给命名赋值，使用形式为

multiassign (x, value, envir=parent. frame (), inherits=FALSE)

其中，x 为一个命名的列表或向量；value 为一个赋值列表或向量；envir 为环境；inherit 为一个表示是否需要继承的逻辑值。

函数 copySubstitute 复制文件、目录树，用相应的值替换某一个符号，使用形式为

copySubstitute (src, dest, symbolValues, symbolDelimiter="@", allowUnresolvedSymbols=FALSE,
recursive=FALSE, removeExtension="\.in$")

其中，src 为原目录；dest 为目标目录；symbolValues 为字符串的列表；symbolDelimiter 为分界符号；allowUnresolvedSymbols 为逻辑值，如果等于 FALSE，则当遇到 symbolValues 中不存在的字符时终止；recursive 也为一个逻辑值，如果等于 TRUE，则函数递归处理目录树；removeExtension 为一个字符向量，表示文件名匹配模式，与它匹配的文件名或目录名将被删除。

函数 contents 获取存储于环境中的值，使用形式为

contents (object, all. names)

其中，object 为环境；all. names 为逻辑形参数，表示是否复制所有的值。函数返回一个命名列表，其中的元素是存储于环境中的对象。

函数 copyEnv 可以用于复制环境，使用形式为

copyEnv (oldEnv, newEnv=new. env (hash=TRUE,
parent=parent. env (oldEnv)), ...)

其中，oldEnv 为源环境；newEnv 为目标环境；"..." 为其他参数。copyEn 也可以用于获取/分配环境中的所有对象。

18.2.3 应用实例

下面这个例子简单展示了 Biobase 包中重要类的应用，如创建自己的 eSet 对象，进行 aggregator 累加，获取基因数据、表型数据，对 eSet 对象进行不同的选取操作等。

首先，我们建立一个临时文件，并创建一组数据。

```
> testFile <- tempfile();
> data(geneData);
> write. table(geneData, testFile, quote=FALSE,
        sep="\t",row. names+=TRUE, col. names=TRUE);
> eSet <- read. exprSet(testFile);
> eSet;
```

```
Expression Set (exprSet) with
    500 genes
    26 samples
        phenoData object with 1 variables and 26 cases
    varLabels
        sample：arbitrary numbering
```

进行 aggregator 累加操作。第一次对 letters［1：10］加和迭代，前 10 个 letter 被计为 1，第二次对 letters［5：11］加和迭代。通过 t1 可以看到两次累加的结果，第 5 到第 10 个 letter 经两次累加被计为 2，第 1 到第 4 个 letter 和第 11 个 letter 累加一次被计为 1。

```
> agg1 <- new("aggregator");
> Aggregate(letters[1:10], agg1);
> Aggregate(letters[5:11], agg1);
> bb <- mget(letters[1:11], env=aggenv(agg1), ifnotfound=NA);
> t1 <- as.numeric(bb); names(t1) <- names(bb);
> t1;
    a b c d e f g h i j k
    1 1 1 1 2 2 2 2 2 2 1
```

选取表型数据。在下列程序中，pdata［1，］选取 1 个样本和 3 个变量；pdata［，2］选取 26 个样本和 1 个变量。

```
> data(geneData);
> data(geneCov);
> covdesc <- list("Covariate 1", "Covariate 2", "Covariate 3");
> names(covdesc) <- names(geneCov);
> pdata <- new("phenoData", pData=geneCov, varLabels=covdesc);
> pdata[1,];
    phenoData object with 3 variables and 1 cases
    varLabels
        cov1：Covariate 1
        cov2：Covariate 2
        cov3：Covariate 3
> pdata[,2];
    phenoData object with 1 variables and 26 cases
    varLabels
        cov2：Covariate 2
```

利用上面的基因数据和表型数据创建 eSet 对象，再进行不同的选取操作。

```
> eset <- new("exprSet", exprs=geneData, phenoData=pdata);
> eset;
    Expression Set (exprSet) with    ## 共有500个基因和26个样本
        500 genes
        26 samples
            phenoData object with 3 variables and 26 cases
        varLabels
            cov1：Covariate 1
            cov2：Covariate 2
            cov3：Covariate 3
> eset[1,];                          ## 选取第一个基因和26个样本
    Expression Set (exprSet) with
        1 genes
        26 samples
            phenoData object with 3 variables and 26 cases
        varLabels
            cov1：Covariate 1
            cov2：Covariate 2
            cov3：Covariate 3
> eset[1,1];                         ## 选取第一个基因和第一个样本
    Expression Set (exprSet) with
        1 genes
        1 samples
            phenoData object with 3 variables and 1 cases
        varLabels
            cov1：Covariate 1
            cov2：Covariate 2
            cov3：Covariate 3
> eset[1:100,];                      ## 选取前100个基因和26个样本
    Expression Set (exprSet) with
        100 genes
        26 samples
            phenoData object with 3 variables and 26 cases
        varLabels
            cov1：Covariate 1
            cov2：Covariate 2
            cov3：Covariate 3
```

18.3 Biostrings 包

生物分子的序列在生物问题研究中十分重要。Biostrings 包中含有对生物分子序列进行定义的各种类以及进行模式匹配计算的许多基本函数和通用函数。

18.3.1 Biostrings 包的类

Biostrings 包中包含 6 个类，见表 18.2。

表 18.2　BioString 的类

	1. BioAlphabet
描述	表达特定生物序列的字母表。实际上，除自身构建好的子类对象外，此类不能创建新的对象。NucleotideAlphabet-class 和 AminoAcidAlphabet-class 是 BioAlphabet 的子类
Slots	letters：character 类对象，表示字母表的字母，通常使用罗马字体大写字母，空位字符例外，用 "-" 表示； mapping：integer 类对象，表示这些对象的内部编码； gap：character 类对象，字母表中的空位字符
方法	为给定的字母初始化字母表对象；更换空位字符，注意更换的空位字符不可以是字母表中的字母
	2. NucleotideAlphabet
描述	BioAlphabet 的子类，表示核苷酸的字母表，通常为 RNA（ACGU）或 DNA（ACGT），以 "-" 表示序列中的空位
Slots	letters：character 类对象，表示字母表的字母，通常使用罗马字体大写字母，空位字符用 "-" 表示； mapping：integer 类对象，表示这些对象的内部编码
方法	产生一个新的未初始化 BioString 对象，包含给定 "NucleotideAlphabet" 字母表的内容；初始化核苷字母表
	3. AminoAcidAlphabet
描述	BioAlphabet 的子类，表示氨基酸的字母表，以 "-" 表示序列中的空位
Slots	letters：character 类对象，表示字母表的字母，通常使用罗马字体大写字母，空位字符用 "-" 表示； mapping：integer 类对象，表示这些对象的内部编码
方法	产生一个新的未初始化 BioString 对象，包含给定 " AminoAcidAlphabet" 字母表的内容

续表

	4. BioPatternAlphabet
描述	用于表示序列模式的通用字母表
Slots	baseAlphabet：BioAlphabet 类对象，基本的字母表； letters：character 类对象，表示通用字母表的字母，通常使用罗马字体大写字母，空位字符用 "-" 表示； mapping：integer 类对象，表示这些对象的内部编码； gap：character 类对象，字母表中的空位字符
方法	产生一个新的未初始化 BioString 对象；更换间隔字符；初始化 BioPatternAlphabet 对象，通常在 new 中直接应用
	5. LongestCommonPrefix
描述	该类代表一个矩阵，其矩阵元素值表示后缀阵列中最长公共前缀的长度，对角线全为零
Slots	abovediag：integer 类对象，代表上三角阵中的元素
方法	从该类对象中提取数据
	6. BioString
描述	编码的字符串，代表特定的生物分子序列（RNA、DNA 或氨基酸）。它可以是零或多个子串。应注意，该类可以用 new 来创建对象，但是不建议用户直接调用，而是通过 NucleotideString 和 DNAString 函数创建相应的对象
Slots	alphabet：BioAlphabet 类对象，序列中用到的字母表； initialized：logical 类对象，TRUE 表示序列已被初始化，通常该值由系统自动完成，而非用户直接赋值； offsets：整数型 matrix 类对象，有两列组成，分别对应子串的起始端和末端，若某一行的值为 (1，0) 则表示为空序列； values：externalptr 类对象，将现有的编码序列以向量形式存储，可以保存较长的序列
方法	初始化；返回子串的数目；取子串；返回每个子串的字符数；返回第 i 个子串；将 'BioString' 对象转换为字符向量；使用算法进行 DNA 字符串 x 与模式序列的匹配；显示 'BioString' 对象

此外，BioStrings 包还有一种数据形式，即 yeastSEQCHR1，它是从 Saccharomyces Genome Database 中得到的酵母 1 号染色体上单链 DNA 序列的注释信息（annotation）（ftp://genome-ftp.stanford.edu/pub/yeast/data_download/sequence/genomic_sequence/chromosomes/fasta）。注释信息以酵母基因组计划提供的数据为基础，源文件的数据可以打包下载。

18.3.2 Biostrings 包的函数

1. 基本函数

Biostrings 包中的基本函数包括对各类字母表的操作和对序列的操作。

函数 DNAAlphabet 创建 RNA（ACGU-）或 DNA（ACGT-）字母表；函数 DNAPatternAlphabet 创建 RNA 或 DNA 的通用字符字母表；gapletter<-定义空位字符。

  DNAAlphabet（）
  RNAAlphabet（）
  DNAPatternAlphabet（）
  RNAPatternAlphabet（）
  gapletter（x）<- value

  alphabetFrequency 计算生物分子序列中字母出现的频率，函数的使用形式如下

  alphabetFrequency（x，baseOnly=TRUE）

其中，x 为进行操作的 Biostring 对象；当 baseOnly=TRUE 时，只计算基本字母表中的字母出现频率，当 baseOnly=FALSE 时，计算所有字母的出现频率。

  函数 reverseComplement 取给定 DNA 或 RNA 序列的互补链，返回一个 Biostring 对象。函数的使用形式如下

  reverseComplement（x）

  函数 sortDNAString 对给定的生物分子序列进行排序，并按字母顺序升序排列。函数的使用形式如下

  sortDNAString（x，prefixLength=max（nchar（x）））

其中，x 为进行操作的 Biostring 对象；prefixLength 为用于序列排序的前缀长度，即对根据序列前面的 prefixLength 个字符进行排序。

  函数 DNASuffixArray 对给定的 DNA 序列创建后缀阵列，按字母顺序升序排列。函数的使用形式如下

  DNASuffixArray（x，prefixLength = max（nchar（x）））

其中，x 为进行操作的 Biostring 对象；prefixLength 为后缀序列的长度，即对根据序列后面的 prefixLength 个字符进行排序。

  函数 LongestCommonPrefix 获取相应的 LongestCommonPrefix 对象，其使用形式如下

  LongestCommonPrefix（x）

  函数 NucleotideString 将表示 RNA 或 DNA 的字符串转换为与特定字母表相对应的 Biostring 对象；而函数 DNAString 则将表示 DNA 序列的字符串转换为与标准 DNA 字母表相对应的 Biostring 对象。这两个函数的使用形式如下

  NucleotideString（src，type=c（"DNA"，"RNA"），
    srctype=c（"character"，"connection"），
    alphabet=if（type=="DNA"）

DNAPatternAlphabet () else RNAPatternAlphabet (),
gap=alphabet@gap)
DNAString（src, gap="-"）

其中，src 为字符串；type 表示此串为 DNA 序列还是 RNA 序列，默认为 DNA 序列；srctype 表示 src 的类型是字符串还是文件名，目前只能是字符串，bioconductor 开发者正努力实现用文件名作 src 参数；alphabet 为该串使用的字母表（DNA 字母表或 RNA 字母表）；gap 为空位字符。

2. 通用函数

函数 matchDNAPattern 在一段 DNA 序列中找寻与模式序列匹配的所有序列片段。比对过程中可以使用两种算法，默认的为扩展的 Boyer-Moore 算法，该算法允许使用通配字符，包括空位字符；另一种为简单的前向搜索算法，即检索与模式序列长度相等的、匹配的子串。可以用 as.matrix 显示匹配的片段的起始端和末端。函数的使用形式如下

matchDNAPattern（pattern, x, algorithm, mismatch）

其中，pattern 为模式序列；x 为待搜索的序列；algorithm 为选用的算法；mismatch 为允许的不完全匹配个数，默认值为 0。

函数 anySameLetter 判断给定序列中是否含有指定的字符，是则返回 TRUE，不是则返回 FALSE；而函数 allSameLetter 判断给定序列是否为单字符重复片段，如果是，则返回 TRUE，否则返回 FALSE。这两个函数的使用形式如下

anySameLetter（x, letter）
allSameLetter（x, letter）

其中，x 为待处理的序列；letter 为单个字符。

18.3.3 应用实例

为了说明 Biostrings 包中类和函数的使用，下面给出一个简单的例子。首先创建一个 BioPattern 字母表，运行结果明确显示了字母表的组成结构、参数和编码等；然后利用 Biostrings 包中自带的酵母序列进行统计计算、取反等操作；最后利用一段短序列说明几个通用函数的功能。

首先，我们来创建一个通用字母表。

```
> dnaAlph <- new("BioPatternAlphabet",
+           DNAAlphabet(), c(N="AGCT",
+                            B="CGT",
+                            D="AGT",
```

```
+                     H="ACT",
+                     K="GT",
+                     M="AC",
+                     R="AG",
+                     S="CG",
+                     V="ACG",
+                     W="AT",
+                     Y="CT"));
> dnaAlph;
```

An object of class "BioPatternAlphabet"
Slot "baseAlphabet":
An object of class "NucleotideAlphabet"
Slot "letters":
[1] "-TGCA"

Slot "mapping":
- T G C A
1 2 4 8 16

Slot "gap":
[1] "-"

Slot "letters":
[1] "-TGCANBDHKMRSVWY"

Slot "mapping":
- T G K C Y S B A W R D M H V N
1 2 4 6 8 10 12 14 16 18 20 22 24 26 28 30

Slot "gap":
[1] "-"

基本的核酸字母表包含5个字符（-，T，G，C，A），它们的编码分别为1、2、4、8、16，"-"表示空位字符。上述程序还创建了另外11个通用字符。例如，N表示A、C、G、T中的任意一个字符，自编码为30（=2+4+8+16，4个基本字符编码的和）；又如，K表示T或者G，其编码等于6（=2+4，T编

233

码与 G 编码的和）。

以下程序统计酵母序列中各字母出现的频率。先计算基本字母表中字母出现的频率，然后再计算字母表中所有字母出现的频率。

```
> yeast1 <- DNAString(yeastSEQCHR1);
> alphabetFrequency(yeast1);
  -      A      C      G      T   Other
  0  69830  44643  45765  69970      0
> alphabetFrequency(yeast1，baseOnly=FALSE);
  -      T      G      K      C      Y      S      B      A      W      R      D      M      H      V      N
  0  69970  45765      0  44643      0      0      0  69830      0      0      0      0      0      0      0
```

下面一段程序将序列取反。

```
> reverseComplement(DNAString("ATCG-AA"));
    Object of class BioString with
    Pattern alphabet：-TGCANBDHKMRSVWY
    Values：
    [1] TT-CGAT
```

下面利用一段短序列来说明几个通用函数的功能。先用 Boyer-Moore 算法在 DNA 序列 x 中找寻与 "GCNNNAT" 匹配的所有片段，as.matrix（m1）显示第一段匹配的片段的位置是从 3～9，第二段匹配的片段的位置是从 5～11。

```
> x <- DNAString("AAGCGCGATATG");
> m1 <- matchDNAPattern("GCNNNAT"，x);
> m1;
    Object of class BioString with
    Pattern alphabet：-TGCANBDHKMRSVWY
    Values：
    [1] GCGCGAT
    [2] GCGATAT
> as.matrix(m1);
     [,1] [,2]
[1,]   3    9
[2,]   5   11
```

再用前向搜索算法实现上述功能。

```
> m2 <- matchDNAPattern("GCNNNAT", x, algorithm="forward-search");
> m2;
    Object of class BioString with
  Pattern alphabet: -TGCANBDHKMRSVWY
  Values:
    [1] GCGCGAT
    [2] GCGATAT
> as.matrix(m2)
     [,1] [,2]
[1,]  3    9
[2,]  5    11
```

下列程序在 DNA 序列 D1 中找寻与 PpiI 匹配的所有片段。

```
> PpiI <- "GAACNNNNNCTC";
> D1 <-
+   DNAString ( " tgctgatgcatagctagctgGAACtagctCTCtcgtagctggatgctgatNNN-
                NNNNNNNNN");
> matches <- matchDNAPattern(PpiI, D1);
> matches;
    Object of class BioString with
  Pattern alphabet: -TGCANBDHKMRSVWY
  Values:
    [1] GAACTAGCTCTC
    [2] NNNNNNNNNNNN
```

下列程序检验 matches 中是否全为 N。显然第一个片段是，第二个片段不是。

```
> allN <- allSameLetter(matches, 'N');
> allN;
[1] FALSE TRUE
```

显示非全 N 的序列。

```
> matches[!allN];
    Object of class BioString with
  Pattern alphabet: -TGCANBDHKMRSVWY
  Values:
    [1] GAACTAGCTCTC
```

18.4 DynDoc 包

DynDoc 包主要是对各种文档进行操作,包括动态文档、vignette 文档和其他可导航文档,并为完成它们之间的交互。

18.4.1 DynDoc 包的类

DynDoc 包中含有 6 个类,见表 18.3。

表 18.3 DynDoc 的类

	1. DynDoc
描述	用 R 语言描述动态文档和 vignette 文档
Slots	indexEntry:文档文件的索引; title:文档名; path:文档的本地路径; pdfPath:文档的 pdf 文件的本地路径; depends:文档的从属包; requires:文档的从属必要层次; suggests:文档的从属建议层次; keywords:文档的关键字; codeChunks:文档中的数据编码块。 注:除 codeChunks 为 chunkList 类对象外,其他 Slots 均为 character 类的对象
方法	显示动态文档信息;返回与旧版本兼容的新版编码块;返回编码块;编码块中 R 语言编码的期望评价;重新获得指定的编码块;返回该文档中编码块的数量;修改编码块中的编码
	2. vignette
描述	用 R 语言描述 vignette 文件,为 DynDoc 类的扩展
Slots	package:character 类对象,与该 vignette 文件关联的包; vigPkgVersion:VersionNumber 类对象,与该 vignette 文件关联的包的版本号; indexEntry、title、path、pdfPath、depends、requires、suggests、keywords、codeChunks:这些 Slots 的定义与 DynDoc 中的相同
方法	获取与该 vignette 文件关联的包的名字和版本号
	3. codeChunk
描述	集成 vignette 文件编码块的必要信息
Slots	chunkName:character 类对象,编码块的名字; chunk:character 类对象,编码块编码; options:SweaveOptions 类对象,编码块在 vignette 文件中出现时可设置的选项

续表

方法	在指定环境下求编码块编码的期望值，如果没有指定环境变量，则默认为全局环境；显示编码块的信息；返回、编辑对象的 chunk 参数；返回对象的 chunkName 参数

4. chunkList	
描述	codeChunk 类的集合，包含 vignette 文件的所有编码块
Slots	chunks：list 类对象，是 vignette 文件的所有编码块的列表
方法	显示编码块的详细信息；返回 codeChunk 对象的列表；打破所有的编码块融合为一块编码，并返回此编码

5. vignetteCode	
描述	描述 vignette 文件的编码块和其他相关信息，并提供离散环境下对编码块的评价
Slots	chunkList：vignette 文件中的 chunkList 对象； path：character 类对象，vignette 文件的路径； package：character 类对象，vignette 文件所在的包； getDepends：character 类对象，包中 vignette 的任意 depends 参数； evalEnv：environment 类对象，评价编码块的环境
方法	显示编码块的详细信息；返回 codeChunk 对象的列表；获取一个指定的编码块；返回该对象中编码块的数量；修改该对象中给定编码块的编码；返回环境期望；返回 vignette 所在包；返回 vignette 的本地路径；evalChunk 在 chunkList 对象的指定位置编码块的期望值

6. SweaveOptions	
描述	一组 Sweave 选项的集合
Slots	options：list 类对象，表示一个 Sweave 文档选项串的列表
方法	获取、输出选项；返回选项的数目

18.4.2 DynDoc 包的函数

DynDoc 包的函数主要针对 vignette 文件，有 5 种函数，以下分别介绍。

getVignetteHeader 函数在给定一个 vignette 文件名时，读入 vignette 头文件元数据。此函数可以从一个 vignette 文件中提取元数据并返回一个列表，列表中元素的名字应与元数据域对应。函数 hasVigHeaderField 判断是否有头文件信息。这两个函数的使用形式如下

  getVignetteHeader（vig, field）

  hasVigHeaderField（vig, field="VignetteIndexEntry"）

其中，vig 为 vignette 文件名；field 为需要提取的数据域。

getVignette 函数可以读取一个 vignette 文件，返回一个 R 语言编码的 vignette 对象，用于以后的操作。该函数的使用形式为

　　　　getVignette（vigPath，eval=TRUE）

其中，vigPath 为 vignette 文件的路径；eval 指示是否要评价编码块。

getPkgVigList 函数可以获得 vignette 元数据，这种数据的获取是在单个 vignette 或包的水平上进行的；函数 getVigInfo 可以提取任何头文件信息。这两个函数的使用形式为

　　　　getPkgVigList（pkg，vigDescFun=baseVigDesc，vigPath=/doc/，
　　　　　　　　vigExt="\.（Rnw｜Snw｜rnw｜snw）$"，pkgVers
　　　　　　　　=TRUE）

　　　　getVigInfo（vig，pkg=NULL，vigDescFun=baseVigDesc，
　　　　　　　　pkgVers=TRUE）

其中，pkg 为包所在目录的路径；vig 为 vignette 文件名；vigDescFun 为产生输出字符串的函数；vigPath 为含有 vignette 文件目录的路径；vigExt 为与 vignette 文件扩展名匹配的模式；pkgVers 记录包的版本。

tangleToR 为 Sweave 的驱动函数，为用户提供 vignette 的 R 编码块，功能类似 Stangle。函数的使用形式为

　　　　tangleToR（）

函数 getVignetteCode 和 editVignetteCode 用于处理与操作 vignette 的 R 编码块，用户可直接操作也可按选项评估。getVignetteCode 函数调用 Stangle 获取指定 vignette 文件的编码块；editVignetteCode 函数编辑编码块，返回修改后新对象。这两个函数的使用形式如下

　　　　getVignetteCode（vigPath，evalEnv=new.env（））
　　　　editVignetteCode（vigCode，pos，code）

其中，vigPath 为待处理的 vignette 文件的路径；evalEnv 为用于评估编码块的环境；vigCode 为需要编辑的 vignetteCode 对象；pos 为需要编辑的编码块的位置；code 为新的编码块。

18.5　Ruuid 包

Ruuid 包的主要功能是应用 R 语言建立全局唯一的 ID 值（UUID，Universally Unique ID）。UUID 是 16 个字节的无符号字符型（unsigned char）数据，也可以表达为一个 36 字节的字符串（string），两者均不可以 NULL 结尾。Ruuid 包有 2 个类和 1 个函数。

Ruuid 的类见表 18.4

表 18.4　Ruuid 的类

	1. uuidt
描述	UUID 的字节表示，此类对象不由用户直接生成
Slots	uuid：character 类对象，表示 UUID 的字节值
方法	获取 uuid 的字节串；打印字节值
	2. Ruuid
描述	在 R 语言中组织和处理 UUID 值，但此类对象一般不直接生成
Slots	stringRep：character 类对象，用户易读的字符串表示 id 值；uuid：uuidt 类对象，UUID 的实际的值
方法	获取表示 id 值的字符串；输出表示 id 值的字符串；判断两个 Ruuid 对象是否相同或者不同

getuuid 函数可以获得并转换一个 UUID 值。用户可以得到一个新的 UUID，也可以将一个 uuid 的字符串转换为字节编码，反之亦然。函数的使用形式为

　　　　getuuid（cur）

参数 cur 可以是 UUID 串也可以是 uuidt 对象，参数缺省时产生一个新的 Ruuid。返回值为一个 Ruuid 类的对象。

下面我们来生成一个 Ruuid 对象，再将其转化为字符串，可直接转换也可通过二进制编码转换，最后再生成一个新的 Ruuid 对象。

```
> z <- getuuid();            ## 产生一个新的 Ruuid 对象
> z;                         ## 显示此 id 值
   [1] "cd61f385-6182-4835-20be-80dcbbd9357a"
> a <- getuuid(as.character(z));  ## 转化为字符串
> a;
   [1] "cd61f385-6182-4835-20be-80dcbbd9357a"
> q <- getuuid(uuid(z));     ## 将字节值转换为字符串
> q;
   [1] "cd61f385-6182-4835-20be-80dcbbd9357a"
> w <- getuuid();            ## 产生另一个新的 Ruuid 对象
> w;
   [1] "7e4a2199-0f5f-4b4a-b491-a1899cc95c17"
```

18.6　ctc 包

ctc 包用于向其他项目导入和导出树状结构（tree）和聚类结构（cluster），它没有特有的类，而是一组函数的集合。以下分别介绍这些函数。

函数 xcluster 对数据进行层次式聚类分析，函数的使用形式为

xcluster（data，distance="euclidean"，…）

其中，data 为需要分析的数据，可以是一个数据矩阵也可以是一个数据单；distance 为进行聚类分析的距离度量，可以是欧式距离、Pearson 距离或非中心 Pearson 距离。

hc2Newick 函数将 hclust 对象转换为 Newick 格式的文件，其使用形式为

hc2Newick（hc，flat=TRUE）

其中，flat=TRUE 时返回结果为字串，flat=FALSE 时返回结果为列表；hc 为 hclust 类的对象。hclust 类的对象是聚类处理得到的树状结构，是由参数 merge、height、order、labels、call、method、dist、method 组成的表。

函数 r2cluster 将数据转化为 Cluster 格式；函数 r2xcluster 将数据转化为 Xcluster 格式；xcluster2r 函数可将 Xcluster/Cluster 的输出文件（.grt 或 .art）转换为 R 的 hclust 文件；函数 r2gtr 将 hclust 对象或数据单写入 gtr、atr 和 cdt 文件（Xcluster 或 Cluster 的输出文件），可生成聚类的树状图。

18.7　convert 包

Biobase、limma 和 marray 包中定义的微阵列信息格式是不同的。limma 包中的 RGList 是简单列表，储存点阵芯片的红绿前景、背景亮度和相关信息；MAList 是简单列表，储存点阵芯片的 M 值、A 值和相关信息。marray 包中的 marrayRaw 储存点阵芯片的红绿前景、背景亮度和相关信息，与 RGList 类似；marrayNorm 储存点阵芯片的 M 值、A 值和相关信息，与 MAList 类似。Biobase 包中的 exprSet 储存芯片的表达数据，每个探针有一个值对应一个芯片和相关的表型，并可通过外部数据库获得探针的注释信息。此类数据主要应用于 Affymetrix 或双色预处理的单 channel 数据，供以后的分级和聚类分析。

convert 包可以将 Biobase、limma 和 marray 包中定义的芯片信息格式进行转换，可实现的转换见表 18.5。

表 18.5　ctc 转换列表

RGList	→	marrayRaw
marrayRaw	→	RGList
MAList	→	marrayNorm
marrayNorm	→	MAList
RGList	→	exprSet
MAList	→	exprSet
marrayRaw	→	exprSet
marrayNorm	→	exprSet

例如，如果 x 为 marray 包中的 marrayNorm 对象，我们要把它转化为 limma 包中需要的 MAlist 对象 y，可以用 as 语句直接实现。

> y <- as(x,"MAList");

需要注意的是，从 RGList 到 marrayRaw 的转换中，对象列的数量增加了一倍；从 MAList 到 marrayNorm 的转换中，对象列的数量不变，但 A 值信息会丢失。

18.8　Icens 包

Icens 包是一组函数，用于计算删减数据的 NPMLE（the non-parametric maximum likelihood estimation，即非参数最大似然估计）。Icens 包中的函数利用各种不同的算法计算 NPMLE，如用对分算法进行根搜索、用投射梯度法搜索 NPMLE、用顶点交换的方法计算 p 值的 NPMLE 等。同时 Icens 的包也含有若干形式的数据信息。如 hiv 包含从 257 个血友病患者获得的感染和发病的时间间隔数据信息，是一个 257×4 的数据单；cmv 包含细胞巨化病毒脱落和分支杆菌 avium 复合体克隆的时间数据，是一个 204×4 的数据单。

18.9　exprExternal 和 externalVector 软件包

exprExternal 是 Biobase 包中 exprSet 类的子类，与 exprSet 类具有相同的特征，但应用于外部储存的外部 Matrix 对象。externalVector 包用于处理外部向量，包含基于 R 语言向量对象的外部向量类和通用函数。externalVector 包中的类分为两种，基类和索引类，它的函数可以将一个对象转换为 R 语言基本向量或矩阵，计算矩阵的方差或协方差等。

第19章 注　释

注释（annotation）类包的主要作用是为在 Bioconductor 中处理不同的元数据包（meta-data packages）提供接口，这些元数据是来自各个数据库的注释数据。注释类各个包的函数按功能可分为四大类：

(1) 从特定元数据库中获取数据；
(2) 对不同 Web 数据库（如 NLM、NCBI）进行查询；
(3) 为 geneplotter 工具中的基因可视化功能提供结构化的染色体位置数据；
(4) 将 gene 列表转化成 HTML 页面或超链接等 Web 资源。

这部分有两个重要的包：annotate 包和 Annbuilder 包。annotate 包提供了对不同注释数据包的访问方法。annotate 包处理的元数据主要有两种来源。一种是由许多数据源组合起来的数据，这些数据以数据包的形式存储。另外一种是通过网络，实时地生成数据包。第一种数据包容易理解，但实时性不够；第二种数据包的实时性好，但是不容易理解，并且很难重建该数据包。

Annbuilder 包是用来生成 annotate 包处理的注释数据包，这些注释数据包收集了各种公共数据库的注释数据。Annbuilder 包的主要功能是从不同的数据源收集数据，并将这些数据相关联，从而生成注释数据包。它能根据一组基因构建注释数据包或生成 XML 文件，这组基因与公共数据库（GenBank、UniGene、LocusLink）存在对应关系。

另外，注释类还包含 3 个包：Resourcer、SNPtools 以及 Data packages。Resourcer 包提供了一些函数，这些函数可以从 TIGR Resourcerer 上读取注释文件并构建注释数据包；SNPtools 包主要包含了用于处理 SNP 元数据的函数，通过这些函数获取 Gene 相关的 SNP 信息等；Data packages 包主要包括 XML 数据包和 R 语言注释数据包，这些数据包分别表示芯片探针 ID 与不同数据库（LocusLink、PunMed 等）间的映射关系。

19.1　annotate 包

19.1.1　简　介

annotate 包提供了对不同注释数据包的访问方法，为在 R 语言环境中处理不同的元数据包提供统一的接口。如果需要查看元数据包的内容，首先要在 R 语言的环境中载入该元数据包，然后利用 annotate 包提供的函数获取元数据包中的注释数据。

19.1.2 基本用法

以 Affymetrix 关于人的基因芯片（hgu95av2）作为例子，说明如何使用 annotate 包提供的函数获取元数据包中的注释数据。

在使用 annotate 包之前要将其载入到 R 语言环境中：

```
> library("annotate");
```

同时要载入感兴趣的元数据包，这里载入 hgu95av2 元数据包。

```
> library("hgu95av2");
```

然后，我们可以通过以下命令查看被载入的元数据包 hgu95av2 中包含的 R 语言对象。

```
> ls("package:hgu95av2");
 [1] "hgu95av2" "hgu95av2ACCNUM" "hgu95av2CHR"
 ...
```

可以看到，hgu95av2 元数据包中包含有 24 个不同的 R 语言对象，其中每一个 R 语言对象均表示 Affymetrix 芯片上的探针标识符与不同生物数据源的一种映射关系。例如，R 语言对象 hgu95av2GO 表示 hgu95av2 芯片上的探针标识符与数据库 GO（Gene Ontology）的映射关系。我们还可以进一步查看某一对象的详细信息，如对象构建的时间、对象构建都用到了哪些文件等。如果要查看构建该元数据包用到的文件，可以调用与该元数据包同名的函数 hgu95av2。

```
> hgu95av2();
    Quality control information for hgu95av2
    Date built: Wed Sep 15 23:02:49 2004
    Number of probes: 12625
    Probe number missmatch: None
    Probe missmatch: None
    Mappings found for probe based rda files:
    hgu95av2ACCNUM found 12625 of 12625
    hgu95av2CHRLOC found 11382 of 12625
    hgu95av2CHR found 12177 of 12625
```

我们可以直接输入数据包中的 R 语言对象的名字来查看关于该对象的信息。

```
> hgu95av2LOCUSID;
    <environment: a99334>
```

以上的结果表示 hgu95av2LOCUSID 是一个 R 语言的环境变量，通过该环境变量我们可以获取 Affymetrix 芯片探针的标识符与 LocusLink 数据库上基因 ID 的对应关系。我们可以通过以下几种方式得到指定探针标识符所对应的值。

```
> get("1000_at", env=hgu95av2LOCUSID);
    [1] 5595
> hgu95av2LOCUSID[["1000_at"]];
    [1] 5595
> hgu95av2LOCUSID$"1000_at";
    [1] 5595
```

以上得到 Affymetrix 芯片标识符为 1000_at 的探针映射到 LocusLink 数据库上的 ID 为 5595。我们可以用 for 循环、apply 或 eapply 从一个 R 语言的环境变量（如 hgu95av2GO）中取得多个对象。

```
> LLs = as.list(hgu95av2LOCUSID);
> length(LLs);
    [1] 12625
> names(LLs)[1:10];
    [1] "1114_at" "36421_at" "329_s_at" "34687_at" "2050_s_at"
    [6] "38320_s_at" "32885_f_at" "39726_at" "38859_at" "38927_i_at"
```

as.list() 函数返回一个列表 LLs，列表 LLs 的长度为 12 625，用命令 names(LLs)[1:10] 可以查看该列表的前 10 项。

19.1.3 annotate 的类

在 annotate 包中一共有 5 个类，详见表 19.1。

表 19.1 annotate 的类

	1. pubMedAbst
描述	该类表示 PubMed 中的一条摘要
Slots	Authors：vector 类对象，作者名字； Pmid：character 类对象，PubMed 的 ID 号； abstText：character 类对象，摘要内容； articleTitle：character 类对象，文章标题； journal：character 类对象，期刊名字； pubDate：character 类对象，发表时间； abstUrl：character 类对象，摘要的 URL

续表

方法	获取摘要的相关信息，如 PubMed 的 ID，摘要内容，摘要的 URL，文章标题，文章的作者，期刊名称，发表时间等

2. chromLocation

描述	该类描述了基因与染色体的对应关系
Slots	Organism：character 类对象，基因所属物种； dataSource：character 类对象，基因数据的来源； chromLocs：character 类对象，基因在染色体上的位置； probesToChrom：genEnv 类对象，探针与染色体的对应关系； chromInfo：vector 类对象，染色体信息； geneSymbols：environment 类对象，探针与基因的关系
方法	获取染色体与基因的相关信息，如当前染色体的长度、名称、位置，基因的来源，基因所属物种的染色体数目，物种的名称；获取探针与染色体的关系，探针与基因的映射关系

3. GOTerms

描述	表示给定数据库 GO 上节点的基因术语
Slots	GOID：character 类对象，第一个节点在 GO 上的 ID； Term：character 类对象，第一个节点相关产物的功能； Synonym：character 类对象，相关产物的别名； Secondary：character 类对象，其他节点在 GO 上的 ID； Definition：character 类对象，第一个节点的进一步定义； Ontology：character 类对象，基因分类学术语（MF、CC、CP）
方法	获取基因分类学术语，主节点和其他节点在 GO 上的 ID，与主要节点相关的产物的功能等

4. HTMLPage

描述	该类将 HTML 页面转化成 R 语言的对象
Slots	fileName：character 类对象，HTML 文件名； pageText：character 类对象，HTML 文件内容； pageTitle：character 类对象，HTML 的标题； topPage：character 类对象，当前框架的父页面； sidePage：character 类对象，当前框架中包含的页面； mainPage：character 类对象，当前框架的主页面
方法	显示一个页面的信息，获取 HTML 文件名字，HTML 文件内容、标题等

5. homoData

描述	该类表示与同源基因匹配的序列
Slots	homoOrg：character 类对象，感兴趣物种的学名； homoLL：numeric 类对象，感兴趣基因在 LocusLink 上的 ID； homoType：character 类对象，同源基因相似度的类型； homoPS：numeric 类对象，相似度的百分比； homoURL：character 类对象，同源基因的 URL； homoACC：character 类对象，登录号； homoHGID：numeric 类对象，内部 HomologID
方法	获取基因的相关信息，如 LocusLink 上的 ID、源基因的 URL、登录号、内部同源基因的 ID

19.1.4 基本函数

1. 对象构造

函数 buildPubMedAbst 生成一个 pubMedAbst 类的实例。使用方式为

buildPubMedAbst（xml）

其中，xml 为与 pubMedAbst 摘要相关的 XML 树形结构。

函数 buildChromLocation 生成一个 chromLocation 对象。使用方式为

buildChromLocation（dataPkg）

其中，dataPkg 为用于生成 chromLocation 对象的数据包。

2. 获取注释数据包相关信息

函数 genbank 将指定基因的信息用浏览器显示或构造成一个 XMLdoc 对象。使用方式为

genbank（...，disp＝c（″data″,″browser″），type＝c（″accession″,″uid″），pmaddress）

其中，"..." 为一组 GenBank 的访问号或 NCBI 上的 ID 号的向量；disp 为指定显示方式；data 为返回一个 XMLdoc 对象；browser 为用浏览器显示相关信息；type 指示是 GenBank 的访问号或 NCBI 上的 ID 号；pmaddress 为 NCBI 网站上 pmfetch 引擎的地址。

函数 pubmed 的功能是将与 PubMed 的 ID 号相关的信息用浏览器显示或构造成一个 XMLdoc 对象。使用方式为

pubmed（...，disp＝c（″data″,″browser″），type＝c（″uid″,″accession″），pmaddress）

其中 "..." 为 PubMed 的 ID 号的向量；disp 为指定显示方式；data 为返回一个 XMLdoc 对象；browser 为用浏览器显示相关信息；type 指示是访问号或 UID；pmaddress 为 NCBI 网站上 pmfetch 引擎的地址。

函数 getGI 根据给定的 GenBank 登录号，从 NCBI 数据库中查询相应的核酸序列。使用方式为

getGI（accNum）

其中，accNum 为 GenBank 的访问号。

函数 getSYMBOL 将芯片探针的 ID 映射到数据库（如 LocusLink、GO 等）相应的 ID 上，返回一个匹配的向量。使用方式为

getSYMBOL（x，data）

其中，x 为芯片的 ID；data 为元数据包的名字。

函数 getGO 将芯片探针的 ID 映射到 GO 数据库的 ID 上，返回一个匹配的向量。使用方式为

getGO（x，data）

其中，x 为芯片的 ID；data 为元数据包的名字。

lookUp 是一个通用的查找映射关系的函数。使用方式为
　　lookUp（x，data，what）
其中，x 为芯片探针的 ID；data 为元数据包的名字；what 为注释数据包中注释元素的名字。

19.1.5　实　　例

下面我们举例子说明了注释数据包的结构、内容以及如何使用这些注释数据包。首先，需要到 Bioconductor 的官方网站（http://www.bioconductor.org）下载元数据包 hgu95av2 和 GO，并将数据包装载到 R 语言中。

```
> library(annotate);
> library(hgu95av2);
> library(GO);
## 将 R 对象 hgu95av2GO 中包含的键值存到 temp 变量中
> temp <- as.list(hgu95av2GO);
## 显示前5个探针的相关信息
> temp[1:5];
    $"1114_at"
    $"1114_at"$"GO:0005125"
    $"1114_at"$"GO:0005125"$GOID
    [1] "GO:0005125"
    $"1114_at"$"GO:0005125"$Evidence
    [1] "IEA"
> mget(c("699_s_at","40840_at","41668_r_at"), hgu95av2GENENAME);
    $"699_s_at"
    [1] "mucin 1, transmembrane"
    $"40840_at"
    [1] "peptidylprolyl isomerase F (cyclophilin F)"
    $"41668_r_at"
    [1] "TDP-glucose 4,6-dehydratase"
## 用 mget 函数获取探针"699_s_at"，"40840_at"，
"41668_r_at"相应的基因名称
```

19.2　AnnBuilder 包

19.2.1　简　　介

AnnBuilder 包是用来生成 Bioconductor 的注释数据包的，这些注释数据包

收集了各种公共数据库的注释数据。AnnBuilder 包能根据一组基因构建注释数据包或生成 XML 文件，这组基因与公共数据库（GenBank、UniGene、LocusLink）存在对应关系。利用 AnnBuilder 软件包，我们可以按自己的方式构建注释数据包。其步骤如下：

（1）将给定的一组探针同 LocusLink 标识符建立映射关系；
（2）根据建立的映射关系，从 LocusLink、GO 或 KEGG 上获取数据；
（3）将得到的数据组成 R 语言数据包或 XML 文件。

19.2.2 基 本 用 法

AnnBuilder 需要 R 语言的 XML 包和 Perl 的支持。对于一组与 GeneBank（UniGene、LocusLink）存在映射关系的基因，可以用函数 ABPkgBuilder（）生成一个注释数据包。

我们将用 thgu95a 数据包做示范，该数据包含有 Affymetrix 芯片的探针 ID 与 GenBank 的登录号映射信息。下面介绍如何用 AnnBuilder 构建一个注释数据包。

```
> library(AnnBuilder);
> read.table(file.path(.path.package("AnnBuilder"),"data","thgu95a"),
+ sep="\t",header=FALSE,as.is=TRUE);
## thgu95a 表示探针与 GenBank 数据库的映射关系
> myBase <-file.path(.path.package("AnnBuilder"),"data","thgu95a");
> myBaseType <- "gb";
## 以 thgu95a 中的映射信息为基础,从 LocusLink、UniGene、GodenPath、GeneOntology、
KEGG 上获取注释数据
> mySrcUrls <- c(LL="ftp://ftp.ncbi.nih.gov/refseq/LocusLink/LL_tmpl.gz",
+ UG="ftp://ftp.ncbi.nih.gov/repository/UniGene/Hs.data.gz",
+ GP="http://www.genome.ucsc.edu/goldenPath/14nov2002/database/",
+ GO="http://www.godatabase.org/dev/database/archive/2003-03-01/go_200303-termdb",
+ KEGG="ftp://ftp.genome.ad.jp/pub/kegg/pathways");
## 由于实时地从网络上获取数据要花费很长的时间。为了节省计算的时间,
## 我们用 Bioconductor 上已有的数据包 Tll_tmpl.gz、Ths.data.gz、
## Tgo.xml 作为示例
> mySrcUrls <- c(LL="http://www.bioconductor.org/datafiles/wwwsources/Tll_tmpl.gz",
+ UG="http://www.bioconductor.org/datafiles/wwwsources/Ths.data.gz",
+ GO="http://www.bioconductor.org/datafiles/wwwsources/Tgo.xml");
## 如果只有一组基因数据与 GenBank、LocusLink 或 UniGene 发生映射,则
```

```
## 这种映射关系是唯一的。如果有多组不同的基因数据,则要将不同的基因
## 数据源赋给 otherSrc 参数
> myOtherSrc <- c(srcone=file.path(.path.package("AnnBuilder"),
+ "data","srca"),srctwo=file.path(.path.package("AnnBuilder"),
+ "data","srcb"));
## 如果要构建一个注释数据包,只要给 ABPkgBuilder()函数传递正确的参
## 数即可,例如:
> myDir <- tempdir();
> if(.Platform$OS.type !="windows" && interactive()){
+ ABPkgBuilder(baseName=myBase,srcUrls=mySrcUrls,
baseMapType=myBaseType,
+ otherSrc=myOtherSrc,pkgName="myPkg",pkgPath=myDir,
+ organism="Homo sapiens",version="1.1.0",makeXML=TRUE,
+ author=list(author="myname",maintainer="myname@myemail.com"),
+ fromWeb=TRUE);
+ }
## 这样,在 myDir 目录下将会有个 myPkg 的包,这个包也可以被装入到 R
## 的环境中。可以用下面的方法卸载该数据包
> if(.Platform$OS.type != "windows" && interactive()){
+ unlink(file.path(myDir,"myPkg"),TRUE)
+ unlink(c("geneNMap","srcone","srctwo",file.path(myDir,
+ "myPkg.xml"),file.path(myDir,"myPkgByNum.xml")));
+ }
```

19.2.3 AnnBuilder 的类

在 AnnBuilder 软件包中一共有 9 个类,详见表 19.2。

表 19.2 AnnBuilder 的类

	1. pubRepo
描述	该类是下载/解析不同的公共数据的通用类
Slots	srcUrl:character 类对象,公共数据源数据的 URL; parser:character 类对象,解析器; baseFile:character 类对象,基准文件名; built:character 类对象,数据源被构建的信息; fromWeb:boolean 类对象,数据来源标记

续表

方法	设定基准文件，获取基准文件、数据源被构建的时间，从指定 URL 上下载数据，设定解析器的值，获取解析器的值，从下载的源数据中读取数据，设定源数据的 URL，获取源数据的 URL
2. KEGG	
描述	该类是 pubRepo 的子类，用于获取/处理 pathway 数据库和 enzyme 数据库上的信息
Slots	Organism：character 类对象，物种； srcUrl：character 类对象，源数据的 URL； parser：character 类对象，解析器； baseFile：character 类对象，基准文件
方法	查找 KEGG 上的 ID 与 pathway 数据库的映射关系，建立 LocusLink ID 同 enzyme 数据库和 pathway 数据库的映射关系
3. GEO	
描述	该类是 pubRepo 的子类，从 GEO 网站上读取/下载数据
Slots	srcUrl：character 类对象，GEO 上处理请求功能的 URL
方法	从 GEO 上读取数据并将数据解析成矩阵形式
4. GP	
描述	该类是 pubRepo 的子类，用于获取/处理 GoldenPath 数据库上的基因位置信息
Slots	Organism：character 类对象，物种； srcUrl：character 类对象，源数据的 URL； parser：character 类对象，解析器； baseFile：character 类对象，基准文件
方法	无
5. GO	
描述	该类是 pubRepo 的子类，用于解析数据库 GO 上的数据
Slots	srcUrl：character 类对象，待下载/处理数据在 GO 上的 URL； parser：character 类对象，解析器； baseFile：character 类对象，基准文件
方法	从 GO 上获取数据
6. HG	
描述	该类是 pubRepo 的子类，用于表示 HomoloGene 上的数据
Slots	srcUrl：character 类对象，文件的 URL； parser：character 类对象，解析器； baseFile：character 类对象，基准文件； built：character 类对象，数据源被构建的信息； fromWeb：logical 类对象，数据来源标记
方法	读取 HomoloGene 数据库上的数据

续表

	7. LL
描述	该类是 pubRepo 的子类，用于处理 LocusLink 数据库上的数据
Slots	srcUrl：character 类对象，源数据文件的 URL； parser：character 类对象，解析器； baseFile：character 类对象，基准文件
方法	无

	8. UG
描述	该类是 pubRepo 的子类，用于解析 UniGene 数据库上的数据
Slots	orgName：character 类对象，物种的名称； srcUrl：character 类对象，源数据文件的 URL； parser：character 类对象，解析器； baseFile：character 类对象，基准文件
方法	设置物种名称，获取物种名称

	9. YG
描述	该类是 pubRepo 的子类，用于读取/下载酵母基因组上的数据
Slots	srcUrl：character 类对象，源数据文件的 URL； parser：character 类对象，解析器； baseFile：character 类对象，基准文件
方法	从 ftp 上读取指定名字的源数据

19.2.4 基本函数

1. 构建注释数据包

函数 ABPkgBuilde 根据参数列表给出的值构建一个注释数据包。使用方式为

```
ABPkgBuilder(baseName,
            srcUrls,
            baseMapType=c("gb","ug","ll","image","refseq",
                          "gbNRef"),
            otherSrc=NULL,
            pkgName,
            pkgPath,
            organism,
            version="1.1.0",
            makeXML=TRUE,
```

author=list(author="who",maintainer="who@email.com"),
fromWeb=TRUE)

其中，baseName 为基准文件名，文件包含两列，一列是待注释的基因，另一列与 GenBank、UniGene 或 LocusLink 的 ID 的映射关系；srcUrls 为一个表示源数据 URL 的向量；baseMapType 指明探针被映射到哪个数据库（GenBank、UniGene 或 LocusLink）上；otherSrc 为其他的映射关系文件；pkgName 指定处理后生成的数据包名称；pkgPath 表示数据包的存放路径；organism 是表示物种名称的字符串；Version 表示数据源的版本号；makeXML 为布尔型变量，TRUE 为要生成一个 XML 版本的注释文件；author 为一个 string 型的列表对象，包含作者的姓名、联系地址等信息；fromWeb 为布尔型变量，TRUE 表示在线获取用于生成数据包的源文件。

函数 createEmptyDPkg 用于创建一个空的注释数据包。使用方式为
createEmptyDPkg（pkgName，pkgPath，folders，force=TRUE）
其中，pkgName 为生成的数据包名称；pkgPath 为数据包的存放路径；folders 为创建的包中包含的文件夹名字；force 为一个布尔型变量，TRUE 表示如果包的名字重复，则覆盖原有的包文件。

函数 GOPkgBuilder 利用 Gene Ontology 上的数据生成注释数据包、文档或其他文件。使用方式为

GOPkgBuilder（
    pkgName="GO",
    pkgPath,
    version="1.6.2",
    go=GO(srcUrl=getSrcUrl("GO", xml=TRUE),
    fromWeb=TRUE),
    ll=LL(srcUrl=getSrcUrl("ll"),
    parser=file.path(.path.package("AnnBuilder"),
        "scripts","llNGOParser"),
        fromWeb=TRUE),
    author=list(author="anonymous",
        maintainer="anonymous@email.com"),
        repList=getRepList("go", list(ll=ll,
    go=go))
）

其中，pkgName 为要创建的包的名字；pkgPath 为路径；version 为版本；go 为一个 GO 类的对象；ll 为一个 LL 类的对象；author 为一个字符串的向量，包含作者的名字、地址等信息。

函数 KEGGPkgbuilder 根据 KEGG 上的数据生成一个注释数据包。使用方式为

  KEGGPkgBuilder(
    pkgPath,
    pkgName="KEGG",
    version="1.0.1",
    pathwayURL=getKEGGFile("path"),
    enzymeURL=getKEGGFile("enzyme"),
    geneMapURL=getKEGGFile("geneMap"),
    force=TRUE,
    author=list(author="who",
    maintainer="who@email.com"))

其中，pkgPath 为数据包的存放路径；pkgName 为要创建的包的名字；version 为产生数据包系统的版本号；pathwayURL 为 pathway 数据源的 URL；enzymeURL 为 enzyme 数据库的 URL；geneMapURL 为外部基因与 pathway ID 映射文件的 URL；force 为一个布尔型变量，TRUE 表示如果包的名字重复，则覆盖原有的包文件；author 为一个 string 型的列表对象，包含作者的姓名、联系地址等信息；maintainer 为维护者的信息。

函数 chrLocPkgBuilder 利用 UCSC（加利福尼亚州立大学圣克鲁斯分校）基因组数据库提供的数据构建一个包含 LocusLink ID 与基因在染色体位置之间的映射关系的数据包。使用方式为

  chrLocPkgBuilder(
    pkgName="humanCHRLOC",
    pkgPath,
    version,
    author,
    organism="Homo sapiens",
    url=getSrcUrl("gp", organism))

其中，pkgName 为要创建的包的名字；pkgPath 为数据包的存放路径；version 为产生数据包系统的版本号；author 为一个 string 型的列表对象，包含作者的姓名、联系地址等信息；organism 为表示物种名称的字符串；url 为用于生成数据包的映射关系文件存放在 UCSC 上的地址。

函数 cMapPathBuilder 用 cMAP 提供的数据构建一个注释数据包。使用方式为

  cMapPathBuilder(
    cartaName,
    keggName,
    pkgName="cMAP",

```
                    pkgPath,
                    version="1.1.0",
                    author=list(author="anonymous",
                            maintainer="anonymous@email.com"))
```

其中，cartaName 是一个包含 BioCarta 数据库 pathway 数据的 XML 文件名；keggName 是一个包含 KEGG 数据库 pathway 数据的 XML 文件名；pkgName 为要创建的包的名字；pkgPath 为数据包的存放路径；version 为产生数据包系统的版本号；author 为一个 string 型的列表对象，包含作者的姓名、联系地址等信息。

函数 athPkgBuilder 利用 TAIR 数据库上的数据构建一个注释数据包。使用方式为

```
athPkgBuilder(
    baseName,
    pkgName,
    pkgPath,
    fileExt=list(estAssign="Genes/est_mapping/est.Assignment.Locus",
            seqGenes="Genes/TAIR_sequenced_genes",
            go="Genes/Gene_Ontology/ATH_GO_GOSLIM.20040918.txt",
            aliases="Genes/gene_aliases.20031113",
            pathway="Pathways/aracyc_dump_20040520.txt",
            pmid="Genes/Gene_Anatomy/ATH_Anatomy.20040209.txt"),
    ncols=list(estAssign=7, seqGenes=4, go=12, aliases=4,
            pathway=4, pmid=15),
    cols2Keep=list(estAssign = c(3, 6, 7), seqGenes = c(1, 3),
            go = c(1,5, 9),
            aliases=c(1, 2), pathsway=c(1, 3, 4),
            pmid=c(6, 11)),
    colNames=list(estAssign=c("CHRLOC", "ORI", "ACCNUM"),
            seqGenes=c("ACCNUM", "CHR"),
            go=c("ACCNUM", "GO", "EVID"),
            aliases=c("ACCNUM", "SYMBOL"),
            pathway=c("PATH", "ENZYME", "ACCNUM"),
            pmid=c("PMID", "ACCNUM")),
    version="1.1.0",
    makeXML=TRUE,
    author=list(author="who",maintainer="who@email.com"),
```

baseUrl=ftp://tairpub:tairpub@ftp.arabidopsis.org/home/tair/
)

其中，baseName 为用来生成注释数据包的基准文件名，该文件包括两列内容，一列是探针的 ID，另一列是与第一列相对应的 TAIR ID；pkgName 为要创建的包的名字；pkgPath 为数据包的存放路径；fileExt 为 TAIR 上文件名的一个列表；cols2Keep 为一个数字向量，用来指示源文件被读入时，哪些列的内容将被保存；version 为创建注释数据包的版本号；makeXML 为一个布尔型变量，指示创建的注释数据包是否含有 XML 格式的数据；author 为一个 string 型的列表对象，包含作者的姓名、联系地址等信息；baseUrl 为 TAIRs 站点的地址。

函数 homoPkgBuilder 用于创建一个 HomoloGene ID 与 LocusLink ID 等映射关系的数据包。使用方式为

homoPkgBuilder（suffix="homology", pkgPath, version, author,
url=getSrcUrl("HG"))

其中，suffix 为生成数据包的后缀；pkgPath 为数据包的存放路径；version 为创建注释数据包的版本号；author 为一个 string 型的列表对象，包含作者的姓名、联系地址等信息；url 为源数据来源的 URL。

函数 SPPkgBuilder 根据 Swiss-Prot 中的蛋白质数据创建一个注释数据包。使用方式为

SPPkgBuilder（pkgPath, version, author, fromWeb=TRUE,
url="ftp://ftp.ebi.ac.uk/pub/databases/swissprot/
release/sprot41.dat")

其中，pkgPath 为数据包的存放路径；version 为创建注释数据包的版本号；author 为一个 string 型的 list 对象，包含作者的姓名、联系地址等信息；fromWeb 为一个布尔型变量，TRUE 时表示源数据从 Internet 上获取；url 为被读入文件的地址。

函数 yeastPkgBuilder 根据斯坦福大学、KEGG、GO 上的酵母染色体组数据构建一个注释数据包。使用方式为

yeastPkgBuilder(pkgName,
pkgPath,
base="",
srcUrls=c(YG=getSrcUrl("YG"),
KEGG=getSrcUrl("KEGG",
organism="Saccharomyces cerevisiae"),
GO=getSrcUrl("GO")),
version="1.1.0",
makeXML=TRUE,

$$author = list(author ="who", maintainer ="who@email.com"),$$
$$fromWeb=TRUE)$$

其中,pkgName 为指定处理后生成的数据包名称;pkgPath 为数据包的存放路径;base 为一个表示映射关系的矩阵,其第一列是探针的 ID,第二列为相应的 ORF 的 ID;srcUrls 为一个字符串型向量,包含 KEGG 和 GO 的地址;version 为创建注释数据包的版本号;makeXML 为一个布尔型变量,指示创建的注释数据包是否含有 XML 格式的数据;author 为一个 string 型的列表对象,包含作者的姓名、联系地址等信息;fromWeb 为一个布尔型变量,TRUE 时表示源数据从 Internet 上获取。

函数 map2LL 根据 NCBI 的数据创建一个包含 LocusLink ID 与 GO、RefSeq 以及 UniGene ID 映射关系的注释数据包。使用方式为

$$map2LL(pkgName, pkgPath, organism, version, author,$$
$$url="ftp://ftp.ncbi.nih.gov/refseq/LocusLink")$$

其中,pkgName 为指定处理后生成的数据包的名称;pkgPath 为数据包的存放路径;organism 为表示物种名称的字符串;version 为创建注释数据包的版本号;author 为一个 string 型的列表对象,包含作者的姓名、联系地址等信息;url 为 NCBI 上源数据的存放的地址。

2. 获取注释数据包属性

函数 getDirContent 用于获取指定目录的内容。使用方式为
$$getDirContent(dirName, exclude=NULL)$$

其中,dirName 为目录名字;exclude 为查找的条件,exclude=NULL 为在缺省的情况下查找该目录下的所有文件。

函数 getMultiColNames 获取列的名字,这些列包含与探针相关的注释数据。使用方式为
$$getMultiColNames()$$

函数 splitEntry 将元素用分隔字符串在一起。使用方式为
$$splitEntry(dataRow, sep=";", asNumeric=FALSE)$$

其中,dataRow 为一个包含数据元素的字符串,数据元素之间用 sep 分隔;sep 为分隔符;asNumeric 为一个布尔型变量,TRUE 表示返回一个数字类型的分隔值。

函数 twoStepSplit 将元素用分隔字符串在一起。使用方式为
$$twoStepSplit(dataRow, entrySep=";", eleSep="@",$$
$$asNumeric=FALSE)$$

其中,dataRow 为一个包含数据元素的字符串,数据元素之间用 entrySep 分隔,每个元素后面用 eleSep 连接一个描述性的字符串;entrySep 为分隔符;eleSep 也为

分隔符；asNumeric 为一个布尔型变量，TRUE 表示返回一个数字类型的分隔值。

函数 saveMat 对数据进行处理，并将它存储为（关键字，值）的形式。使用方式为

   saveMat（data, pkgName, pkgPath, envName, keyCol=1, valCol=2,
      fun=function（x））

其中，data 为一个 matrix，将被用作环境对象；pkgName 为要构建的包的名字；pkgPath 为包的存放路径；keyCol 为 matrix 中的键的列；valCol 为 matrix 中值的列；fun 为一个 R 语言的函数。

19.2.5 实　　例

下面我们将用 ABPkgBuilder 函数创建一个注释数据包。由于 ABPkgBuilder 函数的目的是简化数据包的构建过程，因此用户只要给该函数传递合适的参数，具体构建过程不需要用户的干预。

```
> myDir <- tempdir();
## 建立一个临时目录
> if (.Platform$OS.type !="windows" && interactive()) {
+ ABPkgBuilder(baseName=myBase, srcUrls=mySrcUrls,
            baseMapType=myBaseType,
+ otherSrc=myOtherSrc, pkgName="myPkg", pkgPath=myDir,
+ organism="Homo sapiens", version="1.1.0", makeXML=TRUE,
+ author=list(author="myname", maintainer="myname@myemail.com"),
+ fromWeb=TRUE);
+ }
## 传递合适的参数给 ABPkgBuilder 函数,执行以上的语句后我们可以在
## myDir 目录下找到一个名为 myPkg 的注释数据包,该数据包也可以像 R
## 的包一样被安装到 R 工程里,我们可以用下面的函数查看该数据包的内容
> if (.Platform$OS.type !="windows" && interactive()) {
+ list.files(file.path(myDir, "myPkg"));
+ list.files(file.path(myDir, "myPkg", "data"));
+ list.files(file.path(myDir, "myPkg", "man"));
+ list.files(file.path(myDir, "myPkg", "R"));
+ }
```

19.3 Resourcer 包

19.3.1 简　介

Resourcer 提供了一些函数，这些函数可以从 TIGR Resourcerer (ftp://ftp.tigr.org/pub/data,tgi/Resourcerer) 上读取注释文件，并构建一个具有 Bioconductor 的元数据格式的注释数据包。

19.3.2 基 本 函 数

函数 getResourcerer 从 TIGR Resourcerer 上下载一个注释文件，然后读取下载的文件中的信息形成一个矩阵。使用方式为

  getResourcerer(
    which,
    organism=c("human","mouse","rat"),
    destDir=file.path(.path.package("Resourcer"),"temp"),
    baseUrl="ftp://ftp.tigr.org/pub/data/tgi/Resourcerer",
    clean=TRUE,
    exten="zip"
)

其中，which 为表示待读入的注释文件名的字符串；organism 为表示物种名称的字符串；destDir 为指定文件下载后存放的目录，缺省时表示存在 temp 文件夹中；baseUrl 为指明包含注释文件的 URL；clean 为一个布尔型的变量，TRUE 表示生成 matrix 后将下载到本地的注释文件删除；exten 为被处理文件后缀的字符串。

函数 resourcerer2BioC 从 TIGR Resourcerer 上下载一个注释文件，并且为包含在注释文件中的探针创建一个 bioC 的注释数据包。使用方式为

  resourcerer2BioC(which, organism = c("human","mouse","rat"),
    destDir=file.path(.path.package("Resourcerer"),"temp"),
    pkgName, pkgPath,
    srcUrls=getSrcUrl("all", switch(organism,
      human="Homo sapiens",
      mouse="Mus musculus",
      rat="Rattus norvegicus")),
    otherSrc=NULL,

```
                baseMapType=c("gb","ug","ll"),//GenBack、
                            UniGene、LocusLink
                            version="1.1.0",
                makeXML=TRUE, fromWeb=TRUE,
                baseUrl="ftp://ftp.tigr.org/pub/data/tgi/Resourcerer",
                check=FALSE,
                author=list(author="Anonymous",
                maintainer="anonymous@email.com"),
                exten="zip")
```

其中，which 为表示待读入的注释文件名的字符串；organism 为表示物种名称的字符串；destDir 为指定文件下载后存放的目录，缺省时表示存在 temp 文件加中；pkgName 为指定处理后生成的数据包名称；pkgPath 为数据包的存放路径；srcUrls 为一个包含源数据的 URL 名的字符串向量；otherSrc 为一个包含其他的源数据名称的字符串向量；baseMapType（gb、ug 或 ll）为指示 baseName 中的探针 ID 将被映射到 GeneBank、UniGene 或 LocusLink 上；Version 表示数据源的版本号；makeXML 为布尔型变量，TRUE 表示要生成一个 XML 版本的注释文件；fromWeb 为布尔型变量，TRUE 表示在线获取用于生成数据包的源文件；baseUrl 为指明包含注释文件的 URL；check 为布尔型变量，TRUE 表示 baseMapType=ll 时，检验 probe ID 与 LocusLink ID 是否匹配；author 为一个 string 型的列表对象，包含作者的姓名、联系地址等信息；exten 为被处理文件后缀的字符串。

19.3.3 实 例

下面的例子说明了如何用 getResourcerer 函数和 Resourcerer2BioC 函数下载数据并构建注释数据包。

```
##从 Resourcerer 上读取注释文件,首先需要载入 AnnBuilder
> require("AnnBuilder", quietly=TRUE);
[1] TRUE
> require("Resourcerer", quietly=TRUE)
[1] TRUE
##如果要从 Resourcerer 上读取注释文件,我们需要调用 getResourcerer 函数。
##此处我们将读入一个人的 cDNA 芯片注释数据包 Agilent_Human1_cDNA.zip
```

```
> agilent <- getResourcerer("Agilent_Human1_cDNA.zip", organism="human",
+ destDir=file.path(.path.package("Resourcerer"),"temp"),
+ baseUrl="ftp://ftp.tigr.org/pub/data/tgi/Resourcerer",
+ clean=TRUE);
```
destDir 指示 getResourcerer 将下载的文件存放在 Resourcerer 的子目录
temp 下，clean=TRUE 表示当不再使用下载的文件后就将其删除。可以
用下面的命令查看读入文件前5行的1到4列的数据。
```
> agilent[1:5,1:4];
    Probe ID Systematic Name Genbank Acc UniGene ID
2   "1"      "523"           "AI422141"  "Hs.25292"
3   "10"     "1977"          "AL137410"  "Hs.334826"
4   "100"    "67577"         "U92985"    "Hs.8182"
5   "1000"   "625374"        "AK026310"  "Hs.83834"
6   "10000"  "3257452"       "Y08614"    "Hs.157367"
```
如果想查看 Agilent_Human1_cDNA.zip 文件中所有列的名称,可以用
下面的命令
```
> as.vector(colnames(agilent));
 [1] "Probe ID"          "Systematic Name"   "Genbank Acc"
 [4] "UniGene ID"        "LocusLink ID"      "Gene Symbol & Name"
 [7] "Human TC"          "RefSeq Acc"        "TC PubMed Ref"
[10] "GO"                "TGI Annotation"    "Phy Map"
[13] "Genetic Marker"    "Mouse ortholog"    "Rat ortholog"
[16] "Zebrafish ortholog" "Xenopus ortholog"
```
我们可以调用 Resourcerer2BioC 函数生成一个与 Bioconductor 的元数据
相似的注释数据包
注释数据包生成之后,就可以把它当作 Bioconductor 的
元数据包来使用
```
> if (interactive()) {
+ resourcerer2BioC("Agilent_Human1_cDNA.zip", organism="human",
+ destDir=file.path(.path.package("Resourcerer"),"temp"),
+ pkgName="AgilentHsa1", srcUrls=getSrcUrl("all","Homo sapiens"),
+ pkgPath=file.path(.path.package("Resourcerer"),"temp"),
+ otherSrc=NULL, baseMapType="gb", version="1.1.0",
+ makeXML=TRUE, fromWeb=TRUE,
baseUrl="ftp://ftp.tigr.org/pub/data/tgi/Resourcerer",
```

```
+ check=TRUE, author=list(author="Anonymous",
maintainer="anonymous@email")); else {
+ print("Code is executed only when invoked interactively");
+ }
```

19.4 SNPtools 包

19.4.1 简　　介

SNPtools 包主要包含了用于处理 SNP 元数据的函数。通过调用这些函数，可以从 SNPper（http://snpper.chip.org/bio/snpper_enter）上获取与 SNP 相关的数据。其中，SNPper 是芯片信息学工具服务器（http://snpper.chip.org）下的一个网站，可以通过它获取与基因相关的 SNP 信息。SNPtools 包的主要作用是：利用一些函数从 SNPper 上得到芯片 XML-RPC 服务，从而获取 Gene 相关的 SNP 信息等。

19.4.2 基 本 用 法

使用 SNPtools 包之前，需要载入 XML 包。然后再根据需要调用相应的函数与 SNPper 建立连接，并取得 SNPper 上的 XML-RPC 服务，从其他数据库（dbSNP、SwissPort 等）获取 SNP 相关的数据。

19.4.3 基 本 函 数

函数 geneInfo 通过 HUGO 名、mRNA 登录号或 SNPper 的 ID 号来指定感兴趣的基因，然后再获取该基因的基本信息。使用方式为
　　geneInfo（name=NA, acc=NA, id=NA）
其中，name 为基因的名称；acc 为 mRNA 的登录号；id 为 SNPper 上的基因 ID。

函数 geneLayout 提供与基因相关元件的位置信息。使用方式为
　　geneLayout（id=NA）
其中，id 为 SNPper 上的基因 ID 号。

函数 geneSNPs 用于获取与指定基因相关的所有 SNP 的信息。使用方式为
　　geneSNPs（id=NA, acc=NA）
其中，id 为 SNPper 上的基因 ID；acc 为 mRNA 的登录号。

函数 SNPinfo 可以获取 SNP 的详细信息。使用方式为

  SNPinfo（dbsnpid=NA）

其中，dbsnpid 为 dbSNP 的 ID 中字符串"rs"后的数值。

  函数 itemsInRange 用于统计某染色体指定范围内包含的基因、SNP 以及 SNP 的数量。使用方式为

  itemsInRange（item="genes", chr, start, end）

其中，item 为要查询的内容，可以是"genes"，"snps"或"countsnps"；chr 为染色体号；start 与 end 分别为需要查询区域的端点位置。

19.4.4 实 例

我们以人的 1 号染色体（大小约 300Mb，已有 142 629 个 SNP 被标记）为例，说明 SNPtools 包中一些常用函数的使用方法。

```
> print(geneInfo("CRP"));
## 调用 geneInfo 函数获取 CRP 基因的基本信息
> print(geneLayout("546"));
## 调用 geneLayout 函数得到外显子的位置信息
> tmp <- geneSNPs("546");
## 调用 geneSNPs 函数得到与基因546相关的 SNP 信息
> glist <- itemsInRange("genes","chr1","155000000","157000000");
> print(itemsInRange("countsnps","chr1","156000000","157000000"));
## 调用 itemsInRange 函数查看1号染色体上一定范围内所包含的基因（或 SNP 数目）信息
> print(SNPinfo("25"));
## 通过 SNPinfo 函数就可以得到 dbSNP 数据库上 ID 号为 rs25的 SNP 信息。
```

19.5 Data packages 包

Data packages 主要包括各种形式的数据包，这些数据包分别表示芯片探针 ID 与不同数据库（LocusLink、PunMed 等）间的映射关系，其中包括：R 语言的元数据包，XML 格式的数据包，Affymetrix 芯片的注释数据包以及芯片探针序列的数据包。

第 20 章　基因本体学

借助现代生物学实验技术（如 DNA 芯片技术），我们能够得到大量的与基因有关的数据，分析这些数据可以获得许多潜在的生物学信息。为了从生物学角度去理解这些数据，我们需要获取和分析这些基因数据在生物学方面的含义。基因本体数据库 GO(gene ontology，http://www.geneontology.org)为大量基因提供有效的注释及分析。本章主要介绍利用 GO 数据库分析基因的一些方法和工具。

本体论（ontology）及它的一些相关概念在组织和检索信息方面已经变得越来越重要。一套本体（ontology）就是一套词汇表，它的各个词汇是以有向的非循环图结构（DAG）组织起来的。目前，在生物学方面有许多数据库，但是，在这些数据库中关于基因的功能、生物过程、组织成分等基本概念的表述缺乏统一和标准化，这样就使得我们在对不同信息源中信息的理解和检索方面遇到了困难。例如，同一种基因或者生物过程有好多种不同的说法。GO 的出现就是为了解决这样一个问题，它是一套树状的、与基因有关的标准术语表，对生物学术语进行了标准化描述，这样就使生物信息学工作者在描述这些术语时有了统一标准，使各个数据库的信息统一起来，从而具有了通用性。

GO 的基本结构是一个树状结构，它是有向非循环图结构的一种特殊形式，与图结构的一般形式相比，它的特殊性在于每个节点都只有唯一的父节点。图 20.1所示的是 GO 的第一和第二层术语。第二层中各部分又有其下一级的术语（括号中的数字为子术语个数）。这样依次拓展下去就形成一个级连的树状术语表。在图 20.1 中，第一层术语有 GO：0008150：biological_process (BP)，GO：0005575：cellular_component (CC) 和 GO：0003674：molecular_function (MF)。其中，GO：0008150：biological_process (116737) 是 GO 树状结构中的一条信息，GO：0008150 是 GO 的标识（id）号；biological_process 是 GO 术语名称；(116737) 表示的是这个术语下包含的子术语的个数。

LocusLink(http://www.ncbi.nlm灾;.nih.gov/projects/LocusLink)数据库收集了与每一个基因或与其相关的序列有关的所有 GO 标识。每个基因都有一个 LocusLink id，每个基因又可与 GO 中的若干条目相对应起来。这样就形成从 LocusLink id 到 GO id 的一个对应关系，这种对应关系是依据一些科学分析获得的，并在每条注释中都包含相应的依据码（evidence codes）。依据码分为许多类：

IMP——inferred from mutant phenotype（依据表型突变推断而得）

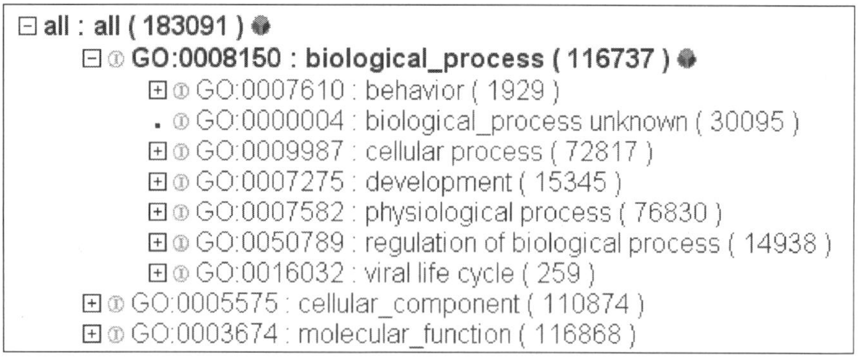

```
□ all : all ( 183091 )
    □ ① GO:0008150 : biological_process ( 116737 )
        ⊞ ① GO:0007610 : behavior ( 1929 )
        ·   ① GO:0000004 : biological_process unknown ( 30095 )
        ⊞ ① GO:0009987 : cellular process ( 72817 )
        ⊞ ① GO:0007275 : development ( 15345 )
        ⊞ ① GO:0007582 : physiological process ( 76830 )
        ⊞ ① GO:0050789 : regulation of biological process ( 14938 )
        ⊞ ① GO:0016032 : viral life cycle ( 259 )
    ⊞ ① GO:0005575 : cellular_component ( 110874 )
    ⊞ ① GO:0003674 : molecular_function ( 116868 )
```

图 20.1 GO 树状结构的第一和第二层术语

IGI——inferred from genetic interaction（依据遗传相互作用推断而得）
IPI——inferred from physical interaction（依据物理相互作用推断而得）
ISS——inferred from sequence similarity（依据序列相似性推断而得）
IEP——inferred from expression pattern（依据表达模式推断而得）
IDA——inferred from direct assay（依据直接的检验而得）
IEA——inferred from electronic annotation（依据电子注释而得）
TAS——traceable author statement（可追踪的作者综述）
NAS——non-traceable author statement（不可追踪的作者综述）

如 LocusLink id 为 4121 的基因（基因名缩写 MAN1A1），它就对应于 12 条 GO 术语，每条包含 3 个方面信息，即 GO id 号、依据码和属于 GO 的哪一大类（BP 表示生物过程方面的信息，CC 表示细胞组成成分方面的信息，MF 表示分子生物功能方面的信息）。

下面分别介绍基因本体学类的 3 个包。

20.1 goTools 包

20.1.1 简　　介

goTools 包主要用于图形化分析一组或多组芯片探针与哪些 GO 术语有联系，从而得出芯片上的探针主要与哪些基因功能相关。

20.1.2 基 本 用 法

goTools 包主要包含 data、EndNodeList、customEndNodeList、ontoCompare 和 ontoPlot 这 5 个可以被用户调用的函数。另外还有一些包内部调用的函

数，如getGO.operon、getGoCategory等，用来给上面5个函数调用，完成其中的一些功能，用户并不需要了解包内调用的函数。这个包中含有两组随机选取的探针号列表，分别为affylist（包含从Affymetrix hgu133a芯片上选取的3个探针集）、operonlist（包含从Operon Version 2芯片上选取的两个探针集）。goTools包的主要功能函数为ontoCompare，它的功能就是将参数所指定的基因芯片上的几组探针取出，然后找到相应的文档，得到与这些探针对应的GO id号，也就是分析每个探针与GO中哪些生物功能有关，再将这个探针集上的这些信息与另一个GO的id号集合相比较，统计出每个GO id所代表的生物功能有多少含量的探针与之对应，从而可以反映出这块芯片上的基因信息主要与哪些生物功能有关。

20.1.3 基本函数

1. 数据加载

函数data的功能是调用probeID数据集。probeID数据集包含affylist和operonlist。通过执行上述函数，可以在运行环境中加载这个探针集合，便于应用程序使用。使用形式为

data（probeID）

2. 获得GO的id号

函数EndNodeList收集ontoCompare函数所用的终端GO节点，该函数的使用形式为

EndNodeList（）

函数的返回值是GO第二层所有的id号。

函数customEndNodeList帮助我们建立指定GO节点下面的子节点的一个列表，并且可以指定这个表中包含这个节点下多少层子节点。使用形式为

CustomEndNodeList（id，rank=1）

其中，id为某一功能的基因GO号（"GO：XXXXXXX"）；rank为后面的参数指示需要得到这个GO节点下的多少层子节点。

3. 计算与GO术语对应的探针数

函数ontoCompare计算与GO术语对应的探针数。该函数返回的是在给定节点表（即endnode所给的节点，或默认的当前节点表）中每个GO id所代表的生物功能有多少对应的探针，即对应探针的百分比。ontoPlot以图形方式显示ontoCompare函数的结果。如果输入的参数（即所需比较的探针集的个数）只有一个，则将以圆形分格统计图表形式显示结果（图20.2）；如果输入的参数为多个，则将以柱状图的形式显示结果（图20.3）。此外，可以用R语言的其他一些

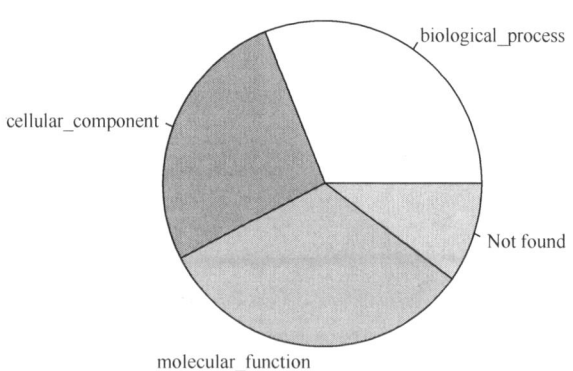

图 20.2 ontoCompare 函数的圆盘统计图结果

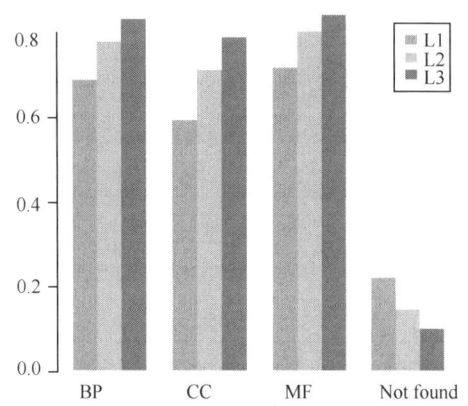

图 20.3 多个探针集用 ontoCompare 函数得到
的柱状图形式的结果

图形方面的参数来修饰 ontoCompare 函数结果的图形化显示。这两个函数的使用形式为

ontoCompare（obj, method＝c（"TGenes","TIDS","none"），
probeType＝c（"GO","operon","hgu133a"）, goType＝"All", plot＝FALSE,
endnode，…）ontoPlot（objM，…）

其中，obj 为有效的探针号列表；Method 为指定求每个节点对应寡核苷酸百分比的方法，'TGenes'、'TIDS' 和 'none' 为 3 种不同的方法；probeType 为函数输入的探针集类型，ontoCompare 需要有效的探针号；goType 为选取数据类型，"All"（默认）表示包括序列所有方面的信息，而 "BP" 限定为生物过程方面的信息，"CC" 限定为细胞组成成分方面的信息，"MF" 限定为分子生物功能方面的信息；plot 为逻辑变量：如果为 TRUE 则将输出一张图来显示结果；endnode 指出我们感兴趣的节点的 GO id 号的列表。当然，也可以用 ontoPlot 函数来制图，ontoPlot 函数中的 objM 是 ontoCompare 函数的结果；"…" 为 ontoPlot 的其他参数。

20.1.4 实　　例

```
> library(goTools);
> library(hgu133a);
> data(probeID);    ##对象 affylist 和 operonlist 的两个探针集被加载
> data(hgu133aGO);    ##加载 hgu133a 芯片探针的 GO 方面的注释数据
> MFendnode <-CustomEndNodeList("GO:0003674", rank=2);
> res <-ontoCompare(affylist, probeType = "hgu133a", plot = TRUE,
+            endnode= MFendnode);
```

上述程序首先加载探针数据集，加载 GO 的注释数据，然后调用 ontoCompare 函数进行计算和画图，屏幕输出每个 GO id 所代表的生物功能有多少百分比的探针的图形结果。由于我们选择的是来自于 Affymetrix hgu133a 芯片上的 3 个探针集（L1，L2，L3），所以结果显示的是柱状统计图，如图 20.3 所示。图中代表横坐标的黑色英文表示 GO 术语集（由参数 endnode 所指定。默认为 GO 树状结构前两层术语）中的 GO 术语，Notfound 表示这部分探针未在术语集中找到相对应的术语；纵坐标表示芯片上与此 GO 术语有关的探针数占基因芯片总探针数的比例。

如果将上例中最后的 ontoCompare 函数的第一个参数由 affylist 改为 affylist ["L1"] 的话，也就是选择 affylist 中的一个探针集进行统计的话，则就会产生如图 20.2 所示的结果。图中圆盘外面的黑色英文即代表不同的 GO 术语，圆盘上的份额表示芯片上此 GO 术语有关的探针占基因芯片总探针数的比例。

20.2　ontoTools 包

20.2.1 简　　介

一套本体（ontology）就是一套有向非循环结构的词汇表。ontoTools 包就是为我们提供处理这类数据结构的一些工具，其中，最值得关注的就是将一组词语实体集合转换成这样一套本体结构。

这个包与其他一些包有密切的联系，如 Bioconductor 中的 graph 包、UIUC 中的 SparseM 包以及 CRAN 中的一些包。

20.2.2 基　本　类

ontoTools 包有 "namedSparse"、"ontology"、"OOC"、"rootedDAG"、

"compoundGraph"、"taggedHierNomenclature"这6个类，每个类都有相关的图操作函数，详见表20.1。

表20.1 ontoTools 的类

\multicolumn{3}{c}{1. namedSparse}		
描述	用于标注矩阵的各行各列的标题	
Slots	dimnames：list 类对象，存放元数据矩阵各标题名； mat：matrix.csr 类对象，一个稀疏矩阵； rowindex：list 类对象，两个环境的列表，其中"n2i"将名称映射为数字下标，而"i2n"将数字下标映射为名称； colindex：list 类对象，与 rowindex 类似	
方法	获取对应矩阵标题等数据	
\multicolumn{3}{c}{2. rootedDAG}		
描述	得到一个有根的图结构（rDAG）的图（用于存放术语）	
Slots	root：character 类对象，根节点的名字； DAG：graph 类对象，表示 DAG 图	
方法	获取图表及根节点的名字	
\multicolumn{3}{c}{3. ontology}		
描述	此类中包含的实例用来表示类似 Gene Ontology 之类的术语	
Slots	name：character 类对象，ontology 的名称； version：character 类对象，版本号； rDAG：rootedDAG 类对象，一个树状结构，用来表现术语的层次结构	
方法	获取相应的信息，一个矩阵，版本号，术语表，树状结构	
\multicolumn{3}{c}{4. OOC}		
描述	将术语和设计的术语图结构对应起来的类	
Slots	ontology：ontology 类对象，表示 ontology 术语； OOmap：namedSparse 类对象，矩阵	
方法	获取相应参数，将术语和数据结构对应起来，得到一个完整的术语表，并且用于显示	
\multicolumn{3}{c}{5. compoundGraph}		
描述	多重图结构	
Slots	grList：list 类对象，图结构的列表； between：list 类对象，存储不同图中顶点的关系	
方法	绘制有关联的图结构	
\multicolumn{3}{c}{6. taggedHierNomenclature}		
描述	一套图结构的术语的描述	
Slots	tags：character 类对象，表示的是整个术语系统的正式标签； parents：character 类对象，给定术语集的概括； delim：character 类对象，字符串分段的分隔符； rootToken：character 类对象，表示整个术语系统的根节点； name：character 类对象，指出这套术语结构的名称； provenance：provStruct 类对象，表明术语的来源； inMappings：character 类对象，被使用的术语间映射关系的列表； terms：character 类对象，此结构中的所有术语； Definitions：character 类对象，表示术语的定义	
方法	获取各个节点信息并显示	

20.2.3 基本函数

1. 取得节点深度

函数 depthStruct 返回一个列表,给出 ontology 中各节点名称与它的深度之间的对应关系。使用形式为

depthStruct(rg)

其中,rg 为一个 rDAG 实例,返回的是两个环境的列表(见实例)。

函数应用实例:

```
> data(litOnto);
> print(litOnto);
> g1 <-new("rootedDAG", DAG=litOnto, root="A");
> o1 <-new("ontology", name="demo", version="0.1", rDAG=g1);
> print(ds <-depthStruct(g1));
  $tag2depth
  function (x)
  tag2depth[[x]]
  <environment: 01C9FDAC>

  $depth2tags
  function (x)
  depth2tags[[as.character(x)]]
  <environment: 01C9FDAC>
> ds$tag2depth("A");           ## 显示节点 A 的深度
  [1] 0
> ds$tag2depth("H");           ## 显示节点 H 的深度
  [1] 3
> ds$depth2tag(2);             ## 显示所有深度为2的节点
  [1] "D" "E" "F" "G"
```

2. 为 GO 环境绘制节点图表

函数 buildGOgraph 为相应的 Bioconductor 的 GO 环境绘制 graphNEL 类的节点图,该函数的使用形式为

buildGOgraph(useenv=GOMFPARENTS)

其中,useenv 为一个需要绘制的 GO 环境。函数返回一个 graphNEL 类的图。

3. 获得表示关键值结构的稀疏矩阵

获得表示关键值结构的稀疏矩阵的函数有 otkvEnv2namedSparse 和 otkvList2namedSparse，其使用形式分别为

  otkvEnv2namedSparse（obs，tms，otkvEnv）

  otkvList2namedSparse（obs，tms，otkvlist）

其中，obs 为表示对象标识的向量；tms 为用来表示对象所对应的术语；otkv-Env 为编码关键值映射的一个环境；otkvlist 为编码关键值映射关系的列表。

函数应用实例：

```
>otkvList2namedSparse(c("A","B","D","E"), letters[1:7],
+ list("A"=c("a","b"),"B"=c("b","d"),"E"="c"));
##绘制了一个关键值矩阵
    named sparse matrix of dim[1] 4 7
    northwest 4x4：
       a b c d
    A 1 1 0 0
    B 0 1 0 1
    D 0 0 0 0
    E 0 0 1 0
##建立对象 A、B、C、D 到术语(以 a、b、c、d、e、f、g 表示)的映射
```

20.2.4　基 本 用 法

1. 确定 DAG 根节点

rootedDAG 类是用 graph::graphNEL 来确定一个根节点的。ontoTools 包是和 litOnto 连在一起的，它属于 graphNEL 类，是图的一种，由 graph 类扩展而来，以顶点和边的列表来表示图，适合于表示顶点多而边少的图。所以我们在加载 ontoTools 包的同时要加载一些图结构方面的包，如 graph 包。ontoTools 这个包中的许多功能的实现都要借助于 graph 包中的绘制图结构相关函数。这里用到函数 data（litOnto），该函数有两个可用参数 litOnto 和 litObj，其中，litOnto 是用于阐述本体这个概念的一个图，litObj 是揭示从对象到本体的映射关系的一个矩阵。

```
> library(ontoTools);
> data(litOnto);
> print(litOnto);
    A graph with directed edges
    Number of Nodes = 12
    Number of Edges = 14
> print(class(litOnto));
    [1] "graphNEL"
    [1] "A"
```

litOnto 中节点的链接是默认的。当改进函数 Rgraphviz 完成后,这样的图形结构可用 plot 函数来完成,这样,节点之间的链接方向就可以改变。而整个树状结构的根节点的确定需要手工来完成。以下为具体操作步骤:

```
> g1 <-new("rootedDAG", DAG = litOnto, root ="A");
> show(DAG(g1));
    A graph with directed edges
    Number of Nodes = 12
    Number of Edges = 14
> root(g1);
    [1]"A"
```

2. 建立术语结构

关键值 (key-value) 是表明节点之间关系的值,用矩阵来表示关键值列表就可以表明术语结构中节点的从属关系 (child to parent)。可以用两类矩阵来表示,一类是密度矩阵 (dense Matrix,图 20.4),它的每一个行标识符和列标识符都表示树状结构中的一个节点。如果矩阵的某一元素 (i, j) 的值为 1 (此值即为关键值 key-value),则表示它所在的行标 (i) 所表示的节点是列标 (j) 所表示节点的子节点。这样的矩阵表示方法比较简明,但是,当节点非常多时,所需的数据存储空间也相当大。由于这样的矩阵中有大量的元素为 0,可以用稀疏矩阵 (sparse Matrix) 特殊的表示形式 (图 20.5) 来表示同样的节点从属关系,它实际上是密度矩阵的压缩表示形式,而且这两种表示形式可以相互转换。对于树结构的这两种表示形式可以进行大致相同的操作,区别只在于参数是选"dense"或"sparse",即究竟是选择输出密度矩阵,还是选择输出稀疏矩阵。

```
> data(litOnto);
> g1 <-new("rootedDAG", DAG = litOnto, root ="A");
> mg1d <-getMatrix(g1,"child2parent","dense/sparse");
## 最后一个参数选 dense 则显示如图20.4所示的密度矩阵,选 sparse 则显示
如图20.5所示的稀疏矩阵
> print(mg1d);
```

```
An object of class "matrix.csr"
Slot "ra":
 [1] 0 1 1 1 1 1 1 1 1 1 1 1 1 1 1

Slot "ja":
 [1] 1 1 1 2 2 3 3 4 5 4 3 5 6 6 7

Slot "ia":
 [1]   1  2  3  4  5  6  7  8 10 13 14 15 16

Slot "dimension":
[1] 12 12
```

图 20.4　术语结构的密度矩阵表示形式

图 20.4 和图 20.5 表示的矩阵对应于相同的图状结构,如图 20.6 所示,它们之间可用强制转换命令互换。一个 n*m 的稀疏矩阵的存储结构包括 3 个数组,即 ra、ja 和 ia,它们的构建过程如下。数组 ra 依次给出矩阵中不为 0 的元素值,它是以每行依次扫描的顺序给出的。如果某一行中所有元素皆为 0,则在 ra 中表示上一行最后一个不为 0 的数和下一行第一个为 0 的数之间加一个 0。图 20.4 所示的矩阵中共有 14 个非 0 元素,由于第一行全为 0,所以在第一的位置加了个 0,而其他各行都有非 0 元素,因此这个例子中 ra 中就有 15 个元素。ja 对应于 ra 中各元素所在的列号,所以此处也为 15。ia 数组中的第 k 个元素的值 x 表示数组 ra 中第 x 个元素,在密度矩阵中的行号为 k,列号为 ja 中第 x 个元素的值,而 ia 中未指出的 ra 中元素(如上面的 ra 的第 9、11、12 个非零元素)的行号与前面最近被 ia 指出的元素相同,列号由对应位置 ja 中的数据确定。这样,它们的对应位置也可以相应确定。ia 数组中第 n+1 个元素值 x 为 ra 中所有元素个数加 1,一般可以不用考虑。这样,不管父子矩阵中的非 0 元素有多少,ia 中始终为父子矩阵行数加 1 个元素,这里为 12 加 1 也即 13 个元素。用这样的定义方法去描述一个矩阵,对于生物计算中的大量数据存储和计算都是有益处的。

```
  A B C D E F G H I J K L
A 0 0 0 0 0 0 0 0 0 0 0 0
B 1 0 0 0 0 0 0 0 0 0 0 0
C 1 0 0 0 0 0 0 0 0 0 0 0
D 0 1 0 0 0 0 0 0 0 0 0 0
E 0 1 0 0 0 0 0 0 0 0 0 0
F 0 0 1 0 0 0 0 0 0 0 0 0
G 0 0 1 0 0 0 0 0 0 0 0 0
H 0 0 0 1 1 0 0 0 0 0 0 0
I 0 0 1 1 1 0 0 0 0 0 0 0
J 0 0 0 0 0 1 0 0 0 0 0 0
K 0 0 0 0 0 1 0 0 0 0 0 0
L 0 0 0 0 0 0 1 0 0 0 0 0
```

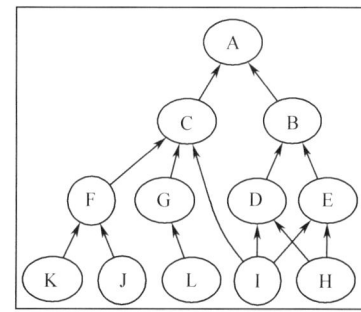

图 20.5 术语结构的稀疏矩阵的特殊表示形式

图 20.6 litOnto 的结构图表

此外,我们还需要知道每一个术语所在的数据表的层次(根节点为 0 层)。操作方法如下:

```
> print(ontoDepth(g1));
##g1是上面程序定义的指定根节点的litOnto图状结构(如图20.6)
  A B C D E F G H I J K L
  0 1 1 2 2 2 2 3 3 3 3 3
> ds1 <-depthStruct(g1);
> print(ds1$tag2depth("B"));
[1] 1
> print(ds1$depth2tags(3));
[1] "H" "I" "J" "K" "L"
```

3. 绘制图结构

litOnto 含有的是一个有 12 个节点、14 条边的图结构。我们再利用 R 语言的代码将这些树图结构以点、线、圆圈等形式图像化地表示出来。产生如图 20.7 所示的图结构的命令如下:

```
> data(litObj); ##读入 litObj 数据
> com <-new("compoundGraph", grList = list(litOnto, litObj),
+         between = list(c("W","E"), c("X","K"), c("Y","B"),
+                 c("Z","D"), c("Z","G")));
##将 litOnto 和 litObj 组合成多重图,并建立两个图中对应顶点的连接(如图20.7)
```

```
> compRendList<-list(list(prenodes="node [fontsize=28 color=orange
fontcolor=orange];",preedges ="edge [color=black];"),
list(prenodes = "node[fontsize=28 color=green fontcolor=green];",
preedges="edge [color=+black];"), betweenRend = list(preedges = "edge [color
=red];"));
##定义图状结构的各个元素(如节点表示和连接箭头)的颜色和字体大小的列表
> ff <-"demoComp.dot";
> toDot(com, ff, compRendList);  ##绘制与表述本体有关的一些图像化结构
> cat(readLines(ff), sep = "\n");  ##绘制图状结构(如图20.7)
```

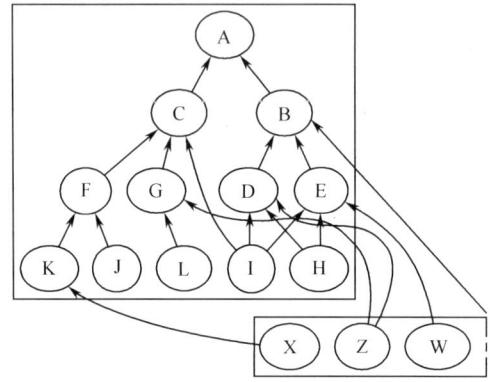

图 20.7 实例绘制的图结构

4. 建立本体

可以容易地将图结构（如 litOnto 图结构）标注成一套本体，并指明本体的名字和版本号等，使用的指令为：

```
> data(litOnto);
> g1 <-new("rootedDAG", DAG = litOnto, root ="A");
> o1 <-new("ontology", name ="demo", version ="0.1", rDAG = g1);
##指明本体的名字和版本号等
> show(o1);
  Ontology object demo, version 0.1
  root= A
  Terms:
  [1]"A" "B" "C" "D" "E" "F" "G" "H" "I" "J" "K" "L"
##此处的 A~L 即指代以后可以另外加载的具体术语
```

5. 描述关键值

使用关键值矩阵来表示图结构。方法如下：

> kvlist <-list(W = "E", X = "K", Y = "B", Z = c("D", "G"));
> litMap<-otkvList2namedSparse(names(kvlist),LETTERS[1:12],kvlist);
此处获得表示关键值的稀疏矩阵

6. 本体对象的联合体

利用上面得到的关键值列表形成本体对象的联合体（OOC，object-ontology complex），将术语组织成一套有关联的数据结构。方法如下：

> ooc1 <-makeOOC(o1, litMap);
> show(ooc1);
object-ontology complex with ontology：
Ontology object demo, version 0.1
root= A
Terms：
[1]"A" "B" "C" "D" "E" "F" "G" "H" "I" "J" "K" "L"
objectk-ontology map：
named sparse matrix of dim[1] 4 12
northwest 4x4：
A B C D
W 0 0 0 0
X 0 0 0 0
Y 0 1 0 0
Z 0 0 0 1
这样就将整套术语的信息(版本号、根节点名称、术语名称等)和表示本体结构关键值
的稀疏矩阵一起整合并显示出来(显示的矩阵为稀疏矩阵的左上角4×4的部分)

7. 对于数据对象的应用

我们可以利用函数 buildGOGraph 在 GO 包的基础上建立数据文件 goMF-graph.1.4.rda。方法如下：

```
> data(goMFgraph.1.4);
> gomfrDAG <-new("rootedDAG", root ="GO:0003674",
+DAG = goMFgraph.1.4);
##利用已有的图goMFgraph.1.4,先建立一个有根的非循环图状结构
> GOMFonto <-new("ontology", name = "GOMF",
+version = "bioc 1.3.1",rDAG = gomfrDAG);
>gomfAmat <-accessMat(GOMFonto);##给这个树状结构加载术语
> save(gomfAmat,file="gomfAmat.rda", compress=TRUE);
##数据保存在R语言的根目录下,即和library文件夹并列的位置上的
gomfAmat.rda数据文件中
```

我们还可以建立从LocusLink数据库到GO数据库的映射关系图。LocusLink数据库主要针对每一个基因或与一个基因相关的序列,收集与其有关的所有GO标识。这样的一个从目标基因到术语(object-to-term,即ot)的联系可以用Bioconductor中的humanLLMappings包来提供一个环境来完成。我们利用一个有名字的稀疏矩阵来编码这样的对应关系。下面是一个例子:

```
> library(humanLLMappings);         ##加载数据和相应对象
> data(humanLLMappingsLL2GO);
> data(goMFgraph1.4);
> obs <-ls(env=humanLLMappingsLL2GO);
##从humanLLMappingsLL2GO获取对应的术语信息
> tms <-nodes(goMFgraph.1.4);
> ooMapLL2GOMFdemo <-otkvEnv2namedSparse( obs, tms,
+ humanLLMappingsLL2GO );
##给图状结果各节点加载术语信息,上述的语义计算过程比较缓慢
> save(ooMapLL2GOMFdemo,file="ooMapLL2GOMFdemo.rda");
##把这套本论结果的数据保存在根目录下
```

20.3　GOstats 包

20.3.1　简　　介

本包主要借助基因的LocusLink id(在本章开头处已介绍过)和它对应的

GO 术语进行这些信息的相互获取和转换。并由我们所感兴趣的信息建立一些树状图形，并进行统计和检索。

20.3.2 基本函数及用法

1. 数据加载

data 在运行环境中加载 GOstats 包提供的一组数据，其他函数可能会调用这些数据。函数使用形式如下

  data（ALL）

  data（Ndists）

  data（Bdists）

其中，ALL 为包含用生物芯片测得的 128 例急性淋巴性白血病（acute lymphoblastic leukemia，ALL）患者的数据，它的格式已经标准化。对于选定的所有转录因子，由于实时计算距离的速度还比较慢，所以预先算出了它们互相之间的距离矩阵 Ndists 和 Bdists，以便于调用。如果以后计算速度加快的话，我们可以直接算出各转录因子之间的距离。

2. 与 GO 依据码有关的函数

getEvidence 函数就可以依据一组 GO 标识号查到每个 GO id 所对应的依据码（evidence codes）。函数使用形式为

  getEvidence（inlist）

其中，inlist 为一个或一组 GO 标识信息的列表。函数的返回值是一个列表，包含 inlist 中的每个 GO id 和它们各自的依据码。

dropECode 函数是从一组 GO 术语信息中取出本章开头部分介绍的 9 种依据码中的某一种所对应的所有 GO 术语。函数使用形式为

  dropECode（inlist，code="IEA"）

其中，inlist 为一个或一组 GO 标识信息的列表；code 为需要找出对应 GO 术语的一种依据码。返回结果为这组 GO id 表示的术语中所有对应这种依据码的术语信息，每条 GO 术语包括 GO id、依据码、本体类别。

函数应用实例：

```
> bb=GOLOCUSID2GO$"4121";
##bb 中含有 LocusLink id 为4121的基因所对应的所有 GO 术语的信息
> getEvidence(bb);          ##获取中每个 GO 术语的依据码
> cc = dropECode(bb);
```

3. 由 GO 标识号获取相关信息

函数使用形式为

    getGOTerm（x）

    getGOParents（x）

    getGOChildren（x）

    getGOOntology（x）

其中，x 为一个或一组 GO 标识号列表的向量，返回结果是所找出的相应 GO 术语信息。

函数应用实例：

```
> sG<-c("GO:0005515","GO:0000123","GO:0000124","GO:0000125",
+"GO:0000126","GO:0020033","GO:0006830","GO:0009874",
+"GO:0015916","GO:0015339");
##构建一个 GO id 列表
> gT <-getGOTerm(sG);      ##取出 sG 中各 GO id 对应的术语名称
> gP <-getGOParents(sG);   ##取出 sG 中各 GO id 对应的父节点
> gC <-getGOChildren(sG);  ##取出 sG 中各 GO id 对应的直接子节点
> gcat <-getGOOntology(sG);##求出 sG 中各 GO id 分别属于 GO 的哪一类本体(BP/ CC/MF)
```

4. 建立图结构

对于所给出的与 LocusLink id 相关的所有 GO 节点，makeGOGraph 函数在所选定的 GO 本体中从每个节点依次向上找出它的父节点，直到遇到根节点为止。从而获得一张从根节点出发的 GO 树状图。函数使用形式为

    makeGOGraph（x，Ontology="MF"，removeRoot = TRUE）

其中，x 为一个或一组 LocusLink id 的一个向量；参数 Ontology 选择 GO 的某一类本体（"MF"，"BP"，"CC"）；removeRoot 为一个逻辑值，指定 GO 的根节点是否要去除。

对于一个或一组 GO id 和特定的对应信息（即为 GO 树状结构信息），oneGOGraph 或 GOGraph 函数从这些 GO id 所对应各节点依次向上找出它们的父节点，直到遇到根节点为止，然后根据对应关系从根节点开始，将这些术语以树状形式表现出来。函数使用形式为

    oneGOGraph（x，dataenv）

    GOGraph（x，dataenv）

在函数 oneGOGraph 中，x 为一个表示 GO 标识号的向量；在 GOGraph 函

数中，x 表示一组 GO 标识号的向量；dataenv 为每个 GO 术语寻找父节点的一个环境（environment）。

上述 3 个函数的返回值均为一张 GO 图表。

函数应用举例：

```
>gN <-c("71733","224019","237928","11308");
##生成一组 LocusLink id 列表
> gg1 <-makeGOGraph(gN,"BP");
> g1 <-oneGOGraph("GO:0003680", GOMFPARENTS);
> g2 <-oneGOGraph("GO:0003701", GOMFPARENTS);
##查找它们的根节点
> g3 <-join(g1, g2);
> g4 <-GOGraph(c("GO:0003680","GO:0003701"), GOMFPARENTS);
> if( require("Rgraphviz") && interactive() ) plot(g3);
##由于 Rgraphviz 包目前还没有 Windows 下的版本，所以要想画出图表只
有在 linux 操作系统下完成
```

5. 查询 GO 中节点属性

对于给定的一个 GO 树形结构，GOLeaves 函数为我们找出这个图形的各个叶节点（也就是树形结构的终端节点）。函数使用形式为

GOLeaves （inG)

其中，inG 为一个 GO 树状图形。函数返回一个向量，表示 GO 树形结构中所有叶节点的 GO id。

对于给定的任意一个或一组 GO 术语及一个本体，hasGOannote 函数帮助我们确定这组 GO 术语是否属于我们指定的本体。函数使用形式为

hasGOannote （x, which="MF")

其中，x 为任意一个或一组 GO 术语；which 指定本体类别（"MF"，"BP" 或 "CC" 之一）。函数返回一个逻辑值向量，表明 x 中各术语是否属于我们指定的本体。

函数应用实例：

```
> g1 <-oneGOGraph("GO:0003680", GOMFPARENTS);
> g2 <-oneGOGraph("GO:0003701", GOMFPARENTS);
> g3 <-join(g1, g2);
##与上一段程序内容相同
```

```
> GOLeaves(g3);
[1] "GO:0003680" "GO:0003701"
##找出g3的叶节点,结构证实我们是从这两个节点依次找到父节点的
> t1 <-"GO:0003680";
> hasGOannote(t1);
> hasGOannote(t1,"BP");
```

6. 芯片数据处理

对于一组给定的基因表达数据（如 exprSet 类中的一个实例），compCorrGraph 函数计算探针（基因）之间的相关性，并将其图形化表示出来。函数使用形式为

$$\text{compCorrGraph}(eSet, k = 1, tau = 0.6)$$

其中，eSet 为 exprSet 类中的一个实例；k 指出相关性放大倍率；tau 设定绝对相关性的最低阈值，低于这个阈值的相关性置为 0。函数返回一张图表，表示相关性。

idx2dimnames 函数将一组芯片上的 LocusLink id 信息填到芯片偏移量矩阵的相应位置。函数使用形式为

$$\text{idx2dimnames}(x, idx)$$

其中，x 为一个需要标注的矩阵或表单；idx 为一组表明矩阵偏移量的向量。函数返回一张列表，指出矩阵每个行标和列标的名字。

notConn 函数找出给定的一个距离矩阵中与其他点没有联系的个体。函数使用形式为

$$\text{notConn}(dists)$$

其中，dists 为一个距离矩阵（如 Ndists 和 Bdists）。函数返回一个标有芯片每个位置上 LocusLink id 信息的列表，返回距离矩阵中所有与其他点没有联系的个体的 LocusLink id 号。

函数应用实例：

```
> data(ALL);                      ##数据加载
> set.seed(123);                  ##产生一组随机数
> gs = sample(1:dim(ALL@exprs)[1], 200);
> Tsub = ALL[gs,grep("^T", as.character(ALL$BT))];
> corrG = compCorrGraph(Tsub);
> data(Ndists);
> ltInf = is.finite(Ndists);
```

```
> xx = idx2dimnames(Ndists, ltInf);
> data(Ndists);
> notConn(Ndists);
```

7. 最短路径

对于一个给定的图形 g 和这个图形中的一组节点 whNodes，compGdist 函数使用算法算出每两个节点的最短路径长度。函数使用形式为

    compGdist （g，whNodes，verbose = FALSE)

其中，g 为图类中的一个实例；whNodes 为 g 中需要计算的一组有标记的节点；verbose 为真（TRUE）时将报告输出的结果。函数返回一个显示每两个节点之间最短距离的矩阵。

shortestPath 函数用于找出两个 LocusLink id 所代表基因之间的最短路径。它将 GOnode 对应的所有 LocusLink id 与 g 所包含的 LocusLink id 之间的距离相比较。认为如果两个 LocusLink id 表示的基因对应于相同的 GO 注释，则这两个基因的距离为 1；如果相对于不同 GO 注释则需要找中间过渡的 LocusLink id，然后算出相应的最短距离。函数使用形式为

    shortestPath （g，GOnode)

其中，g 为包含一组 LocusLink id 的图类（graph class）结构；GOnode 为一个 GO id 号。函数返回的一个列表包括以下三方面信息：①Shortestpaths，显示 nodesUsed 中每两个 LocusLink id 所代表基因之间的最短路径；②nodesUsed，显示 GOnode 所对应的 LocusLink id 和 g 所包含的 LocusLink id 中都有的 LocusLink id 交集，函数所算的就是这部分 LocusLink id 之间的最短路径；③nodesNotUsed，显示 GOnode 所对应的 LocusLink id 中不包含在 g 中的 LocusLink id 集合，函数对这部分 LocusLink id 不进行计算。

函数应用实例：

```
> compGdist(corrG, nodes(corrG)[1:5]);
##算出 corrG 中每两个节点的最短路径长度
> tst<-unique(unlist(mget(c("GO:0005778","GO:0005779",
+"GO:0030060"),GOLOCUSID)));
##获取与括号中三个 GO id 相关的所有 LocusLink id 列表并存在向量 tst 中
> set.seed(123);
> v1 <-randomGraph(tst,1:10,.3);
> a1 <-shortestPath(v1,"GO:0005779");
```

8. 比较 LocusLink id 所产生的 GO 图的相似度

在实际操作中，用户一般调用下列 3 个函数中的 simLL 函数来完成由 2 个 LocusLink id 所产生的 GO 图表相似度的比较。当参数 Measure 选择为 LP 时调用 simLP 函数，按 LP（longest path）方式计算相似度；当参数 Measure 选择为 UI 时调用 simUI 函数，按 UI（union intersection）方式计算相似度。simUI 计算的返回数值是两张 GO 图中所有节点的交集除以所有节点的并集的商，所以值的范围在 0～1 之间；simLP 计算的返回数值是两张图中节点交集的最大距离 LocusLink id 所产生的 GO 图，它的范围是从 0 到 GO 图叶节点的最大深度。用这两种方式计算所得的结果都是返回值越大表示由两个 LocusLink id 所产生的 GO 图表相似度越大。函数使用形式为

    simLL(ll1, ll2, Ontology = "MF", measure = "LP",
      dropCodes = NULL)
    simUI(g1, g2)
    simLP(g1, g2)

其中，ll1 为一个表示 LocusLink id 的向量；ll2 为另一个表示 LocusLink id 的向量；参数 Ontology 用于选择在 GO 的哪一类本体（"MF"，"BP"，"CC"）中计算；Measure 选择衡量相似度的方式（"LP" 或 "UI"），默认为 LP。在从 LocusLink id 生成 GO 图时，如果所对应 GO 术语的依据码与 dropCodes 参数指定的依据码类型相同时，则此术语将被忽略。默认值为 NULL，也就是所有依据码的 GO 术语都被选入进行计算。g1 是由 ll1 所表示的 LocusLink id 生成的图；g2 是由 ll2 所表示的 LocusLink id 生成的图。函数返回一张列表，其中，sim 为计算所得相似度；Measure 为所用的衡量方式。

函数应用实例：

```
> simLL("9184", "3547", "BP");
  $sim
  [1] 2

  $measure
  [1] "LP"

  $g1
  A graph with directed edges
```

Number of Nodes = 18
Number of Edges = 22

$g2
A graph with directed edges
Number of Nodes = 5
Number of Edges = 4

第 21 章 微阵列数据预处理

处理、分析和注释 DNA 微阵列实验数据是 Bioconductor 目前的主要应用领域和重要组成部分,包括对微阵列数据的预处理、数据可视化、基因表达数据的分析和注释等。在 Bioconductor 中,目前已有 11 个包用于微阵列数据的预处理,主要是针对 Affymetrix 公司的寡核苷酸芯片和 cDNA 微阵列的实验数据。这些包及其功能简介见表 21.1,关于这些包的结构、功能和使用是本章的主要内容。

表 21.1 微阵列数据预处理类软件包简介

序号	包名称	功能简介
1	affy	提供了一组分析工具和交互环境,用于分析和注释探针水平的数据,这些数据是应用 Affymetrix 公司制造的寡核苷酸芯片产生的(以下简称 Affy 芯片数据)
2	affycomp	提供了一组图形化工具,用来评价、分析 Affy 芯片数据的算法性能
3	affydata	这是一组 Affy 芯片数据,可用于举例说明 Affy 芯片数据的分析方法
4	affypdnn	采用探针依赖最近邻法(PDNN)处理 Affy 芯片数据,计算基因表达数据
5	affyPLM	用于分析 Affy 芯片数据的探针水平线性模型
6	gcrma	结合探针序列信息的背景校正和基因表达数据计算包
7	makecdfenv	根据 Affy 芯片描述文件创建相应的 CDF 环境
8	annaffy	面向 Affy 芯片数据的元数据注释工具包
9	marray	用于双色荧光(cDNA)微阵列数据分析的工具包
10	matchprobes	用于微阵列探针序列的分析工具
11	vsn	用于微阵列数据的变异稳定和校准转换的包

21.1 affy 包

21.1.1 简 介

affy 包提供了一组分析和注释 affy 芯片数据的工具和交互环境。Affymetrix 公司是目前最大的、也是主要的寡核苷酸芯片生产和销售公司,该公司在设计用于基因表达数据检测的表达芯片时,对于一个基因设计一个探针集,例如,对于 hgu95av2 芯片,每一个基因用 16 对探针来检测,每一对探针包含一个完全匹配

(PM)探针和中间位点互补的失配（MM）探针。每一条探针的荧光强度检测数据称为探针水平的数据（probe level data），对这些数据需要进行背景校正、归一化、PM探针值校正和汇总探针集等步骤，然后得到基因表达数据（gene expression data）。affy包提供了一系列的分析算法来实现这个分析过程，并提供了一组绘图函数，对芯片数据和分析结果进行可视化分析。

假如读者不了解Affymetrix GeneChip芯片的设计思想和数据分析算法，建议阅读Affymetrix MAS手册中的附录部分（该手册可以在Affymetrix网站上下载），这样将更容易理解本章的内容。

21.1.2 基本用法

affy包的主要应用是分析affy芯片的探针水平数据，并计算样本的基因表达数据。对于微阵列实验得到的芯片扫描图像，首先要进行图像分割、探针点定位等分析，然后得到每个探针的荧光强度测量数据，即探针水平的数据，这些数据通常被保存在后缀为cel的文本文件中，一次实验得到一个cel文件，它反映了一个检测样本中的基因表达的相对丰度。为了分析和注释这些数据，通常还需要创建对应的实验所用芯片的芯片描述文件（cdf文件）和实验描述文件（txt文件）。针对探针水平数据的分析包括背景校正、数据归一化、PM校正和汇总探针集数据、计算基因表达数据等过程，每一个分析过程都有多种算法，affy包把这些分析过程和算法进行了封装，以方便用户使用。

在实际应用中，要处理探针水平的数据，最快捷的方式是创建一个目录，把所有的实验数据文件复制到该目录下，并将它设置成R语言的工作目录，然后在R语言控制台中调用函数rma或相似功能的函数，从而得到基因表达数据。可用以下R语句实现该过程：

```
> library(affy);
> data <-ReadAffy();
> eset <-rma(data);
> write.exprs(eset, file="exprsdata.txt");
```

上述程序首先是加载affy包，然后从工作目录中读取所有的包含探针水平数据的cel文件，使用函数rma计算得到基因表达数据，最后将计算结果保存到"expresdata.txt"文件中。该代码能够快速处理探针水平数据得到基因表达数据，但是没有对原始数据的质量进行评价，也没有针对具体的数据选择最佳的分析方法，这也许会导致不合理的分析结果。

下面的实例介绍了affy芯片数据的具体分析流程，同时详细介绍了affy包的基本功能和用法，例子中所用的数据来自Bioconductor中的estrogen包。

1. 读取实验数据以及相关的实验描述和芯片信息

```
> library("estrogen");
> datadir = system.file("extdata", package = "estrogen");
> setwd(datadir);
> pd = read.phenoData("estrogen.txt", header = TRUE, row.names = 1);
> a = ReadAffy(filenames = rownames(pData(pd)), phenoData = pd,
+ verbose=TRUE);
```

实验描述和芯片信息保存在 estrogen.txt 文件中，首先将该文件读入到 phenoData 类的对象 pd 中，实验数据保存在*.cel 文件中。在本例中，实验数据保存在 8 个 cel 文件中，文件名称保存在文件 estrogen.txt 中，可以通过 rownames (pData (pd)) 获取。根据文件名称，函数 ReadAffy 可以将这些文件中的实验数据读入到 AffyBatch 类的对象 a 中，这里，a 中的数据包括来自 8 个样本的实验数据，基因数目为 12 625 个，芯片类型为 hgu95av2。

2. 归一化探针水平的数据并计算基因表达数据

```
> x <-expresso(a, bg.correct = FALSE, normalize.method = "vsn",
+ pmcorrect.method ="pmonly", summary.method ="medianpolish");
> normalize.methods(a);
    [1]"constant"     "contrasts"      "invariantset"    "loess"
    [5]"qspline"      "quantiles"      "quantiles.robust" "vsn"
> express.summary.stat.methods;
    [1]"avgdiff"      "liwong"        "mas"          "medianpolish" "playerout"
> bgcorrect.methods;
    [1]"mas" "none" "rma" "rma2"
> pmcorrect.methods ;
    [1]"mas" "pmonly" "subtractmm"
```

函数 expresso 封装了计算基因表达数据过程中的归一化、汇总探针集、背景校正、PM 探针校正等 4 个过程，将这 4 个过程所用的算法通过参数来设置。例如，在本例中，参数 bg.correct=FALSE 表示不进行背景校正，而归一化方法采用"vsn"算法，PM 校正采用"pmonly"算法，汇总探针集采用"medianpolish"算法。随后的 4 个语句列出了对于每一个过程的可选算法。在实践中，可以根据具体的实验数据和分析目的选择最优的算法及其参数。对于这些算法的具体介绍超出了本章的范围，感兴趣的读者可以阅读 affy 包所带的 vignetts 文档 affy：Built-in Processing Methods 或介绍算法的文献。在计算基因表达数据时还可以使用其他函数，但其数据分析的基本过程与函数 expresso 是一样的，不同的是将参数与算法进行了封装，从而使用更为方便。

3. 将分析结果保存到文件中，可以是特定字符分隔的文本文件，也可以是 excel 文件

> write.exprs(x, file = "estrogenexpr.txt");
> exprs2excel(x, file = "estrogenexpr.csv");

4. 作图

对数据进行图形化显示不仅可以直观地查看数据的特性，而且对于评价实验数据的质量、选择算法和评价算法等都有重要作用。下面介绍常用的作图方法。

（1）绘制实验数据的直方图。通过直方图可以直观地了解实验数据的分布情况。绘制直方图的函数是 hist，语句如下：

> hist(log2(intensity(a[,4])),breaks = 100, col ="blue");

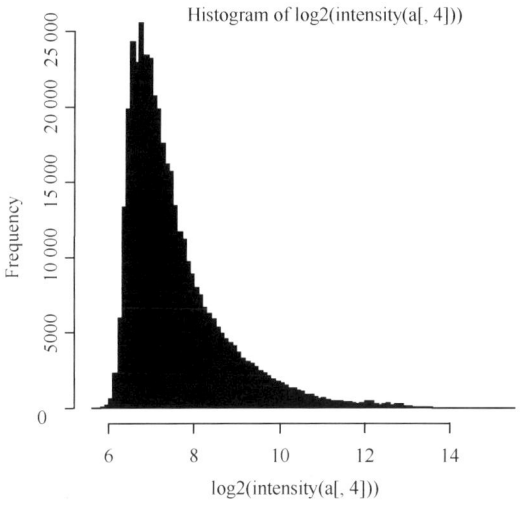

图 21.1　芯片数据的直方图

图 21.1 显示了 estrogen 数据集中的第 4 个实验样本的实验数据直方图，因为实验数据的变化范围很大，为了显示方便，通常对原始数据进行 log2 变换。图 21.1 的横轴是实验数据的 log2 值，纵轴是在该样本中数据出现的次数。从图 21.1 中可以看到该样本中实验数据的分布情况，大部分实验数据的 log2 值偏向于 6~8 之间，大于 10 的数据很少，这与样本中仅仅小部分基因发生高表达相

吻合。

（2）数据盒图。数据盒图也能反映数据的分布情况，同时还能直观地比较不同数据的分布情况。以下 R 语句显示了 estrogen 数据集的探针水平数据和基因表达数据的分布，如图 21.2 所示。

```
> par(mfrow = c(1,2));
> boxplot(a, col = "red");
> boxplot(data.frame(exprs(x)), col = "blue");
```

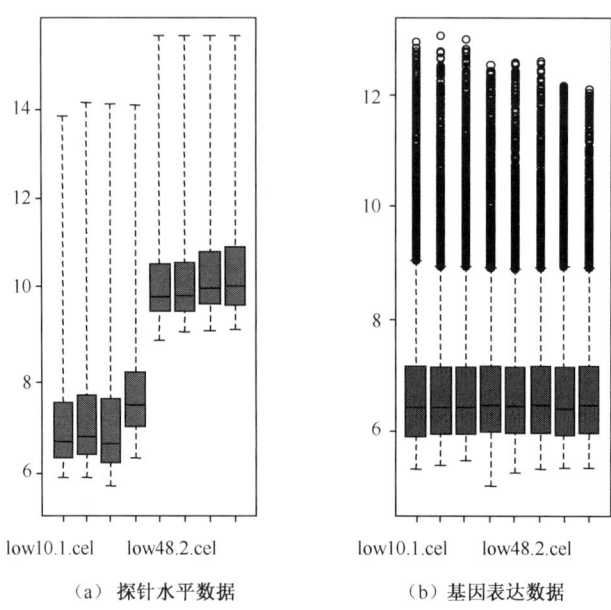

（a）探针水平数据　　　　（b）基因表达数据

图 21.2　数据盒图

如图 21.2 所示，横轴是 estrogen 数据集中的样本名称，共 8 个样本，图中仅显示了两个样本的数据文件名称，即 low10.1.cel 和 low48.2.cel。纵轴是数据值。每一个样本用一个方框表示，反映了 4 个分位值，框中间的横线表示数据的中位值，框的上下线分别表示 75 和 25 分位值，框上下用虚线相连的小横线分别表示最小值和最大值。在图 21.2（b）中，上半部分的黑线是由小圈组成的，标出了所有的数值。图 21.2（a）的数据是实验的原始数据，可以看到样本之间的中值相差很大，尤其是前 4 个样本和后 4 个样本之间，关于样本的生物学意义这里不做介绍。图 21.2（b）的数据是表达数据，在计算表达数据时采用了归一化方法"vsn"，所以这些样本数据的中值基本相等，这也是数据需要归一化的原因，通过归一化可以消除或降低样本和芯片造成的系统偏差，从而更有利于发现有意义的生物学信息。

（3）散点图。可以用来评价两个样本之间的数据值差异，所用的函数是 plot，以下语句所返回的图如图 21.3 所示。

```
> plot(exprs(a)[,1:2], log ="xy", pch=".", main = "all");
> plot(pm(a)[,1:2], log ="xy", pch=".", main="pm");
> plot(mm(a)[,1:2], log ="xy", pch=".", main= "mm");
> plot(exprs(x)[,1:2], pch = ".", main = "x");
```

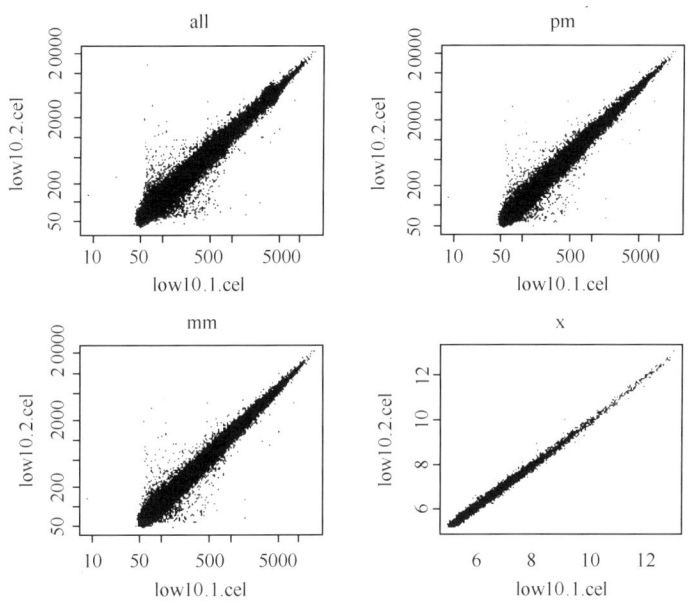

图 21.3 散点图

图 21.3 分别表示 low10.1 和 low10.2 这两个样本的所有探针（all）、匹配探针（pm）、失配探针（mm）的探针水平数据和基因表达数据（x）的散点图，只有少量的点显示出有较大的差异。散点图的横轴和纵轴都是数据值。从散点图中可以看到，两个样本中的大部分基因的表达丰度变异不大，其中的左上角子图 all 是两个样本中所有探针的值，而子图 pm 和 mm 仅仅是 pm 和 mm 探针的值，所以从图上看，pm、mm 子图上的点要比 all 子图上的少，而子图 x 的数据是基因表达数据，每个数据由 16 个探针数据汇总而来，所以数据量只有子图 all 的 1/16。

（4）选择高变异基因，绘制 Heatmap 图。Heatmap 图是一种数据伪彩图，用不同的颜色或颜色深浅来表示数据的大小，同时在数据伪彩图的上方和左边分别用树状图来表示列向量和行向量之间的聚类关系。列向量是由一个样本中所选基因的数据构成的向量，行向量是由一个基因在不同样本中的数据构成的向量。

对列向量或行向量的聚类分析可以揭示样本之间的关系或基因之间的功能相关性。绘制 Heatmap 图的函数是 heatmap。

```
> rsd <-rowSds(exprs(x));
> sel <-order(rsd, decreasing = TRUE)[1:50];
> heatmap(exprs(x)[sel, ], col = gentlecol(256));
```

图 21.4 是 estrogen 数据集中 8 个样本 50 个基因构成的 Heatmap 图。这 50 个基因是根据行向量的标准差选择的，对各行向量的标准差进行从大到小的排序，选择排在前面的 50 个基因，获取它们在不同样本中的数据，对这些数据用函数 heatmap 就可以画出对应的 Heatmap 图。根据 Heatmap 图反映出的基因、样本之间的关系可以对这些基因进行深入分析。

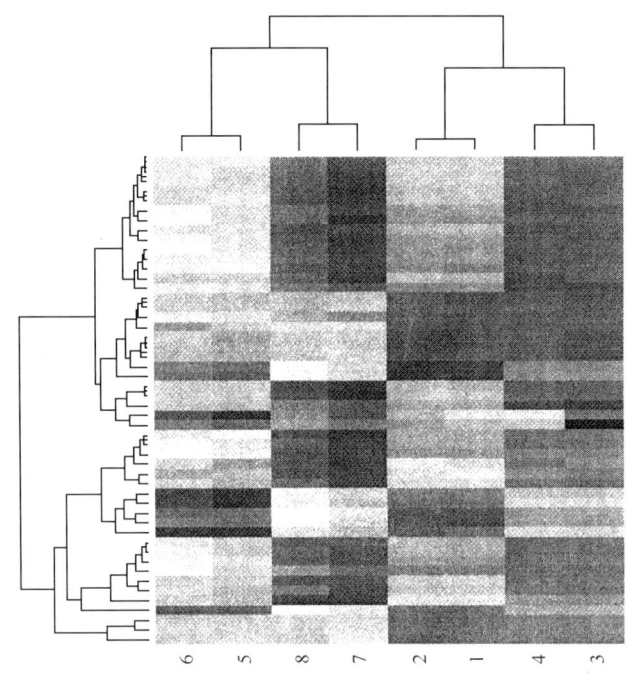

图 21.4 基因表达数据的 Heatmap 图

21.1.3 affy 的类

在 affy 包中有 2 个类，对于每个类都有对应的 Slots 和方法，详见表 21.2。

表 21.2　affy 的类

	1. AffyBatch
描述	用于表示 affy 芯片数据的类，可以包含具有相同 CDF 的一批样本数据，是类 exprSet 的扩展。通过函数 read.affybatch 和 ReadAffy 可以创建类的对象
Slots	cdfName：character 类对象，表示与芯片对应的 CDF 文件名称； nrow：numeric 类对象，表示芯片的物理行数； ncol：numeric 类对象，表示芯片的物理列数； exprs：matrix 类对象，基因表达数据的矩阵，每行表示一个探针集（基因），每列表示一个样本； se.exprs：matrix 类对象，与 exprs 相同大小的矩阵，表示每一个基因表达数据的标准差； phenoData：phenoData 类对象，表示样本信息，列表示变量，行表示样本； annotation：character 类对象，表示注释信息； description：MIAME 类对象，表示实验描述信息； notes：character 类对象，表示备注信息
方法	对各 Slots 的赋值和访问，以及对数据的作图和分析
	2. ProbeSet
描述	表示来自一个或多个样本的探针集的 PM 和 MM 探针数据
Slots	id：character 类对象，表示探针集 ID； pm：matrix 类对象，包含 PM 探针的数据，行表示探针，列表示样本； mm：matrix 类对象，包含 MM 探针的数据，行表示探针，列表示样本
方法	获取样本名称、列名、汇总探针集数据的算法

21.1.4　基 本 函 数

1. 数据的获取和转换

该组函数用于从文件中读取基于 affy 芯片的实验数据和关于实验的描述信息，并对这些数据进行简单的处理和转换。包括以下函数：read.affybatch，ReadAffy，read.probematrix，just.rma，justRMA，cdfFromBioC，cdfFromData，cdfFromLibPath，cdfFromEnvironment，cleancdfname，xy2indices，indices2xy，merge.AffyBatch。

函数 read.affybatch、ReadAffy 用于读取以 CEL 文件保存的 affy 芯片数据，创建 AffyBatch 类对象。通常读取一组 CEL 文件或 CEL 文件的打包文件（*.gz 文件）。函数 ReadAffy 的参数 widget＝TRUE 时可以交互式地读取 CEL 文件、phenoData 和 MIAME 信息。如果 ReadAffy 不带任何参数，则将读取工作目录中的所有 CEL 文件。使用形式为

```
read.affybatch(..., filenames=character(0),
               phenoData=new("phenoData"),
               description=NULL, notes="",
               compress=getOption("BioC")$affy$compress.cel,
               rm.mask=FALSE, rm.outliers=FALSE,
               rm.extra=FALSE,
               verbose=FALSE)
ReadAffy(..., filenames=character(0),
         widget=getOption("BioC")$affy$use.widgets,
         compress=getOption("BioC")$affy$compress.cel,
         celfile.path=NULL, sampleNames=NULL,
         phenoData=NULL,
         description=NULL, notes="", rm.mask=FALSE,
         rm.outliers=FALSE, rm.extra=FALSE,
         verbose=FALSE)
```

其中，参数"..."为用','分隔的文件名称；filenames为文件名称向量；phenoData为phenoData类对象；description为MIAME对象；notes为注释信息；compress为TRUE表示将读取打包的CEL文件；rm.mask指示是否将标记为'MASKS'的点设置为NA；rm.outliers指示是否将标记为'OUTLIERS'的点设置为NA；rm.extra为TRUE时则不考虑rm.mask和rm.outliers；celfile.path指定CEL文件所在目录；sampleNames为在Affybatch中使用的样本名称向量；widget指示是否采用交互式的方法获取CEL文件和其他信息。函数返回AffyBatch类对象。

函数read.probematrix读取CEL文件中的数据并保存在矩阵对象中。使用形式为

```
read.probematrix(..., filenames = character(0),
                 phenoData = new("phenoData"),
                 description = NULL, notes = "",
                 compress = getOption("BioC")$affy$compress.cel,
                 rm.mask = FALSE, rm.outliers = FALSE,
                 rm.extra = FALSE,
                 verbose = FALSE, which="pm")
```

其中的参数与函数ReadAffy中对应参数的含义相同，参数which可为"pm"、"mm"、"both"，决定了获取何种探针的数据。函数返回matrix类的对象。

函数just.rma, justRMA读取CEL文件，并使用RMA方法计算基因表达数据。使用形式为

just.rma(..., filenames = character(0),
　　　　phenoData = new("phenoData"), description = NULL,
　　　　notes ="",
　　　　compress = getOption("BioC")$affy$compress.cel,
　　　　rm.mask = FALSE, rm.outliers = FALSE,
　　　　rm.extra = FALSE,
　　　　verbose=FALSE, background=TRUE, normalize=TRUE,
　　　　bgversion=2, destructive=FALSE)
justRMA(..., filenames=character(0),
　　　　widget=getOption("BioC")$affy$use.widgets,
　　　　compress=getOption("BioC")$affy$compress.cel,
　　　　celfile.path=getwd(), sampleNames=NULL,
　　　　phenoData=NULL,
　　　　description=NULL, notes="",
　　　　rm.mask=FALSE, rm.outliers=FALSE,
　　　　rm.extra=FALSE,
　　　　hdf5=FALSE, hdf5FilePath=NULL, verbose=FALSE,
　　　　normalize=TRUE, background=TRUE,
　　　　bgversion=2, destructive=FALSE))

其中的参数与函数 ReadAffy 中对应参数的含义相同。函数返回 exprSet 类的对象。

函数 cdfFromBioC，cdfFromData，cdfFromLibPath，cdfFromEnvironment 的功能都是从不同的来源获取 CDF 文件并产生 CDF 环境。使用形式为

　　　cdfFromBioC(cdfname, lib = .libPaths()[1], verbose = TRUE)
　　　cdfFromData(cdfname, pkg, verbose=TRUE)
　　　cdfFromLibPath(cdfname, lib = NULL, verbose=TRUE)
　　　cdfFromEnvironment(cdfname, where, verbose=TRUE)

其中，参数 cdfname 为 cdf 名称；lib 为 cdf 包的安装目录；pkg 为要搜索的包；where 为要搜索的环境；verbose 为是否在控制台输出信息。函数返回 CDF 环境或错误信息列表。

函数 cleancdfname 的功能是将 Affymetrix 的 CDF 文件名称转化为在注释包和 Bioconductor 中使用的名称，用小写字母表示且只包括字母和数字。使用形式为

　　　cleancdfname (cdfname, addcdf = TRUE)

其中，cdfname 为 CDF 文件名称；addcdf 为 TRUE 时，表示在处理过的 CDF 名称后再加上字符'cdf'来命名 cdfenvs 包。

函数 xy2indices、indices2xy 可以转换探针的索引值和 x-y 坐标。对于给定的探针集 id，函数可以根据贮存在对应 cdfenv 环境变量中的索引值在 AffyBatch 对象中提取这些探针的数据。使用形式为

  xy2indices（x，y，nr = NULL，cel = NULL，abatch = NULL，
    xy. offset = NULL）
  indices2xy（i，nr = NULL，cel = NULL，abatch = NULL，
    xy. offset = NULL）

其中，x，y 为探针的坐标；i 为 AffyBatch 对象中的索引号；nr 为芯片的行数；xy. offset 为 x、y 坐标偏移量；cel 为对应的 Cel 类的对象；abatch 为对应的 AffyBatch 类的对象。函数返回索引向量或者包含列 Xs 和 Ys 的矩阵。

函数 merge. AffyBatch 合并两个 AffyBatch 类的对象为一个对象。使用形式为

  merge. AffyBatch(x，y，annotation = paste(annotation(x)，
    annotation(y))，description = NULL，
    notes = paste(x@notes，y@notes)，...)

其中，x，y 为 AffyBatch 类的对象。函数返回合并的 AffyBatch 类的对象。

2. 数据分析方法

affy 包提供了一组分析数据的函数，包括 ComputeExprSet、expresso、rma、justRMA、mas5 等函数。

函数 ComputeExprSet 处理探针水平的数据，计算基因表达数据，返回 exprSet 类的对象。使用形式为

  computeExprSet（x，pmcorrect. method，summary. method，...）

其中，x 为 AffyBatch 类的对象；pmcorrect. method 为选用的 PM 校正方法；summary. method 为汇总探针集数据的方法；generateExprSet. methods 查看可以使用的计算基因表达数据的方法。

函数 expresso 处理探针水平的数据，计算基因表达数据。使用形式为

  expresso(afbatch，
    bg. correct = TRUE，bgcorrect. method = NULL，
    bgcorrect. param = list()，
    normalize = TRUE，normalize. method = NULL，
    normalize. param = list()，
    pmcorrect. method = NULL，pmcorrect. param = list()，
    summary. method = NULL，summary. param = list()，
    summary. subset = NULL，
    verbose = TRUE，widget = FALSE）

其中，参数 afbatch 为 AffyBatch 类的对象；bg.correct 为确定是否需要进行背景校正；bgcorrect.method 为背景校正算法的名称；bgcorrect.param 为背景校正算法所需要的参数列表；normalize 为确定是否需要归一化；normalize.method 为选用的归一化算法；normalize.param 为传递给归一化算法的参数列表；pmcorrect.method 为 PM 校正算法的名称；pmcorrect.param 为用于 PM 校正算法的参数列表；summary.method 为用于计算表达数据的算法；summary.param 为传递给汇总算法的参数列表；summary.subset 为 affyids 列表，如果为 NULL 则计算芯片上所有的基因。函数返回 exprSet 类的对象。

函数 rma 和 justRMA 使用 RMA（robust multi-array average）方法计算基因表达数据。基因表达数据以 2 为底的对数值（$\log_2$）给出，这与其他大多数的表达数据计算函数不同。如果在应用时遇到 'Cannot allocate vector...' 的错误，直接的解决办法是给 R 语言进程增加可提供的内存（增加内存和/或关闭其他应用程序），另一个方法是使用替代函数 justRMA。使用形式为

rma(object,subset = NULL, verbose = TRUE,
    destructive = TRUE,
    normalize = TRUE,background = TRUE,bgversion = 2,...)

其中，object 为 AffyBatch 类的对象；subset 为用于计算基因表达数据的探针集名称向量；destructive 为 TRUE 时表示对 PM 校正方法起作用，这对于处理大数据集有用；normalize 为 TRUE 时表示使用分位值归一化算法；backgrond 为 TRUE 时表示使用 RMA 背景校正算法进行背景校正。函数返回 exprSet 类的对象。

函数 mas5 使用 Affymetrix's MAS 5.0 方法计算基因表达数据。使用形式为

mas5(object, normalize = TRUE, sc = 500, analysis = "absolute",
    ...)

其中，object 为 AffyBatch 类的对象；normalize 为在得到 exprSet 类的对象后进行尺度归一化（scale normalization）；sc 为数据将缩放的值；analysis 为确定是进行绝对分析还是比较分析，暂时还没有实现该功能。函数返回 exprSet 类的对象。

3. 作图

这一组函数包括 barplot.ProbeSet，Mbox，MAplot，ma.plot，plot.ProbeSet，PlotDensity，plotDensity.AffyBatch，PlotDensity，plotDensity.AffyBatch，PlotLocation，mva.pairs 等。

函数 barplot.ProbeSet 是以条状图的方式显示探针集中各探针数据的分布。使用形式为

barplot.ProbeSet(height, xlab = "Probe pair", ylab ="Intensity",

$$\text{main} = \text{NA}, \text{col.pm} = \text{"red"}, \text{col.mm} = \text{"blue"}, \text{beside} = \text{TRUE},$$
$$\text{names.arg} = \text{"pp"}, \text{ask} = \text{TRUE}, \text{scale}, \ldots)$$

其中，height 为 ProbeSet 类的对象；xlab、ylab 分别为 x、y 轴的标签；main 为图的标题，col.pm、col.mm 为绘制 PM 和 MM 数据的颜色；beside 指示条与条是否相接；ask 指示是否在绘制下一个条状图时给出提示；scale 指示是否使所有的条状图都采用相同的标度。

函数 Mbox，MAplot，ma.plot 可以创建 M 或者 M-A 的盒图。使用形式为
$$\text{MAplot(object}, \ldots)$$
$$\text{Mbox(object}, \ldots)$$
$$\text{ma.plot(A, M, subset} = \text{sample(1:length(M)},$$
$$\text{min(c(10000, length(M))))},$$
$$\text{show.statistics} = \text{TRUE}, \text{span} = 2/3,$$
$$\text{family.loess} = \text{"gaussian"}, \text{cex} = 2, \ldots)$$

其中，object 为 AffyBatch 类的对象；"…" 为附加参数；A 为在 x 轴显示的 A 值；M 为在 y 轴显示的 M 值；subset 为在画 loess 曲线时使用的一组索引值；show.statistics 为 TRUE 时显示 M 的汇总统计量；span 为用于 loess 拟合的参数；family.loess 指示在 loess 中使用 "guassian" 或者 "symmetric"；cex 为在图上标记汇总统计量的文本大小。

函数 plot.ProbeSet 对一组探针数据作图。使用形式为
$$\text{plot.ProbeSet(x, which} = \text{c("pm","mm")}, \text{xlab} = \text{"probes"},$$
$$\text{type} = \text{"l"}, \text{ylim} = \text{NULL}, \ldots)$$

其中，x 为探针集；which 为选择探针类型是 PM 还是 MM；xlab 为 x 轴的标签；type 为图形类型；ylim 为 y 轴的数值范围。

函数 PlotDensity，plotDensity.AffyBatch 对非参数化的探针水平数据的估计值作图，估计值保存在矩阵的每列中。使用形式为
$$\text{plotDensity(mat, ylab} = \text{"density"}, \text{xlab} = \text{"x"}, \text{type} = \text{"l"},$$
$$\text{col} = 1:6, \ldots)$$
$$\text{plotDensity.AffyBatch(x, col} = 1:6, \text{log} = \text{TRUE},$$
$$\text{which} = \text{c("pm","mm","both")},$$
$$\text{ylab} = \text{"density"}, \text{xlab} = \text{NULL}, \ldots)$$

其中，mat 为数据矩阵；x 为 AffyBatch 类的对象；log 为 TRUE 时绘制 log 值，由参数 which 确定绘制哪种探针类型的数据，PM，MM 或者两者的数据直方图；col 为颜色；ylab, xlab 分别为 x, y 轴的标题；type 为图形类型。

函数 PlotLocation 可以在已有的 CEL 图像中做出定位标记以标记出探针在芯片中的物理位置。使用形式为

plotLocation(x, col="green", pch=22, …)

其中，x 为位置，可以通过 AffyBatch 类的方法 indexProbes 得到，如果一个位置"location"是多行两列的矩阵，则第一列对应于 x 轴，第 2 列对应于 y 轴；col 为颜色；pch 为图形类型。

函数 mva.pairs 可以产生 M-A 图形矩阵，M-A 图在矩阵的上三角，Ms 的 IQR 显示在下三角。使用形式为

mva.pairs(x, labels=colnames(x), log.it=TRUE, span=2/3,
        family.loess="gaussian",
        digits=3, line.col=2, main="MVA plot", …)

其中，x 为数据；labels 为变量名称；log.it 若为 TRUE 时则使用对数标度尺；span 为 loess 拟合所用的参数；family.loess 确定在 loess 中采用"guassian"或"symmetric"；digits 为在 IQR 显示中使用的数字；line.col 为 loess 线的颜色；main 为图形的标题。

21.2 affycomp 包

21.2.1 简　　介

该包提供了一组图形化工具，用来评价那些分析 affy 芯片数据算法的性能。Affymetrix 芯片的特点是用一组探针对来检测一个基因的转录本，例如，HG-U95a 芯片使用 16～20 对探针检测同一个基因的转录本，探针序列散布在整个基因序列中。每个探针对包含完全匹配探针（PM）和中间碱基失配的探针（MM）。检测同一个基因的探针对构成一个探针集，一个探针集中的探针用同一个名称来命名，即探针集名称，这与基因名称是一一对应的。从探针水平的数据（CEL 文件）到基因表达数据要经过多步预处理，包括背景校正、归一化和汇总探针集等，每一个过程可以使用多个算法，而不同的算法得到的最终结果并不相同。在实践中，选择最佳的预处理方法是很困难的。affycomp 包提供了图形化工具，通过对预处理的分析结果——基因表达数据进行统计分析来分析算法的性能。研究算法的性能的一个关键是确定标准数据集，affycomp 包使用的标准数据集有 3 个：DILUTION 和 SPIKE-IN（包括 SPIKE-IN HGU95 和 HGU133）数据集，这些数据的生物学事实是清楚的，这样就有可能通过分析数据的统计学特性来评估算法。与包配套的网站 http://affycomp.biostat.jhsph.edu/ 提供了在线评价系统，只要上传对这些标准数据集的分析结果，就可以评价算法的性能。

21.2.2 基本用法

affycomp 包的功能是评价用于分析探针水平数据的算法的性能，其基本思路是考察芯片数据预处理结果——基因表达数据的偏差（bias，芯片测量的准确性越高，偏差越低）和方差（variance，精确度越高，方差越低）。采用的标准数据集来自 DILUTION 和 SPIKE-IN 实验。DILUTION 实验的样本有两个，人肝组织和中枢神经系统细胞系，将它们混合就产生了第三个样本。将每个样本稀释成 5 份，每份做 5 次重复实验，所用的芯片是 HG-U95Av2，这样就得到 75 个芯片杂交数据文件。SPIKE-IN 实验是将不同 RNA 片段以不同的浓度加入到样本中，与芯片杂交，所用的芯片有两种，HGU95 和 HGU133，一共获得 98 个 CEL 文件。这些实验的原始数据可以从 Gene Logic 和 Affymetrix 公司的网站上获取。因为这些实验数据的生物学意义是比较清楚的，所以通过对这些数据的分析，可以评价算法的性能。affycomp 包提供了一组工具，对芯片预处理得到的基因表达数据进行统计学评价，这种评价是通过与现有方法的结果进行比较而实现的，最后采用图形的方式进行显示。affycomp 包中已经包含了对 RMA 和 MAS5 这两种方法的评价结果，关于这些评价指标产生了一系列图形，这些图形或评价指标都是为了陈述微阵列数据分析中的主要问题，包括重复实验之间的数据变异程度，在不同总 RNA 的情况下表达数据的相应改变，倍数改变值对实际 RNA 样本的灵敏性，倍数改变方法对于筛选表达差异基因的准确性以及用法。这些问题都决定了微阵列数据的可靠性和应用。这里简要介绍 affycomp 包产生的图形及其简要说明。

假设标准 DILUTION 和 SPIKE-IN 数据集的分析结果分别保存在文件 dilfilename.csv 和 sifilename.csv 中，首先读取这些数据，然后调用函数 affycomp，这样就可以方便地得到图形和总结报告。语句如下：

```
> library(affycomp);
> d <-read.dilution("dilfilename.csv");
> s <-read.dilution("sifilename.csv");
> rma.assessment <-affycomp(d,s,method.name="RMA");
> names(rma.assessment);
  [1] "Dilution"   "MA"         "Signal"    "FC"    "FC2"
  [6] "what"       "method.name"
```

其中，函数 affycomp 产生的评价报告保存在 rma.assessment 中，评价报告中所含有的信息可以由函数 names 列出，这些评价指标都有对应的图形来显示。在 affycomp 包中有一组图形，它们可以由函数 affycompPlot 同时产生，也可以通过专门的语句来产生其中的一个图形。这些图形在 affycomp 中以图形标题作为名称,本章在对这些图形进行描述时采用 affycomp 包中的图形名称。因此,各项指标与图形的对应关系如下:Dilution 是对应 dilution 数据的评价结果,用于创建 Figure 2,3 和 4b;MA 是用于 MA 作图(Figure 1)的指标;Signal 是创建 Figure 4c 的指标;FC 是与倍率改变相关的评价指标用于创建 Figure 5a,6a 和 6b;FC2 是创建 Figure 5b 的指标。下面将详细讲述这些图形的含义。

```
> data(mas5.assessment);
> data(rma.assessment);
> affycompPlot(rma.assessment);
```

上述语句将读取 affycomp 包中已封装的数据 mas5.assessment 和 rma.assessment,它们是由 mas5 和 rma 算法分别产生的评价报告,函数 affycompPlot 可以产生所有的图形,即 Figure 1 到 Figure 6b。

```
> affycompPlot(mas5.assessment$MA);
```

上述语句产生图 21.5,即 affycomp 包中的图 Figure 1。M 值是对数化的倍数改变,即 $M=\log(X_{1g}/X_{2g})$;X_{1g}、X_{2g} 分别是基因 g 在样本 1、2 中的表达数据;A 是对数化表达数据的均值(A),即 $A=(\log X_{1g}+\log X_{2g})/2$。MA 图已成为表达型微阵列数据分析中最基本的图形工具,关于倍数改变分布的信息可以从 MA 图上得到。图 21.5(Figure 1)中的数据来自 SPIKE-IN 实验,1 组共 14 块芯片,以第一块芯片为参考得到 13 组倍数改变数据(M 值)。因为 spiked-in 基因的浓度是已知的,所以图中的数字即表示 spiked-in 基因标定的以 2 为底的对数化倍数改变,∞ 表示参考样本中没有该基因的存在,在这里,spiked-in 基因有 16 个。不存在差异表达的基因,但基因观察值的对数倍数改变大于 2 的用红色点表示,其他所有的基因用黑色点表示。

```
> affycomp.figure2(mas5.assessment$Dilution);
```

在重复实验中,一个基因测量数据间的差异应该是很小的,而且独立于表达数据。DILUTION 数据集中包含每个条件下的 5 次重复实验的数据,对于每一个基因,每一次实验,计算对数化数据的平均值和 5 次重复实验数据的标准差并作图,即得图 21.6(Figure 2)。Figure 2 中的光滑的单条曲线反映了平均标准差与平均 log 表达值之间的关系,两者之间存在某种函数关系。

```
> affycomp.figure3(mas5.assessment$Dilution);
```

在杂交溶液中 RNA 的总量在不同实验条件下是不同的,RNA 总量的不同会不会对某些基因在这两个条件下的测量数据比率产生影响?理论上,表达数据的比率(即倍数改变)估计是相对的,不会随着 RNA 总量而发生相应改变。为

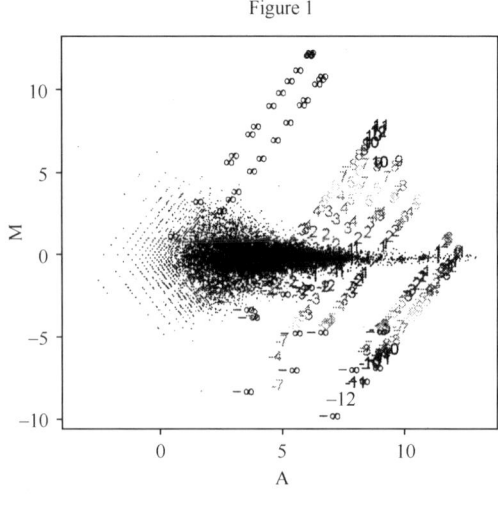

图 21.5　MA 图

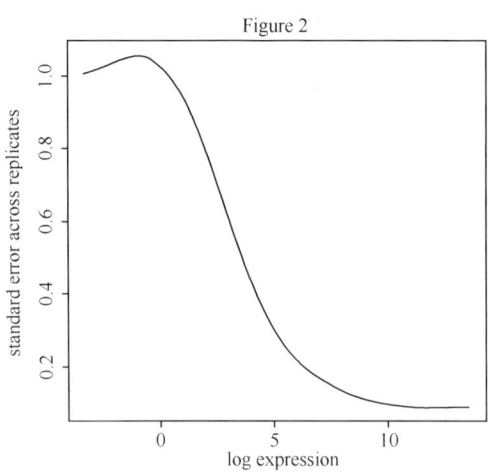

图 21.6　对数化表达数据均值与标准差的关系

了考察这个问题，我们考虑 RNA 总量的两个极端情况。在 DILUTION 数据中，最低浓度是 $1.25\mu g$（记为 M1），最高浓度是 $20\mu g$（记为 M6），首先计算重复实验的平均值，然后对于 M1，M6 两个浓度分别计算肝细胞和 CNS 细胞中每个基因的表达数据比率，最后对每个基因在 M1，M6 下的数据进行作图，如图 21.7（Figure 3，彩图见书后）所示，橘色和红色分别表示 M6-M1 大于 $\log_2 2$ 和 $\log_2 3$ 的基因，其余基因用黑色点表示。

```
> par(mfrow = c(2, 1));
> affycomp.figure4a(mas5.assessment$Signal);
> affycomp.figure4b(mas5.assessment$Dilution);
```

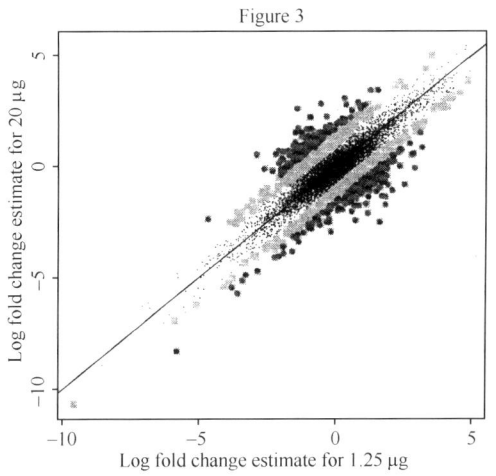

图 21.7　两个浓度下的对数化倍数改变关系

对于基因表达数据本质的生物学解释是 RNA 丰度的测量值,通过考察基因在重复实验中的方差来评价表达数据的可靠性是一个好的方法。另一个方法是对标定浓度和测量浓度进行作图。SPIKE-IN 数据集的 spiked-in 基因的标定浓度是已知的,图 21.8 中的 Figure4a 对 spiked-in 基因的标定浓度和测量浓度进行了比较作图,图中反映了测量浓度与标定浓度的差异。在 Figure4a 中,用不同颜色的点表示测量浓度,某标定浓度下的测量浓度平均值用线段连接,理论上应该是斜率接近于 1 的直线。对于 DILUTION 数据集,基因的绝对丰度是不知道的,但是每一个基因的相对丰度可以根据稀释情况进行预测,图 21.8 中的 Figure4b 的横轴是对数化的测量浓度,纵轴是对数化的测量浓度比率除以对数化的标定浓度比率,从图中可以看到,大多数基因的测量浓度的比率要低于实际比率,从中可以反映微阵列数据的可靠性。

```
> par(mfrow = c(2, 1));
> affycomp.figure5a(mas5.assessment$FC);
> affycomp.figure5b(mas5.assessment$FC);
```

表达型微阵列的一个主要应用是识别在不同实验条件下差异表达的基因,典型的识别法则是根据倍数改变是否大于阈值而确定基因。受信者操作特性曲线(receiver operation characteristic,ROC)为倍数改变方法提供了评价策略,它

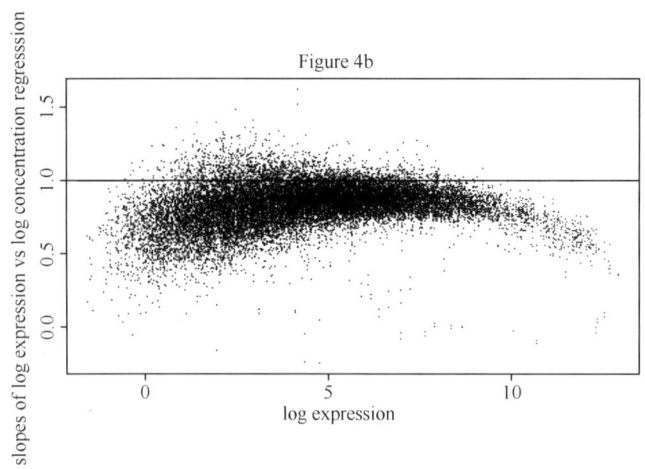

图 21.8 基因标定浓度与测量浓度的关系

提供了兼顾特异性和敏感性的图形表示。ROC 曲线是对某一阈值下的真阳性 (true positive, TP) 率和假阳性率 (false positive, FP) 进行作图。图 21.9 是利用 SPIKE-IN 数据集中的 spiked-in 基因进行评价的结果,spiked-in 基因在不同实验中的浓度是已知的,因此容易得到 TP 和 FP。图 21.9 中,横坐标是 FP 值,最多只考虑 100 个假阳性的情况,纵坐标是 TP 值。Figure 5a 是对倍数改变为 2~4096 时的 TP、FP 进行分析得到的平均 ROC 曲线,Figure 5b 是只考虑倍数改变为 2 的情况。差异表达基因的筛选的一般标准是倍数改变应大于 2.0。

```
> par(mfrow = c(2, 1));
> affycomp.figure6a(mas5.assessment$FC);
> affycomp.figure6b(mas5.assessment$FC);
```

使用倍数改变的值作为评价标准往往会得到大量的可能的差异基因,对这些基因的进一步评价是很困难的,但是如果对这些基因引入适当的优先权,则可以显著地减少工作量。通常是希望根据实验数据得到的最大的倍数改变能够真正对应最大的实际倍数改变。图 21.10 中的横坐标表示标定对数化比率,纵坐标表示实验得到的对数化比率,图中的虚线表示对于没有差异表达的基因,其对数化倍数改变为最高、25 最高、100 最高、25 分位、75 分位、100 最小、25 最小、最小时的数值,不同颜色的点表示基因的实验数据,相同标定比率的基因的实验比率有一定的变化范围。图 Figure6b 是在标定浓度不大于 2pM 时得到的。

图 21.5 到图 21.10,即 Figure 1 到 Figure 6 都是对 mas5 算法的分析结果进行评价得到的各项指标的图形。采用 affycompPlot 系列函数可以对其他算法的分析结果进行类似 Figure1-6b 的作图。在这里不做详细介绍。

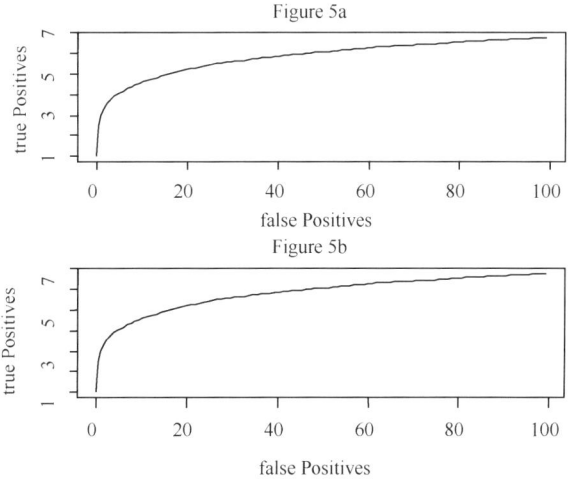

图 21.9 ROC 曲线

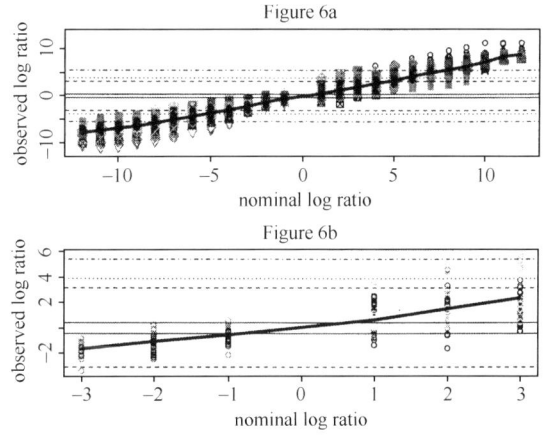

图 21.10 标定对数比率与对数实验数据比率的关系

21.2.3 基本函数

1. 评价函数

包括 affycomp，assessAll, assessDilution, assessSpikeIn, assessMA, assessSignal，assessFC, assessFC2, assessSpikeIn2, assessSpikeInSD, assessLS, assessMA2等函数。

函数 affycomp，assessAll 获取一对 exprSet 类的对象，一个是 SPIKE IN 数

据集的数据分析结果,另一个是 DILUTION 数据集的数据分析结果,返回用于创建评价图的各项指标信息。使用形式为

　　　　assessAll(d,s,method. name=NULL,verbose=TRUE)
　　　　affycomp(d,s,method. name=NULL,verbose=TRUE,
　　　　　　　return. it=TRUE)

其中,d 为包含 DILUTION 数据集的分析结果;s 为包含 SPIKE-IN 数据集的分析结果;method. name 为被评价的表达数据分析算法的名称;verbose 为冗余标记;return. it 若为 TRUE 则返回评价信息列表。函数返回用于作图的信息列表。

　　函数 assessDilution,assessSpikeIn,assessMA,assessSignal,assessFC,assessFC2,assessSpikeIn2,assessSpikeInSD,assessLS,assessMA2 对特定的指标进行评价,输入参数一般为表达数据和算法名称,返回特定的用于作图的评价指标。

2. 对评价结果作图的函数

　　函数 affycompPlot,affycomp. compfigs 用图形方式显示评估结果。使用形式为

　　　　affycompPlot (...,assessment. list=NULL,method. names=NULL,
　　　　　　　figure1. xlim=c(−4,15),figure1. ylim=c(−10,12),
　　　　　　　figure1b. xlim=c(−2,14),figure1b. ylim=c(−6,5),
　　　　　　　figure6a. xlim=c(−12,12),figure6a. ylim=c(−12,12),
　　　　　　　figure6b. xlim=c(−3,3),figure6b. ylim=c(−6,6))
　　　　affycomp. compfigs(l, method. names = NULL,
　　　　　　　figure1. xlim = c(−4, 15),
　　　　　　　figure1. ylim = c(−10, 12),
　　　　　　　figure1b. xlim = c(−4, 15),
　　　　　　　figure1b. ylim = c(−4, 4),
　　　　　　　figure6a. xlim = c(−12, 12),
　　　　　　　figure6a. ylim = c(−12, 12), figure6b.
　　　　　　　xlim = c(−3, 3),
　　　　　　　figure6b. ylim = c(−6, 6))

其中,"..."为评价函数产生的指标列表,以',' 分隔;assessment. list 为备选的评价指标列表;method. names 为算法名称向量;figure1. xlim,figure1. ylim,figure1b. xlim,figure1b. ylim,figure6a. ylim,figure6a. ylim,figure6b. xlim,figure6b. ylim 是对应图上的 x 轴和 y 轴的坐标数值范围。该函数产生的图形按顺序显示,也可以使用特定的函数显示任何一个图形,这些特定函数有 affycomp. compfig2,affycomp. compfig3,affycomp. compfig4a,affycomp. compfig4b,affycomp. compfig4c,affycomp. compfig5a,affycomp. compfig5b,affycomp. compfig5cde,affycomp. compfig5c, affycomp. compfig5d, affycomp. compfig5e, affycomp. figure1, affycomp. figure1b, affycomp. figure2, affycomp. figure2b, affycomp. figure3, affycomp. figure4a, affycomp. figure4b, affycomp. figure4c, affycomp. figure5a, affycomp. figure5b, affycomp. figure5c, affycomp. figure5d, affycomp. figure5e, affycomp. figure6a, affycomp. figure6b 等。

3. 评价结果的表格输出

函数 TableAll, affycompTable 以表格的方式显示评估结果。使用形式为

affycompTable(..., Table=NULL, assessment.list=NULL, method.names=NULL)

tableAll(..., assessment.list=NULL, method.names=NULL)

其中，"..." 为评价函数产生的指标列表；assessment.list 为备选的指标列表；method.names 为算法名称向量。函数返回数据矩阵，行表示比较项，列表示方法。

21.3 affydata 包

21.3.1 简　　介

affydata 包提供了 DILUTION 数据集中的 4 块芯片的数据，保存在 AffyBatch 类的对象 Dilution 中。样本来自人肝组织和中枢神经系统的细胞系，样本中 cRNA 的浓度分别是 $10\mu g$ 和 $20\mu g$，与 Affymetrix 公司的人类 hgu95av2 芯片杂交，每个样本有两次重复实验。这些数据可用于 Bioconductor 中的相关包的功能说明和举例。使用 R 语句 "? Dilution" 可以得到对该数据集的描述信息。

21.3.2 例　　子

该包主要是提供名称为 Dilution 的 affy 芯片数据，在这里简单介绍这些数据的特性和使用方法。

(1) 加载 affydata 包，获取 Dilution 数据，创建 AffyBatch 类的对象。

```
> library(affydata);
> data(Dilution);
```

(2) 查看数据信息，包括数据集的一般描述信息和关于实验的信息等。

```
> Dilution;
  AffyBatch object
    size of arrays=640x640 features (12 806 kb)
    cdf=HG_U95Av2 (12 625 affyids)
    number of samples=4
    number of genes=12 625
    annotation=hgu95av2
> phenoData(Dilution);
   phenoData object with 3 variables and 4 cases
     varLabels
       liver: amount of liver RNA hybridized to array in micrograms
       sn19: amount of central nervous system RNA hybridized to array in micrograms
       scanner: ID number of scanner used
> pData(Dilution);
       liver  sn19  scanner
   20A  20    0     1
   20B  20    0     2
   10A  10    0     1
   10B  10    0     2
```

(3) 作图显示芯片数据，包括盒图（图21.11）和MVA图（图21.12）。关于盒图的解读请查看affy包的基本用法中的相关内容。MVA图的上三角是对M-A作图，M值是两块芯片对应探针的比率值的对数，A值是对应探针数据的对数均值；下三角显示对应M-A图中M值的中值和四分位距，即Median和IRQ；对角线为芯片名称。

```
> par(mfrow = c(1, 1));
> boxplot(Dilution, col = c(2, 2, 3, 3));
```

```
> gn <-sample(geneNames(Dilution), 100);
> pms <-pm(Dilution[3:4], gn);
> mva.pairs(pms);
```

(4) 对数据进行归一化处理，并显示盒图（图21.13）和MVA图（图21.14）。

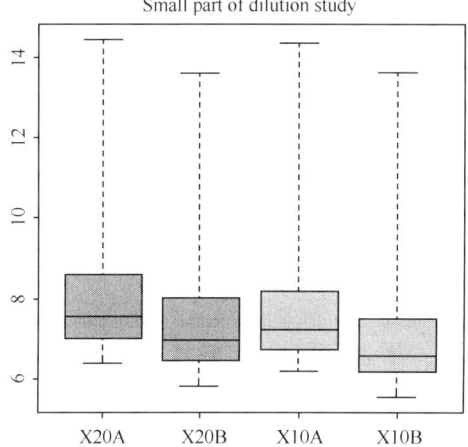

图 21.11 Dilution 数据盒图

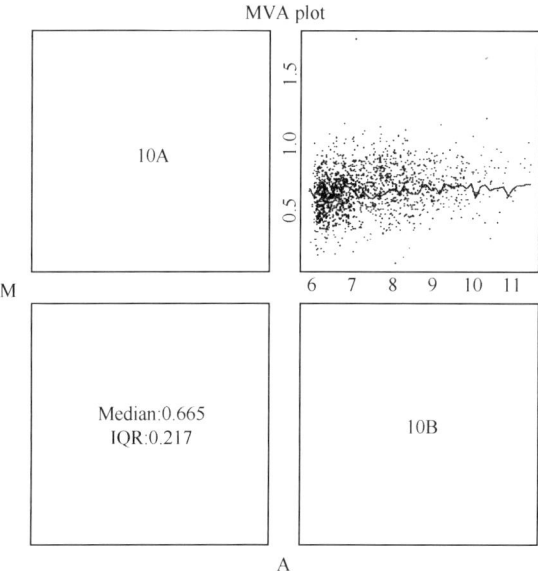

图 21.12 芯片 10A 和 10B 的 MVA 作图

```
> normalized. Dilution <-merge(normalize(Dilution[1:2]),
+normalize(Dilution[3:4]));
> boxplot(normalized. Dilution, col = c(2, 2, 3, 3));
```

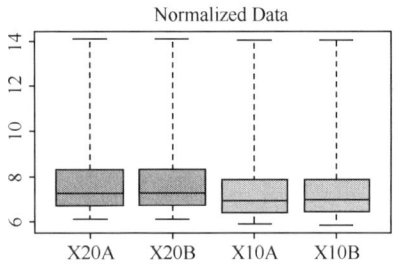

图 21.13 芯片 X20A，X20B 和 X10A，X10B 分别归一化后的盒图

```
> pms <-pm(normalized.Dilution[3:4], gn);
> mva.pairs(pms);
```

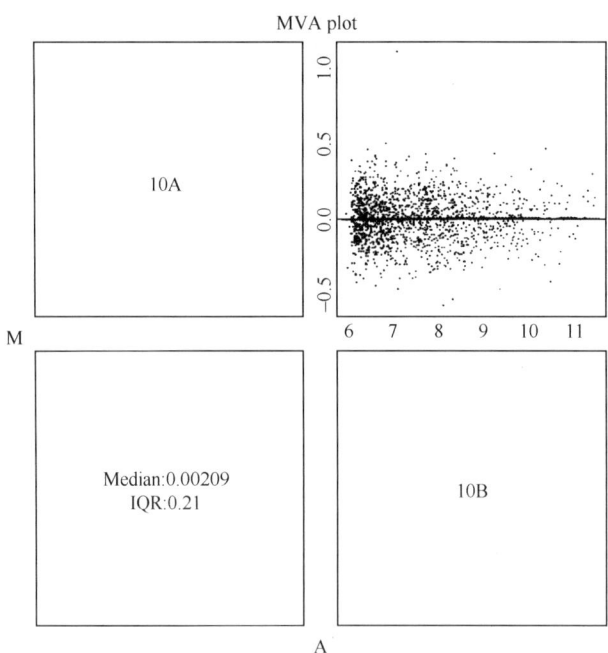

图 21.14 芯片 10A 和 10B 归一化后的 MVA 图

21.4 affypdnn 包

21.4.1 简 介

affypdnn 包应用 PDNN（positional-dependent-nearest-neighbor，探针位置依赖最近邻法）方法分析探针水平的数据，计算基因表达数据。对于寡核苷酸芯片来说，探针的特异性和敏感性是设计中的关键问题，解决策略是用多个探针对（11～20对 PM 和 MM 探针）来检测一个靶 mRNA，但是这并不能完全解决这个问题。因为大约有 30% 的探针对的信号是负值，同一个探针集中的探针信号可以有两个数量级的差异，这些说明并不是所有的探针都有最优的敏感性。PDNN 算法就是为了提高探针的敏感性而设计的模型，该模型考虑探针的特异性结合和非特异性结合，引入自由能的概念来模拟 DNA-RNA 复合体的形成，探针中不同位置的核苷酸对自由能的贡献是不同的。实验证明，PDNN 方法对 affy 芯片数据的处理有较好的效果。

21.4.2 基 本 函 数

1. 计算基因表达数据

函数 expressopdnn 类似于 affy 包中的函数 expresso，它封装了预处理的各个过程，即背景校正、归一化、PM 校正和 PDNN 算法，以计算基因表达数据。使用形式为

expressopdnn(abatch,
    bg.correct = FALSE, bgcorrect.method = NULL,
    bgcorrect.param = list(),
    normalize = FALSE, normalize.method = NULL,
    normalize.param = list(),
    pmcorrect.method = c("pdnn","pdnnpredict"),
    findparams.param = list(),
    summary.subset = NULL, eset.normalize = TRUE,
    scale.to = 500,
    verbose = TRUE, widget = FALSE)

其中，abatch 为微阵列数据；bg.correct 为确定是否需要背景校正；bgcorrect.method 为指定背景校正算法的名称；bgcorrect.param 为传递给背景校正函数的参数列表；normalize 为确定是否需要归一化；normalize.method 为使用的归一化算法；normalize.param 为传递给归一化算法使用的参数列表；pmcorrect. method 为 PM 校正算法的名称；findparams. param 为传递给函数 find. params. pdnn 的参数列表；eset. normalize 为对表达数据进行归一化的算法；scale. to 为尺度变换值；summary. subset 用 affyids 列表表示数据子集，如果值为 NULL，则计算芯片上的所有基因表达数据；verbose 若为 TRUE 则显示信息；widget 指定是否使用 widgets。函数返回 exprsSet 类的对象。

函数 generateExprVal. method. pdnn 等使用 PDNN 算法计算基因表达数据。使用形式为

generateExprVal. method. pdnn(probes, params)
pmcorrect. pdnn(object, params, gene=NULL, gene. i=NULL,
    params. chiptype=NULL, outlierlim=3,
    callingFromExpresso=FALSE)
pmcorrect. pdnnpredict(object, params, gene=NULL,
    gene. i=NULL,
    params. chiptype=NULL, outlierlim=3,
    callingFromExpresso=FALSE)

其中，probes 为 PM 校正后的数据矩阵，是函数 pmcorrect. pdnn 的输出结果；params 为微阵列实验相关参数；object 为 ProbeSet 类的对象；gene 为基因 ID（探针集）；gene. i 为基因索引；params. chiptype 为芯片类型参数；outlierlim 为标记探针为异常点（outlier）的阈值。函数 pmcorrect. pdnn 和 pmcorrect. pdnnpredict 返回数据矩阵，行为探针，列为样本函数。generateExprVal 返回列表，其中 exprs 是表达数据，se. exprs 是表达数据的标准差。

2. 查询芯片参数

函数 find. params. pdnn 查询 AffyBatch 类对象中与芯片类型对应的参数。使用形式为

find. params. pdnn(abatch, params. chiptype,
    optim. method = "BFGS",
    verbose = TRUE, give. warnings=TRUE)

其中，abatch 为 Affybatch 类的对象；params. chiptype 为与芯片类型相关的参数；optim. method 为用于优化函数的方法，如果为 FALSE，则使用最陡下降法；give. warnings 报告在 params. chiptype 中没有发现的探针集 ID。

函数 pdnn. params. chiptype 返回适合特定芯片的 PDNN 参数。用法如下

pdnn. params. chiptype(energy. param. file, probes. file = NULL,
    probes. pack= NULL,
    probes. data. frame = NULL,
    seq. name, x. name, y. name, affyid. name,

$$\text{verbose} = \text{TRUE})$$

其中，energy.param.file 为给出保存探针结合能量数据的文件所在路径；probes.file 为探针文件所在的路径；probes.pack 为探针包的名称；probes.data.frame 为保存探针序列的数据单；probes.file，probes.pack，probes.data.frame 这 3 个参数是相互排斥的；seq.name，x.name，y.name，affyid.name 分别为数据单中来自 probes.pack 或 probes.file 的探针序列的列名、X 位置、Y 位置和探针集 ID。

3. 作图

函数 matplotProbesPDNN 绘制函数 pmcorrect.pdnn 或 pmcorrect.pdnnpredict 计算得到的探针数据。使用形式为

$$\text{matplotProbesPDNN}(x, \text{type}=''l'', \ldots)$$

其中，x 为函数 pmcorrect.pdnn 或 pmcorrect.pdnnpredict 返回的数据矩阵；type 为作图的类型。

21.4.3 例　　子

（1）加载用于 pdnn 计算的参数。

```
> library(affypdnn);
> data(hgu95av2.pdnn.params);
```

（2）加载并获取数据，在该例子中，仅仅读取一个芯片的数据，数据来自 affydata 包中的 Dilution 数据集。

```
> library(affydata);
> data(Dilution);
> afbatch <-Dilution[, 1];
> ids <-ls(getCdfInfo(afbatch))[1:10];
> ids;
  [1] "100_g_at" "1000_at" "1001_at" "1002_f_at" "1003_s_at" "1004_at"
  [7] "1005_at" "1006_at" "1007_s_at" "1008_f_at"
```

（3）用 PDNN 方法计算基因表达数据，计算的表达数据仅仅是以上语句中提取的第 1~10 个探针集。

```
> eset <-expressopdnn(afbatch, bg.correct=FALSE,
  +      normalize=FALSE,
  +      findparams.param=list(params.chiptype=hgu95av2.pdnn.params,
  +      give.warnings=FALSE), summary.subset=ids)
```

（4）获取芯片特异的参数。

> params <-find.params.pdnn(afbatch，hgu95av2.pdnn.params);

（5）作图显示 PM 校正数据，这里仅仅显示探针集"41206_r_at"和"31620_at"的原始数据和 PM 校正后的数据。作图结果如图 21.15 所示。

```
> par(mfrow=c(2,2));
> ppset.name <-c("41206_r_at","31620_at");
> ppset <-probeset(afbatch, ppset.name);
> for (i in 1:2) {
+ probes.pdnn <-pmcorrect.pdnnpredict(ppset[[i]], params,
+ params.chiptype=hgu95av2.pdnn.params) ;
+ plot(ppset[[i]], main=paste(ppset.name[i],"\n(raw intensities)"));
+ matplotProbesPDNN(probes.pdnn, main=paste(ppset.name[i],
+ "\n(predicted intensities)"));
+ }
```

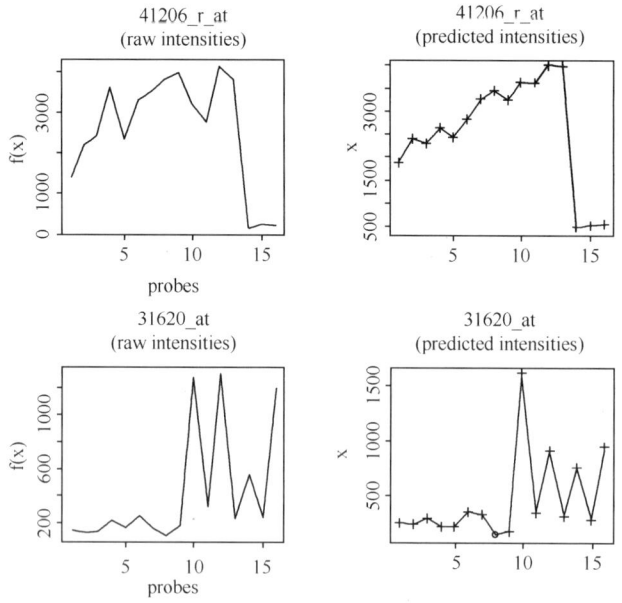

图 21.15 显示探针集 41206_r_at 和 31620_at 的原始数据和 PM 校正后的数据

21.5 affyPLM 包

21.5.1 简　介

affyPLM 包提供了一种鲁棒的探针水平模型，用来计算 Affymetrix 基因芯片的表达数据。探针水平模型是适用于探针水平数据的线性模型。在线性模型中，通常将每一个探针作为一个因子变量，也可以将样本或芯片作为因子变量。把样本作为因子变量时，可以分成对照组和实验组，或者根据 pH 值、温度等一些协变量对样本进行分组。affyPLM 包的核心函数是 fitPLM，它可以从一组线性模型中选择一个模型用于处理探针水平的数据，并计算基因表达数据。缺省模型是"Pm～－1＋probes＋samples"，单词 probes 和 samples 用于指定探针和样本的效应，即将它们作为因子变量，在模型描述中是保留词。缺省模型将每一个样本看作是一个变量，计算其参数。

21.5.2　affyPLM 的类

affyPLM 的类见表 21.3。

表 21.3　affyPLM 的类

	PLMset
描述	用于表示适用于 affy 探针水平数据分析的线性模型的类。通过函数 fitPLM 创建对象
Slots	probe.coefs：matrix 类对象，是与探针效应相关的模型系数； se.probe.coefs：matrix 类对象，是探针因子变量系数的标准差估计； chip.coefs：matrix 类对象，是与芯片效应相关的模型系数； se.chip.coefs：matrix 类对象，是芯片因子变量系数的标准差估计； model.description：character 类对象，描述合适的探针水平模型； weights：matrix 类对象，拟合的探针权值，行对应于探针，列对应于芯片； phenoData：phenoData 类对象，病人或案例的实验描述信息，pData 的列表示变量，行表示病人或案例； annotation：character 类对象，用于 exprSet 实例的注释信息； description：MIAME 类对象，芯片和实验描述信息； cdfName：character 类对象，cdf 文件名称； nrow：numeric 类对象，芯片的行数； ncol：numeric 类对象，芯片的列数； notes：character 类对象，解释性文本； varcov：list 类对象，方差/协方差矩阵列表； residualSE：matrix 类对象，包含残余标准差和自由度； residuals：matrix 类对象，包含来自模型拟合的残差
方法	包括对各 Slots 的赋值和访问，以及对数据的 MA 作图和归一化的盒图绘制

21.5.3 基本函数

1. 数据拟合，计算基因表达数据

函数 fitPLM 选择一种适合于探针水平数据的特定鲁棒线性模型对数据进行拟合，把 AffyBatch 类的对象转化成 PLMset 类的对象。使用形式为

fitPLM (object, model＝PM ～ －1 ＋ probes ＋ samples,
  variable. type＝c(default＝"factor"),
  constraint. type＝c(default＝"contr. treatment"),
  subset＝NULL,
  background＝TRUE, normalize＝TRUE,
  background. method ＝"RMA. 2",
  normalize. method ＝"quantile", background. param＝list(),
  normalize. param＝list(), output. param＝list(),
  model. param＝list())

其中，object 为 AffyBatch 类的对象，是待分析的微阵列数据；model 为拟合模型的方程；variable. type 为指定模型变量是因子变量或者是标准变量；constraint. type 为设置限制类型，因子变量的和必须为 0，或者第一个变量设置为 0（末端约束）；subset 为进行分析的探针集名称向量，如果为 NULL 则使用所有的探针集；normalize 的值若为 TRUE 则使用分位数法对数据进行归一化；background 的值若为 TRUE 则使用 RMA 算法进行背景校正；background. method 指定背景校正方法的函数名称；normalize. method 指定归一化方法；background. param 为传递给背景校正算法的参数列表；normalize. param 为用于归一化算法的参数列表；output. param 为用于控制可选输出的参数列表；model. param 为控制建模过程的参数列表。函数返回 PLMset 类的对象。

函数 rmaPLM 使用合适的多芯片模型将 AffyBatch 类的对象转换为 PLMset 类的对象，特别是 RMA 模型。使用形式为

rmaPLM (object, subset＝NULL, normalize＝TRUE,
  background＝TRUE,
  background. method＝"RMA. 2",
  normalize. method＝"quantile",
  background. param ＝ list(), normalize. param＝list(),
  output. param＝list(), model. param＝list())

其中的参数的定义与函数 fitPLM 中的参数相同。

函数 threestepPLM 使用三步骤方法（threestep methods）计算表达数据，使用形式为

threestepPLM (object, subset=NULL, normalize=TRUE,
　　　　background=TRUE, background.method="RMA.2",
　　　　normalize.method="quantile",
　　　　summary.method="median.polish",
　　　　background.param = list(), normalize.param=list(),
　　　　output.param=list(), model.param=list())

其中的参数与函数 fitPLM 中的相同，返回 PLMset 类的对象。

　　函数 threestep 使用三步骤方法（threestep methods，指背景/信号校正、归一化和汇总探针集）计算基因表达数据，使用形式为

threestep (object, subset=NULL, verbose=TRUE,
　　　　normalize=TRUE, background=TRUE,
　　　　background.method="RMA.2",
　　　　normalize.method="quantile",
　　　　summary.method="median.polish",
　　　　background.param = list(),
　　　　normalize.param=list(), summary.param=list())

其中的参数的定义与函数 fitPLM 中的参数相同，返回 exprSet 类的对象。

2. 数据归一化

函数 normalize.AffyBatch.quantiles.probeset 使用基于分位数的归一化方法归一化探针水平的数据。使用形式为

normalize.AffyBatch.quantiles.probeset (abatch, type = c("separate",
　　　　"pmonly","mmonly","together"), use.median=FALSE, use.
　　　　log=TRUE)

其中，abatch 为输入的芯片数据，是 AffyBatch 类的对象；type 为指示处理 MM 值还是 PM 值；use.median 说明使用中值还是均值；use.log 若为 TRUE 则先对数据进行对数化转换，然后再进行归一化处理。函数返回归一化的 AffyBatch 类的对象。

函数 normalize.scaling 进行尺度（scaling）归一化。使用形式为

normalize.scaling(X, trim=0.02, baseline=-1)
normalize.AffyBatch.scaling(abatch, type=c("together","pmonly",
　　　　　　　　　　　"mmonly","separate"), trim=0.02,
　　　　　　　　　　　baseline=-1)

其中，X 为数据矩阵，对列进行归一化；baseline 为作为基线使用的芯片索引，负值（-1，-2，-3，-4）控制不同的基线选择方法；abatch 为 AffyBatch 类的对象；type 为控制归一化的参数；trim 为使用尺度归一化时，在计算平均值

之前所用的截取顶部和底部的阈值。函数返回归一化值,保存在 exprSet 类的对象中。

函数 normalize.exprSet 对 exprSet 类的对象进行归一化处理。使用形式为

normalize.exprSet.quantiles(eset,transfn=c("none","log","antilog"))

normalize.exprSet.loess(eset,transfn=c("none","log","antilog"),...)

normalize.exprSet.contrasts(eset, span = 2/3, choose.subset = TRUE, subset.size = 5000, verbose = TRUE, family = "symmetric", transfn=c("none","log","antilog"))

normalize.exprSet.qspline(eset, transfn=c("none","log","antilog"),...)

normalize.exprSet.invariantset(eset,prd.td = c(0.003, 0.007), verbose=FALSE, transfn=c("none","log","antilog"), baseline.type = c("mean","median","pseudo-mean","pseudo-median"))

normalize.exprSet.scaling(eset,trim=0.02,baseline=-1, transfn=c("none","log","antilog"))

其中,eset 为 exprSet 类的对象;span,family 为传递给函数 loess 的参数;prd.td 为中止参数;trim,baseline 的含义与函数 normalize.scaling 中的同名参数相同;transfn 为在归一化前转换 exprSet 数据的函数,如对数转换;baseline.type 为选择基准芯片的方法。函数返回 exprSet 类的对象。

3. 背景校正

函数 bg.correct.LESN 使用 LESN(Low End Signal is Noise concepts)对 PM 探针进行背景校正。使用形式为

bg.correct.LESN(object,method = 2,baseline = 0.25, theta=4)

其中,object 为 AffyBatch 类的对象;method 为指定使用的方法;baseline 为使用的基线值;theta 为用于背景校正的参数。函数返回 AffyBatch 类的对象。

21.5.4 例　子

(1) 加载类和数据,在该例子中,仍然使用 Dilution 数据集。

```
> library(affyPLM);
> data(Dilution);
```

（2）应用 PLM 方法处理微阵列数据。

```
> Pset <-fitPLM(Dilution);
```

（3）作图显示数据分析结果，图 21.16 是 Dilution 数据中第 2 块芯片（芯片编号为 20B）的原始数据芯片图像以及来自线性模型的权值的伪芯片图像。图 21.17 是线性模型残差的伪芯片图像，红色表示正值，蓝色表示负值。图 21.18 是角对 4 块芯片进行 PLM 分析的结果所作的盒图。

```
> par(mfrow=c(1,2));
> image(Dilution[,2]);##芯片编号为20B,图21.16;
> image(Pset, which = 2);##图21.16
```

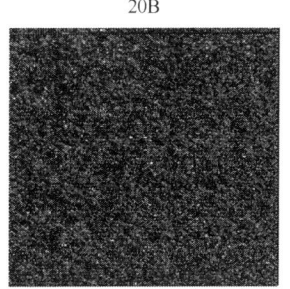 

图 21.16　芯片 20B 的原始数据和权值的伪芯片图像

```
> image(Pset, which = 2, type ="resids");##图21.17(彩图见书后)
```

图 21.17　残差的伪芯片图像
红色表示正值，蓝色表示负值

```
> boxplot(Pset);##图21.18
```

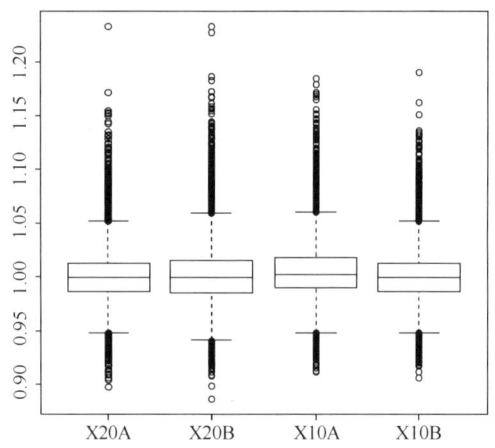

图 21.18 对 4 块芯片进行 PLM 分析得到的结果数据的盒图

21.6 gcrma 包

21.6.1 简　　介

gcrma 包使用 RMA（robust multi-array average）方法并结合探针序列信息分析微阵列的探针水平数据，以计算基因表达数据。

21.6.2 基　本　函　数

1. 计算基因表达数据

函数 gcrma 使用 RMA 方法并结合探针序列信息计算表达数据。使用形式为
gcrma(object,affinity.info=NULL,
　　 type=c("fullmodel","affinities","mm","constant"),
　　 k=6*fast+0.5*(1−fast),stretch=1.15*fast+1*(1−fast),
　　 correction=1,
　　 rho=0.7,optical.correct=TRUE,verbose=TRUE,
　　 fast=TRUE)

其中，object 为 AffyBatch 类的对象，即微阵列实验的探针水平数据；affinity.info 为在 exprs-slot 中保存亲和力（affinities）的 AffyBatch 类的对象，缺省值是 NULL，可以用函数 compute.affinities 创建该对象；type 若为 "fullmodel"

则用于序列和 MM 模型，若为"affinities"则仅使用序列信息的模型，若为"mm"则使用没有序列信息的 MM 模型；k 为调节因子；rho 为一对 pm/mm 探针的 log 背景值的相关系数，缺省值为 0.7；optical.correct 若为 TRUE 则进行背景校正；verbose 表示是否在控制台输出信息；fast 若为 TRUE 则使用更快的特别算法。函数返回类 exprSet 类的对象。

函数 justGCRMA，just.gcrma 使用 RMA 方法并结合探针序列信息读取 CEL 文件中的数据，直接计算得到基因表达数据。使用形式分别为

just.gcrma
 (..., filenames=character(0),
 phenoData=new("phenoData"),
 description=NULL, notes="",
 compress=getOption("BioC")$affy$compress.cel,
 normalize=TRUE, bgversion=2, affinity.info=NULL,
 type=c("fullmodel","affinities","mm","constant"),
 k=6*fast+0.5*(1−fast), stretch=1.15*fast+1*(1−fast),
 correction=1, rho=0.7, optical.correct=TRUE,
 verbose=TRUE, fast=TRUE,
 minimum=1, optimize.by=c("speed","memory"))

justGCRMA
 (..., filenames=character(0),
 widget=getOption("BioC")$affy$use.widgets,
 compress=getOption("BioC")$affy$compress.cel,
 celfile.path=getwd(), sampleNames=NULL,
 phenoData=NULL, description=NULL,
 notes="", normalize=TRUE,
 bgversion=2, affinity.info=NULL,
 type=c("fullmodel","affinities","mm","constant"),
 k=6*fast+0.5*(1−fast), stretch=1.15*fast+1*(1−fast),
 correction=1, rho=0.7, optical.correct=TRUE,
 verbose=TRUE, fast=TRUE,
 minimum=1, optimize.by=c("speed","memory"))

其中，"..."为用";"分割的文件名称；filenames 为文件名称向量；phenoData 给出 phenoData 对象；description 给出 MIAME 对象；notes 为注释信息；compress 表明 CEL 文件是否是压缩的；normalize 如果为 TRUE 则使用分位数归一化方法；affinity.info 为 3 个元素的列表；apm，amm 和索引分别为 PM 探针亲和力，MM 探针亲和力和已知序列的探针索引；type、k、rho、fast、optical. correct、fast 等参数与函数 gcrma 中的相同；widget 指定是否使用 widgets。函数返回类 exprSet 类的对象，得到的表达数据是底为 2 的对数值。

2. 计算探针亲和力

函数 compute. affinities 根据探针序列计算探针亲和力（affinities）。探针的亲和力被描述为位置依赖性的碱基亲和力的和。每一个位置上的碱基对探针的总亲和力都有不等的贡献。对于给定的碱基类型，位置效应采用具有 5 自由度的样条函数建模。使用形式为

> compute. affinities(cdfname,verbose＝TRUE)
> check. probes(probepackage,cdfname)

其中，cdfname 为与 AffyBatch 对象中的微阵列相关的 CDF 文件的名称；probepackage 为探针序列信息的包的名称；verbose 为是否在控制台输出信息。函数返回 AffyBatch 类的对象，在 pm 位置保存 PM 探针的亲和力；在 mm 位置保存 MM 探针的亲和力；如果没有探针序列信息，则对应值为 NA。函数 check. probes 用于确定 cdf 与探针信息包是否匹配。

21.6.3　例　　子

以 affydata 包中的 Dilution 数据为例，简要说明该包的用法。

```
> if(require(affydata) & require(hgu95av2probe) &
+require(hgu95av2cdf)){
+     data(Dilution);
+     ai <-compute. affinities(cdfName(Dilution));
+     Dil. expr<-gcrma(Dilution,affinity. info＝ai,type＝"affinities");
+     }
```

21.7　makecdfenv 包

21.7.1　简　　介

根据 Affymetrix 芯片描述文件创建与 affy 包配套使用的 CDF 环境。CDF 环境（cdfenv）是保存在 R 语言环境中的芯片描述信息，为探针集标识符与探针在芯片上的位置索引号之间构建了映射关系。从 Bioconductor（http://www.bioconductor.org/data/cdfenvs/cdfenvs.html）可以下载已生成的 CDF 包，只要在 R 环境中加载该包就可以使用 CDF 环境。如果没有这些包，则可以利用 makecdfenv 包创建 CDF 环境和 CDF 包。

21.7.2 makecdfenv 的类

makecdfenv 包的类见表 21.4。

表 21.4 makecdfenv 的类

	cdf
描述	保存 Affymetrix 芯片描述文件（CDF）内容的类。通过函数 read.cdffile 构建对象。为了节省空间，CEL 中的值用因子（factor）表示
Slots	cdfName：character 类对象，cdf 名称标签，用于联系对应的 CEL 文件； name：matrix 类对象，对应于探针集的基因名称（因子型数据结构）； name.levels：character 类对象，对应于 name 的级别（levels）； pbase：matrix 类对象，表示 PM 探针中间位置的核苷酸； pbase.levels：character 类对象，对应于 pbase 的级别； tbase：matrix 类对象，表示 MM 探针中间位置的核苷酸； tbase.levels：character 类对象，对应于 tbase 的级别； atom：matrix 类对象，探针数字
方法	对 Slots 的赋值和访问

21.7.3 函　　数

1. 读取 CDF 文件

函数 read.cdffile 读取包含在 CDF 文件中的数据。使用形式为

　　read.cdffile(file，compress＝FALSE)

其中，file 为 CDF 文件的名称；compress 说明 CDF 文件是否是压缩的。函数返回 cdf 类的对象，但并不创建对应的 CDF 环境。

函数 make.cdf.env 读取 CDF 文件，创建以 Hash 表组织的探针集与探针定位的映射环境。一般不直接调用该函数，因为 CDF 通常已经以包的形式存在，并在加载 Affy 包时自动加载环境，或可以通过 library（cdfpkg）的形式加载。该函数的使用形式为

　　　　make.cdf.env(filename，cdf.path ＝ getwd()，compress ＝ FALSE，
　　　　　　　　return.env.only ＝ TRUE，verbose ＝ TRUE)

其中，filename 为 CDF 文件名称；cdf.path 为 CDF 文件所在路径；compress 说明 CDF 文件是否是压缩的；return.env.only 若为 TRUE 则返回 cdf 环境，否则返回两元素的列表，一个是 cdf 环境，另一个数据结构 syms，syms 保存创建 cdf 包所需要的芯片特异信息；verbose 为是否在控制台输出信息。函数返回的 cdf

环境，是以 Hash 表表示的，每一个探针集对应一个含两列的矩阵，第 1 列包含 PM 探针的位置，第 2 列包含 MM 探针的位置，如果值缺失，则设为 NA。

函数 getInfoInFile 获取贮存在数据文件（CEL，CDF）中的特定信息。数据文件有特定的结构单元"units"，每个 units 都存在于"[ ]"中，例如 [UNIT1]。如果要使用该函数，则必须首先详细了解 CEL 和 CDF 的内容，以及这些信息的使用目的。使用形式为

getInfoInFile(filename, type, unit, property, compress = NULL)

其中，filename 为文件名称；type 为文件类型；unit 为信息单元；property 为感兴趣的特性，包含一个识别符，"="后是特性值；compress 为文件是否是压缩的。函数返回"property"的值。

2. 创建 CDF 包

函数 make.cdf.package 读取 CDF 数据，创建用于 R 语言的 CDF 包。缺省情况下，包的名称即为 cdf 的名称，但名称中只包含小写字母或数字。如果存在 cel 文件，则推荐的名称是通过 cleancdfname（whatcdf（filename））获得的名称，filename 是 cel 文件名称。该函数用法如下

make.cdf.package(filename, packagename = NULL,
　　　　　　　　cdf.path = getwd(), package.path = getwd(),
　　　　　　　　compress = FALSE,
　　　　　　　　author = "The Bioconductor Project",
　　　　　　　　maintainer =
　　　　　　　　"The Bioconductor Project <bioconductor@ stat.math.ethz.ch>",
　　　　　　　　version = packageDescription("makecdfenv",
　　　　　　　　field="Version"),
　　　　　　　　unlink = FALSE, verbose = TRUE)

其中，filename 为 CDF 文件的名称，没有路径前缀；packagename 为包的名称；cdf.path 为 CDF 文件所在的路径；package.path 为待创建包的保存路径；unlink 为 TRUE 时，如果包已经存在，则将被覆盖；verbose 为是否在控制台输出信息。如果成功，函数将返回新建包的名称。

21.7.4　例　　子

（1）读取 CDF 文件。在本例中，cdf 文件是名称为 Hu6800.cdf.gz 的打包文件，保存在包 makecdfenv 安装目录的 extdata 子目录中。

```
> fn <-system.file("extdata","Hu6800.CDF.gz",
+ package="makecdfenv");
> mycdf <-read.cdffile(fn, compress=TRUE);
```

(2) 根据 cdf 文件创建环境，并使用该 cdf 环境。在本例中，首先查看该 cdf 环境变量的大小，即芯片中的探针集数目，共有 7129 个探针集，然后获取探针集 U53347_at 的探针在芯片上的位置，即 20 对 PM 探针和 MM 探针的位置坐标。

```
> env <-make.cdf.env("Hu6800.CDF.gz",
+cdf.path=system.file("extdata",
+ package="makecdfenv"),compress=TRUE);
>length(ls(env));
   [1] 7129
> get("U53347_at", env);
        pm      mm
  [1,] 138119 138655
  [2,] 138120 138656
  [3,] 138121 138657
  [4,] 138122 138658
  [5,] 138123 138659
  ...
```

(3) 创建 CDF 环境包。创建好后，可以安装该包；在 R 语言平台中加载该包后就可以使用该环境。

```
> pkgpath <-tempdir();
> make.cdf.package("Hu6800.CDF.gz",cdf.path=system.file("extdata",
+ package="makecdfenv"),compress=TRUE, package.path = pkgpath);
```

21.8 annaffy 包

21.8.1 简　　介

annaffy 包提供了 Affymetrix 分析结果与多个 Web 数据库之间的接口。提供的类和函数可以交互式地访问这些数据库资源，并可以产生静态的 HTML 报告。核心功能依赖于包含在 Bioconductor 中的注释包。这些注释包通过 Ann-Builder 包创建,收集来自不同来源的注释数据,这些数据易于被 R 语言处理。

21.8.2 基本用法

1. 加载注释数据

annaffy 把每一种注释数据表示成一个类。当前实现的类有:

aafSymbol:基因标志符;

aafDescription:基因描述/名称;

aafFunction:基因功能描述;

aafChromosome:基因组染色体;

aafChromLoc:基因在染色体上的位置;

aafGenBank:GenBank 标识符;

aafLocusLink:LocusLink 标识符;

aafCytoband:细胞染色体条带的位置(相邻的基因和其他基因组注释);

aafUniGene:UniGene 标识符;

aafPubMed:PubMed 标识符;

aafGO:GO 标识符、名称、类型和证据代码;

aafPathway:KEGG 路径标识符和名称。

对于每一个类,都有一个与类名相同的构造函数,其参数可以是 Affymetrix 探针集的 id 向量,也可以是芯片名称。芯片名称对应于包含注释数据包的名称。所有构造函数返回的结果都保存在 aafList 对象中,使用方法 getText 可以返回 annaffy 对象的简单文本描述。以下语句首先加载数据 aafExpr,这是一个包含 250 个探针集、8 个样本的表达数据集,是 exprSet 类的对象;然后获取探针集的名称,根据这些探针集名称就可以获取其对应的基因标识符,所用的函数是 aafSymbol。

```
> library(annaffy);
> data(aafExpr);
> probeids <-geneNames(aafExpr);
> symbols <-aafSymbol(probeids,"hgu95av2");
> symbols[[54]];
    An object of class "aafSymbol"
    [1] "ARVCF"
> getText(symbols[54]);
    [1] "ARVCF"
```

2. 连接在线数据库

annaffy 包最重要的特征之一就是能够连接多个在线公共数据库。大多数注释类都可以通过函数 getURL 来获取单个或多个 URL 地址，函数 browseURL 可以在浏览器中打开 URL 地址。

最简单地获取 URL 地址的注释类是 aafGenBank。因为 Affymetrix 芯片上的探针序列是基于 GenBank 的，所以所有的探针集都有一个 GenBank 标识符。GenBank 数据库提供了 Affymetrix 芯片检测的基因序列的信息。以下语句首先获取探针集的 GenBank 标识符，然后用 getURL 函数得到第一个探针集对应基因的 URL 地址。

```
> gbs <-aafGenBank(probeids,"hgu95av2");
> getURL(gbs[[1]]);
[1]
"http://www.ncbi.nlm.nih.gov/entrez/query.fcgi?
cmd=search&db=nucleotide&term=U41068%5BACCN%5D&
doptcmdl=GenBank"
```

3. 创建 HTML 报告

通过 R 语言交互式使用 annaffy 的同时，还可以产生针对微阵列数据的分析结果及其注释的总结报告。这样的报告能被不具备 R 语言和 Bioconductor 知识的科学家们使用。此外，把所有的注释和统计数据罗列在一页中能更有效地产生数据之间的连接，有利于深入分析这些数据。虽然创建 annaffy 包的初衷是产生 HTML 报告，但是它也可以方便地产生以 tab 分隔的文本报告，从而可以很方便地导入到表格、Excel 或者数据库中。

annaffy 包创建的 HTML 报告可能相当大，甚至会达到几兆，这对于在 Internet 网络上传送或在网页浏览器中显示都是很不实用的，在实践中必须避免这种情况发生，因此要采用一些措施来限制太大的 HTML 报告产生。对统计分析进行分级排序是限制报告太大的一种方式，这里介绍一种对基因表达数据分级的方法，即采用两样本的 Welcht 检验统计方法，以绝对值下降的顺序对基因进行排序。

第一步是加载 multtest 包，进行 t 检验分析，然后指定属于不同类的样本向量，这里直接使用 pData 的第一个协变量。第二步使用函数 mt.teststat 对这些样本进行 t 检验分析，对统计量从大到小排序。最后，产生经过排序的探针集 ids 向量。R 语言代码如下：

```
> library(multtest);
> class <-as.integer(pData(aafExpr)$covar1) - 1;
> teststat <-mt.teststat(exprs(aafExpr), class);
> index <-order(abs(teststat), decreasing = TRUE);
> probeids <-geneNames(aafExpr)[index];
```

产生了探针集向量后,对此进行注释相当简单。唯一要做的就是要明确注释中要包括哪些类型的信息,缺省值是包含所有的注释项,但通常没有这个必要。要选择哪些注释项,函数 aaf.handler 将返回 annaffy 能处理的注释类型。

```
> aaf.handler()
    [1] "Probe"      "Symbol"       "Description"
    [4] "Function"   "Chromosome"   "Chromosome Location"
    [7] "GenBank"    "LocusLink"    "Cytoband"
    [10] "UniGene"   "PubMed"       "Gene Ontology"
    [13] "Pathway"
```

要选择注释项,可以使用获取向量子集的方法。如用以下语句获取 8 个注释项。

```
> anncols<-aaf.handler()[c(1:3, 8:9, 11:13)];
    [1] "Probe"      "Symbol"    "Description"    "LocusLink"
    [5] "Cytoband"   "PubMed"    "Gene Ontology"  "Pathway"
```

现在可以用函数 aafTableAnn 产生注释表。

```
> anntable <-aafTableAnn(probeids[1:50],"hgu95av2", anncols);
```

用函数 saveHTML 产生 HTML 报告,使用可选参数 open=TRUE 可以直接在浏览器中打开结果。

```
> saveHTML(anntable, "example1.html",
+ title = "Example Table without Data");
```

为了将新的数据追加到注释表中,可以先使用表构造器产生新表,然后将它们合并。例如,在注释数据旁列举 t 检验结果的 R 语言代码如下:

```
> testtable <-aafTable("t-statistic"= teststat[index[1:50]],
+ signed = TRUE);
> table <-merge(anntable, testtable);
```

4. 搜索元数据

生物学家经常假设,基因表达的改变可以发生在微阵列实验之前或之后。为了帮助该假设的形成并进行检验,annaffy 包提供一些函数,使用不同的准则来搜索注释的元数据。所有搜索函数返回 Affymetrix 探针集 ids 的字符向量,可用于产生子集数据和注释。

目前已实现两种简单易用的搜索函数。第一种是文本搜索,第二种是 Gene Ontology 搜索。在文本搜索中,使用函数 getText 可以获取生物学元数据的文本信息。对于复杂的注释结构,文本表示方式可以包含许多信息,如数字标识符和文本描述信息。以下语句获取 hgu95av2 芯片中前 2 个探针集的 GO 术语和描述信息。

```
> library(hgu95av2);
> probeids <-ls(hgu95av2SYMBOL);
> gos <-aafGO(probeids[1:2],"hgu95av2");
> getText(gos);
    [1] "GO:0004663: RAB-protein geranylgeranyltransferase activity,
GO:0018346: protein amino acid prenylation,
GO:0006464: protein modification,
GO:0008318: protein prenyltransferase activity,
GO:0016740: transferase activity, GO:0007601: visual perception"
    [2] "GO:0005524: ATP binding, GO:0005524: ATP binding,
GO:0004707: MAP kinase activity, GO:0004707: MAP kinase activity,
GO:0008372: cellular_component unknown,
GO:0006468: protein amino acid phosphorylation,
GO:0006468: protein amino acid phosphorylation,
GO:0004674: protein serine/threonine kinase activity,
GO:0000074: regulation of cell cycle, GO:0016740: transferase activity"
```

文本搜索能更好地应用于 Symbol、Description、Pathway 等元数据类型。例如,为了发现芯片上所有的激酶,可以简单地用关键词"kinase"搜索 Description 元数据,语句如下:

```
> kinases <-aafSearchText("hgu95av2","Description","kinase");
> kinases[1:5];
    [1] "1000_at" "1001_at" "1008_f_at" "1010_at" "1015_s_at"
> print(length(kinases));
    [1] 690
```

可以用单个函数实现多种查询，搜索多个元数据类型，例如，为了发现所有在 Description 或者 Pathway 注释中含有"ribosome"或"polymerase"的基因，可以使用以下语句：

```
> probes <-aafSearchText("hgu95av2", c("Description","Pathway"),
+ c("ribosome","polymerase"));
> print(length(probes));
   [1] 201
```

在搜索多个注释数据类型或多个术语时，缺省是返回匹配任何一个搜索准则的所有探针集 ids 向量。使用参数 logic＝"AND"改变逻辑操作符 OR 为 AND 则可以改变这种搜索策略。例如，为了发现描述信息中同时含有"DNA"和"polymerase"的探针，可以使用以下语句：

```
> probes <-aafSearchText("hgu95av2","Description",
+c("DNA","polymerase"),
+ logic ="AND");
> print(length(probes));
   [1] 44
```

文本搜索的另外一个应用是映射 GenBank 标识符向量到探针集 ids 向量，如果希望基于 BLAST 的结果过滤微阵列数据，那么可以使用以下语句：

```
> gbs <-c("AF035121","AL021546","AJ006123","AL080082",
+"AI289489");
> aafSearchText("hgu95av2","GenBank", gbs);
   [1] "1954_at" "32573_at" "32955_at" "34040_s_at" "35581_at" "38199_at"
```

最后，关于文本搜索要提醒两点：①文本搜索总是大小写敏感的；②单个搜索术语被看作是 Perl 兼容的正则表达式，这意味着需要警惕某些特殊的正则表达字符。

第二种搜索类型是 Gene Ontology 搜索。该方法采用 Gene Ontology 标识符向量映射到探针集 ids 列表。Gene Ontology 是一种树型结构，可以用参数 descendents 包括或排除后代，这种搜索同样支持 logic 参数。因为 Bioconductor 元数据包含有已索引的 Gene Ontology 映射，所以搜索非常快。

Gene Ontology 的输入格式是非常自由的，可以使用数字或者字符向量，可以不用也可以用"GO:"前缀和先导的 0，例如，以下 3 个语句返回相同的结果：

```
> aafSearchGO("hgu95av2", c("GO:0000002","GO:0000008"));
    [1] "1665_s_at" "36879_at"
> aafSearchGO("hgu95av2", c("2","8"));
    [1] "1665_s_at" "36879_at"
> aafSearchGO("hgu95av2", c(2, 8));
    [1] "1665_s_at" "36879_at"
```

21.8.3 annaffy 的类

annaffy 的类见表 21.5。

表 21.5 annaffy 的类

	aafTable
描述	储存和输出微阵列数据注释信息到 HTML 文件和文本文件的类。一般通过注释表构造器创建对象，也可以调用 new（"aafList"，probeids，table）函数创建对象
Slots	probeids：character 类对象，包含探针集 ids 的字符向量，用于表格的每一行；table：list 类对象，包含 aafList 对象的列表，表示了表格的列，列表中的每一个条目必须有一个唯一的名称
方法	包括对 Slots 的赋值和访问，还包括获取表格的维度、列的名称，合并表，把表格内容生成 HTML 文件和文本文件

21.8.4 基本函数

1. 显示数据注释项

函数 aaf.handler 确定注释项，如果没有参数则返回支持的所有注释项名称。使用形式为

aaf.handler(probeids，chip，name)

其中，probeids 为探针集 ids 向量；chip 为芯片的名称；name 为要返回的注释项名称。

2. 元数据搜索

函数 aafSearchGO 搜索 Gene Ontology 标识符，确定特定芯片上对应探针集

的 ids 值，缺省包含其后代。使用形式为

aafSearchGO(chip, ids, descendents = TRUE, logic = "OR")

其中，chip 为芯片数据包的名称；ids 为 GO 标识符的数字或字符向量；descendents 确定是否包含后代；logic 的值为 AND 或 OR。函数返回与搜索准则相符的探针 ids 列表。

函数 aafSearchText 搜索元数据注释包中的文本，使用特定的字符或者 perl 兼容的正则表达式。使用形式为

aafSearchText(chip, colnames, text, logic = "OR")

其中，chip 为芯片数据包的名称；colnames 为要搜索的元数据列名向量；text 为要匹配的字符串或正则表达式向量；logic 的值是 AND 或 OR。函数返回与搜索准则相符的探针 ids 列表。

21.9 marray 包

21.9.1 简　　介

marray 包用于 cDNA 微阵列数据的诊断性作图和归一化处理，是 Biocoductor 中的重要组成部分。主要功能包括三部分：cDNA 微阵列数据的读取，通过简单的作图来评价数据质量，对数据进行归一化处理。

21.9.2 基 本 用 法

cDNA 微阵列也称双色点样微阵列，是利用点样仪将来自多孔板（384 或 96 多孔板）的 cDNA 探针按一定的顺序固定到玻片上，通常一片 $1cm^2$ 大小的玻片可以固定数千到数万种 cDNA 探针分子。固定有 cDNA 探针的玻片就称为 cDNA 微阵列。在 cDNA 微阵列实验中，通常将分别用染料 Cy3 和 Cy5 标记的两份样本以 1∶1 的浓度混合，然后与 cDNA 微阵列进行杂交实验；杂交实验完成后，分别用不同的激光激活 Cy3 和 Cy5，同时用显微镜扫描 cDNA 微阵列分别得到 Cy3 和 Cy5 的图像；对这些图像进行图像分析就得到 cDNA 微阵列数据。通常，cDNA 微阵列扫描仪配套专用的分析软件，如商业软件 Spot 和 GenePix，对于每一次 cDNA 微阵列杂交实验得到一个实验数据文件，包括 cDNA 微阵列上每一个探针点的多个统计量，如 Cy3 的背景、前景信号强度值，Cy5 的背景、前景信号强度值以及探针点的位置等各种信息，以 .spot 或 .gpr 的文件格式保存。marray 包的功能就是处理和评价 cDNA 微阵列实验得到的数据，确定样本中基因的相对丰度。主要包括三大功能，数据的读取、微阵列数据的归一化分析和诊断性作图。

该包中有 swirl 数据，可以在举例时使用。swirl 数据是斑马鱼实验的一部分数据，关于 swirl 数据的描述信息可以在 R 语言环境中用命令"?swirl"得到。swirl 数据保存在 marray 包安装目录下的 swirldata 目录中，包括靶样本的杂交实验描述文件（SwirlSample.txt），微阵列布局和探针序列文件（fish.gal），以及 4 次杂交实验得到的 4 个 spot 数据文件。

1. 微阵列数据和相关信息的读取

（1）读取目标文件。目标文件（target file）是指保存微阵列杂交实验描述信息的文件，它记录了与微阵列杂交的 RNA 样本等信息。典型的目标文件是用制表符（"tab"）分隔的文本文件，包含每一个图像处理结果输出文件的名称以及 Cy3 和 Cy5 标记样本的名称，还可能包含其他感兴趣的信息，如样本提供者的性别、年龄，进行杂交实验的日期，微阵列扫描条件等，这些信息对于下游的数据分析或者对微阵列的质量评估是有价值的。在以下例子中，使用函数 read.marrayInfo 读取目标文件 SwirlSample.txt，从文件中读取的信息保存在 marrayInfo 类的对象 swirlTargets 中，函数 summary 可以查看 swirlTargets 的内容。R 语句如下：

```
> datadir <-system.file("swirldata", package = "marray");
> swirlTargets <-read.marrayInfo(file.path(datadir,
+"SwirlSample.txt"));
> summary(swirlTargets);
```

（2）读取探针信息。微阵列通常分为若干个栅格（或称为微阵列子块），在每个栅格中是排列整齐的探针点，因此每个探针点在芯片上的位置是用栅格坐标和点坐标共同表示的，一个栅格对应于一个探针针尖组。探针信息包括对微阵列上探针的描述（如基因名称、注释信息、探针点样条件等）、探针点样环境、微阵列上的点矩阵和栅格矩阵的大小、微阵列上的每一个探针的栅格矩阵坐标和点矩阵坐标，此外，还可能包括表示探针来源的多孔板信息、控制探针信息（如阴性控制、看家基因、spiked in 控制探针等）。读取的这些信息分别保存在两个对象中，一个是 marrayInfo 类的对象，保存探针的注释信息；另一个是 marrayLayout 类的对象，保存微阵列的布局信息。对于该例子，探针信息保存在文件 fish.gal 中，读取 .gal 文件的语句如下：

```
> galinfo <-read.Galfile("fish.gal", path = datadir);
```

此外，对于具有复杂结构的 cDNA 微阵列，还可以用函数 read.marrayLayout 和 read.marrayInfo 分别读取芯片布局和探针信息。使用如下语句：

```
> swirl.gnames <-read.marrayInfo(file.path(datadir,"fish.gal"),
+ info.id=4:5, labels=5, skip=21);
> swirl.layout <-read.marrayLayout(fname= file.path(datadir,
+"fish.gal"), ngr=4,
+ ngc=4,nsr=22, nsc=24, skip=21, ctl.col=4);
```

(3) 读取微阵列实验数据。微阵列图像处理结果保存在文本文件中，缺省是以 tab 分隔的，可以用函数 read.marrayRaw 将其读入到 R 语言的环境变量中，或者使用定制化函数 read.Spot，read.Agilent 和 read.GenePix 分别读取图像分析软件 Spot、Agilent 和 GenePix 的输出文件。此外，这些函数同样可以读取探针信息和微阵列布局信息。以下语句读取杂交实验数据，文件名称保存在目标文件即 swirlTargets 文件中：

```
> mraw <-read.spot(path = datadir, layout =galinfo$layout,
+ gnames = galinfo$gnames, target = swirlTargets);
```

2. 微阵列数据的归一化处理

归一化的目的是识别由于实验系统或技术原因造成的基因表达差异，并对这些数据进行纠正。造成系统性差异的原因有很多，如染料 Cy3 和 Cy5 的标记效率不同，不同的扫描参数（PMT 的设置、打印头、空间效应等），这些原因导致基因表达测量值的差异，而这些差异并非是由于两个样本中的基因表达丰度的不同造成的，因此在进一步的基因表达数据分析之前必须对系统性的差异进行纠正。

归一化的方法有很多，在 marray 包中推荐使用探针针尖组 loess 归一化方法，这是一种经过实践检验的常用方法，对很多 cDNA 微阵列数据的分析都有很好地处理效果。诊断性作图能很好地显示位置和荧光强度的倾向性，在归一化过程中，结合作图可以评价归一化的效果，并判断是否需要进一步归一化或指导选择归一化的方法，如微阵列之间的 plate-order 归一化或尺度归一化等（scale normalization）。当存在已知没有发生差异表达的控制探针时，可以使用组合归一化。loess 归一化方法的变化有全局 loess 归一化和 2D 归一化，此外还可分为微阵列之间的归一化和微阵列内的归一化，前者采用尺度归一化或非线性归一化，后者采用位置归一化，即两通道之间的尺度归一化。

软件 marray 包提供了多个归一化的函数，继续用 swirl 数据来举例说明这些函数的用法。

```
> swirl.norm1 <-maNorm(swirl, norm = "p");  ## 最常用的标准归一化
> swirl.normm <-maNorm(swirl, norm ="median");  ## 全局中值归一化
> swirl.norm2 <-maNormScale(swirl.norm1, norm ="p");
        ## 探针组内密度依赖归一化后,接着采用探针组内位置归一化
```

3. 诊断性作图,可视化微阵列数据

微阵列数据的作图显示可以帮助评价微阵列实验结果的可靠性,并可指导归一化方法的选择,这是非常重要的数据分析方法,因此 marray 包提供了多个作图函数,可以绘制多种图形,对微阵列数据的统计量进行作图分析。marray 包提供了三种图形,微阵列图像、盒图和散点图。以下分别介绍这三种图形的绘制。

(1) 微阵列图像。微阵列上各探针点的某个统计量值可以直接用对应的图像点表示,所用函数是 image。对 Cy3 和 Cy5 两个通道的背景强度值作图可以反映杂交图像的伪迹,它们可能是由于微阵列上的划痕等原因造成的。

```
> tmp <-image(swirl[,3], xvar = "maGb", subset = TRUE,
+contours = FALSE, bar = FALSE);
> tmp <-image(swirl[,3], xvar = "maRb", subset = TRUE,
+contours = FALSE, bar = FALSE);
```

上述两个 R 语句分别产生 swirl 数据集中第 3 块,编号为 93 的微阵列的绿通道和红通道的背景图像,如图 21.19 的 (a) 和 (b) 所示。从图中可以清楚地看到微阵列的不同探针组的背景差异,总体上看,不同的探针组的背景信号强度是不一样的,右边探针组的背影信号要比左边的背景信号强。同时也可以看到,两个通道的背景分布基本是一致的。

```
> tmp<-image(swirl[,3], xvar="maM",
+subset=maTop(maM(swirl[,3]), h=0.10, l=0.10),
+ col=RGcol, contours=FALSE, bar=FALSE,
+ main="Swirl array 93:image of pre-normalization M for \% 10 tails");
> tmp<-image(swirl[,3], xvar="maM",
+subset=maTop(maM(swirl[,3]), h=0.10, l=0.10),
+ contours=FALSE, bar=FALSE,
+ main="Swirl array 93:image of pre-normalization M for \% 10 tails");
```

上述两个语句的执行结果如图21.20所示,图21.20(a)显示了swirl中第93号微阵列的没有归一化的M值图,$M=\log_2 R-\log_2 G$。图21.20(b)是根据M值的大小,选择了前10%和后10%的点所作的图。与图21.19比较可以发现,M值在芯片上的分布与背景信号分布有相关性,在背景信号弱的位置,M值较大。这也说明了这是由于系统的原因造成的偏差,而非样本中基因的相对丰度的真实反映。这也就是需要对原始数据进行归一化的原因。

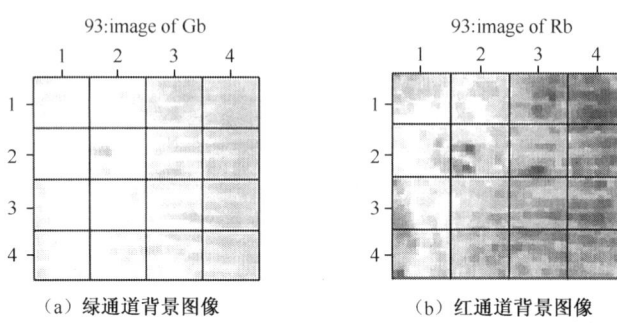

图21.19　swirl数据中编号为93的微阵列的图像

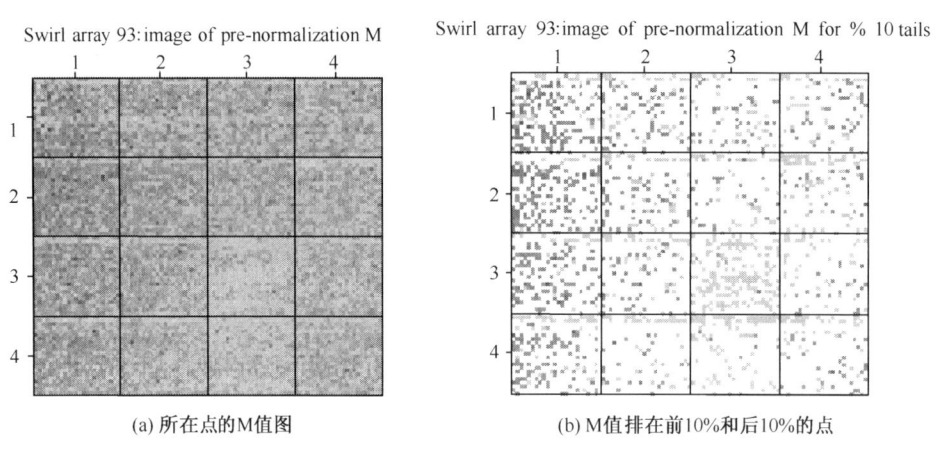

图21.20　swirl数据中编号为93的微阵列的M值图

(2) 盒图的绘制。盒图(boxplot)也称为盒须图(box-and-whisker),生成盒图所用函数是boxplot。盒图可以显示微阵列上探针统计量的中位值,第1、3个四分位值和最大、最小值。图中的盒子表示了统计量的四分位间距(IRQ,inter-quartile range),也就是第3个四分位值与第1个四分位值之间的差,盒中的横线表示统计量的中位值。

```
> boxplot(swirl[,3], xvar="maPrintTip", yvar="maM",
+ main="Swirl array 93: pre-normalization");
> swirl.norm <-maNorm(swirl, norm="p");##对数据进行归一化处理
> boxplot(swirl.norm[,3], xvar="maPrintTip", yvar="maM",
+ main="Swirl array 93: post-normalization");
```

上述语句的执行结果如图 21.21 所示,其中,图 21.21(a)中的数据是 swirl 数据中第 3 个微阵列的 M 值,没有经过归一化处理。盒图是按照探针针尖组分组统计所作的,横坐标表示了微阵列上 $4\times 4=16$ 个针尖组或区域。图 21.21(b)是对相同来源但经过归一化处理后的 16 个针尖组的 M 值所作的盒图。从分层的 M 值盒图中可以清楚地看到进行归一化的必要性。从图 21.21(a)中可以看到,大多数 M 值是负的,因为 M 值是 Cy3、Cy5 两个通道的数据的比值的对数,所以说明 Cy3 通道的测量值相对 Cy5 而言总体偏高。然而,根据只有很少一部分基因会在突变和野生斑马鱼中发生差异表达这个事实,理论上大多数基因的 M 值应该在 0 左右,因此,图 21.21(a)也可以说明 Cy3 的标记效率要比 Cy5 高。此外,图 21.21(a)也显示了在微阵列的不同空间位置上存在的中位值和 IRQ 的偏差,这是由于针尖组效应造成的。图 21.21(b)是对归一化数据所作的图,从图中可以看到,各针尖组 M 值的中位值都已调整到 0,这是对 cDNA 微阵列数据进行归一化处理的目的,即消除了系统的偏差。

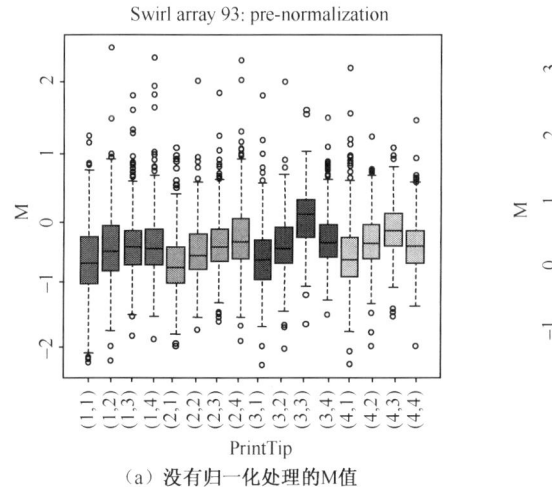 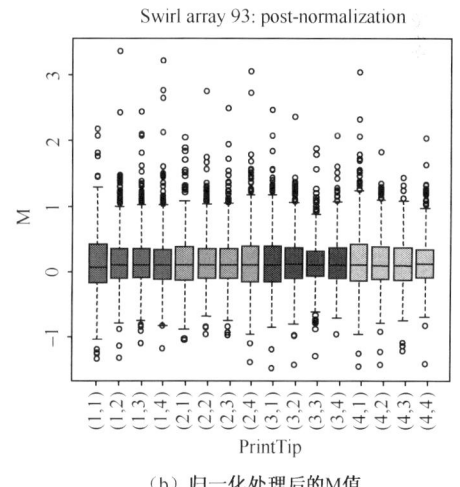

(a)没有归一化处理的M值   (b)归一化处理后的M值

图 21.21 swirl 数据中编号为 93 的微阵列数据盒图

(3) 散点图。用于反映微阵列各探针的统计量 A 与 M 的关系，$M=\log_2 R-\log_2 G$，$A=(\log_2 R+\log_2 G)/2$，所用函数是 plot。

```
> defs<-maDefaultPar(swirl[,3],x="maA",y="maM",
+z="maPrintTip");
> legend.func<-do.call("maLegendLines",defs$def.legend);
> lines.func<-do.call("maLowessLines",c(list(TRUE,f=0.3),
+defs$def.lines));
> plot(swirl[,3], xvar="maA", yvar="maM", zvar="maPrintTip",
+lines.func, text.func=maText(), legend.func,
+main="Swirl array 93: pre-normalization MA-plot");
> plot(swirl.norm[,3], xvar="maA", yvar="maM",
+ zvar="maPrintTip",
+lines.func, text.func=maText(),
+legend.func, main="Swirl array 93: post-normalization MA-plot");
```

上述 R 语句产生的散点图如图 21.22 所示，图中的曲线是 loess 归一化方法产生的回归曲线，反映了 M 与 A 之间的函数关系，每一条曲线表示了微阵列上 4×4 个区域中的一个。图 21.22（a）是对原始数据所作的 M-A 散点图，图 21.22（b）是归一化处理后的 M-A 散点图，所采用的是 loess 方法。从图中可以看到，归一化后，M 值与 A 值已没有相关性了，这说明基因的表达差异与基因的测量值之间没有相关性，也就是说归一化后系统性的偏差消除了。

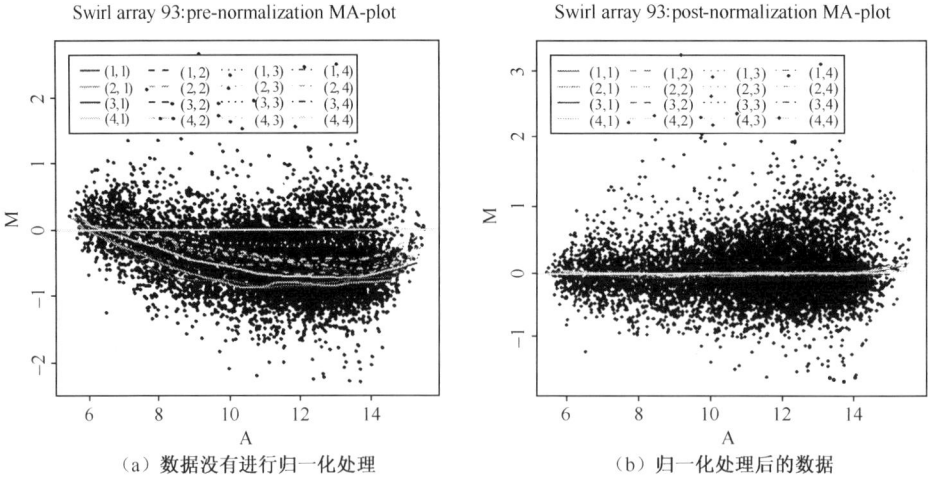

(a) 数据没有进行归一化处理　　　　(b) 归一化处理后的数据

图 21.22　swirl 数据中编号为 93 的微阵列 M-A 散点图

marray 包主要是对微阵列数据进行归一化处理，下游分析可以使用 R 语言和 Biocondutor 中的包，例如，使用 limma、Ebarrays、siggenes、multtest 等包进行后续分析，识别出在不同条件下发生差异表达的基因，这些基因在生物学研究中有重要意义。

21.9.3 marray 的类

在 marray 包中一共有 4 个类，其对象保存 cDNA 微阵列实验数据和对应的样本、芯片、杂交实验和探针等注释信息，每个类都有对应的数据获取、赋值和计算等方法，详见表 21.6。

表 21.6 marray 的类

	1. marrayInfo
描述	用于保存靶样本与一批微阵列杂交的信息及微阵列上的探针信息等
Slots	maLabels：character 类对象，微阵列上的探针点描述向量或者微阵列编号向量； maInfo：data.frame 类对象，如果用 marrayInfo 类的对象描述探针序列，则 maInfo 的行对应于探针点，列对应于不同的基因标识符和注释；如果用 marrayInfo 类的对象描述与微阵列杂交的靶样本，则 maInfo 的行对应于微阵列，列对应于不同的杂交实验描述，如 Cy3、Cy5 样本的名称，微阵列的名称标签等； maNotes：character 类对象，关于靶样本或者对点样探针的注释
方法	包括对 Slots 的赋值和访问，显示对象内容等
	2. marrayLayout
描述	用于保存双色 cDNA 微阵列的重要布局参数
Slots	maNgr：numeric 类对象，栅格矩阵的行数； maNgc：numeric 类对象，栅格矩阵的列数； maNsr：numeric 类对象，点矩阵的行数（即一个栅格内探针点的行数）； maNsc：numeric 类对象，点矩阵的列数（即一个栅格内探针点的列数）； maNspots：numeric 类对象，微阵列上的点的总数，等于 maNgr * maNgc * maNsr * maNsc； maSub：logical 类对象，指示当前考虑哪些探针点，被选择的标记为 TURE，否则为 FALSE； maPlate：factor 类对象，记录微阵列上探针点序列的多孔板来源； maControls：factor 类对象，记录微阵列上探针点的控制探针状况； maNotes：character 类对象，关于微阵列布局的任何注解，如打印环境
方法	包括对 Slots 的赋值和访问，计算每一个探针点的栅格行、列坐标向量，计算每一探针点在打印头组中的索引向量，计算每一探针点的行和列坐标向量，显示对象内容等

续表

	3. marrayRaw	
描述	描述一批 cDNA 微阵列实验归一化之前的荧光强度数据	
Slots	maRf：matrix 类对象，红通道前景值，行对应于探针，列对应于微阵列； maGf：matrix 类对象，绿通道前景值，行对应于探针，列对应于微阵列； maRb：matrix 类对象，红通道背景值，行对应于探针，列对应于微阵列； maGb：matrix 类对象，绿通道背景值，行对应于探针，列对应于微阵列； maW：matrix 类对象，每一个探针点的质量权重，行对应于探针，列对应于微阵列； maLayout：marrayLayout 类对象，DNA 微阵列的布局参数； maGnames：marrayInfo 类对象，探针的描述信息； maTargets：marrayInfo 类对象，与微阵列杂交的靶样本的描述信息； maNotes：character 类对象，关于微阵列实验的任何注解，如杂交环境或扫描环境	
方法	包括对 Slots 的赋值和访问，计算值 M、A、LG、LR，计算每一探针点在打印头组中的索引向量，每一点的行和列坐标向量，显示对象内容等	
	4. marrayNorm	
描述	描述一批 cDNA 微阵列实验的归一化后的数据	
Slots	maA：matrix 类对象，A 值（以 2 为底的对数化强度值的平均值），行对应于探针，列对应于微阵列； maM：matrix 类对象，M 值（以 2 为底的比率对数值），行对应于探针，列对应于微阵列； maMloc：matrix 类对象，位置归一化值，行对应于探针，列对应于微阵列； maMscale：matrix 类对象，尺度（scale）归一化值，行对应于探针，列对应于微阵列； maW：matrix 类对象，每一个探针点的质量权重，行对应于探针，列对应于微阵列； maLayout：marrayLayout 类对象，cDNA 微阵列的布局参数； maGnames：marrayInfo 类对象，探针的描述信息； maTargets：marrayInfo 类对象，与微阵列杂交的靶样本的描述信息； maNotes：character 类对象，关于微阵列实验的任何注解，如杂交环境或扫描环境； maNormCall：call 类对象，微阵列归一化调用的函数	
方法	包括对 Slots 的赋值和访问，计算值 M、A、LG、LR，计算每一个点在打印头组中的索引向量，计算每一点的行坐标和列坐标向量，计算每一个点的栅格行、列坐标向量，显示对象内容等	

21.9.4 基 本 函 数

1. 获取数据

读取实验数据和相关信息，包括函数 read.marrayInfo，read.Galfile，read.marrayLayout，read.marrayRaw 等。

函数 read.marrayInfo 从文件中读取信息，并将靶样本和杂交实验的信息或者探针序列信息保存在 marrayInfo 类的对象中。使用形式为

```
read.marrayInfo(fname, info.id=NULL, labels=NULL,
        notes=fname, sep="\t", skip=0,
        quote="\",...)
```

其中，fname 为保存靶样本或者探针序列信息的文件；info.id 为文件 fname 中包含信息的列号；labels 为 fname 中包含探针点或微阵列的名称的列号；notes 为解释性文本的向量；sep 为文件 fname 中所用的分隔符号，缺省是制表符 (tab)；skip 为指示在读取数据文件时忽略的行号；quote 为引用字符集。

函数 read.Galfile 读取包含基因信息的标准 Gal 文件。使用形式为

```
read.Galfile(galfile, path =".", info.id = c("ID","Name"),
        layout.id =c(Block="Block",Row="Row",
        Column="Column"),
        labels ="ID", notes = "",
        sep = "\t", skip = NULL, ncolumns=4,...)
```

其中，galfile 为 Gal 文件名称；path 为数据目录的名称，缺省是当前工作目录；layout.id 为 fname 中指定打印布局信息的列名称；参数 info.id、labels、sep、skip 与函数 read.marrayInfo 中的相同；ncolumns 表示微阵列上子块的列号。函数返回 marrayInfo 类的对象 gnames 和 marrayLayout 类的对象 layout。

函数 read.marrayLayout 为从文件中读取微阵列的布局参数。使用形式为

```
read.marrayLayout(fname = NULL, ngr, ngc, nsr, nsc,
        pl.col = NULL,ctl.col = NULL,
        sub.col = NULL, notes = fname,
        skip,sep = "\t", quote = "\",...)
```

其中，fname 为保存多孔板和控制探针信息的文件名称；ngr、ngc、nsr、nsc 分别为栅格的行数、列数、每个栅格（微阵列子块）中的点的行数和列数；pl.col 为文件中包含多孔板信息的列号；ctl.col 为文件中包含控制探针信息的列号；sub.col 为文件中包含全部 ID 信息的列号；notes 为解释性文本向量；skip、sep、quote 等参数与函数 read.marrayInfo 中的相同。函数返回 marrayLayout 类的对象。

函数 read.marrayRaw 读取 cDNA 微阵列数据。使用形式为

```
read.marrayRaw (fnames, path=".", name.Gf=NULL,
        name.Gb=NULL, name.Rf=NULL,
        name.Rb=NULL,name.W=NULL,
        layout=NULL, gnames=NULL,
        targets=NULL,notes=NULL, skip=NULL,
        sep=" ",
        quote="\", DEBUG=FALSE,...)
```

其中，fnames 为保存微阵列数据的文件名称，图像分析软件 Spot 产生的是 .spot 文件，GenePix 产生的是 .gpr 文件；path 为数据文件所在目录名称，缺省是工作目录；name.Gf、nameGb、name.Rf、name.Rb、name.W 分别为绿通道前景、背景、红通道前景、背景强度和探针点质量权重的列名称；layout 保存微阵列布局参数；gnames 保存探针序列信息；targets 保存靶样本信息；notes 为解释性文本向量；skip、sep、quote 与函数 read.marrayInfo 中的相同；DEBUG 为 TRUE 时则将打印出一系列的 echo 文本。函数返回 marrayRaw 类的对象。该函数可以用其他读取特定类型数据的函数代替，例如 read.GenePix、read.SMD、read.Spot 及 read.Agilent 等。

以上所有的数据读取函数可以分别调用对应的 widget.marrayInfo、widget.marrayLayout、widget.marrayRaw 等函数来交互式地配置参数。

函数 findID 的功能是从基因名称或 ID 值中检索 geneID。使用形式为

findID(text, Gnames = gnames, ID = "Name")

其中，text 为基因名称或 id 名称；Gnames 为类 marrayRaw、marrayNorm、exprSet 类的对象或基因名称的数据单（data.frame）；ID 为对应于 text 的 ID 的列。函数返回 gene ID 的数值向量。

2. 微阵列数据的归一化

包括 maNorm、maNormMain、maNormScale 等函数，实现对 cDNA 实验数据的归一化，这些函数之间的不同点在于所用的归一化算法。

maNorm 调用函数 maNormMain 对微阵列数据 marrayRaw 进行简单的位置（location）和尺度（scale）归一化，返回类 marrayNorm 类的对象。使用形式为

maNorm (mbatch, norm=c("printTipLoess","none","median",

"loess","twoD","scalePrintTipMAD"), subset=TRUE,

span=0.4,

Mloc=TRUE,

Mscale=TRUE, echo=FALSE, ...)

其中，mbatch 为 marrayRaw 类的对象，包含一批待归一化处理的微阵列数据，如果是多步归一化则也可以是类 marrayNorm 类的对象；Norm 指定归一化算法的名称，若其值为"none"则不进行归一化，若为"median"则采用全局中值位置归一化（global median location normalization），若为"loess"则采用全局强度或者依赖 A 的位置归一化并调用 loess 函数，若为"twoD"则采用 2D 空间位置归一化并调用 loess 函数，若为"printTipLoess"则采用依赖针尖组内强度的位置归一化并调用 loess 函数（这三种归一化算法均调用 loess 函数，不同之处在于参数），若为"scalePrintTipMAD"则采用依赖针尖组内强度的位置归一化，然后使用中值绝对偏差（MAD）进行针尖组内尺度归一化，该参数可以指

定使用方法的第一个字母；Subset 是指示用于计算归一化的数据子集的"logical"或"numeric"型向量；Span 用于控制 loess 函数中的滤波程度；Mloc 的值若为 TRUE 则函数返回的位置归一化值储存在 marrayNorm 类的对象的 maMloc 中，如果为 FLASE 则这些数据不保留；Mscale 的值若为 TRUE 则函数返回的尺度归一化值储存在 marrayNorm 类的对象的 maMscale 中，如果为 FLASE 则这些数据不保留；Echo 的值若为 TRUE 则显示当前归一化的微阵列索引号；"…"为其他参数。

函数 maNormMain 用于 cDNA 微阵列数据的位置和尺度归一化，对一批微阵列使用函数列表 f.loc 和 f.scale 指定的位置和尺度归一化过程实行归一化。通常仅仅给出每个列表中的一个函数，此外，还可使用函数 a.loc 和 a.scale 将计算的权重实现组合归一化。使用形式为

maNormMain（mbatch，f.loc=list(maNormLoess())，
f.scale=NULL，a.loc=maCompNormEq()，
a.scale=maCompNormEq()，Mloc=TRUE，
Mscale=TRUE，echo=FALSE）

其中，mbatch、Mloc、Mscale、echo 与函数 maNorm 中的含义相同；f.loc 为位置归一化函数列表，如 maNormLoess，maNormMed 或者 maNorm2D；f.scale 为尺度归一化函数列表，如 maNormMAD；a.loc 用于组合归一化，计算用于合并几个位置归一化函数使用的权重；a.scale 用于组合归一化，计算用于合并几个尺度归一化函数使用的权重。函数返回类 marrayNorm 类的对象。

maNormScale 是一个简化的封装函数，调用归一化函数 maNormMain，使得用户可以从一组基本的尺度归一化过程中选择合适的分析过程。使用形式为

maNormScale（mbatch，norm=c("globalMAD","printTipMAD")，subset=TRUE，
geo=TRUE，Mscale=TRUE，echo=FALSE）

其中，mbatch、subset、Mscale、echo 与函数 maNorm 中的相同；norm 指定归一化过程；"globalMAD"使用 MAD（median absolute deviation）实现全局尺度归一化，可以进行微阵列之间的尺度归一化；"printTipMAD"使用 MAD 进行针尖组内的尺度归一化，该参数可以使用每个方法的第 1 个字母表示；如果 geo 参数的值为 TRUE，则每一组的 MAD 被所有组的 MAD 几何平均相除。函数返回类 marrayNorm 类的对象。

3. 作图函数

函数 image 用于创建微阵列数据统计量的灰度或彩色的图像。统计量可以是 M、探针点质量评价或者是检验统计量。该函数调用更通用的 maImage.func 函数，后者并不专用于微阵列数据。如果有多个微阵列则缺省是绘制第一个微阵

列。对于不同类型的统计量，有缺省的调色板。使用形式为

    image（x，xvar = "maM"，subset = TRUE，col，contours=FALSE，
    bar = TRUE，overlay=NULL，ol.col=1，…）

其中，x 为类 marrayRaw、marrayNorm 类的对象；xvar 为横坐标统计量的数据获取函数的名称，一般是对象 x 的 slot 名称，如 maA；subset 指示在图上显示的子集的逻辑型或数字向量；col 为颜色列表，是由 rainbow、heat.colors、topo.colors、terrain.colors 等函数产生的，函数 maPalette 可以根据用户定义的 low、middle 和 high 颜色值产生调色板；Contours 的值若为 TRUE 则绘制等高线，否则不显示；bar 的值若为 TRUE 则在图像的右侧显示标度颜色条；overlay 为在图像上突出显示的点的逻辑向量；ol.col 突出显示点的颜色；"…"为缺省图形参数。

函数 maPlot 或者 plot 用于绘制微阵列的散点图，可以突出显示和注释点的子集，显示 loess 或其他滤波过程的对应曲线。该函数调用更通用的函数 maPlot.func，后者并不专用于微阵列数据。如果有多个微阵列，缺省的是绘制第一个微阵列。使用形式为

    plot（x，xvar = "maA"，yvar = "maM"，zvar ="maPrintTip"，
    lines.func，text.func，legend.func，…）

其中，x 为类 marrayRaw 或 marrayNorm 类的对象；xvar 为横坐标统计量的数据获取函数的名称，一般是对象 x 的 slot 名称，如 maA；yvar 为纵坐标统计量的数据获取函数的名称，一般是对象 y 的 slot 名称，如 maM；zvar 为分层数据的点统计量获取方法的名称，一般是类 marrayLayout 对象的 slot，如 maPlate 或 maPrintTip 这样的方法，如果 zvar 为 NULL，则数据不分层显示；lines.func 为计算和绘制平滑直线的函数，y 是 x 的函数，如果为 NULL 则不绘制直线；text.func 为突出显示子集的函数，如 maText，如果为 NULL 则没有点被突出显示；legend.func 为在图上增加图例的函数，如 maLegendLines，如果为 NULL 则没有图例；"…"为缺省图形参数。

函数 boxplot 绘制微阵列数据的盒图。如果有多个微阵列，则将对每一个微阵列绘制盒图。使用形式为

    boxplot(x，xvar="maPrintTip"，yvar="maM"，…)

其中，x 为类 marrayRaw 和 marrayNorm 类的对象；xvar 为分层数据的点统计量获取方法的名称，一般是类 marrayLayout 对象的 slot，如 maPlate 或 maPrintTip 这样的方法，如果值为 NULL 则数据不分层显示；yvar 为纵坐标统计量的数据获取函数的名称，一般是对象 y 的 slot 名称，如 maM；"…"为缺省图形参数。

21.10 matchprobes 包

21.10.1 简　　介

matchprobes 包的功能是计算微阵列上的探针序列和相关信息。每一种微阵列类型的探针序列保存在不同的包中，一些常用的微阵列类型的包可以从 http://www.bioconductor.org 上下载，也可以自行创建这样的包。

21.10.2 基 本 函 数

1. 字符串转换

函数 basecontent 接受 DNA 序列串，计算每一种碱基的含量。使用形式为

basecontent(seq)

其中，seq 为字符串向量。对于 seq 中的成员，函数分别计算每一种碱基的含量，返回一个 4 列和行数为输入序列长度的矩阵，列名为 A、C、T、G，每一列的值是对应碱基在 seq 元素中的计数。seq 的成员可以是大写字母、小写字母或者混合型。

函数 complementSeq 可以得到互补序列。使用形式为

complementSeq(seq, start=1, stop=0)

其中，seq 为含有字母 A、C、G、T 的字符串向量；start 为开始求补的位置，若从序列的第一个开始求补则 start 为 1；stop 是终止求补序列的位置，如果为 0 则表示到序列末端。对于 Affymetrix 的基因芯片，探针长度为 25mer，利用 complementSeq（seq, start=13, stop=13）可以求失配（MM）探针的序列。函数返回 seq 的互补序列。

函数 reverseSeq 的功能是得到反转序列。使用形式为

reverseSeq(seq)

其中，seq 为字符串向量。

2. 字符串查询

函数 matchprobes 的功能是从探针集中查询匹配的探针序列。使用形式为

matchprobes(query, records, probepos=FALSE)

其中，query 为待查询的探针序列；records 为微阵列上的探针集；probepos 若为 TRUE 则同时返回在 query 中的位置。函数返回 query 元素在 records 中的位置信息列表。

3. 合并 AffyBatch 类的对象

函数 combineAffyBatch 合并来自两种类型基因芯片的数据和探针包。使用形式为

combineAffyBatch(batch, probepkg, newcdf, verbose=TRUE)

其中，batch 为类 AffyBatch 类的对象；probepkg 为与 batch 配套的探针序列库的名称；newcdf 为新创建的 CDF 名称；verbose 为是否在控制台输出信息。函数返回两个元素，即 dat 和 cdf，dat 是类 AffyBatch 类的对象，dat 的 phenoData 是空的；cdf 是探针集与探针位置映射的环境。

4. 创建探针包

函数 makeProbePackage 创建与微阵列数据配套的探针包。使用形式为

makeProbePackage(arraytype, importfun ="getProbeDataAffy",
    maintainer, version, pkgname = NULL,
    outdir =".",
    force = FALSE, quiet = FALSE,
    check = TRUE, build = TRUE,
    unlink = TRUE, ...)

其中，arraytype 为微阵列的类型，如 "HG-U133A"；importfun 为读取探针序列数据的函数名称；maintainer 为维护者的姓名和 email 地址；version 为包的版本号；pkgname 为包的名称，如果缺失，则将根据微阵列类型创建一个名称；outdir 为包的存储路径；force 的值若为 TRUE 则将忽略任何警告信息；quiet 的值若为 TRUE 则控制台不打印任何信息；check 的值若为 TRUE 则将调用命令 "R CMD check"；build 的值若为 TRUE 则将调用命令 "R CMD build"；unlink 的值若为 TRUE 则将删除 check 目录（仅仅在 check=TRUE 时才有用）。

5. 获取探针序列

函数 getProbeDataAffy 读取描述 Affymetrix 基因芯片上的探针序列的数据文件。使用形式为

getProbeDataAffy(arraytype, datafile, pkgname = NULL,
    comparewithcdf = TRUE)

其中，arraytype 为芯片类型；datafile 为输入数据文件的名称；pkgname 为包的名称；comparewithcdf 的值若为 TRUE 则检查是否存在相同名字的 CDF 包。

21.10.3 例　　子

选择 Affymetrix 基因芯片中的 hgu95av2 和 hu6800 两种芯片，它们的 cdf 环境和探针序列分别在 hgu95av2cdf 包、hgu95av2probe 包和 hu6800cdf 包、hu6800probe 包中，以此为例说明 matchprobe 包中各函数的使用。

(1) 加载这些包。

```
> library(matchprobes);
> library(affy);
> library(hgu95av2cdf);
> library(hgu95av2probe);
> library(hu6800cdf);
> library(hu6800probe);
```

(2) 获取 hgu95av2probe 中的两个探针序列，序号分别为 100 和 101。

```
> exampleprobes <-hgu95av2probe$sequence[100:101];
> exampleprobes;
   [1] "AAGGCTTCCCTAGACTAATAGCTGA"
"ATGACTTTCCAGGAGTTGAGCCTAA"
```

(3) 求取探针序列的互补序列。

```
> compprobes <-complementSeq(exampleprobes);
> compprobes;
   [1] "TTCCGAAGGGATCTGATTATCGACT"
"TACTGAAAGGTCCTCAACTCGGATT"
```

求取失配探针序列。

```
> mm<-complementSeq(exampleprobes,13,13);
> mm;
   [1] "AAGGCTTCCCTACACTAATAGCTGA"
"ATGACTTTCCAGCAGTTGAGCCTAA"
```

求取探针序列的反序列。

```
> reverseprobe <-reverseSeq(exampleprobes);
> reverseprobe;
   [1] "AGTCGATAATCAGATCCCTTCGGAA"
"AATCCGAGTTGAGGACCTTTCAGTA"
```

(4) 确定探针序列在 hug95av2probe 探针集中的位置。

```
> m <-matchprobes(exampleprobes,hgu95av2probe$sequence);
> unlist(m);
  match1  match2
    100     101
```

同时在匹配探针和失配探针集中确定探针序列的位置。

```
> mm <-complementSeq(hgu95av2probe$sequence, start = 13,
+ stop = 13);
> pm <-hgu95av2probe$sequence;
> m <-matchprobes(exampleprobes,c(pm,mm));
> unlist(m);
  match1    match2    match3    match4
   100     -199184     101     -199185
```

（5）合并两组芯片的数据和探针集，数据分别来自芯片 hgu95av2 和 hgu8000。

```
> f1 <-system.file("extdata","118T1.cel", package ="matchprobes");
> f2 <-system.file("extdata","CL2001032020AA.cel",
+ package = "matchprobes");
> pd1 <-new("phenoData", pData = data.frame(id = "pi"),
+ varLabels = list("phenovar"));
> pd2 <-new("phenoData", pData = data.frame(id ="bh"),
+ varLabels = list("phenovar"));
> x1 <-read.affybatch(filenames = f1,phenoData = pd1);##读取基因芯片数据1
> x2 <-read.affybatch(filenames = f2,phenoData = pd2);##读取基因芯片数据2
> res <-combineAffyBatch(list(x1, x2), c("hu6800probe","hgu95av2probe"),
+ newcdf ="comb");
##合并来自两种芯片的数据和探针集,返回 res,包含 dat 和 cdf 两个元素
   package:hu6800probe       hu6800probe
   package:hgu95av2probe     hgu95av2probe
   34428 unique probes in common
> comb <-res$cdf; ##获取 cdf
> z <-rma(res$dat); ##获取数据,并采用 rma 方法计算表达数据
   Background correcting
   Normalizing
   Calculating Expression
```

(6) 查看数据和分析结果。

```
> par(mfrow = c(2, 2));
> plot(exprs(res$dat),
+ main ="after combine", pch = ".", xlab ="f1",ylab ="f2",
+ log = "xy");
> plot(exprs(z), main = "after RMA", pch = ".", xlab ="f1",
+ ylab = "f2");
> prs <-mget(ls(comb), comb, ifnotfound = NA);
> nrprobes <-sapply(prs, function(x) nrow(x));
> barplot(as. vector(table(nrprobes)),
+ xlab = "number of probes per probeset",ylab ="frequency");
```

数据集 x1 有 7129 个基因（探针集），一个样本，芯片规模是 536×536；数据集 x2 有 12 625 个基因，一个样本，芯片规模是 640×640，两个数据集合并后得到 5217 个基因，但有 2 个样本，对合并后的数据进行作图，结果如图 21.23 所示。

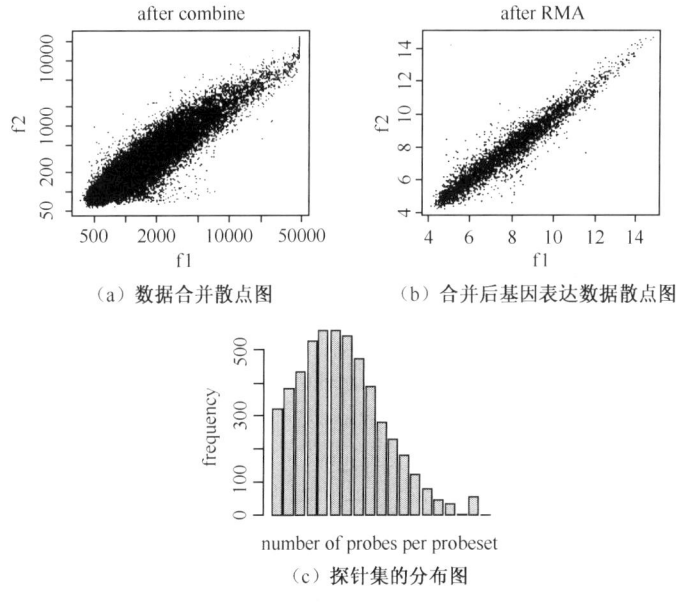

图 21.23　合并数据作图

(7) 创建探针包。在 matchprobes 包中有 Affymetirx 的探针信息文件 HG-U95Av2_probe_tab.gz，以此为例说明如何根据探针信息文件创建探针包，探针信息文件是可以从芯片提供者那里获取的。语句如下：

```
> filename <-system.file("extdata","HG-U95Av2_probe_tab.gz",
+ package = "matchprobes");
> outdir <-tempdir();
> me <-"Wolfgang Huber <w.huber@dkfz.de>";
> makeProbePackage("HG-U95Av2", datafile = gzfile(filename,
+ open = "r"), outdir = outdir,
+ maintainer = me, version = "0.0.1", force = TRUE);
    Importing the data.
    Creating package in /tmp/Rtmp1612/hgu95av2probe
    Writing the data.
    Checking the package.
    Building the package.
    [1] "hgu95av2probe"
> dir(outdir);
    [1] "hgu95av2probe" "hgu95av2probe_0.0.1.tar.gz"
```

21.11 vsn包

21.11.1 简　　介

vsn包是针对微阵列数据的一种预处理方法，用于进行微阵列探针水平数据的变异的稳定化和校正处理。

21.11.2 基本函数

1. 数据拟合和校正

函数vsn是该包的核心函数，对微阵列数据进行变换，使得数据的方差能相对独立于平均值，并实现样本变异的校正。使用形式为

```
vsn(intensities,
    lts.quantile = 0.5, verbose = TRUE, niter = 10,
    cvg.check = NULL, describe.preprocessing = TRUE,
    pstart, strata)
```

其中，intensities为包含微阵列数据类的对象，数据是芯片图像经过图像处理软件分析得到的探针水平的数据，没有经过对数化或其他形式的转换，也没有经过阈值处理，数据中不能有NAs；lts.quantile为用于耐抗最小平衡平方和回归

(resistant least trimmed sum of squares regression) 的四分位值，其值在 0.5 和 1 之间，1 对应于最小平方和回归；verbose 的值若为 TRUE 则将在控制台输出信息；niter 为用于最小平衡平方和回归（LTSSR）的迭代次数；cvg.check 为用于 LTSSR 迭代精确控制的列表；describe.preprocessing 的值若为 TRUE 则校正和转换参数，并加上其他信息，保存在返回对象的 slot-preprocessing 中；pstart 指定参数估计算法的起始值；strata 为用于微阵列内进行分层校正和错误模型的参数，如考虑探针序列特性、针尖组或多孔板效应。该函数返回类 exprSet 类的对象。

函数 vsnh 是针对微阵列原始数据的转换函数，转换函数为

$$vsnh(y,p,s)[k,i] = asinh(p[s[k],i,1] + p[s[k],i,2]*y[k,i]) - \log(2*p[s[1],1,2])$$

该函数的使用形式为

vsnh(y, p, strata)

其中，y 为来自微阵列实验的数据矩阵，可以存在 NA 值；p 为转换参数阵列；strata 为长度为 nrow (y) 的整数向量。返回与输入数据矩阵相同大小的转换后的矩阵。

2. 作图

函数 vsnPlotPar 用于对 vsn 拟合时的校正和转换参数的轨迹作图。使用形式为

vsnPlotPar(x, what, xlab="iter", ylab=what, …)

其中，x 为类 exprSet 类对象，由函数 vsn 创建；what 既可以是"factors"，也可以是"offsets"；xlab 为 x 轴的坐标；ylab 为 y 轴的坐标。

函数 meanSdPlot 绘制标准差-行平均图。使用形式为

meanSdPlot(x, ranks = TRUE, xlab = ifelse(ranks, "rank(mean)", "mean"), ylab = "sd", pch = ".", col, …)

其中，x 为类 matrix 或 exprSet 类的对象；ranks 指示 x 轴（平均值）是原始尺度（FALSE）还是分等级（TRUE），后者将使数据在 x 轴上分布得更均匀，更容易看出标准差是平均值的函数；xlab 为 x 轴的标签；ylab 为 y 轴的标签；pch 为作图点符号；col 为作图点的颜色。

21.11.3 例　　子

对 vsn 包自带的 kidney 数据进行分析，说明 vsn 包中主要函数的使用。

(1) 加载包和数据。

```
> library(vsn);
> data(kidney);
```

（2）对数据进行 vsn 拟合。

```
> vsndata = vsn(kidney);
  vsn：8704 x 2 matrix (1 stratum). Please wait for 10 dots：..........
```

（3）查看 vsn 拟合过程中的参数变化，结果如图 21.24 所示。

```
> logkid = log.na(exprs(kidney));
> par(mfrow = c(1,3));
> meanSdPlot(kidney, main = "raw data");
> meanSdPlot(logkid, main = "log raw data");
> meanSdPlot(vsndata, main = "vsn data") > par(mfrow = c(1,3));
> vsnPlotPar(vsndata, "factors");
> vsnPlotPar(vsndata, "offsets")
```

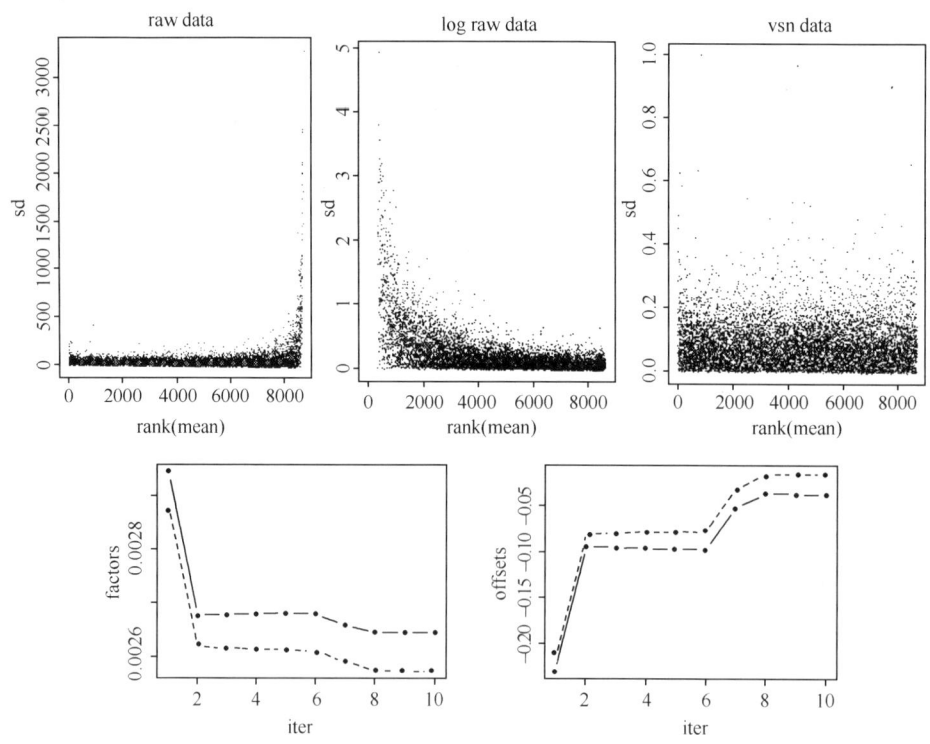

图 21.24　vsn 拟合过程中的数据和参数变化

第22章 数据分析

在微阵列实验中，基因表达数据的后续分析显得尤为重要，Bioconductor 数据分析类的 14 个包提供了对基因表达数据的后续处理方法。daMA 包提供了双色因子微阵列实验的设计方法以及对实验结果的分析方法；edd 包和 factDesign 包应用于微阵列表达数据分析和数据挖掘；genefilter 包提供了一系列根据芯片实验数据筛选基因的工具；globaltest 包检测一组基因是否和感兴趣的临床诊断结果存在显著性；gpls 包和 pamr 包主要对基因表达数据进行分类；limma 包提供一系列分析基因表达芯片数据工具的库，特别是使用线性模型来分析实验以及评估差异表达，提供了对多个 RNA 目标基因进行分析比较的工具；siggenes 包利用芯片的相关性分析以及对芯片的经典贝叶斯分析确定不同的表达基因并估计检出率；ROC 包是和受试者工作特征曲线（ROC）相关的 R 语言和函数的集合，这些函数对 DNA 芯片实验进行 ROC 分析；splicegear 包提供了对可变剪接起作用的一套工具；MeasurementError.cor 包是相关系数的尺度误差模型估计。

22.1 daMA 包

22.1.1 简 介

daMA 包主要应用于设计双色因子微阵列实验，并对相关的实验结果数据进行统计分析。

双色微阵列实验应用于检测基因在实验样本与对照样本中的差异表达。一个因子的情况比较简单，只要用 Cy3 和 Cy5 两种染料分别标记实验样本和对照样本，然后与同一块芯片杂交，检测信号，分析数据就能实现目的。而对于某些需要考察 2 个或 2 个以上的因子的实验，每个因子有 2 个或 2 个以上的水平，这时实验设计显得尤为重要，因为好的实验设计对于获取可靠的数据是至关重要的，对这些数据的后续分析和生物学解释也更有意义。daMA 包就是用于 2 因子多水平这类微阵列实验的设计和数据分析的。

22.1.2 基 本 函 数

基本函数包括 designMA 和 analyseMA，这些函数都涉及一些共同的向量和矩阵，它们也是与微阵列设计相关的一些数据结构，所以在介绍函数之前先给出描述。daMA 包中的基本数据结构见表 22.1，在描述这些数据结构之前，先介绍设计矩阵 X，这是一个 N×（K+2）的矩阵，行表示微阵列实验，第 1、2 列表示样本的标记情况，一般有两种不同的染色（绿和红），后面的 K 列表示对样本的 K 种处理（如果某一列的元素值等于 1 则表示样本经过了对应的处理，若等于 0 表示样本没有经过对应的处理）。设计矩阵确定了每个实验问题对应的染色和样本的处理情况。

表 22.1　daMA 包中的基本数据结构

Cmat	描述实验问题的对照矩阵。这个数值矩阵描述了实验问题，每个实验问题用一个对照向量（cmat 中的一行）或一个对照矩阵（cmat 中的某些行）来描述。列的次序依赖于设计矩阵 X。因此，每行的头两个元素都表示两种染色（Cy3，Cy5），如对照实验仅使用两种染色，则我们可以设定对应行向量为（1，−1，0，…，0），−1 表示红色，1 表示绿色，0 表示不标记
Cinfo	描述对照矩阵 cmat 中行结构的向量。cinfo 中的元素个数对应于实验问题的数目。"1" 表示向量形式的对照，整数 n>1，表示 n 次对照，以矩阵形式出现。通常，对于每一个对照矩阵 cmat 都必须创建这样一个向量。同时，cinfo 各元素的和应当等于 cmat 矩阵的行数
cmatB.AB	描述实验问题的常数对照矩阵。这个数值矩阵描述了实验问题，每一个实验问题用一个对照向量（cmat 中单行）或者一个对照矩阵（cmat 中的数行）描述。列的顺序依赖于对应的设计矩阵 X，因此，每行的头两个元素都保存为两种染色 Cy3 和 Cy5，矩阵 cmatB.AB 的第一行描述了主效应 B
cinfoB.AB	描述对照矩阵 cmatB.AB 中行结构的向量。它的第一个元素 B 指出第一个实验问题（主效应 B），是用向量形式的单个对照来描述的，第二个元素 AB 指出第二个实验问题（A 和 B 间的交互作用），是以对照矩阵的形式给出的。每一个对照矩阵都必须创建对应的向量
Data.3×2	300 012×18 的微阵列实验数据矩阵。这些数据来自微阵列实验，包括使用药物或不使用药物处理的三个细胞系的表达谱数据。cDNA 微阵列是由 300 012 个人类 cDNA 探针点制成的，数据矩阵由 300 012 行以及 18 列组成，每一行表示一个探针点，每一列表示一次微阵列实验
id.3×2	从 data.3×2 抽取的子集

1. 微阵列实验设计

函数 designMA 用于因子微阵列实验的设计，它根据用户定义的设计矩阵列表，设计有效的双色因子微阵列实验。每一个设计矩阵描述一个实验问题（对照）。使用形式为

designMA(design.list, cmat, cinfo, type = c("d","e","t"),
　　　　tol = 1e-06)

其中，design.list 为设计矩阵的名字列表，每个设计矩阵必须满足的条件是矩阵

总行数等于微阵列芯片数，列数等于实验条件数，头两列描述染色标签（绿色或红色），余下的列描述实验条件；type 用于表明使用哪种最优性判据；"d" 为决定性的；"e" 为特征值；"t" 为回溯；tol 用于指示估计对比检查误差的值。

2. 实验结果分析

函数 analyseMA 基于实验设计对双色因子微阵列实验结果进行分析。实验设计包括，以对照形式包含实验问题的用户自定义矩阵（cmat）以及区分向量和矩阵对照的向量（cinfo）。对每个探针点单独执行该分析。首先去除那些数据中含有 NA 值的探针点，然后针对每次的实验问题（对照向量或者对照矩阵）对结果进行线性方程的估计。如果感兴趣的线性方程是可估计的，则计算 t 检验或 F 检验。使用形式为

analyseMA(data, design, id, cmat, cinfo,
padj=c("none","bonferroni","fdr"), tol=1e-06)

其中，data 为维数为 G×N 的矩阵，包含用来分析的归一化或者标准化的数据，G 为探针数目，N 为微阵列实验数目，该矩阵的每一行数据对应一个基因，矩阵的列数应对应于微阵列实验，这样，每一列包含的数据对应于单个微阵列，矩阵中不能含有任何 ID 变量，这需要单独输入，缺失的数据被当作 NA 值来处理；design 为大小为 N×（K+2）的设计矩阵，K 为实验条件的数目，这是源于线性模型理论的设计矩阵 X，其元素取值为 0，1 和 −1，0 表示相关的联合参数并没有应用到相应的观察中，前两列被保留为两种染色 Cy3 和 Cy5，并且常常被分别填充为 1 和 −1；id 为 ID 向量，长度为 G，用于标记每个基因；padj 为一个被引用的字符串，用于指示可能用到的多样性调节；"none" 为没有多样性调节；"bonferroni" 为 Bonferroni 单步调节；"fdr" 为 Benjamini 和 Hochberg 线性 step-up 程序；tol 为用于指示估计对比检查误差的值。

3. 其余数据

designs.basic 是描述双色因子 3×2 微阵列实验的基本设计矩阵列表。矩阵的行表示微阵列，矩阵的列表示参数。

Designs.composite 是描述使用 18 个微阵列进行 3×2 双色因子微阵列实验的合成设计的矩阵列表，包含 10 个 18×9 的矩阵列表。

22.2 edd 包

22.2.1 简　介

edd 是表达密度诊断学（expression density diagnostics）的缩写，该包提供封装的参考分布函数，计算每个基因表达谱的分布函数，并根据分布函数对基因

进行分类。

22.2.2 基本用法

edd 包用于微阵列实验表达数据的探索性数据分析。基因表达谱的分布可以是常见的分布或分布的组合，edd 把这些常见的分布作为参考分布，对于新的基因表达谱，通过采样、分类等迭代过程确定其分布，并根据分布对基因表达谱进行分类。输入的数据是 exprSet 类的基因表达谱数据，输出的是每个基因表达谱的分布。

分类步骤如下。首先，对基因特异性表达数据向量进行零均值以及单位化平均绝对偏差（MAD）的变换。然后，建立变换分布的参考目录，定义一系列感兴趣的谱分布。每一个变换的表达向量都关联到参考目录中的一个元素（'doubt' 或奇异点）。谱分布的估计在数据挖掘中是基本的行为，常常使用盒图、柱状图、密度估计以及其他工具达到。对于微阵列数据的分析，主要问题是如何有效地处理成千上万个基因表达谱的分布。

在考虑分布分类时，我们通常使用的方法是从高斯分布或者更普遍的描述分布的特征出发，用简单的图形得到很好的效果。下面通过示例来说明 edd 包的用法。

1. 加载 edd 包和基因表达谱数据

基因表达谱数据保存在 eset 中，这是 exprSet 类的对象，包含 500 个基因 26 个样本的数据。

```
> library(edd);
> data(eset);
> print(getSlots("eddDist"));
```

其中，函数 getSlots 为 method 包中的一个函数，得到 eddDist 的参数。

```
stub parms median mad tag plotlim latexTag
"character""numeric" "numeric" "numeric" "character" "numeric" "character"
```

stub 是一个被预先设定为 "p" "d" "r" "q" 的字符串，用来得到从分布中计算累计分布函数、密度、采样或者分位数的 R 函数的名称；向量 parms 指出分布的参数，一般被指定为数字型；向量的均值和标准方差有时无法通过直接计算得到，因此在模拟仿真时预先将之存储在变量 median 和 mad 中以供参考；tag 保存一个字符串，用来清楚地指出邻近的分布；在必须使用 latex rendering 时，latexTag 使用数学符号；plotlim 是一个数字型二维向量，指定一个分布密度绘图的 x 限制。

```
>print(names(eddDistList));##得到 edd 中所有分布的名称,结果为:
    [1] "N01" "T3" "LN01" "CS1" "B82" "U01" "B28" "MIXN1" "MIXN2"
>print(eddDistList[[1]]);##输出$N01的内容
```

如果要得到某一项的某个 slot 的值,则可使用类中的函数:

```
> CDFname(eddDistList[[1]]);##得到结果为:
    [1]"pnorm"
```

我们还可以通过相关函数察看每种分布的图形化,如:

```
> plotED(eddDistList[[3]]);
```

我们得到如图 22.1 所示的 LN01 分布的图形。

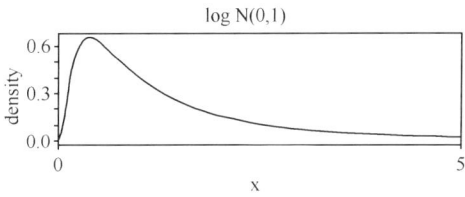

图 22.1 LN01 分布图

2. 对基因表达谱数据进行分析

导入分析需要的包,之所以载入 golubEsets 包,是因为要用到其中的数据集 golubMerge。该数据集包含了 47 个急性淋巴癌(ALL)病人样本的数据以及 25 个急性白血病(AML)病人样本的数据,这些样本的数据都是通过 Affymetrix Hgu6800 芯片分析得到的,包括 7129 个基因的表达数据。

```
> library(golubEsets);
> data(golubMerge);##导入数据包
```

接下来,从 golubMerge 数据集中筛选出符合我们需要的基因表达水平数据,本例子是从数据集中筛选出最小值大于 300 并且平均绝对偏差大于中位数的那些基因表达数据。

```
> madvec <-apply(exprs(golubMerge),1,mad);
> minvec <-apply(exprs(golubMerge),1,min);
> keep <-(madvec > median(madvec)) & (minvec > 300);
> gmfilt <-golubMerge[keep==TRUE,];##取出符合条件的表达数据
```

将数据集分成 ALL 和 AML 两类样本，从而生成我们所需要的特异性数据集。

> ALL <-gmfilt$ALL. AML=="ALL";
> gall <-gmfilt[,ALL==TRUE];
> gaml <-gmfilt[,ALL==FALSE];

使用默认的参考分布，利用分类器 nnet 来分类处理数据 gall 以及 gaml（省略了计算的部分中间结果）：

> set.seed(12345);
> amldists <-edd(gaml, meth="nnet", size=10, decay=.2);
得到相关分布列表
weights: 359
initial value 2183.817031
final value 655.138823
stopped after 100 iterations
> amldists2 <-edd(gaml, meth="nnet", refDist="theoretical", size=10, decay=.2);
得到数据相关分布的详细情况
weights: 359
converged
> table(amldists,amldists2); ## 得到 AML 数据集中各分布的基因数目

amldists	amldists2								
	B28	B82	CS1	LN01	MIXN1	MIXN2	N01	T3	U01
.25N(0,1)+.75N(4,1)	0	1	0	0	0	16	0	0	0
.75N(0,1)+.25N(4,1)	1	0	15	2	42	0	0	0	0
B(2,8)	35	3	1	3	58	0	6	11	11
B(8,2)	0	2	0	0	0	17	0	0	0
logN(0,1)	0	0	26	5	2	0	0	0	0
N(0,1)	20	33	0	0	11	29	16	32	17
t(3)	7	3	8	9	25	29	3	6	5
U(0,1)	1	8	0	0	0	6	3	8	3
$X^2(1)$	0	0	1	0	0	0	0	0	0

22.2.3 edd 包的类

edd 包只有 1 个类，即 eddDist，见表 22.2。

表 22.2　edd 包的类

	eddDist
描述	该类的对象可用来模拟 edd 中的参考分布或者把参考分布制成表，通过函数 new（"eddDist"，…）创建对象
Slots	stub：character 类对象，是一个被预先计划为 "p" "d" "r" "q" 的字符串，用来得到从分布函数中计算累计分布函数，密度，采样或者分位数的 R 函数的名称； parms：numeric 类对象，指出分布函数的参数； median：numeric 类对象，分布的中位值； mad：numeric 类对象，分布的 MAD 值，中位数和标准差有些时候不能分析计算 MAD 值，因此从模拟仿真中得到并存储在这些变量中以供参考； tag：character 类对象，保存一个字符串，用来清楚地指出邻近的分布； latexTag：character 类对象，在必须使用 latex rendering 时使用数学符号
方法	得到各 Slots 的值

22.2.4　基本函数

1. 数据预处理函数

函数 centerScale 使一个数字向量转变为零均值和单位标准偏差。使用形式为

　　centerScale(x)

其中，x 为数字型向量。返回值为一个向量，存储变换后的数值。

函数 flatQQNorm 函数将一个向量由标准正态变换到水平线为 0。使用形式为

　　flatQQNorm(y)

其中，y 为数字型向量。返回值为一个向量，存储变换后的数值。

2. 创建参考分布的函数

函数 makeCandmat.raw 创建并存储 edd 的参考分布。函数 makeCandmat.raw 从每个由 eddDistList 参数中 eddDist 对象所定义的分布中得到采样，构建发生器用来从分布中采样数据并将之转换为零均值并使平均绝对偏差为 1。样本大小由第一个参数决定，从每个 eddDistList 元素中重复采样的数目由第二个参数决定。使用形式为

　　makeCandmat.raw (nPerRow=20, nRowPerCand=20,
　　　　　　　　　dists=eddDistList,
　　　　　　　　　centerScale=TRUE)

其中，nPerRow 为每个参考样本的大小；nRowPerCand 为候选样本的数目；dists 为指定参考分布的 eddDist 对象列表；centerScale 为一个逻辑变量，判断是否执行函数 centerScale。函数最终返回值为一个矩阵。

3. edd 函数

新的表达密度诊断学接口，edd 函数用来定义目录构建并指定方法用来分类表达向量（eset 中的每行），使用形式为

$$edd(eset, distList=eddDistList, tx=c(sort,flatQQNormY)[[1]],$$
$$refDist=c("multiSim","theoretical")[1],$$
$$method=c("knn","nnet","test")[1], nRowPerCand=100,\dots)$$

其中，eset 为 Biobase 包中 exprSet 类的对象；distList 为 eddDist 类的对象组成的列表；tx 指定数据变换以及分类的优先参考；refDist 指定将被使用的参考分布系统类型；method 指定使用的分类器的类型；nRowPerCand 为多参考系统实现的数目；"..." 为分类器的参数设置。

需要加以进一步说明的是 method 中方法的类型。

test-based 关联。指定方法"test"并提供一个初始 p 值阈值，如果没有 p 值超过阈值，那么就说明没有目录成员满足这种表达密度，从而被申明为"奇异点"（如果两个 p 值超过了阈值并且彼此很接近，则可以申明为'doubt'）。

k-NN 关联。如果 edd 使用最邻近算法，并且提供参数 k 和 l，则使用最接近 k 的邻近分类法，将表达向量以及参考目录的元素视为 n 维的多元数据来处理。edd 的 tx 参数决定了表达向量的统计方法的顺序，如果 tx=sort，则使用目录元素；当 tx=flatQQNormY 时，比较将会在数据和目录元素被变换后进行。

nnet 关联。如果 edd 使用方法"nnet"，并且给出一个潜在的其他参数，则表达向量的分类将通过神经网络中预测完成，参数 tx 的作用和前面描述的一样。

22.3 factDesign 包

22.3.1 简　　介

该包用于分析因子微阵列实验数据，采用线性模型的方法筛选某因子下的目的基因。

22.3.2 基本函数

1. 线性对照的 F 检验函数

函数 contrastTest 使用线性模型和恰当的 lambda 矩阵对估计参数的线性对照进行 F 检验。Lambda 矩阵由函数 par2lambda 对参数系数进行构造得到。使

用形式为

  contrastTest(model,lambda,cVec=NA,p=0.01)

  par2lambda(betaNames,betas,coefs)

其中，model 为线性模型的对象；lambda 为函数 par2lambda 返回的矩阵；cVec 为常数向量，指定检测线性对照不为 0 的值，如果未指明，则缺省为 NA；p 为进行对照检验的显著性水平；betaNames 为线性模型中的系数名称列表；betas 为线性模型系数对照时所用的参数向量列表；coefs 为对应于 betas 的数值型系数向量列表。函数返回假设检验的结果，对于每一个基因返回"REJECT"或者"FAIL TO REJECT"（test）、对照检验的 F 统计量（Fstat）及对应的 p 值（pvalue）及对照估计值（cEst）。

2. 创建倍数改变（fold change）的点估计的函数

函数 findFC 使用 lm 对象的线性模型系数来创建倍数改变（fold change）的点估计。使用形式为

  findFC(model,lambdaNum,lambdaDenom,logbase=NULL)

其中，model 指 lm 对象；lambdaNum 为系数的数值向量，在估计倍数改变时作为分子；lambdaDenom 也为系数的数值向量，在估计倍数改变时作为分母；logbase 的缺省值为 NULL，对于对数变换的数据，其为对数的底，若指定"exp"则数据是经过自然对数转换的。函数返回倍数改变值。

3. 过滤函数

函数 kRepsOverA 将满足至少 k 次实验的平均值大于 A 的基因标记为 TRUE，否则标记为 FALSE。使用形式为

  kRepsOverA(k,A=100,INDEX)

其中，k 为指定的数目，用于计算平均值的数据数目；A 为阈值；INDEX 为因子列表，与每一个基因的数据向量有相同的长度。

4. 确定奇异点的函数

函数 outliers 的功能是确定奇异点，即值异常大的点，这些数据往往是噪声，必须清除。奇异点的确定方法，首先是计算基因在两个重复实验中的差异，如果差异值大于阈值，则进行 F 检验，确定这一对数据是奇异点，然后根据绝对偏差中值准则（median absolute deviation criteria）确定单个奇异点。使用形式为

  outlierPair(x,INDEX,p=0.05,na.rm=TRUE)

  madOutPair(x,whichPair,c=4)

其中，x为实验数据向量；INDEX为因子列表，与x有相同的长度，用来指示重复实验；p为执行F检验的显著性水平；na.rm的值若为TRUE则将删除缺失数据；whichPair为函数outlierPair的结果，记录具有最大差异的重复实验对；c为绝对偏差中值的数目，用来决定单奇异点，缺省为4，根据c值和基因表达数据的中值、绝对偏差中值可以确定一个范围，如果表达数据不在该范围内，则被标记为奇异点。

22.3.3 示　　例

在本包中，使用称作estrogen（雌激素）的exprSet数据集，包含500个基于MCF7乳癌细胞的2×2因子实验基因的Affymetrix HGU95av2芯片的基因表达水平数据。

导入相关的软件包以及数据集。

```
> library(Biobase);
> library(affy);
> library(stats);
> library(factDesign);
> data(estrogen);
＃＃导入数据集,该数据包含两个水平,雌激素是否存在以及时间
> estrogen;
Expression Set (exprSet) with
        500 genes
        8 samples
            phenoData object with 2 variables and 8 cases
        varLabels
            ES：presence or absence of estrogen
            TIME：length of exposure to treatment (hours)
```

使用倍数变化准则分析数据，找出其中受到雌激素影响的基因数据。结果如图22.2所示，其中，10h/48h分别用t/T表示，而不存在/存在雌激素用e/E表示。本例只对10h的数据进行分类处理，因而，其中的黑点对应于10h尚未出现雌激素的情形，而灰点对应于10h中出现雌激素的情形，通过比较表达水平来确定基因是否受到雌激素影响。

```
> par(mfrow = c(2, 2));
> par(las = 2);
> for (i in c("34371_at","37325_at","33744_at","39792_at")) {
+ expvals <-2^exprs(estrogen)[i, ];
+ plot(expvals, axes = F, cex = 1.5, xlab = "Conditions",
+ ylab = "Expression Estimate");
+ points(1:2, expvals[1:2], pch = 16, cex =1.5, col = 2);
+ points(3:4, expvals[3:4], pch = 16, cex =1.5, col = 3);
+ axis(1, at = 1:8, labels = c("et1","et2","Et1","Et2",
+ "eT1","eT2","ET1","ET2"));
+ axis(2);
+ FC <-round(mean(expvals[3:4])/mean(expvals[1:2]), 3);
+ title(paste(i,", FC=", FC, sep =""));
+ }
```

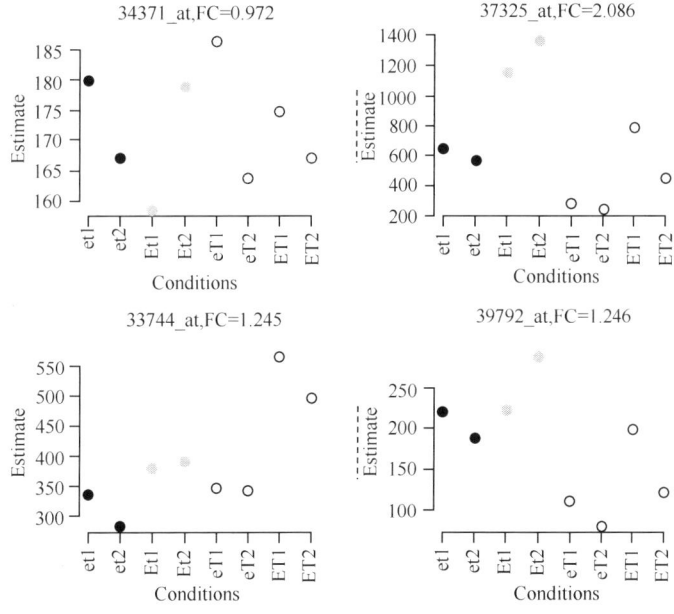

图 22.2 倍数变化准则分析结果

22.4 genefilter 包

22.4.1 简　　介

提供了一系列根据芯片实验数据进一步筛选基因的工具，过滤器采用的过滤标准包括：缺失数据的数目，反映表达水平变化的方差，协方差分析的 p 值，Cox 回归模型的 p 值等，这些工具可以用来对基因进行连续筛选。

22.4.2　基 本 函 数

1. 数据预处理函数

函数 allNA 判断向量中各元素的值是否全部为 NA，如果所有元素的值都为 NA，则返回 FLASE，否则返回 TRUE。函数 anyNA 也用于判断向量中的值是否为 NA，如果向量中的任一元素值为 NA，则 anyNA 返回 FLASE，否则返回 TRUE。使用形式分别为

　　allNA(x)

　　anyNA(x)

其中，x 为待检测的向量，返回值为逻辑值，即 FALSE 或 TRUE。

2. 筛选函数

1）根据方差分析构造筛选函数

函数 Anova 确定使用 cov 作为协变量进行方差分析（ANOVA）的函数。使用形式为

　　Anova(cov,p=0.05,na.rm=TRUE)

其中，cov 为协变量，它的长度必须和 Anova 中所应用到的数组的列数目一致；p 为指定的用于假设检验的 p 值，如果方差分析的 p 值小于指定值则返回 TRUE.；na.rm 为逻辑值，如果 na.rm 设为 TRUE，那么 NA 值都将被删除。函数返回用于 ANOVA 的函数。

2）利用 Cox 回归方法构造筛选函数

函数 coxfilter 构造筛选函数，该筛选函数使用 surt 作为生存时间，cens 作为检查指示，根据分析 Cox 回归模型得到的 p 值来筛选基因。使用形式为

　　coxfilter(surt,cens,p)

其中，surt 为生存时间；cens 为检查指示剂；p 为在筛选中所使用的 p 值。函数返回筛选函数。

3) 根据变异系数构造筛选函数

cv 返回一个值在 a 和 b 之间的函数,该函数计算输入向量的变异系数,如果变异系数的范围在 a 和 b 之间,则返回 TRUE,否则返回 FALSE。使用形式为

    cv(a=1,b=Inf,na.rm=TRUE)

其中,a 为 cv 中的下阈界;b 为上阈界;na.rm 如果设为 TRUE,值为 NA 的将被删除。

4) 针对 eSet 的筛选函数

对于给定的 Bioconductor 的 eSet 对象,有一系列进行基因筛选的函数。使用形式分别为

    eSetFilter(eSet)
    getFilterNames()
    getFuncDesc(lib="genefilter",funcs=getFilterNames())
    getRdAsText(lib)
    parseDesc(text)
    parseArgs(text)
    showEset(eSet)
    setESetArgs(filter)
    isESet(eSet)

其中,eSet 为 eSet 类的对象;lib 为表示函数所感兴趣的 R 语言包的名称的字符串;funcs 为感兴趣的函数的名称所组成的字符串向量;filter 为筛选函数的名称。最终返回一个长度等于"expr"的行数的逻辑向量,这些值表明相应的"expr"的行是否通过了这一系列筛选函数。

5) 快速计算 t 检验的函数

函数 fastT 用来快速计算数据矩阵中每一行的两个样本的 t 检验。使用形式为

    fastT(data,ig1,ig2,var.equal=TRUE)

其中,data 为数据矩阵;ig1 为集合 1 相对应的数据的每一列的列号;ig2 为集合 2 相对应的数据的每一列的列号;var.equal 为逻辑变量,指示是否对两个变量等而视之,通常忽略这个参数,并使用合并方差。

6) 创建连续筛选函数

函数 filterfun 创建只含一个参数的函数,可以对参数进行连续性筛选。如果第一个筛选函数的返回值为 FALSE,则该函数返回 FALSE,否则返回 TRUE。使用形式为

    filterfun(...)

返回值为一个函数。

7）对有 gap 的数据进行筛选的函数

基于筛选有 gap 的基因的函数 gapFilter 寻找那些能在两个类中明确区分的基因（可能在筛选时是不明确的）。为此，我们寻找顺序表达值中的 gap，这个 gap 必须出现在中心位置。如果基因的 IQR 足够大，则它也将通过检验而被选中。使用形式为

$$\text{gapFilter}(\text{Gap}, \text{IQR}, \text{Prop}, \text{na.rm}=\text{TRUE}, \text{neg.rm}=\text{TRUE})$$

其中，gap 为通过检验所需的 gap 的大小；IQR 为通过检验所需的 IQR 的大小；Prop 为在任一端被排除的样本的比例或数目；na.rm 如被设为 TRUE，则 NA 值将在处理前被剔除；neg.rm 如被设为 TRUE，则 x 中的负数将在处理前被剔除。

8）使用 flist 中的筛选函数

函数 genefilter 使用 flist 中的筛选函数在数组 expr 中筛选基因，返回一个长度和 expr 中行数一致的逻辑值的数组。对于 expr 中的每一行，如果通过了所有的筛选函数则返回 TRUE，否则返回 FALSE。使用形式为

$$\text{genefilter}(\text{expr}, \text{flist})$$

其中，expr 为筛选函数的处理对象，是一个矩阵或者 exprSet 类的对象；flist 为将使用的筛选函数列表。

9）寻找相似表达谱的函数

函数 genefinder 在给定的一个 exprSet 或者基因表达矩阵，以及感兴趣的基因的索引中寻找有相似表达谱的基因。使用形式为

$$\text{genefinder}(X, \text{ilist}, \text{numResults}=25, \text{scale}="none", \text{weights},$$
$$\text{method}="euclidean")$$

其中，X 为一个数字型矩阵，每一列表示一个 patients，每一行表示一个基因；ilist 为感兴趣的基因向量，包含每个基因在 X 中的索引；numResults 指定显示结果的数目，从最近距离到最远距离排列；scale 可以设为"none"，"range"，"zscore"中的任一个；weights 为应用在 X 的每一列的权重向量，如果不提供该参数，则将不使用权重；method 是判断基因表达谱相似性的算法名称，可取值为"euclidean"，"maximum"，"manhattan"，"canberra"，"correlation"或"binary"。

22.4.3 示　　例

首先导入分析所需的包和数据集，这里使用的是软件提供的测试集 eset，其中包含 26 个样本，500 个基因以及 3 个协变量。

```
> library(genefilter);
> data(eset);
> eset;
Expression Set (exprSet) with
        500 genes
        26 samples
                phenoData object with 3 variables and 26 cases
          varLabels
                cov1：Covariate 1；2 levels
                cov2：Covariate 2；2 levels
                cov3：Covariate 3；3 levels
```

接下来创建筛选函数 ffun，并应用于对数据集 eset 的分析。

```
> f1<-kOverA(5,200);
> ffun<-filterfun(f1);
> genefilter(exprs(eset),ffun);
```

最终结果是逻辑向量，表明相应的基因表达数据是否通过筛选。

22.5 globaltest 包

22.5.1 简　　介

globaltest 包应用于分析芯片实验数据，研究一组基因表达数据是否和感兴趣的临床诊断结果存在显著关系。

在过去的几年中，科学研究的焦点已从单个基因的功能转移到多个功能相关基因的联合作用方面。当前许多研究通路的方法都涉及对感兴趣的不同表达基因数据的研究。然而，当多个基因在某个小范围内改变了表达水平之后，这些方法都无法识别相关的通路。而 globaltest 恰恰着眼于此。

本质上，globaltest 基于经典 Bayesian 广义线性模式，其中，表达数据和诊断结果间的回归因子是随机变量。当所有的系数都显示存在影响时，即便没有任何单个系数展示一个表达数据和结果之间的显著性，globaltest 还是能达到最优化。同时，如果仅有少部分系数出现 1 或者显著性，这样的零假设仍将被丢弃。

22.5.2 基本用法

1. 单通路的全局检测

假设我们的兴趣在于检测 KEGG(http://www.genome.jp/kegg/)数据集中的某些个通路在 AML 和 ALL 中是否存在不同的基因表达模式。

在举例之前,我们先载入所要涉及的包和数据集。数据集 golubMerge 包含了 47 个急性淋巴癌(ALL)病人样本的数据以及 25 个急性白血病(AML)病人样本的数据,这些样本的数据都是通过 Affymetrix Hgu6800 芯片分析得到的,包括 7129 个基因的表达数据。

```
> library(globaltest);
> library(golubEsets);
> library(hu6800);
> library(vsn);
> data(golubMerge);
> golubM <-update2MIAME(golubMerge);
> golubX <-vsn(golubM);
```

载入所有的 KEGG 通路。

```
> kegg <-as.list(hu6800PATH2PROBE);
> cellcycle <-kegg[["04110"]];
```

上述语句建立了一个 KEGG 中 127 个通路的排序列表,每个列表元素是一个基因名称向量,而 cellcycle 就是其中的一个。假设我们对此通路感兴趣,我们想知道这一组基因是否和临床疾病 AML 或 ALL 存在相关性。

通常,首先检测所有基因,察看是否对于不同的诊断结果,基因的表达谱也是不一样的,可以用下面语句来实现,具体函数将在后面详细介绍。

```
> gt.all <-globaltest(golubX,"ALL.AML");
```

gt.all 中存储的内容为:

```
>gt.all;
    Global Test result:
    Data: 72 samples with 7129 genes; 1 pathway tested
    Model: logistic
      genes tested Statistic Q Expected Q sd of Q p-value
    1 7129 7129 53.992 10 1.9035 5.1616e-35
```

通常，有着相似的 AML/ALL 状态的样本会有着相似的基因表达谱，因此从统计分析的结果看，有充足的证据表明所有 7129 个基因都和临床结果相关。

接下来，检测我们所感兴趣的通路 cellcycle。

> gt.cc <-globaltest(golubX,"ALL.AML", cellcycle);

gt.cc 中的存储内容如下：

> gt.cc;
    Global Test result：
    Data：72 samples with 7129 genes；1 pathway tested
    Model：logistic
      genes tested Statistic Q Expected Q sd of Q p-value
    1 90 90 70.358 10.481 3.4043 4.6074e-18

从结果我们可以很清楚地看到，cellcycle 通路在 AML 和 ALL 样本中的表达模式存在显著性差异。

2. 多个全局检测

为了检测 KEGG 中的所有通路，我们可以使用以下语句。

> gt.kegg <-globaltest(golubX,"ALL.AML", kegg);

可以查看对其中某个通路的具体分析结果。

> gt.kegg["04110"];
Global Test result：
Data：72 samples with 7129 genes；1 pathway tested
Model：logistic
    Genes tested Statistic Q Expected Q sd of Q p-value
04110 90 90 70.358 10.481 3.4043 4.6074e-18

22.5.3 globaltest 包的类

在 globaltest 软件包中一共有 2 个类，即 gt.barplot 和 gt.results，每个类都有相关的操作函数，详见表 22.3。

表 22.3　globaltest 包的类

	1. gt. barplot
描述	存储函数 geneplot 和 samplot 的结果
Slots	res：matrix 类对象，绘图点矩阵，每一行对应一个基因或一个样本； drawlabels：logical 类对象，判断基因或样本的标签是否需要打印在 x 轴上； labelsize：numeric 类对象，描述基因/样本标签的尺寸大小； legend：character 类对象，描述 bars 中红颜色和绿颜色的含义
方法	该类的方法用于获取 Slots 的基本参数信息
	2. gt. results
描述	存放函数 globaltest 的结果的类，并提供可视化绘图的输入
Slots	res：matrix 类对象，表示检测结果，每一行表示待检测基因中的一个元素； X：matrix 类对象，存储变换后的数据矩阵； Y：numeric 类对象，存储变换后的临床结果向量； test. genes：list 类对象，指示检测基因的向量列表； IminH：matrix 类对象，绘制不同诊断点时需要； pars：matrix 类对象，包含 null 模式的参数估计； Qs：matrix 类对象，包含由置换方法生成的序列检测统计； model：character 类对象，指明检验所用的模型； adjustmodel：formula 类对象，指明调整时所使用的模型； df. adjust：numeric 类对象，指定在调整检验中使用的自由度数目
方法	该类的方法用于获取 Slots 的基本参数信息

22.5.4　基本函数

1. 检测相关性的函数

函数 globaltest 用在芯片数据分析中，检测一组基因和给定临床变量是否存在显著相关性。使用形式为

globaltest(X,Y,test. genes,model,levels,d,event=1,adjust,…)

其中，X 为基因表达数据矩阵，列表示样本，行表示基因，也可以是一个 exprSet 类的对象，处理之前，数据必须标准归一化，当然允许存在错失数据（值为 NA），基因和样本名可以作为 X 中的行和列的名称；Y 为感兴趣的临床结果所组成的向量，每个值对应一个样本；test. genes 可以是向量或向量列表，用于指示待检测基因的类别，每个 test. genes 中的向量可以有三种格式，可以由对应于 X 中每个基因的 1（TRUE）或 0（FALSE）组成，其中 1 表示属于该类，0 表示不属于该类，或者是向量中包含的属于该类的 X 中的基因列的数目，亦或是一个 X 中行名或 geneNames 的子类；model 用于指定模型，globaltest 试图根据输入的 Y 和 d 决定正确的模型，如果不考虑自动选择，则对二值结果 Y 使用 model＝"logistic"，对于连续结果使用 model＝"linear"，对于残余结果使用 model＝"survival"；levels 为一个待检测的 Y 的向量所组成的水平向量，如果

levels 长度为 2 则检测这两个相互排斥的类，如果 levels 长度为 1 则区分这个 level 和其他的数据；d 为一个 exprSet 对象 X 的 phenoData slot 中的协变量名字或向量，用来指出哪个样本经历了事件（event）；event 表明一个存在的事件的 d 的值。

2. 可视化函数

函数 checkerboard 通过显示样本对之间的联系而生成一个图，用来可视化 globaltest 产生的结果。使用形式为

checkerboard(gt,geneset,sort=TRUE,drawlabels=TRUE,
labelsize=0.6,...)

其中，gt 为调用 globaltest 函数的输出；geneset 为被绘图的 geneset 的名字或数目（只有当多 geneset 被检测时才使用）；sort 为逻辑标记，指明是否需要根据临床结果对样本排序，从而给出更清晰的图像；drawlabels 为逻辑标记，控制样本名字在 x 轴和 y 轴的点的绘制；labelsize 为 x 轴和 y 轴的标记的相关尺寸，如果此值为空则使用 par（"cex.axis"）的当前值；"..." 为可以添加任何额外参数来控制绘图函数。

3. 图形化显示结果的函数

函数 geneplot 通过图形来展示由 globaltest 产生的检测结果中个体基因的影响。使用形式为

geneplot(gt,geneset,genesubset,scale=FALSE,
drawlabels=TRUE,labelsize=0.6,...)

其中，gt 为调用 globaltest 函数的输出；geneset 为被绘图的 geneset 的名字或数目（只有当多 geneset 被检测时才使用）；genesubset 为被绘图的基因的数字或者名称组成的向量（默认绘制所有基因）；scale 为逻辑量，判断 bar 是否需要转变为标准偏差；drawlabels 为逻辑标记，控制样本名字在 x 轴和 y 轴的点的绘制；labelsize 为 x 轴和 y 轴的标记的相关尺寸，如果此值为空则使用 par（"cex.axis"）的当前值；"..." 为可以添加任何额外参数来控制绘图函数。

22.5.5 示 例

首先导入相关的包和数据集。实验所涉及的主要数据有 exampleX，用于提供 globaltest 分析的模拟表达数据，包含 1000 基因 40 个样本；数据集 exampleY，用于提供 globaltest 分析的模拟临床变量数据，是一个长度 40、值为 0 或 1 的向量。

```
> library(globaltest);
> data(exampleX);    # Expression data (40 samples; 1000 genes)
> data(exampleY);    # Clinical outcome for the 40 samples
```

使用 globaltest 函数对数据进行分析。

```
> pathway <-1:25;    # A pathway contains genes 1 to 25
> gt <-globaltest(exampleX, exampleY, test.genes = pathway);
> gt;
    Global Test result:
    Data: 40 samples with 1000 genes; 1 pathway tested
    Model: logistic
    genes tested Statistic Q Expected Q sd of Q p-value
    1   25    25    22.377    9.5841    2.6766    0.00033699
```

结果的可视化，显示样本对之间的相关性，以下语句的结果如图 22.3 所示。

图 22.3 样本之间的相关性

```
>if (interactive()) {
+     checkerboard(gt);
+}
```

```
>if (interactive()){
+     geneplot(gt);
+}
##结果如图22.4所示,显示基因在两个样本中的表达差异显著性
```

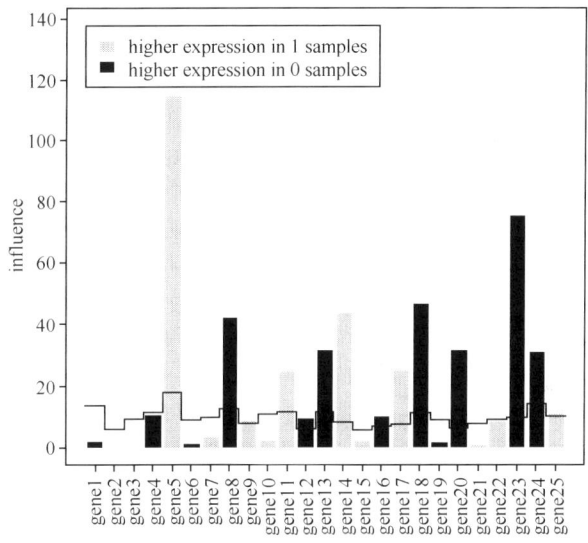

图 22.4　样本的显著性分析

22.6　gpls 包

22.6.1　简　　介

　　gpls 包使用广义偏最小二乘法（generalized partial least squares，GPLS）对 DNA 微阵列实验数据进行分类，包括 two-group 和 multi-group 等分类函数，对数据进行两组或多组的分类。

22.6.2 基本函数

1. two-group 分类函数

函数 glplsla 通过迭代权值调整最小二乘法（iteratively reweighted least squares，IRWPLS），执行 two-group 的分类。使用形式为

glplsla(X,y,K.prov=NULL,eps=0.001,lmax=100,b.ini=NULL,
  denom.eps=1e−20,
  family="binomial",link=NULL,br=TRUE)

其中，X 为 n×p 的数据矩阵；y 为由 0 或 1 组成的响应向量；K.prov 为偏最小二乘法（PLS）组分的数目，默认为矩阵 X 的秩；eps 为收敛所允许的误差；lmax 为允许迭代的最大次数；b.ini 为回归系数的初始值；denom.eps 为在决定收敛时确保分母不为 0 的最小值；family 为 glm 家族，这里仅和二项式相关；link 为连接函数，实际上当前只使用 logit；br 为逻辑值，判断是否使用 Firth 偏差缩减算法。

2. two-group 分类的误差分析函数

函数 glplsla.cv.error 计算 two-group 分类的留一法（leave-one-out）分类误差；函数 glplsla.train.test.error 计算在 two-group 分类时，对训练集进行迭代权值调整最小二乘法（IRWPLS）模型拟合后样本外（out-of-sample）测试集误差。使用形式分别为

glplsla.cv.error(train.X,train.y,.prov=NULL,
  eps=1e-3,lmax=100,
  family="binomial",link="logit",br=T)
glplsla.train.test.error(train.X,train.y,test.X,test.y,K.prov=NULL,
  eps=1e-3,lmax=100,family="binomial",
  link="logit",br=T)

其中，train.X 为训练集的 n×p 的数据矩阵；train.y 为训练集的响应向量，由 0 或 1 组成；K.prov 为 PLS 组分的数目，默认矩阵是 X 的秩；eps 为收敛误差；lmax 为允许迭代的最大次数；family 为 glm 家族，这里仅和二项式相关；link 为连接函数，实际上当前只使用 logit；br 为逻辑值，判断是否使用 Firth 偏差缩减算法；test.X 为测试集的数据矩阵；test.y 为测试集的响应向量，由 0 或 1 组成。

3. 执行 multi-logit 分类的函数

函数 glplsla.mlogitFit 应用多逻辑迭代权值调整最小二乘法（multi-logit iteratively reweighted least squares，MIRWPLS）以对芯片数据进行 multi-group 分类；函数 glplsla.logit.all 应用 MIRWPLS 法来对符合 logit 模型的芯片数据进行 multi-group 分类。使用形式分别为

  glplsla.mlogit(x, y, K.prov = NULL, eps = 0.001, lmax = 100,
    b.ini = NULL,
    denom.eps = 1e-20, family = "binomial",
    link = "logit", br = T)
  glplsla.logit.all(X, y, K.prov = NULL, eps = 0.001, lmax = 100,
    b.ini = NULL,
    denom.eps = 1e-20, family = "binomial",
    link = "logit", br = T)

其中，X 为 $n \times p$ 的数据矩阵；y 为由 0 或 1 组成的响应向量；K.prov 为 PLS 组分的数目，默认为矩阵 X 的秩；eps 为收敛所允许的误差；lmax 为允许迭代的最大次数；b.ini 为回归系数的原始值；denom.eps 为在决定收敛时确保分母不为 0 的最小值；family 为 glm 家族，这里仅和二项式相关；link 为连接函数，实际上当前只使用 logit；br 为逻辑值，判断是否使用 Firth 偏差缩减算法。

4. multi-group 分类的误差分析函数

  函数 glplsla.mlogit.cv.error 用来计算 multi-group 分类的留一法（leave-one-out）误差。使用形式为

  glplsla.mlogit.cv.error(train.X, train.y, K.prov = NULL,
    eps = 0.001,
    lmax = 100, mlogit = T, br = T)

其中，train.X 为训练集的 $n \times p$ 的数据矩阵；train.y 为训练集的响应向量，由 0 或 1 组成；K.prov 为 PLS 组分的数目，默认为矩阵 X 的秩；eps 为收敛所允许的误差；lmax 为允许迭代的最大次数；mlogit 为逻辑值，判断是否采用多项式逻辑（multinomial logit）模型；br 为逻辑值，判断是否使用 Firth 偏差缩减算法。

22.6.3 示 例

  导入相应的包并生成供测试的随机数据，其中，x 为 10×2 的随机矩阵，y 为 10 个随机逻辑变量组成的逻辑向量，x1 为 5×2 的随机矩阵，y1 为 5 个随机逻辑变量组成的逻辑向量。

```
> library(gpls);
> x <-matrix(rnorm(20), ncol = 2);
```

```
> y <-sample(0:1, 10, TRUE);
> x1 <-matrix(rnorm(10), ncol = 2);
> y1 <-sample(0:1, 5, TRUE);
```

two-group 分类分析，使用默认参数，br 设为 FALSE，表示不使用 Firth 偏差缩减算法，结果显示了截断值以及两类数据各自的回归系数。

```
> glplsla(x, y, br = FALSE);
  Call:
  NULL
  Coefficients:
  Intercept      X:1         X:2
  0.02077      0.55774     -0.96586
```

计算 two-group 分类的留一法（leave-one-out）分类误差分析，其中设定使用 Firth 偏差缩减算法，并将 PLS 组分的数目 K.prov 设定为 1。其中，error 为训练误差，error.obs 为错误分类的数据标记。

```
> glplsla.cv.error(x, y, K.prov = 1, br = TRUE);
  $error
  [1] 0.6
  $error.obs
  [1] 1 2 3 5 8 10
```

对训练集进行迭代权值调整最小二乘法（IRWPLS）模型拟合后样本外（out-of-sample）测试集误差。x、y 为训练集，x1、y1 为样本外测试集，将 PLS 组分的数目 K.prov 设定为 1，并设定使用 Firth 偏差缩减算法。

```
> glplsla.train.test.error(x, y, x1, y1, K.prov = 1, br = TRUE);
  $error
  [1] 0
  $error.obs
  numeric(0)
  $predict.test
           [,1]
  [1,] 0.4803763
  [2,] 0.2099774
  [3,] 0.4982354
  [4,] 0.6224927
  [5,] 0.5195971
```

应用多逻辑迭代权值调整最小二乘法（MIRWPLS）来对芯片数据进行 multi-group 分类，y 被设定为取值为 1，2，3 的长度为 10 的随机向量，coefficients 为回归系数矩阵，convergence 指示是否收敛，niter 为迭代次数。

```
> y <-sample(1:3, 10, TRUE);
> glplsla.mlogit(cbind(rep(1, 10), x), y, K.prov = 1, br = FALSE);
$coefficients
            [,1]         [,2]
[1,] -0.60649648  -2.19882207
[2,] -0.48870162   0.04731537
[3,]  0.08282508   0.52774669
$convergence
[1] FALSE
$niter
[1] 100
$bias.reduction
[1] FALSE
```

22.7 multtest 包

22.7.1 简　介

当前，统计推断问题在基因组学中的研究常常涉及对成百上千甚至更多的假设进行并行处理，例如，确定生物芯片实验中不同表达基因间的差别，检测基因表达中的相关性以及 Gene Ontology 注释，ChIP-Chip 实验中对转录因子结合位点的确定，以及利用单核苷酸多态性（SNP）来进行遗传图谱的绘制等。

multtest 包提供了诸多用于多重假设检验的函数，这些函数可以用来确定微阵列实验中的不同表达水平的基因。

22.7.2 multtest 包的类

multtest 包含一个类 MTP 和相关的操作函数，详见表 22.4。

表 22.4 multtest 包的类

	MTP
描述	多重检验的类和方法，MTP 的对象是多重检验程序的输出结果
Slots	statistic：numeric 类对象，为每个假设的检验统计量，由 MTP 参数的值指定； estimate：numeric 类对象，对单参数零假设使用 t 检验的结果，估计参数的数值向量依赖于每个假设； sampsize：numeric 类对象，输入数据集的列的数目； rawp：numeric 类对象，指定未调整的每个假设检验的边缘 p 值（marginal p-values）； adjp：numeric 类对象，多重检验对于每个假设的调整后的 p 值，当且仅当 get.adjp 值为 TRUE 时才计算； reject：matrix 类对象，给出每个名义上的 Type I 错误率 alpha 的拒绝指示器； nulldist：numeric 类对象，给出无效分布的统计估计检验； call：call 类对象，用于调用 MTP 函数； seed：numeric 类对象，用来创建重采样数据集的随机数据发生器的种子
方法	涉及 MTP 类 Slots 参数的一些基本函数，这些方法提供多重假设检验过程（MTP）结果的可视化以及数字型摘要，并提供对 MTP 类的一些基本操作

22.7.3 基本函数

1. 计算统计检验的函数

函数 mt.teststat 和 mt.teststat.num.denum 提供了计算检验统计的便利途径，用于计算数据单中每一行的多重检验。使用形式分别为

mt.teststat(X,classlabel,test="t",na=.mt.naNUM,nonpara="n")

mt.teststat.num.denum(X,classlabel,test="t",

na=.mt.naNUM,nonpara="n")

其中，X 为一个数据单或矩阵，有 m 行和 n 列，在这些基因表达数据中，行是基因，列是 mRNA 样本。classlabel 为一个向量或一个整数，依赖于列的类标签，对于 k 类，标签必须是 0 至 k－1 间的整数。test 为一个字符串，指明将在检验中用到的统计方法，如果 test＝"t"，那么将使用双采样 Welch t 检验；如果 test＝"t.equalvar"，则将使用双采样 t 检验，两个样本拥有相同的变量，当 k＝2 时，t 检验等同于 F 统计检验；如果 test＝"wilcoxon"，则将使用标准秩和 Wilcoxon 统计检验；如果 test＝"f"，则将使用 F 统计检验；如果 test＝"pairt"，则将使用配对 t 检验；如果 test＝"blockf"，则将使用基于块差异调整的 F 统计检验。na 为缺失数据的代码。如果 nonpara 为"y"，则计算基于秩数据的非参数统计检验；如果 nonpara 为"n"，则使用原始数据。

2. 计算调整后的 p 值的函数

函数 mt.rawp2adjp 应用于计算简单多重检验程序的调整后的 p 值。使用形式为

mt.rawp2adjp(rawp, proc=c("Bonferroni","Holm","Hochberg",
"SidakSS",
"SidakSD","BH","BY"))

其中，rawp 为每个条件假设下的未调整的 p 值；proc 为一个由多重检验程序名字所组成的字符串向量，指定计算调整后的 p 值的方法。

3. 研究统计检验置换分布的函数

函数 mt.sample.teststat、mt.sample.rawp 和 mt.sample.label 应用于研究统计检验的置换分布，未调整的 p 值以及类标记。使用形式分别为

mt.sample.teststat(V, classlabel, test="t", fixed.seed.sampling="y",
B=10000, na=.mt.naNUM, nonpara="n")

mt.sample.rawp(V, classlabel, test="t", side="abs",
fixed.seed.sampling="y", B=10000,
na=.mt.naNUM,
nonpara="n")

mt.sample.label(classlabel, test="t", fixed.seed.sampling="y",
B=10000)

其中，V 为每个基因的表达数据向量。test 为一个字符串，指明将在检验中用到的统计方法，如果 test= "t"，那么将使用双采样 Welch t 检验；如果 test= "t.equalvar"，则将使用双采样 t 检验，两个样本拥有相同的变量，当 k=2 时，t 检验等同于 F 统计检验；如果 test= "wilcoxon"，则将使用标准秩和 Wilcoxon 统计检验；如果 test= "f"，则将使用 F 统计检验；如果 test= "pairt"，则将使用配对 t 检验；如果 test= "blockf"，则将使用基于块差异调整的 F 统计检验。na 为缺失数据的代码。side 为一个字符串，指出否定区域的类别，取值可为 "abs"，"upper" 以及 "lower"。fixed.seed.sampling 取值为 "y" 或者 "n"，确定采样时是否采用固定的种子。B 为交换数目。如果 nonpara 为 "y"，则计算基于秩数据的非参数统计检验；如果 nonpara 为 "n"，则使用原始数据，结果按照调整后的 p 值排序。

4. 对逐步多重假设检验计算交换调整后的 p 值的函数

函数 mt.maxT 和 mt.minP 针对逐步假设检验计算交换调整后的 p 值。使用形式分别为

```
mt.maxT(X,classlabel,test="t",side="abs",
        fixed.seed.sampling="y",
        B=10000,na=.mt.naNUM,nonpara="n")
mt.minP(X,classlabel,test="t",side="abs",
        fixed.seed.sampling="y",
        B=10000,na=.mt.naNUM,nonpara="n")
```

其中，X 为一个数据单或矩阵对象，有 m 行和 n 列，在这些基因表达数据中，行是基因，列是 mRNA 样本。classlabel 为一个向量或一个整数，列的类标签，对于 k 类，标签必须是 0 至 k−1 间的整数。test 为一个字符串，指明将在检验中用到的统计方法，如果 test＝"t"，那么将使用双采样 Welch t 检验；如果 test＝"t.equalvar"，则将使用双采样 t 检验，两个样本拥有相同的变量，当 k＝2 时，t 检验等同于 F 统计检验；如果 test＝"wilcoxon"，则将使用标准秩和 Wilcoxon 统计检验；如果 test＝"f"，则将使用 F 统计检验；如果 test＝"pairt"，则将使用配对 t 检验；如果 test＝"blockf"，则将使用基于块差异调整的 F 统计检验。side 为一个字符串，指出否定区域的类别，取值可为 "abs"，"upper" 以及 "lower"。fixed.seed.sampling 取值为 "y" 或者 "n"，确定采样时是否采用固定的种子。B 为交换数目。na 为缺失数据的代码。如果 nonpara 为 "y"，则计算基于秩数据的非参数统计检验；如果 nonpara 为 "n"，则使用原始数据。结果按照调整后的 p 值排序。

5. 结果可视化函数

函数 mt.plot 生成多重检验程序处理后的结果的图形化摘要，以及与此相关的调整后的 p 值。使用形式为

```
mt.plot(adjp, teststat, plottype="rvsa", logscale=FALSE,
        alpha=seq(0, 1, length = 100), proc, leg=c(0, 0), ...)
```

其中，adjp 为调整后的 p 值的矩阵，行依赖于假设（基因），列依赖于多重检验程序，该矩阵可由函数 mt.maxT、mt.minP 或 mt.rawp2adjp 得到；teststat 为每个假设的统计检验量的向量，可从函数 mt.teststat、mt.maxT 或 mt.minP 中得到；plottype 为一个字符串变量，用来指出多样检验结果的图形 summary 的类别。

22.7.4 示 例

导入相应的包和数据集。涉及的数据集 golub 是从白血病微阵列芯片实验中所得到的基因表达数据集。其中，golub 为 38 个肿瘤 mRNA 采样的基因表达水平的矩阵，行对应于基因（3051 个），列对应于 mRNA 采样；golub.cl 为标明肿瘤类别的数字型向量，包括 27 个急性淋巴白血病（ALL）样本，代码为 0，

以及11个急性骨髓白血病（AML）样本，代码为1。

```
> library(multtest);
> data(golub);
> smallgd<-golub[1:100,]; ##取出2051个基因中的前100个
> classlabel<-golub.cl; ##得到38个样本的类别标记
```

提取未调整的 p 值和调整后的 p 值，其中，res1 中的存储顺序是按照调整后的 p 值排序，而 rawp 值是按照原先的索引排序的未调整的 p 值，teststat 中存储按照原先索引排序的统计检验量。

```
> res1<-mt.maxT(smallgd,classlabel);
> rawp<-res1$rawp[order(res1$index)];
> teststat<-res1$teststat[order(res1$index)];
```

针对简单多重采样置换计算调整后的 p 值，procs 指定多重检验程序。

```
> procs<-c("Bonferroni","Holm","Hochberg","SidakSS","SidakSD",
+"BH","BY");
> res2<-mt.rawp2adjp(rawp,procs);
```

对结果可视化绘图，设定坐标标签等参数。

```
> allp<-cbind(res2$adjp[order(res2$index),],
+res1$adjp[order(res1$index)]);
> dimnames(allp)[[2]][9]<-"maxT";
> procs<-dimnames(allp)[[2]];
> procs[7:9]<-c("maxT","BH","BY");
> allp<-allp[,procs];
> cols<-c(1:4,"orange","brown","purple",5:6);
> ltypes<-c(3,rep(1,6),rep(2,2));
```

按照调整后的 p 值大小顺序绘图，如图 22.5（彩图见书后）所示。

```
> mt.plot(allp,teststat,plottype="pvsr",proc=procs,leg=c(80,0.4),
+lty=ltypes,col=cols,lwd=2);
```

按照原始数据顺序显示调整后的 p 值，如图 22.6（彩图见书后）所示。

```
> mt.plot(allp,teststat,plottype="pvsi",proc=procs,leg=c(80,0.4),
+lty=ltypes,col=cols,lwd=2);
```

被否决的零假设数目 vs 统计水平，如图 22.7（彩图见书后）所示。

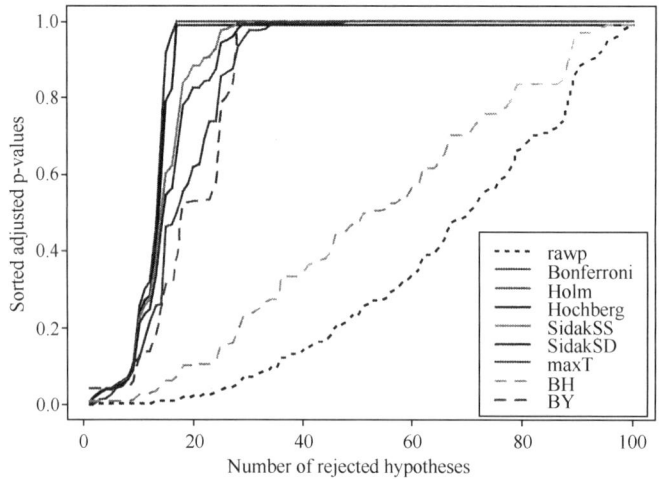

图 22.5 按照调整后的 p 值顺序显示多重检验的结果

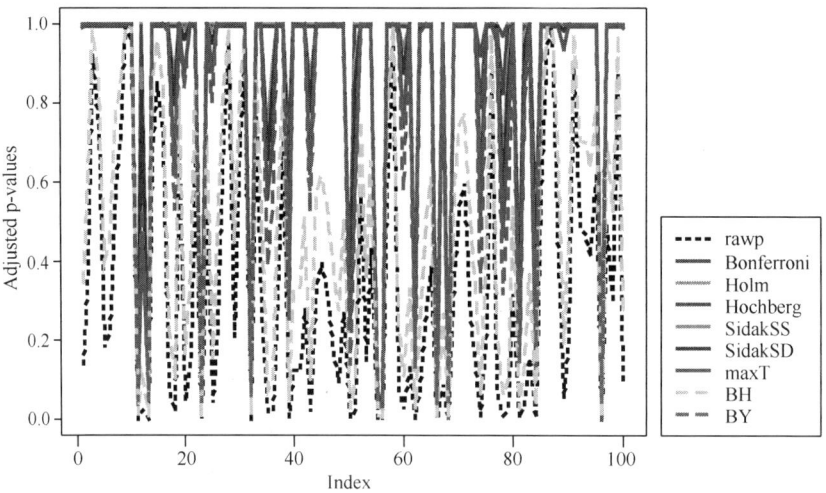

图 22.6 按照原始数据顺序显示多重检验的结果

> mt.plot(allp,teststat,plottype="rvsa",proc=procs,leg=c(0.05,100),
+lty=ltypes,col=cols,lwd=2);

绘图显示不同检验程序处理后的 p 值，如图 22.8（彩图见书后）所示。

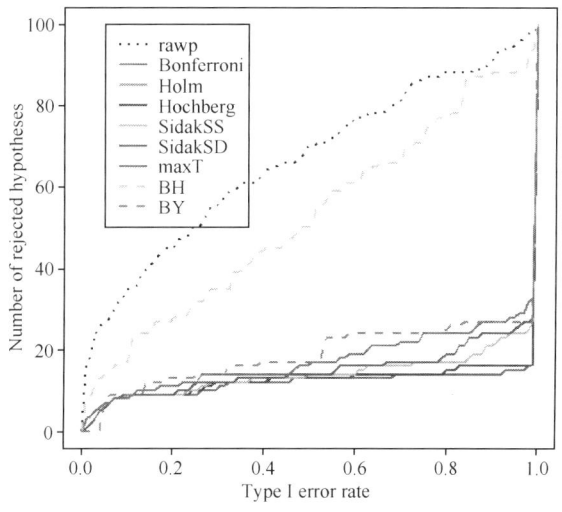

图 22.7 被否决的零假设数目

> mt.plot(allp,teststat,plottype="pvst",logscale=TRUE,proc=procs,
+leg=c(0,4),pch=ltypes,col=cols);

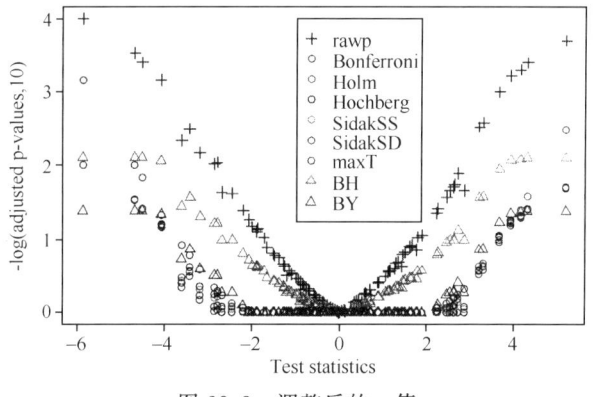

图 22.8 调整后的 p 值

22.8 pamr 包

22.8.1 简　介

pamr 包的主要功能是对基因表达数据进行分类，提供各种基于最邻近法、缩小质心法等统计方法的样本分类函数。

22.8.2 基本函数

1. 适应性选择尺度阈值的函数

函数 pamr.adaptthresh 用来适应性选择尺度阈值。对于每一个类的默认尺度阈值总是 1，为了在不增加分类训练误差的基础上更容易地分类，可以通过该函数自适应性选择更合适的尺度阈值。尺度阈值在 pamr.train 函数中使用。使用形式为

$$\text{pamr.adaptthresh(object, ntries=10, reduction.factor=0.9, full.out=FALSE)}$$

其中，object 为函数 pamr.train 的结果；ntries 为算法的迭代次数；reduction.factor 为在算法步骤中减少的分析的总数；full.out 为逻辑变量，判断是否需要返回所有输出，默认为 FALSE。

2. 预测函数

函数 pamr.confusion 用来从最近缩小质心法模型拟合（nearest shrunken centroid fit）中得到真实相对于预测值的列表。使用形式为

$$\text{pamr.confusion(fit, threshold, extra=TRUE)}$$

其中，fit 为调用函数 pamr.train 或 pamr.cv 的结果；threshold 为期望的阈值；extra 判断是否需要返回 classwise 和 overall 错误率，默认值为 TRUE。

3. 计算混淆矩阵的函数

函数 pamr.confusion.survial 用来从 pamr 生存拟合（survival fit）中计算混淆矩阵，使用形式为

$$\text{pamr.confusion.survival(fit, survival.time, censoring.status, yhat)}$$

其中，fit 为调用函数 pamr.train 或 pamr.cv 返回的结果；survival.time 为生存时间；censoring.status 为检查状态；yhat 为类别预测。

4. 验证分类器的函数

函数 pamr.cv 用来交叉验证最近缩小质心（nearest shrunken centroid）分类器。使用形式为

$$\text{pamr.cv(fit, data, nfold = NULL, folds = NULL,...)}$$

其中，fit 为调用函数 pamr.train 的结果；data 为一个列表，至少包含两个部分，x 为行表示表达基因，列表示样本的矩阵，y 为每个样本类标签组成的向量；nfold 为交叉验证的倍数，默认为最小的类的大小；folds 为包含 nfold 组分的列

表，每个组分为 fold。

5. 训练函数

函数 pamr.train 用于训练最小质心分类器（nearest shrunken centroid）。使用形式为

  pamr.train（data，gene.subset = NULL，sample.subset = NULL，
    threshold = NULL,
    n.threshold = 30，scale.sd = TRUE,
    threshold.scale = NULL,
    se.scale = NULL，offset.percent = 50，hetero = NULL,
    prior = NULL,
    remove.zeros = TRUE，sign.contrast ="both",
    ngroup.survival = 2)

其中，data 为输入数据列表，可以包含以下组分：x 为行表示表达的基因，列表示样本的矩阵，y 为每个样本的类标签所组成的向量，可选择组分有基因名的向量，还有 geneid 是基因的 id 号组成的向量；gene.subset 为将被使用的基因的子集，可以是一个长度等于总基因数目的逻辑向量，也可以是一个关于被使用的基因的行数的列表；offset.percent 为加到每个 t 检验分母上的阻滞因子，表示为基因标准偏差的百分点；ngroup.survival 为形成的生存数据的组的数目，默认为 2。

6. 根据最近缩小质心法预测的函数

函数 pamr.predict 根据最近缩小质心（nearest shrunken centroid fit）中给出预测信息。使用形式为

  pamr.predict (fit, newx, threshold, type= c("class","posterior",
    "centroid","nonzero"), prior = fit$prior,
    threshold.scale = fit$threshold.scale)

其中，fit 为调用函数 pamr.train 的结果；newx 为将被执行预测的特征矩阵；threshold 为设定的阈值；type 为需要预测的类型；prior 为每个类的先验概率；threshold.scale 为应用到阈值的附加的缩放因子。

7. 可视化最小质心法分类结果的函数

函数 pamr.geneplot 用于可视化通过最小质心法分类器阈值筛选的基因表达水平，该函数至多可同时绘制 20~25 个基因，故而阈值的选择必须保证至多有 20~25 个基因可通过。使用形式为

  pamr.geneplot(fit, data, threshold)

其中，fit 为调用函数 pamr.train 的结果；data 为输入数据，和 pamr.train 函数的输入数据格式一致；threshold 为设定的阈值。

22.8.3 示　　例

首先导入相关的软件包并生成供分析的模拟数据，x 为 1000×20 的数据矩阵，而 y 为长度 20、取值 1～4 间整数的随机向量，然后将之组合成列表 mydata。

```
> library(pamr);
> set.seed(120);
> x <-matrix(rnorm(1000*20),ncol=20);
> y <-sample(c(1:4),size=20,replace=TRUE);
> mydata <-list(x=x,y=y);
```

对数据集 mydata 训练最小质心分类器。

```
> mytrain <-pamr.train(mydata);
```

选择 mytrain 数据的自适应阈值。

```
> new.scales <-pamr.adaptthresh(mytrain);
```

对于给定的阈值，察看最小质心法分类真实值和预测值比较的列表，因第二行的所有基因都预测错误，故而错误率是 1。

```
> pamr.confusion(mytrain,threshold=1.5);
   1 2 3 4 Class Error rate
1  1 0 4 0       0.8
2  1 0 2 1       1.0
3  0 0 6 0       0.0
4  0 0 0 5       0.0
Overall error rate= 0.367
```

使用分类器对数据进行分类预测。

```
> pamr.predict(mytrain, mydata$x , threshold=1);
[1] 2 3 1 3 1 4 1 2 1 4 4 2 2 3 4 4 3 3 3 1
Levels: 1 2 3 4
```

设定阈值为 1.6，使用 mytrain 训练后的分类器对 mydata 数据分类，结果如图 22.9 所示。

> pamr.geneplot(mytrain, mydata, threshold=1.6);

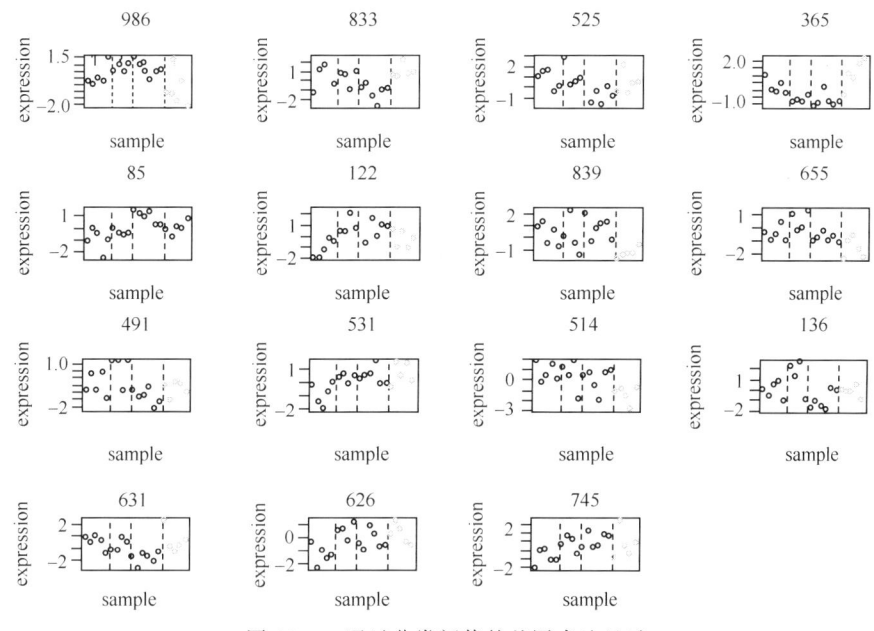

图 22.9 通过分类阈值的基因表达显示

22.9 MeasurementError.cor 包

22.9.1 简　介

MeasurementError.cor 包适合于二阶测量误差模型，用于估计双变量正态下两个随机变量之间的相关性，主要应用于分析基因表达数据间的相关性。

22.9.2 基 本 函 数

误差分析函数。函数 cor.me.vector 针对两个变量间的相关系数计算测量误差模型估计。对于给定的两个变量的观测值以及它们各自的标准偏差，返回它们之间的相关系数的测量误差模型估计。函数 cor.me.matrix 针对矩阵所提供的所有成对的基因表达数据计算测量误差估计。使用形式分别为

　　cor.me.vector(exp1,se1,exp2,se2)
　　cor.me.matrix(exp,se)

其中，exp1 为向量 1 的观察值；se1 为向量 1 的估计标准差；exp2 为向量 2 的观察值；se2 为向量 2 的估计标准差；exp 为观察到的矩阵值；se 为标准差矩阵。

22.9.3 示　　例

导入相关的软件包并生成人工分析数据，其中 exp 是 20×10 的随机矩阵，均值为 1000，标准偏差为 20；se 为 20×10 的随机矩阵，均值为 50，标准偏差为 5。

```
> library(MeasurementError.cor);
> exp <-matrix(abs(rnorm(200,1000,20)),ncol=10);
> se <-matrix(abs(rnorm(200,50,5)),ncol=10);
```

分别取出 exp 和 se 中的前两行作为两个向量的观察值以及估计标准偏差，测量误差模型估计，其中，corr.me 表示两个向量间测量误差分布的相关性；corr.true 表示两个向量间的真实相关性；mu1 和 mu2 表示两个向量的均值；s1 和 s2 对应于两个向量的标准偏差；counts 为函数数目以及斜率估计；convergence 表示是否收敛，0 表示收敛，1 表示发散。

```
> cor.me.vector(exp[1,],se[1,],exp[2,],se[2,]);
$estimate
corr.me   corr.true    mu1          mu2          s1           s2
-0.8446163 0.7107150 993.8008641 1006.6049622 0.6992304 1.5186292
$counts
function gradient
      44        40
$convergence
[1] 0
```

22.10　limma 包

22.10.1　简　　介

limma 包是基因表达芯片数据分析工具的一个库，特别是使用线性模型来分析设计实验和评估差异表达的工具。limma 提供对多个任意复杂设计实验中 RNA 目标基因间的分析比较工具。当芯片数目很少时，也可通过经验贝叶斯（Bayesian）方法分析获得稳定的结果。Limma 包还提供了针对双色点样芯片数据的归一化和其他分析的函数。该线性模型以及不同表达分析的函数可应用于所有类型的芯片数据，包括 affymetrix 以及其他 multi-array 的寡核苷酸实验。

22.10.2 limma 包的类

limma 包有 4 个类，分别是 RGList、MAList、MArrayLM 和 TestResults，详细介绍见表 22.5。

表 22.5 limma 包的类

	1. RGList
描述	一个简单的基于列表的类，用来存储每批芯片点样的红色和绿色的前景色以及背景色的强度；RGlist 对象可以通过 new（"RGList"，RG）来创建，其中的 RG 是一个列表，这个类的对象没有 Slots，但对象必须包含下列列表组分： R：数值矩阵，为红色（cy5）的前景色强度矩阵； G：数值矩阵，为绿色（cy3）的前景色强度矩阵； Rb：数值矩阵，为红色（cy5）的背景色强度矩阵； Gb：数值矩阵，为绿色（cy3）的背景色强度矩阵
方法	RGList 类直接从类 list 继承，因此，所有 list 类的操作函数都可以用来操作该类的对象。此外，RGList 类的对象还可以取子集、联合、合并，还可以返回维度以及行列的数目。同时，RGList 还从虚类 LargeDataObject 中继承了 show 的方法，意味着 RGList 可以打印成一种紧凑格式。RGList 对象可以通过 as（RG，"exprSet2"）转换成 exprset2 格式
	2. MAList
描述	一个简单的基于列表的类，用来存储每批芯片探针的荧光强度变换而得到的 M 值以及 A 值；MAList 对象可以通过 new（"MAList"，MA）函数来创建，其中，MA 是一个列表，这个类的对象没有 Slots，但对象必须包含下列列表组分： M：数值矩阵，存储 M 值； A：数值矩阵，存储 A 值； weights：数值矩阵，存储相关探针点数据质量的权重矩阵，必须非负； printer：列表类型，储存打印芯片中的探针点处理时用到的信息； genes：data.frame 类对象，包含芯片中基因探针的信息； targets：data.frame 类对象，包含 RNA 样本目标基因的信息
方法	这个类直接从类 list 继承，因此，所有 list 类的操作函数都可以用于这个类的对象。此外，MAList 类的对象还可以取子集、联合、合并，还可以返回维度以及行、列的数目
	3. MArrayLM
描述	一个简单的基于列表的类，用来存储每批芯片数据拟合 gene-wise 线形模型的结果；MArrayLM 类的对象没有 Slots，但对象必须包含下列列表组分： coefficients：包含拟合的参数或者对照的矩阵； stdev.unscaled：包含无尺度系数或对照的标准差的矩阵； sigma：由每个基因的标准残差组成的向量； df.residual：每个基因的剩余自由度组成的向量

方法	这个类直接从类 list 继承，因此所有 list 类的操作函数都可以用于该类的对象。此外，MArrayLM 类的对象还可以取子集、联合、合并，还可以返回维度以及行、列的数目
4. TestResults	
描述	一个基于矩阵的类，用来存储对于每个探针模拟检测对照集等于 0 的结果；TestResults 对象通常由函数 classifyTestsF、classifyTestsT 或 classifyTestsP 来创建。Results 是一个矩阵； 这个类的对象没有 Slots
方法	该类直接从 matrix 类继承，因此，所有 matrix 类的操作函数都可用于该类的对象。limma 包中对 TestResults 对象进行处理的函数包括 heatDiagram、vennCounts、vennDiagram

22.10.3 limma 包的基本函数

1. 从文件中读取芯片数据的函数

1）读取目标文件

函数 readTargets 读取双色微阵列实验的目标文件，该文件保存了 RNA 样本和芯片的杂交信息。使用形式为

$$\text{readTargets(file="Targets.txt", path=NULL, sep="\backslash t",}$$
$$\text{row.names="FileName")}$$

其中，file 指定文件名；path 为存储路径，默认为当前路径；sep 指定字段分隔符；row.names 为列的名称，从中可以得到行的名称。

2）读取芯片数据

芯片数据分析的第一步是从图像分析程序提供的芯片数据文件中读取基因表达数据，这个步骤用 read.maimages 函数来实现。read.imagene 函数生成一个 RGList 对象，并仅仅读取处理所需要的信息。使用形式分别为

```
read.maimages (files,source="spot",path=NULL,ext=NULL,
    names=NULL,
    columns=NULL,other.columns=NULL,
    annotation=NULL,
    wt.fun=NULL,verbose=TRUE,sep="\t",
    quote="\",...)
read.imagene (files,path=NULL,ext=NULL,names=NULL,
    columns=NULL,
    wt.fun=NULL,verbose=TRUE,sep="\t",
```

quote=″\″,...)

其中,files 给出文件名;source 指定用于输出文件的图像分析程序;path 给出文件所在的地址;ext 给出文件的后缀名;names 给出每个芯片作为一列时的名称;columns 为包含红色和绿色前景强度和背景强度的列表;other.columns 为字符串向量,存储点样的特异性信息;annotation 为字符串向量,存储探针的注解;wt.fun 为用于计算点权重的函数;verbose 判断是否报告数据读入情况;sep 指定字段分割符;quote 为指定的引用符号。

3) 读取基因列表的函数

许多图像处理程序在图像分析的输出文件中提供基因 ID 号,在其他情况下还可以提供探针的 ID 号以及相关的注释信息。函数 readGAL 从一个 GenePix Array List(GAL)中读取信息,生成一个已知列名的数据单;函数 readspotTypes 和 controlStatus 帮助在数据分析及挖掘时从一般基因中分离探针点的类型。使用形式分别为

readGAL(galfile=NULL,path=NULL,header=TRUE,sep=″\t″,
    quote=″\″,
    skip=NULL,as.is=TRUE,...)
readSpotTypes(file=″SpotTypes.txt″,path=NULL,sep=″\t″,
    check.names=FALSE,...)
controlStatus(types,genes,spottypecol=″SpotType″,regexpcol,
    verbose=TRUE)

其中,galfile 给出 GAL 文件名;path 给出文件所在的路径;header 为逻辑值,判断信息读入时是否包含标题;skip 指出在正式读入数据前需要跳过的行数;file 给出指定的点样类型的文件名。

2. 芯片数据归一化的函数

通常,对从点样芯片实验中得到的数据采用 normalizeWithinArrays 函数进行归一化,少量数据也可使用 normalizeBetweenArrays 函数来实现归一化。所有的归一化流程都会考虑到探针点的质量权重。这个权重可以通过 modifyweights 函数来临时调整。使用形式分别为

normalizeWithinArrays(object,layout,method=″printtiploess″,
    weights=object$weights,span=0.3,
    iterations=4,controlspots=NULL,df=5,
    robust=″M″,bc.method=″subtract″,
    offset=0)
normalizeBetweenArrays(object,method,targets=NULL,...)

其中,object 为列表,RGList 或 MAList 类的对象,包含双色微阵列实验数据;

layout 指定点样矩阵以及网格矩阵尺度的列表；method 指定数据归一化的方法；span 指定 loess 拟合的平滑参数；iterations 指定 loess 拟合的迭代次数；controlspots 为数字型或逻辑型向量，用于指定非差异性表达控制点样的子集，当且仅当 method＝"composite"时使用；offset 为计算对数率时的荧光强度偏置量。

3. 芯片的线性模型函数

1）拟合模型

该模型的主要函数是 lmFit，该函数生成一个关于类 MArrayLM 的拟合模型对象，包含每个基因的系数，标准差以及标准残差。使用形式为

lmFit(object, design = NULL, ndups = 1, spacing = 1, block = NULL, correlation=0.75,

weights=NULL, method="ls",...)

其中，object 包含一系列微阵列实验的表达数据；design 为微阵列实验的设计矩阵；ndups 给出每个基因在芯片中点样的次数；spacing 给出了两个点样之间的间隔，spacing 设为 1 表示点样是连续的；block 指定芯片中的块变量，长度等于芯片数目；weights 为每个点样的最优化权重矩阵；method 指定方法，"ls"表示为最小二乘法，"robust"表示 robust 回归法。

2）构成设计矩阵

lmFit 函数有两个重要的参数，即表达数据以及设计矩阵。设计矩阵本质上是一个指示器矩阵，能够指定每个芯片的每个通道中使用了哪一个 RNA 靶基因。在选择设计矩阵时有很大的自由度。对于 Affymetrix 芯片或者单色芯片实验，设计矩阵通常可以由函数 model.matrix 来生成，这是 R 语言的一个基包；对于双色芯片实验，也可以用该函数来辅助生成设计矩阵。

函数 modelMatrix 用于从 RNA 靶基因信息中构建设计矩阵。使用形式为

modelMatrix(targets, parameters, ref, verbose=TRUE)

其中，targets 为矩阵或数据单，列 Cy3 和 Cy5 分别用来指与每个芯片杂交的 RNA 所使用的染色，行表示 RNA 样本，列表示标记所采用的染色；parameters 为一个矩阵，指出依赖于衰减系数的 RNA 样本间的对照，行的名称必须是目标基因中的 RNA 样本的唯一名字；ref 为字符串，给出被当作参照处理的 RNA 样本的名称；verbose 为逻辑变量，如果为 TRUE 则目标基因中的唯一的名称将被打印到标准输出中。

3）比较对照矩阵的函数

一旦某个线性模型拟合使用一个近似的设计矩阵，则函数 makecontrasts 可以用来对感兴趣的目标基因生成对照矩阵，以供进一步分析。函数 contrasts.fit 用于计算感兴趣的对照的倍数变化以及 t 检验。使用形式分别为

makecontrasts(...,levels)

contrasts. fit(fit, contrasts)

其中，"..."为表达式，或者是能够分解为表达式的字符串，以指定对照；levels 为字符向量，给出被作对照处理的参数的名称；fit 是一个 MArrayLM 类的对象或是由函数 lm. series 所生成的列表；contrasts 是列包含对照的数字矩阵。

4）估计不同表达的函数

在拟合线性模型之后，使用简单的经典贝叶斯模型估计标准差，这些通过函数 ebayes 以及 eBayes 来计算。ebayes 和 eBayes 函数能够对于给定的相关的参数估计以及标准差计算适度 t 检验以及对于每个基因每个对照的不同表达的对数比（log-odds），eBayes 默认值并不计算 t 检验，但此结果很容易从线性模型的结果中得到。与 eBayes 函数相比，ebayes 功简单些，事实上两者的区别并不大。使用形式分别为

ebayes(fit,proportion=0.01,stdev. coef. lim=c(0.1,4))
eBayes(fit,proportion=0.01,stdev. coef. lim=c(0.1,4))

其中，fit 为一个列表对象，由 lm. series、gls. series、rlm. series 或 lmFit 生成；propotrion 为 0 和 1 之间的一个数值，指定不同表达的基因比例；stdev. coef. lim 是长度为 2 的向量，指定不同表达基因标准偏差倍数变化的自然对数的上下阈界。

4. 双色微阵列实验的个体通道分析

函数 intraspotCorrelation 给出两个通道间 intra-spot 相关性的估计；函数 lmscFit 对个体强度对数形式的双色数据进行线形模型拟合并计算其中的相关性。使用形式分别为

intraspotCorrelation(object, design, trim=0.15)
lmscFit(object, design, correlation)

其中，object 为 MAList 类的对象或者是可以提取出 M 值和 A 值的列表；design 为用在个体通道中的线形模型的设计矩阵；trim 为计算一致相关性时的平衡参数；correlation 给出了 intra-spot 相关性。

22.10.4 示　　例

首先导入相应的包以及数据集，所要用到的数据集为 MouseArray，包含从 cDNA 微阵列芯片的六种不同输出，前三个数据（mouse1、mouse2、mouse3）描述了 control 杂交，而后三个数据（mouse4、mouse5、mouse6）则描述了 treatment 杂交。

```
> library(limma);
> library(sma);
> data(MouseArray);
```

数据的预处理分析以及标准化，避免出现假阳性数据。

> RG <-backgroundCorrect(mouse.data,method="half");
> MA <-normalizeWithinArrays(RG,mouse.setup);
> MA <-normalizeBetweenArrays(MA,method="Aq");

从样本中随机选出 500 个基因。

> i <-sample(1:nrow(MA),500);
> MA <-MA[i,];

设定目标基因数据单的初始值。

>targets<-data.frame(Cy3=I(rep("Pool",6)),Cy5=I(c("WT","WT",
+"WT","KO","KO","KO")));
> targets.sc <-targetsA2C(targets);
> targets.sc$Target <-factor(targets.sc$Target,levels=c("Pool","WT",
+"KO"));

构造设计矩阵。

> design <-model.matrix(~Target,data=targets.sc);
> design;
	(Intercept)	TargetWT	TargetKO
1.1	1	0	0
1.2	1	1	0
1.1	1	0	0
2.2	1	1	0
3.1	1	0	0
...			
6.2	1	0	1

attr(,"assign")
[1] 0 1 1
attr(,"contrasts")
attr(,"contrasts")$Target
[1] "contr.treatment"

相关性分析。

> corfit <-intraspotCorrelation(MA,design);
> fit <-lmscFit(MA,design,correlation=corfit$consensus);

对感兴趣的对照进行分析，结果为对感兴趣的目标基因的模型拟合误差估计。

```
> cont.matrix <-cbind(KOvsWT=c(0,-1,1));
> fit2 <-contrasts.fit(fit,cont.matrix);
> fit2 <-eBayes(fit2);
> topTable(fit2,adjust="fdr");
```

	M	A	t	P.Value	B
354	-1.7724493	12.804818	-10.464970	6.225538e-05	7.8016422
241	-1.1448459	13.790725	-7.525621	1.205607e-03	4.4985008
334	-1.0526840	13.366842	-4.804466	6.023215e-02	0.3577235
30	0.5739305	10.184002	4.360253	1.004952e-01	-0.4210806
442	0.5810522	8.874935	3.654226	2.994156e-01	-1.6993949
118	-0.4752827	9.494984	-3.298971	4.474143e-01	-2.3518045
92	-0.5014906	9.165571	-3.266151	4.474143e-01	-2.4120580
247	2.0009767	9.143214	3.041961	4.913582e-01	-2.8224553
252	-0.4243306	9.752943	-3.032701	4.913582e-01	-2.8393414
323	0.6334710	9.872355	2.991883	4.913582e-01	-2.9136977

22.11 ROC 包

22.11.1 简　　介

ROC 包是和受试者工作特征曲线 (receiver operating characteristic) 相关的 R 语言的类和函数的集合。这些函数对 DNA 芯片实验数据进行 ROC 分析。理论上，当诊断实验完全无价值时，有 FPR＝TPR，即真阳性率 (true positive rate) ＝假阳性率 (false positive rate)，曲线是一条从原点到右上角的对角线，该线被称作机会线 (chance line); ROC 曲线一般位于机会线上方，离机会线越远，说明诊断准确度越高；最好的诊断实验在图中表现为 ROC 曲线从原点垂直上升至左上角，然后水平到达右上角。

ROC 曲线下的面积可反映诊断实验的准确性大小。这一指标的取值范围在 0.5～1 之间，等于 0.5 时表示完全无价值的诊断；等于 1 时表示完全理想的诊断；一般认为取值为 0.5～0.7 时诊断准确率较低；0.7～0.9 表示准确性中等；0.9 以上表示准确性较高。

22.11.2 ROC 包的类

ROC 包有一个 rocc 类，详见表 22.6。

表 22.6　Roc 包的类

	rocc
描述	描述 ROC 曲线的对象，使用 rocdemo.sca 函数创建
Slots	sens：numeric 类对象，描述灵敏性； spec：numeric 类对象，描述特异性； rule：function 类对象，描述分类对象的规则； cuts：numeric 类对象，描述初始定义的曲线； markerLabel：character 类对象，描述测量标记物的名字； caseLabel：character 类对象，描述条件的名字
方法	绘图函数

22.11.3　ROC 包的基本函数

1. 创建 rocc 类的对象的函数

函数 rocdemo.sca 用于创建 rocc 类的对象。使用形式为

rocdemo.sca(truth,data,rule,cutpts=NA,
　　　　　　markerLabel="unnamed marker",
　　　　　　caseLabel="unnamed diagnosis")

其中，truth 为对象的真实分类，必须取值为 0 或 1；data 为用来分类的定量标记；rule 为一个函数，返回 0 或 1；cutpts 为阈值；markerLabel 为描述标记物的名称；caseLabel 为描述分类的名称。

2. ROC 曲线函数

函数 AUC、AUCi、pAUC 和 pAUCi 用于描述不同功能的 ROC 曲线。使用形式分别为

AUC(rocobj)
AUCi(rocobj)
pAUC(rocobj,t0)
pAUCi(rocobj,t0)

其中，rocobj 为 rocc 类的对象；t0 为假阳性率（false positive ratio，FPR）点。需要加以说明的是，AUC、pAUC、AUCi 和 pAUCi 函数虽然都用于计算曲线下的面积，但它们应用的方法有所不同。

AUC 和 pAUC 函数应用梯形规则计算面积，而 AUCi 和 pAUCi 函数使用积分来计算面积；AUC 和 AUCi 函数计算曲线与 x 轴上 0～1 范围内的面积，而 pAUC 和 pAUCi 函数计算曲线与 x 轴上 0 到 t0 所围的面积。

22.11.4 示　　例

导入相关软件包并生成分析数据。

```
> library(ROC);
> set.seed(123);
```

构建一个 rocc 类的对象，其中，rbinom 函数构造一个长度为 20 的、取值 0 或 1 的向量；rnorm 函数构造一个长度 20 的随机向量数据，使用规则 dxrule.sca(x，thresh)，该规则表示，如果 x>thresh 则返回 1，否则返回 0。x 和 thresh 对应于两个向量 truth 和 data。R1 的图示如图 22.10 所示。

```
> truth<-rbinom(20,1,.3);
> data<-rnorm(20);
> R1 <-rocdemo.sca( truth, data, dxrule.sca);
> plot(R1, line=TRUE, show.thresh=TRUE);
```

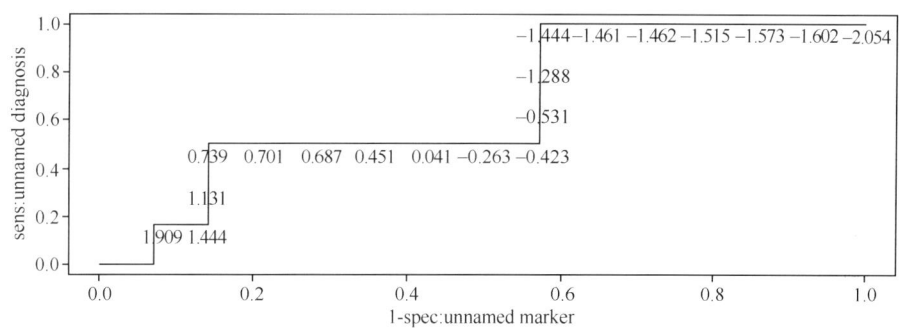

图 22.10　rocc 类的对象 R1 的图示

然后可以利用 ROC 包所提供的函数 AUC、pAUC、AUCi、pAUCi 计算曲线面积，以判断诊断准确性。

```
> AUC(R1);
[1] 0.6547619
> AUCi(R1);
[1] 0.6904761
> pAUC(R1,1);
[1] 0.6547619
> pAUCi(R1,1);
[1] 0.6904761
```

22.12 siggenes 包

22.12.1 简　　介

siggenes 软件包通过对芯片数据的显著性分析（SAM）以及对芯片的经典贝叶斯分析（EBAM）确定不同的表达基因并估计检出率（false discovery rate）。另外，该包还提供了针对多类数据以及未加工的原始数据的芯片显著性分析。

22.12.2 siggenes 包的类

siggenes 包有一个类 SAM，详见表 22.7。

表 22.7　siggenes 包的类

	SAM
描述	由 Tusher 等人提议的 SAM（芯片显著性分析）程序的几个版本的类描述，类的对象可以由 sam、sam.dstat、sam.wilc 以及 sam.snp 函数创建
Slots	d：numeric 类对象，描述基因的表达得分； d.bar：numeric 类对象，描述在零假设状态下期望的表达得分； vec.false：numeric 类对象，包含错误调用（falsely called gene）的基因单侧（one-sided）期望数； p.value：numeric 类对象，由基因的 p 值构成； s：numeric 类对象，描述基因的标准差，如果没有计算，则 s 设置为 numeric (0)； s0：numeric 类对象，描述阻滞因子的值，如果没有计算，则 s0 设为 numeric (0)； mat.samp：matrix 类对象，包含在零分布估计中所用到的序列交换的组的标签，每一行描述一个交换，每一列描述一个观察对。如果没有执行交换的步骤，则 mat.samp 将被设为 matrix (numeric (0))； p0：numeric 类对象，描述一个基因没有差异表达的先验概率；mat.fdr：matrix 类对象，包含一些基本信息，如显著性基因的数目，对一些 Delta 值的估计检出率（FDR）。每一行表示 Delta 的一个值，每一列表示一个统计； q.value：numeric 类对象，由基因的 q 值组成，如果没有计算，则 q.value 设为 numeric (0)； fold：numeric 类对象，描述基因的倍数变化，如果没有计算，则 fold 设为 numeric (0)； msg：character 类对象，包含如分析的类型等信息，如果函数 print 和 summary 分别被调用则打印 msg； chip：character 类对象，命名分析中使用的芯片，如果没有有效的芯片信息，则 chip 将被设为 ""
方法	查看 Slots 参数以及结果的方法函数

22.12.3 基 本 函 数

1. 经典贝叶斯分析（EBAM）

给定误差系数（fudge factor）a0，函数 ebam 对芯片数据执行经典贝叶斯分析，而函数 find.a0 用于计算误差系数（fudge factor）a0。使用形式分别为

  find.a0(data,cl,B=100,balanced=FALSE,mat.samp=NULL,
    delta=0.9,
    alpha=(0:9)/10,include.0=TRUE,p0=NA,
    plot.legend=TRUE,
    na.rm=FALSE,rand=TRUE)
  ebam(a0.out,a0=NA,p0=NA,delta=NA,local.bin=.1,
    gene.names=NULL,
    q.values=TRUE,R.fold=TRUE,R.unlog=TRUE,
    na.rm=FALSE,file.out=NA)

其中，a0.out 为前一个分析的输出，指定值为 find.a0；a0 为误差系数，如果为 NA，则将使用值 find.a0；p0 为基因不同表达的先验概率，如果没有指定，则自动计算；delta 为指定的阈值，如果一个基因差异性表达的后验概率大于等于 delta 值，那么该基因将被认为是不同表达的，默认的 delta 值为 find.a0；local.bin 指定表达得分 z 的局部检出率（local false discovery rate，FDR）估计的区间，默认区间为 [z−0.1，z+0.1]；gene.names 为包含基因名的向量；q.values 为逻辑值，如果为 TRUE 则将计算每个基因对应的 q 值；R.fold 为逻辑值，如果为 TRUE 则计算每个差异性表达基因的倍数变换；R.unlog 判断计算 R.fold 时是否需要使用反对数。

函数 ebam.wilc 使用 Wilcoxon 秩和作为基因表达得分对基因表达数据进行经典贝叶斯分析。使用形式为

  ebam.wilc(data,cl,delta=.9,p0=NA,ties.rand=TRUE,
    zero.rand=TRUE,
    gene.names=NULL,R.fold=TRUE,R.unlog=TRUE,
    file.out=NA,na.rm=FALSE,rand=NA)

其中，data 为待分析的数据；cl 为包含采样的类标记的向量；delta 为指定的阈值，如果某基因差异性表达的后验概率大于等于 delta 值，那么该基因被认为是不同表达的；p0 为基因不同表达的先验概率，如果没有指定，则自动计算；ties.rand 为逻辑值，如果为 TRUE 则非整数的表达得分将被随机指定为临近的整数，否则将被指定为临近平均值的整数；zero.rand 确定是否指定零值；R.fold 为逻辑值，如果为 TRUE 则计算每个差异性表达基因的倍数变换；

R. unlog 判断计算 R. fold 时是否需要使用反对数。

2. 芯片显著性分析函数

(1) 函数 sam 执行对芯片数据的显著性分析。使用形式为

sam(data, cl, method = "d. stat", delta = NULL,
　　n. delta = 10, p0 = NA,
　　lambda = seq(0, 0.95, 0.05), ncs. value = "max",
　　ncs. weights = NULL,
　　gene. names = dimnames(data)[[1]], q. version = 1, ...)

其中，data 为矩阵，数据单或 exprSet 类的对象，data 的行取决于基因，列取决于样本；cl 为长度等于 data 的列数的向量，包含样本的类别标记；method 为字符串，指定在计算表达得分为 d 时使用的方法；delta 设定将被使用的 Delta 的初始值；p0 为基因不同表达的先验概率，如果没有指定，则自动计算；gene. names 为包含基因名的向量；lambda 指定在先验概率估计中使用的 lambda 值；ncs. value 为字符串，当且仅当 lambda 是向量时使用，可取值"max"或"paper"；ncs. weights 为和 lambda 长度一致的数字型向量，包含在估计 pi0 时使用的权重，默认不使用权重。

(2) 函数 sam. dstat 执行使用修正 t 分布的芯片显著性分析。使用形式为

sam. dstat(data, cl, var. equal = FALSE, B = 100, med = FALSE,
　　s0 = NA,
　　s. alpha = seq(0, 1, 0.05), include. zero = TRUE,
　　p0 = NA,
　　n. subset = 10, mat. samp = NULL, B. more = 0.1,
　　B. max = 30000,
　　lambda = seq(0, 0.95, 0.05), ncs. value = "max",
　　ncs. weights = NULL,
　　delta = NULL, n. delta = 10,
　　gene. names = dimnames(data)[[1]],
　　q. version = 1, R. fold = 1, R. unlog = TRUE,
　　na. replace = TRUE,
　　na. method = "mean", rand = NA)

其中，data 为矩阵，数据单或 exprSet 类的对象，data 的行取决于基因，列取决于样本；cl 为长度等于 data 的列数的向量，包含样本的类别标记；var. equal 如果为 FALSE 则计算 Welch 统计检验，如果设为 TRUE 则计算综合变异数 t 检验（pooled-variance t test）；B 指定零分布估计时使用的置换次数；med 如果是 FALSE 则计算错误调用基因（falsely called gene）的均值，否则计算中位数；

s0 指定误差系数（fudge factor）；s.alpha 为计算 s0 时所使用的基因标准偏差的分位数；include.zero 如果为 TRUE，那么 s0 也可取值为 0；n.subset 指定计算 p 值时的置换次数；mat.samp 为列数和 data 一致的矩阵，每一行指定计算中使用的一次置换；B.more 为数值，如果所有可能的置换的数目小于或等于（1+B.more）*B，那么使用所有的置换，否则使用 B 次置换；delta 设定将被使用的 Delta 的初始值；p0 为基因不同表达的先验概率，如果没有指定，则自动计算；gene.names 为包含基因名的向量；lambda 指定在先验概率估计中使用的 lambda 值；ncs.value 为字符串，当且仅当 lambda 是向量时使用，可取值"max"或"paper"；ncs.weights 为和 lambda 长度一致的数字型向量，包含在估计 pi0 时使用的权重，默认不使用权重；R.fold 为逻辑值，如果为 TRUE 则计算每个差异性表达基因的倍数变换；R.unlog 判断计算 R.fold 时是否需要使用反对数；na.replace 如果为 TRUE，那么无效数据将被移出，如果某个基因数据超过两个无效数据，则在后续分析中将该基因排除，如果 na.replace 为 FALSE，那么所有出现无效数据的基因均被排除；rand 为数值，如果指定为非 NA 值，那么随机数生成器可重复使用。

（3）函数 sam.snp 函数执行对分类数据的 SAM 分析，如 SNP 数据等。使用形式为

   sam.snp(data, cl, B = 1000, med = FALSE, delta = NULL,
     n.delta = 10,
     p0 = NA, lambda = seq(0, 0.95, 0.05),
     ncs.value ="max",
     ncs.weights = NULL,
     gene.names = dimnames(data)[[1]],
     q.version = 1, na.replace = TRUE,
     check.levels = TRUE, rand = NA)

其中，data 为矩阵，数据单或 exprSet 类的对象，data 的行取决于基因，列取决于样本；cl 为长度等于 data 的列数的向量，包含样本的类别标记；B 指定零分布估计时使用的置换次数；med 如果是 FALSE 则计算错误调用基因（falsely called gene）的均值，否则计算中位数；B.more 为数值，如果所有可能的置换的数目小于或等于（1+B.more）*B，那么使用所有的置换，否则使用 B 次置换；delta 设定将被使用的 Delta 的初始值；p0 为基因不同表达的先验概率，如果没有指定，则自动计算；gene.names 为包含基因名的向量；lambda 指定在先验概率估计中使用的 lambda 值；ncs.value 为字符串，当且仅当 lambda 是向量时使用，可取值"max"或"paper"；ncs.weights 为和 lambda 长度一致的数字型向量，包含在估计 pi0 时使用的权重，默认不使用权重；na.replace 如果为 TRUE，那么无效数据将被移出，如果某个基因数据超过两个无效数据，则在后

续分析中将该基因排除，如果 na.replace 为 FALSE，那么所有出现无效数据的基因均被排除；check.levels 为逻辑值，如果设为 TRUE，则将检测是否所有 SNP 出现相同数目的分类；rand 为数值，如果指定为非 NA 值，那么随机数生成器可重复使用。

（4）函数 sam.wilc 执行使用 Wilcoxon Rand 统计的芯片显著性分析。使用形式为

> sam.wilc(data, cl, delta = NULL, n.delta = 10, p0 = NA,
> lambda = seq(0, 0.95, 0.05), ncs.value = "max",
> ncs.weights = NULL,
> gene.names = dimnames(data)[[1]], q.version = 1,
> R.fold = 1,
> R.unlog = TRUE, na.replace = TRUE,
> na.method ="mean",
> approx50 = TRUE, check.ties = FALSE, rand = NA)

其中，data 为矩阵、数据单或 exprSet 类的对象，data 的行取决于基因，列取决于样本；cl 为长度等于 data 的列数的向量，包含样本的类别标记；delta 设定将被使用的 Delta 的初始值；p0 为基因不同表达的先验概率，如果没有指定，则自动计算；gene.names 为包含基因名的向量；lambda 指定在先验概率估计中使用的 lambda 值；ncs.value 为字符串，当且仅当 lambda 是向量时使用，可取值"max"或"paper"；ncs.weights 为和 lambda 长度一致的数字型向量，包含在估计 pi0 时使用的权重，默认不使用权重；R.fold 为逻辑值，如果为 TRUE 则计算每个差异性表达基因的倍数变换；R.unlog 判断计算 R.fold 时是否需要使用反对数；na.replace 如果为 TRUE，那么无效数据将被移出，如果某个基因数据超过两个无效数据，则在后续分析中将该基因排除，如果 na.replace 为 FALSE，那么所有出现无效数据的基因均被排除；approx50 为逻辑值，值为 TRUE 时，所有的零分布近似为标准正态分布，否则另外计算零分布；check.ties 为 TRUE 时，如果出现零或结（ties）值，则出示警告信息；rand 为数值，如果指定为非 NA 值，那么随机数生成器可重复使用。

22.12.4 示 例

首先导入相关的包以及分析数据，涉及的数据集 golub 是白血病微阵列芯片实验所得到的基因表达数据集。其中，golub 为 38 个肿瘤 mRNA 采样的基因表达水平的矩阵，行对应于基因（3051 个），列对应于 mRNA 采样；golub.cl 为标明肿瘤类别的数字型向量，包含 27 个急性淋巴白血病（ALL）样本，代码为 0，以及 11 个急性骨髓白血病（AML）样本，代码为 1。

```
> library(siggenes);
> library(multtest);
> data(golub);
```

指定不同的误差系数 a0 的值,对数据进行分析,结果如图 22.11 所示。

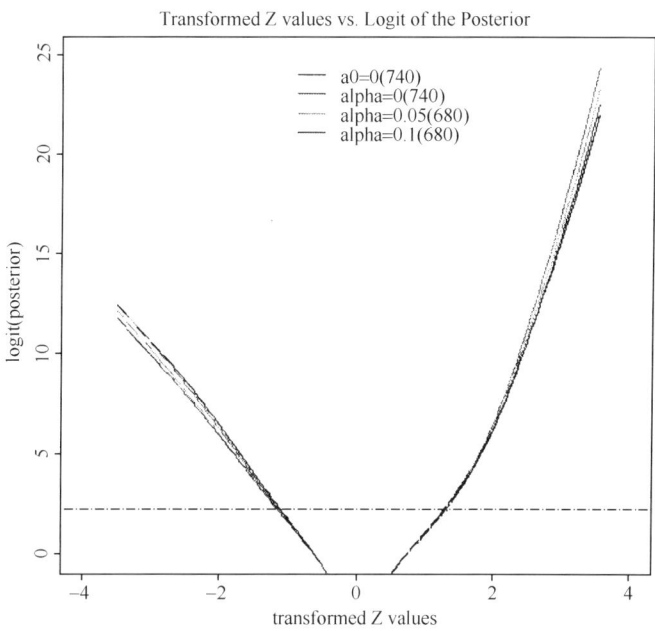

图 22.11 不同误差系数下变换的 Z 值图

```
> find.out<-find.a0(golub,golub.cl,alpha=c(0,0.05,0.1),rand=123);
```

对芯片数据应用经典贝叶斯分析,结果如图 22.12 所示。

```
> ebam.out<-ebam(find.out,gene.names=golub.gnames[,3]);
```

使用 Wilcoxon 秩和的芯片经典贝叶斯分析,结果如图 22.13 所示。

```
> ebam.wilc.out<-ebam.wilc(golub,golub.cl,
+gene.names=golub.gnames[,3],rand=123);
```

芯片显著性分析。

```
> sam.out<-sam(golub,golub.cl,B=100,rand=123);
> sam.out;
SAM Analysis for the Two-Class Unpaired Case Assuming Unequal Variances
```

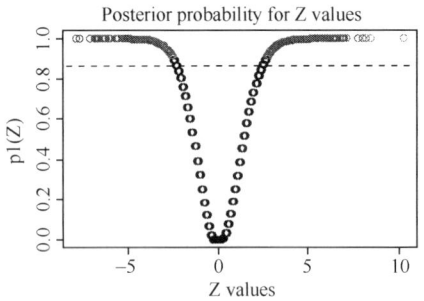

图 22.12　芯片数据的经典贝叶斯分析

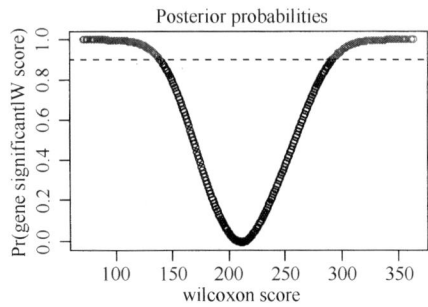

图 22.13　使用 wilcoxon 秩和的芯片经典贝叶斯分析

	Delta	p0	False	Called	FDR
1	0.1	0.5	2424.77	2739	0.443
2	0.7	0.5	262.21	1248	0.105
3	1.3	0.5	12.11	507	0.012
4	1.8	0.5	0.74	210	0.002
5	2.4	0.5	0.01	76	0.000
6	3.0	0.5	0.00	15	0.000
7	3.6	0.5	0.00	5	0.000
8	4.1	0.5	0.00	2	0.000
9	4.7	0.5	0.00	2	0.000
10	5.3	0.5	0.00	0	0.000

```
> plot(sam.out);## Delta 图形化结果,如图22.14所示
```

对于 delta 的不同取值,可以生成的不同结果。

```
> plot(sam.out,seq(0.2,0.4,2));##结果如图22.15所示
```

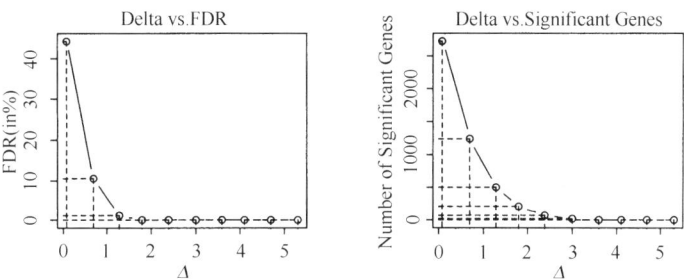

图 22.14 Delta 图形化

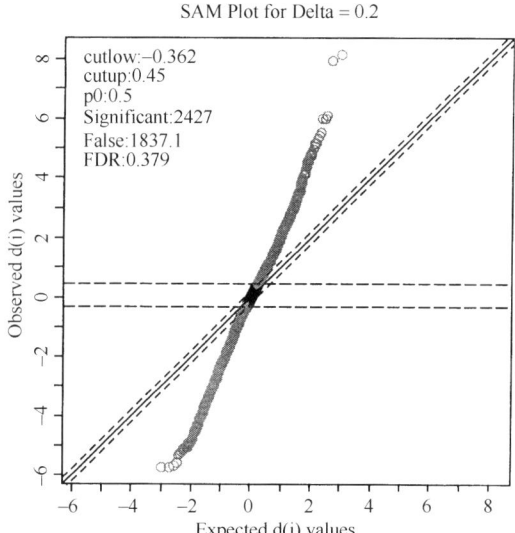

图 22.15 Delta 为 0.2 时的 SAM 图

```
> plot(sam.out,2);##结果如图22.16所示
```

芯片显著性分析。

```
> sam.dstat(golub,golub.cl,B=100,rand=123);
SAM Analysis for the Two-Class Unpaired Case Assuming Unequal Variances
    Delta  p0    False    Called   FDR
1    0.1   0.5   2424.77  2739     0.443
2    0.7   0.5   262.21   1248     0.105
3    1.3   0.5   12.11    507      0.012
4    1.8   0.5   0.74     210      0.002
...
```

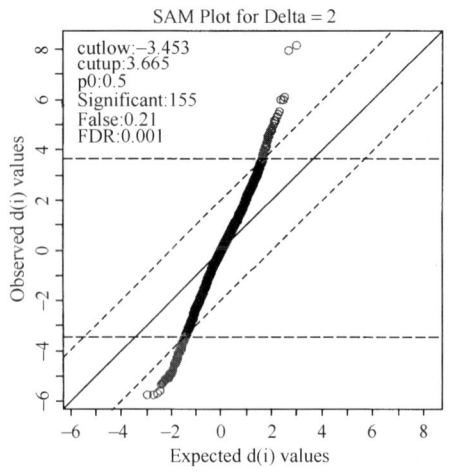

图 22.16　Delta 为 2 时的 SAM 图

同样的功能也可由 sam.wilc（golub，golub.cl，B＝100，rand＝123）函数来实现。

```
> sam.wilc(golub,golub.cl,rand=123);
SAM Analysis for the Two-Class Unpaired Case Using Wilcoxon Rank Sums
    Delta   p0     False     Called   FDR
1   0.1    0.463  2553.506   2804    0.422
2   0.3    0.463  1734.499   2382    0.337
3   0.5    0.463  1015.808   1937    0.243
4   0.7    0.463   552.689   1556    0.164
...
```

22.13　splicegear 包

22.13.1　简　　介

splicegear 包能对可变剪接进行分析。

22.13.2　splicegear 的类

在 splicegear 包中一共有 4 个类，即 probes、spliceSites、spliceSitesGenomic 和 spliceExprSet，详见表 22.8。

表 22.8 splicegear 包的类

	1. probes
描述	关于探针信息的类
Slots	pos：matrix 类对象，一般一个探针作为一行，第一列为起始位置，第二列为结束位置； info：data.frame 类对象，保存探针信息
方法	显示探针信息和作图
	2. spliceSites
描述	用来存放剪接位点信息的类
Slots	probepos：matrix 类对象，用于存放探针的起始和结束位置的矩阵，每个探针一行； seq：character 类对象，指参照序列； seq.length：integer 类对象，指参照序列的长度； spsiteIpos：matrix 类对象，用于存放 I 类剪接的探针的起始和结束位置的矩阵； spsiteIIpos：integer 类对象，用于存放 II 类剪接的探针的起始和结束位置的向量； spsiteIIIpos：matrix 类对象，用于存放 III 类剪接的探针的起始和结束位置的矩阵； spsiteIpos.pData：phenoData 类对象，用于存放 I 类剪接相关信息； spsiteIIpos.pData：phenoData 类对象，用于存放 II 类剪接相关信息； spsiteIIIpos.pData：phenoData 类对象，用于存放 III 类剪接相关信息
方法	输出剪接位点信息和作图
	3. spliceSitesGenomic
描述	用于存储在基因组水平上表示可变剪接信息的类
Slots	variants：list 类对象，其中的每个元素表示两个剪接位点之间的外显子的序列位置； seq, seq.length, spsiteIpos, spsiteIIpos, spsiteIIIpos, spsiteIpos.pData, spsiteIIpos.pData, spsiteIIIpos.pData 均与 SpliceSites 类的 slots 含义相同
方法	对可变剪接位点进行作图
	4. spliceExprSet
描述	用来存储含可变剪接信息的探针表达数据
Slots	spliceSites：spliceSites 类对象，含探针和剪接位点信息； probes：probes 类对象，存放探针表达数据信息； eset：exprSet 类对象，存储芯片表达数据信息
方法	输出 SpliceExprSet 类的探针表达数据，和作图

22.13.3 基本函数

1. 获取数据和创建对象

spsites 为 splicegear 包中的样例数据。调用形式为

data(spsites,package="splicegear")

函数 queryPALSdb 对 PALSdb（The database of putative alternative splicing，http://palsdb.ym.edu.tw）数据库进行查询，函数返回一个 XML 类对象；函数 getPALSdbURL 得到函数 queryPALSdb 返回值为 XML 类对象对应的网址；函数 buildSpliceSites 根据函数 queryPALSdb 返回值－XML 类对象创建 spliceSites 类对象。这些函数的使用形式为

queryPALSdb(query,field= c("keyword","ug_id","gb_id",
"cluster_count"),
species=c("human","mouse"),ident.threshold=c("90"),
verbose = FALSE)

getPALSdbURL(query,field=c("keyword","ug_id","gb_id",
"cluster_count"),
species=c("human","mouse"),ident.threshold=
c("90"),verbose=FALSE,...)

buildSpliceSites(xml,verbose=TRUE)

其中，query 为查询字符串；xml 为 xml 类对象；field 为查询项，如"关键字"；species 为查询的物种，如"human"；ident.threshold 为序列匹配的起始位点；verbose 为是否要输出详细的查询结果；"..."为其他参数。

2. 对象处理

函数 as.data.frame.SpliceSites 将 SpliceSites 类对象转变为数据单，而函数 as.data.frame.SpliceExprSet 将 SpliceExprSet 类对象转变为数据单。这两个函数的使用形式为

as.data.frame.SpliceSites(x, row.names=NA, optional=NA)

as.data.frame.SpliceExprSet(x, row.names=NA, optional=NA)

其中，x 为 SpliceSites 或 SpliceExprSet 类对象；row.names 为数据单行的名称；optional 为 TRUE，表示可选择是否要设定行名。

3. 分类

函数 sort.SpliceExprSet 对 SpliceExprSet 类对象中的探针进行分类。使用形式为

sort.SpliceExprSet(x, fun=function(x)order(x@probes@pos[,1]),
...)

其中，x 为 SpliceExprSet 类；fun 为分类函数；"..."为其他参数。

4. 作图

函数 plot.Probes 对 Probes 类对象作图。函数的使用形式为

plot.Probes(x,col="black",xlab="sequence",ylab="probes",
          probepos.yscale=NULL,xlim=NULL,...)

其中，x 为 Probes 类对象；col 为探针的颜色；xlab 和 ylab 分别为 x，y 轴所代表的含义；probepos.yscale 为缩放比率；xlim 为 x 轴的坐标值范围；"..."为其他可选参数。

函数 plot.SpliceSites 对 SpliceSites 类对象作图。使用形式为

plot.SpliceSites(x,ylim=NULL,...)

其中，x 为 SpliceSites 类对象；ylim 为 y 轴的坐标值范围；"..."为其他可选参数。

函数 plot.SpliceExprSet 对 SpliceExprSet 类对象作图。使用形式为

plot.SpliceExprSet(x,ylim=NULL,...)

其中，x 为 SpliceExprSet 类对象；ylim 为 y 轴的坐标值范围；"..."为其他可选参数。

函数 plot.SpliceSitesGenomic 对 SpliceSitesGenomic 类对象作图。使用形式为

plot.SpliceSitesGenomic(x,col.variant=par("col"),
          col.exon="white",
          split=FALSE,main=names(x@variants),
          ...)

其中，x 为 SpliceSitesGenomic 类对象；col.variant 为作图的颜色向量；"..."为其他可选参数。

22.14 RMAGEML 包

MAGE-ML（the microarray gene expression markup language）是一种广泛应用于描述和交换微阵列实验数据的 XML 标准，可以用来描述微阵列设计、微阵列实验设计、基因表达数据以及数据分析结果。作为一个开源项目，Bioconductor 提供了对基因数据的统计分析，然而 MAGE-ML 标准无法应用到 Bioconductor 中，因为两种格式标准存在差异。鉴于两者在芯片实验数据分析中的重要性，有必要解决两者格式间的差异性，因此 Bioconductor 提供了一个新的包 RMAGEML，用于提供 MAGE-ML 格式的芯片数据以及 Bioconductor 格式数据间的联系和转换。用户可以从 http://www.bioconductor.org 获取 RMAGEML 包。由于该包和芯片数据分析关系不大，限于篇幅，本书不再详细描述。

第23章 微阵列比较基因组杂交

自从观察到许多肿瘤有染色体畸变,而且某些畸变,如非整倍体增加和缺失等还是某些肿瘤的特征性改变,人们就一直推断肿瘤特异增加的染色体区段可能含有原癌基因,而特异缺失或拷贝数减少的区段可能含有抑癌基因。为了更加高通量且精确地显示染色体畸变的具体位置,ArrayCGH(array based comparative genomic hybridization,基于微阵列的比较基因组杂交)技术利用微阵列通过用不同颜色荧光素分别标记肿瘤及正常对照DNA,并同时与制备好的DNA阵列杂交,通过观察红绿荧光的强度比率来了解肿瘤DNA拷贝数的改变,以用于肿瘤相关基因的鉴定及肿瘤诊断。ArrayCGH的具体实施步骤包括以下几个方面:首先根据不同需要制备微阵列或芯片;然后提取肿瘤和正常组织的DNA,并进行荧光标记;随后进行杂交实验,采集杂交图像;最后分析实验结果。在Bioconductor中有两个与ArrayCGH有关的软件包:aCGH包主要具有从DNA微阵列图像中读取及存储DNA拷贝数变化信息等功能,而DNAcopy包则利用循环二分法(circular binary segmentation)在ArrayCGH芯片数据上查询发生DNA拷贝数变化的染色体区段。

23.1 aCGH包

23.1.1 简 介

aCGH包提供对ArrayCGH(以下简称aCGH)实验所得DNA微阵列数据进行读取、分析和作图等功能。

23.1.2 aCGH的类

aCGH包的类见表23.1。

表 23.1 aCGH 包的类

	aCGH
描述	这是用来表示aCGH微阵列数据的类,其中的Slots包含拷贝数变化的$\log_2$ratios值、样本、克隆、表现型及基因组事件等信息
方法	存取、处理aCGH实验芯片数据

23.1.3 基本函数

1. 获取数据集

Colorectal 是一个数据集，包含 124 个关于直肠癌及其相关信息的微阵列数据。调用形式为

    data(colorectal)

colorectal 网站为：http://www.colorectal-cancer.net。

函数 ex.acgh.hmm 调用包含 2003 年 7 月 UCSC 人类基因组会议上所公布的染色体信息的数据集。此数据集中的每个数据单含以下 3 个变量：染色体号、染色体长度（Kb）及着丝点在染色体上的位置（Kb）。函数的使用形式为

    ex.acgh.hmm

数据来源于：http://genome.ucsc.edu/cgi-bin/hgText。

2. 数据处理

函数 impute.lowess 对 aCGH 微阵列所得实验数据中的每个元素取 $\log_2$ ratio 值。函数的使用形式为

    impute.lowess(aCGH.obj,chrominfo=human.chrom.info.Jul03,
        maxChrom=23)

其中，aCGH.obj 为 aCGH 对象；chrominfo 为染色体信息；maxChrom 为最大的染色体号。

函数 aCGH.process 对 aCGH 对象中的数据进行处理，删除那些芯片图像信息有缺失的克隆。函数的使用形式为

    aCGH.process(aCGH.obj,chrom.remove.threshold=24,
        unmapScreen=TRUE,dupRemove=TRUE,...)

其中，aCGH.obj 为 aCGH 对象；chrom.remove.threshold 为对哪条染色体上的数据进行处理；unmapScreen 为是否删除那些芯片图像信息有缺失的克隆，默认值为 TURE；dupRemove 为是否先对具有相同名字的克隆的数据取平均值，然后只保留其中的一个克隆，默认值为 TURE；"..." 为数据处理过程中使用的其他参数。

3. 得到 DNA 拷贝数变化程度

函数 gainLoss 输出 gainP 和 lossP 两个列表，其中的数据分别表示 aCGH 实验中每个克隆的 DNA 拷贝数增加或减少的比例。使用形式为

    gainLoss(dat,cols,thres=0.25)

其中，dat 为 aCGH 芯片所得实验数据的 $\log_2$ ratios 值矩阵；cols 指明样本；thres 为判断 DNA 拷贝数增加或减少的阈值，默认值为 0.25。

函数 summarize.clones 得到每个克隆 DNA 拷贝数变化的程度。函数的使用形式为

summarize.clones(aCGH.obj,resT=NULL,
　　　　　　pheno=rep(1,ncol(aCGH.obj)),
　　　　　　rsp.uniq=unique(pheno),factor=2.5,
　　　　　　all=length(rsp.uniq)=1 && is.null(resT),...)

其中，aCGH.obj 为 aCGH 对象；pheno 为用作比较的表现型；rsp.uniq 为感兴趣的表现型；factor 为实验的可变因子对 DNA 拷贝数变化的影响程度；all 为把所有样本作为整体还是划分为各个子集进行分析；"..." 为得到结果过程中使用的其他参数。

4. 作图

函数 plotGenome 按染色体顺序对微阵列数据（$\log_2$ ratios 值）进行作图。函数的使用形式为

plotGenome(aCGH.obj,samples=1:num.samples(aCGH.obj),
　　　　naut= 22,
　　　　Y=TRUE, X =TRUE, data=$\log_2$.ratios(aCGH.obj),
　　　　chrominfo= human.chrom.info.Jul03,
　　　　yScale=c(-2, 2),
　　　　samplenames=sample.names(aCGH.obj),
　　　　ylb="$\log_2$ Ratio",...)

其中，aCGH.obj 为 aCGH 对象；samples 为所有样本；naut 为样本所对应物种的常染色体条数；如果是对 Y 染色体作图，则 Y 为 TURE，反之则为 FALSE；如对 X 染色体作图则 X 为 TURE，反之则为 FALSE；data 指数据类型，默认为 $\log_2$.ratios 值；chrominfo 指染色体信息；yScale 为 y 轴上最小的刻度；samplenames 为样本名；ylb 为 y 轴代表的含义；"..." 为作图过程中使用的其他参数。

函数 find.genomic.events 得到 aCGH 芯片上每个样本中存在的基因组事件，如染色体片段插入和缺失。

函数 plotSummaryProfile 对函数 find.genomic.events 的返回值进行作图，并对各种表现型进行差异性检验。函数的使用形式为

plotSummaryProfile(aCGH.obj,
　　　　　response=as.factor(rep("All",
　　　　　ncol(aCGH.obj))),

$$\text{titles} = \text{unique}(\text{response}[\,!\text{is.na}(\text{response})])\,,$$
$$X = \text{TRUE},\ Y = \text{FALSE},\ \text{maxChrom} = 23,$$
$$\text{chrominfo} = \text{human.chrom.info.Jul03}))$$

其中，aCGH.obj 为 aCGH 对象；response 为用作比较的表现型；titles 为表现型的名称；如需对 X 染色体作图则 X 为 TURE，反之为 FALSE；如需对 Y 染色体作图则 Y 为 TURE，反之为 FALSE；maxChrom 为最多需对多少条染色体作图；chrominfo 为染色体信息。

5. 数据分析

函数 aCGH.test 检测 aCGH 实验中各克隆间的相关性。函数的使用形式为
$$\text{aCGH.test}(\text{aCGH.obj},\text{rsp},\text{test}=(''\text{survdiff}'',''\text{coxph}'',$$
$$''\text{linear.regression}'',\ldots)$$

其中，aCGH.obj 为 aCGH 对象；rsp 为相关性检测基于的变量；test 为检测方法，如线性回归；"…" 为相关性检测过程中的使用的其他参数。

函数 clusterGenome 对 aCGH 实验中的样本进行聚类并显示。函数的使用形式为
$$\text{clusterGenome}(\text{aCGH.obj},\text{response}=\text{s.factor}(\text{rep}(''\text{All}'',$$
$$\text{col}(\text{aCGH.obj}))).$$
$$\text{chrominfo} = \text{human.chrom.info.Jul03},\ldots)$$

其中，aCGH.obj 为 aCGH 对象；response 为聚类基于的表现型；chrominfo 为染色体信息；"…" 为样本聚类过程中的使用的其他参数。

23.1.4 实　　例

本例先创建一个 aCGH 对象（含 DNA 拷贝数、表现型及克隆片段等信息），然后对创建的 aCGH 对象中的数据进行处理。

程序首先载入所必需的 R-packages 和 Bioconductor 中的一些包，再载入 aCGH 包，然后读取 aCGH 包中样例的信息，创建 aCGH 对象。新创建的 aCGH 对象中包含 DNA 拷贝数（$\log_2$ ratios 值）、染色体、表现型及被克隆的片段等信息。

```
> library(cluster);
> library(repeated);
> library(rmutil);
> library(survival);
> library(splines);
```

```
> library(multtest);
> library(Biobase);
> openVignette();
> library(genefilter);
> library(reposTools);
> library(sma) ;
> library(aCGH);
> datadir <-system.file(package = "aCGH");
> datadir <-paste(datadir,"/examples",sep="");
> clones.info <-read.table(file = file.path(datadir,"clones.info.ex.txt"),
+header = TRUE,
+sep = "\t",quote="",comment.char="");
##读取aCGH软件包样例中的被克隆片段的信息
> log2.ratios <-read.table(file = file.path(datadir,"log2.ratios.ex.txt"),
+header = TRUE,
+sep = "\t",quote="",comment.char="") ;
##读取aCGH软件包样例中的DNA拷贝数信息($log_2$ ratios值)
> pheno.type <-read.table(file = file.path(datadir,"pheno.type.ex.txt"),
+header = TRUE,
+sep = "\t",quote="",comment.char="") ;
##读取aCGH软件包样例的信息
> ex.acgh <-create.aCGH(log2.ratios,clones.info,pheno.type);
```

创建好aCGH对象ex.acgh后,对其中的数据进行处理。

```
> ex.acgh <-aCGH.process(ex.acgh,chrom.remove.threshold = 23,
+prop.missing = 0.25,sample.quality.threshold= 0.4,
+unmapScreen = TRUE,dupRemove =FALSE);
##对aCGH对象ex.acgh中Y染色体上的数据进行处理,删除那些芯片图像信息有缺失的克隆
> log2.ratios.imputed(ex.acgh) <-impute.lowess(ex.acgh,
+maxChrom = 24);
##对aCGH对象ex.acgh中缺失的数据进行处理
```

以下是对colorectal对象(属于aCGH类)中的数据作图的例子。该例先调

用 colorectal 对象中的数据，然后得到 colorectal 对象的 DNA 拷贝数（$\log_2$ ratio 值）、表现型等信息，最后对 colorectal 对象作图，结果如图 23.1 所示。该图由 23 个矩形组成，每个矩形被中间的横线隔为上下两部分。每个矩形表示属于某条染色体的所有样本的 DNA 拷贝数的变化。比如，横坐标为 X 对应的矩形表示 X 染色体的所有样本的 DNA 拷贝数的变化，其中，绿色部分表示 DNA 拷贝数增加的比例（$\log_2$ ratio 正值），红色部分表示 DNA 拷贝数减少的比例（$\log_2$ ratio 负值）。

```
> data(colorectal);
> colorectal;
> summary(colorectal);
> sample.names(colorectal);
> phenotype(colorectal);
> plot(colorectal);
```

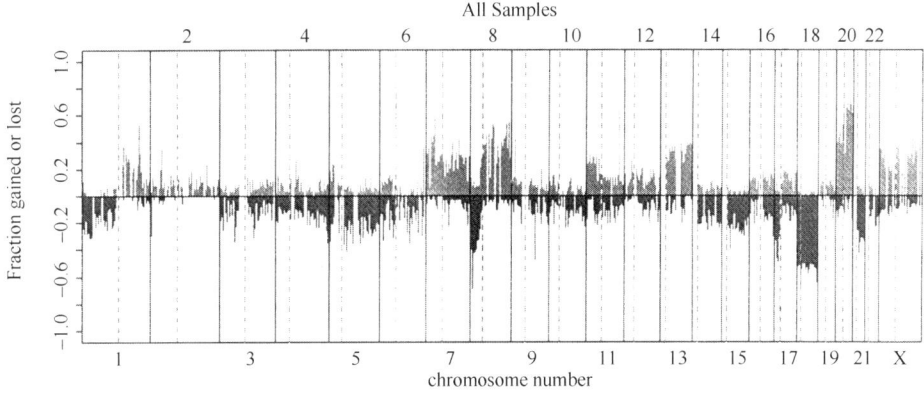

图 23.1　样本的 DNA 拷贝数变化图

23.2　DNAcopy 包

23.2.1　简　介

DNAcopy 包利用循环二分法（circular binary segmentation）在 aCGH 芯片数据上查询发生 DNA 拷贝数变化的染色体区段。

23.2.2 DNAcopy 的类

在 DNAcopy 软件包中一共有 2 个类,详见表 23.2。

表 23.2 **DNAcopy 包的类**

	1. CNA
描述	CNA (copy number array) 用于存储 DNA 拷贝数阵列的数据,这些数据来自于 a-CGH 或者其他实验,包含探针、样本及数据类型信息
方法	输出样本数、探针数及数据的类型
	2. DNAcopy
描述	用来存储利用循环二分法(circular binary segmentation)对拷贝数微阵列数据进行分割得到的结果
方法	以表格的形式输出结果,每行包含样本、染色体号及探针数等信息

23.2.3 基本函数

1. 获取数据

获取 CORIELL 细胞株中的 ArrayCGH 数据。调用形式为

data(coriell)

数据来源于:http://www.nature.com/ng/journal/v29/n3/suppinfo/ng754_S1.html。

2. 创建 CNA 对象

函数 CNA 用来创建 CNA 对象,这个对象可以被用来分析 DNA 拷贝数的变化。函数的使用形式为

CNA(genomdat,chrom,maploc,data.type=c("logratio","binary"),
    sampleid=NULL)

其中,genomdat 为 arrayCGH 实验数据;chrom 为标记序列的染色体号;maploc 为标记序列在基因组上的位置;data.type=c("logratio","binary")为数据存储类型;sampleid 为样本号。

3. 数据处理

函数 smooth.CNA 去除 CNA 对象中的噪声数据。函数的使用形式为

smooth.CNA(x,...)

其中,x 为 CNA 对象;"..."为去除 CNA 对象中的噪声数据的过程中所使用

的其他参数。

函数 segment 利用循环二分法（circular binary segmentation）对拷贝数微阵列数据进行分割。函数的使用形式为

    segment(x,...)

其中，x 为 CNA 对象；"..."为对数据进行分组过程中的使用的其他参数。

函数 subset.CNA 和 subset.DNAcopy 分别获得 CNA 及 DNAcopy 对象中的数据的子集。函数的使用形式分别为

    subset.CNA(x,chromlist=NULL,samplelist=NULL,...)
    subset.DNAcopy(x,chromlist=NULL,samplelist=NULL,...)

其中，x 为 CNA 或 DNAcopy 对象；chromlist 为需得到子集的数据所对应的染色体号；samplelist 为需得到子集的数据所对应的样本号；"..."为获得数据子集的过程中的使用的其他参数。

4. 作图

函数 plot.DNAcopy 对 DNAcopy 对象作图。函数的使用形式为

    plot.DNAcopy(x,plot.type=c("whole","plateau","samplebychrom",
       "chrombysample"),sbyc.layout=NULL,...)

其中，x 为 DNAcopy 对象；plot.type 为作图类型；sbyc.layout 为对应于"samplebychrom"作图类型的多幅图像的网格布局设置；cbys.layout 为对应于"chrombysample"作图类型的多幅图像的网格布局设置；"..."为作图过程中的使用的其他参数。

第 24 章 蛋白质组学

蛋白质组（proteome）是指一个细胞或一个组织的基因组所表达的全部蛋白质。蛋白质组学（proteomics）一般被认为是研究蛋白质组或应用大规模蛋白分离和识别技术研究蛋白质组的一门学科。这章涉及蛋白质亲和纯化/质谱分析实验，即先对蛋白质进行亲和纯化，然后进行质谱分析。蛋白质亲和纯化的过程是：溶于流动相中的各蛋白质组分经过固定相时，由于与固定相上的蛋白质发生特异性结合，就可以使存在液相中的相应蛋白质选择性地结合在固相载体上，借此与液相中的其他蛋白质分开。这种结合在一定的条件下是可逆的，从而达到分离纯化的目的。一般认为，固定相上的蛋白为诱饵蛋白（bait proteins），需要纯化的目的蛋白称为命中蛋白（hit-only proteins）。蛋白质亲和纯化/质谱分析实验得到的质谱图中的 M/Z 值指质荷比，intensity 值指丰度。蛋白质分子在蛋白质亲和纯化/质谱分析实验中被轰击而获得了能量，产生电子跃迁形成大小不同的碎片，各碎片会带上不同的电荷，带电荷的碎片在磁场中飞行，由于质荷比不同，各碎片获得的动能也不同。M/Z 值（质荷比）即分子的质量与电荷的比值；intensity 值（丰度）就是产生的碎片数量。在 Bioconductor 中有 3 个与蛋白质组学有关的包：PROcess 包对蛋白质亲和纯化/质谱分析实验数据进行处理分析，gpls 包对蛋白质进行分类，apComplex 包利用蛋白质亲和纯化/质谱分析实验数据来分析蛋白质之间的关系。

24.1 PROcess 包

24.1.1 简　　介

PROcess 包对蛋白质亲和纯化/质谱分析实验数据进行处理分析。

24.1.2 基 本 函 数

1. 质谱图预处理

函数 bslnoff 可将质图谱中的基线归零。函数的使用形式为

bslnoff(f, breaks = 200, method = c("loess", "approx"), plot = FALSE, ...)

其中，f 为第一列为 M/Z 值和第二列为 intensity 值的矩阵；method 为将基线归

零的方法；plot 值为 TRUE 时表示在图中同时画出原始图谱、原始图谱估计基线和基线归零后的图谱；"..." 为消除原始谱图基线的其他参数。

函数 rmBaseline 可将一系列质谱图的基线归零。函数的使用形式为

rmBaseline(fldr,...)

其中，fldr 为质谱图的存储路径；"..." 为将质谱图基线归零的其他参数。

函数 renorm 可使 M/Z 值大于临界值的波谱正常化。使用形式为

renorm(Ma,cutoff)

其中，Ma 为行为 M/Z 值、列为样本的矩阵；cutoff 为临界值。

2. 质谱图质量评估

函数 quality 利用分子的质量（quality）、峰值（peak）及峰的保留时间（Retain）这 3 个参数对质谱图质量进行评估，函数默认输出同时满足：

quality > 0.4

Retain > 0.1

peak $> 1/2$

这 3 个条件的质谱图。使用形式为

quality(Ma,cutoff)

其中，Ma 为基线已归零的一系列质谱图；cutoff 为 M/Z 临界值，M/Z 值在其以下的质谱图将被删除。

3. 峰点标记

函数 isPeak 标记质谱图的峰点。函数的使用形式为

isPeak(f,sm.span=11,plot=FALSE,...)

其中，f 为第一行为 M/Z 值和第二行为 intensity 值的矩阵；sm.span 为标记质谱图前进行的滤波操作的参数值，默认值为 11；plot 值为 TRUE 表示在图中同时画出波峰和滤波后的图谱；"..." 为标记质谱峰点时使用的其他参数。

函数 specZoom 标记蛋白质质谱图中特定 M/Z 值范围内的峰点。函数的使用形式为

specZoom(pks,xlim=NULL,cols=c("cyan","red","black"))

其中，pks 为函数 isPeak() 所返回的对象；xlim 为 M/Z 值范围；cols 为标记峰点的颜色。

24.1.3 实　　例

本例主要介绍如何对蛋白质亲和纯化/质谱分析实验所得质谱图进行质量评估，说明如何对质谱图进行处理并标记出质谱图的峰点。

蛋白质亲和纯化/质谱分析实验所得的质谱图的一个特点是基线（baseline）不统一。在本例中，我们首先利用 PROcess 包中的函数 bslnoff 将质图谱中的基线归零，结果如图 24.1 所示。该图中，绿色的线条为实验得到的质谱图，红色线条为实验得到的质谱图的所有基线的近似模拟曲线，而蓝色线条代表处理后的质谱图，灰色的直线为归零后的基线。

```
> library(PROcess);
> library(Icens);
> library(survival);
> library(splines);
> fdat<-system.file("Test",package="PROcess");
> fs<-list.files(fdat,pattern="*csv*",full.names=TRUE);
> f1<-read.files(fs[1]);
> bseoff<-bslnoff(f1,method="loess",plot=TRUE,bw=0.1);
> title(basename(fs[1]));
```

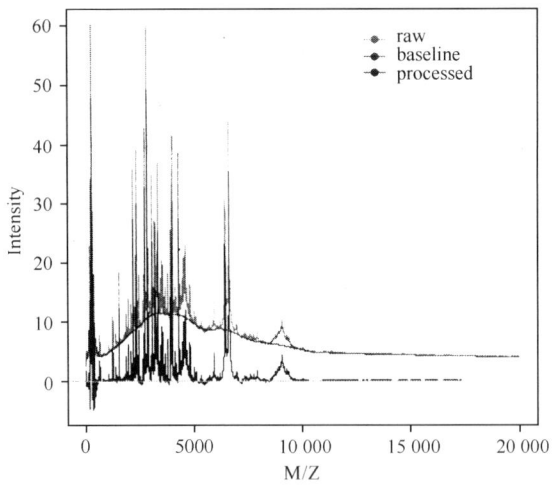

图 24.1　将蛋白质质谱图中的基线归零

通过函数 isPeak 对质谱图进行滤波操作并标出图谱的峰点，结果如图 24.2 所示。

```
> pkgobj <-isPeak(bseoff,span = 81,sm.span = 11,plot = TRUE);
```

通过函数 specZoom 标出质谱图中特定 M/Z 值范围内的峰点，结果如图 24.3 所示。

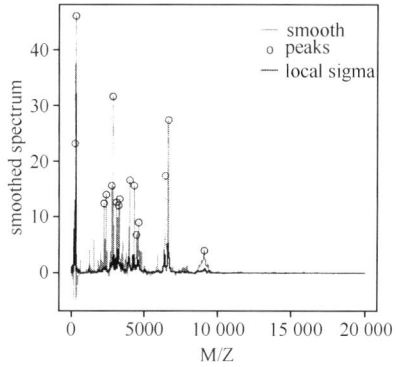

图 24.2 对蛋白质质谱图进行滤波操作
并标出质谱图的峰点

```
> specZoom(pkgobj,xlim = c(5000,10000));
```

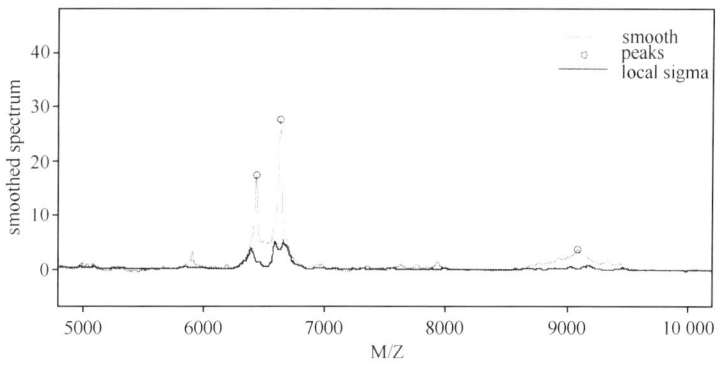

图 24.3 标出特定 M/Z 值范围内蛋白质质谱图的峰点

因为有些质谱图噪声很大且可能不存在波峰，所以进行质谱图质量评估很有必要，主要评估参数有 3 个：分子的质量（quality）、峰值（peak）及峰的保留时间（Retain）。下面的程序得到 testM 对象中同时满足 quality 值大于 0.4、Retain 值大于 0.1 和 peak 值大于 1/2 条件的两张质谱图（122402imac40-s-c-192combined i11.csv 和 122402imac40-s-c-192combined i12.csv）。

```
> testdir <-system.file("Test",package = "PROcess");
> testM <-rmBaseline(testdir);
> qualRes <-quality(testM,peakfile,cutoff = 1500);
> print(qualRes);
```

	Quality	Retain	peak
122402imac40-s-c-192combined i12.csv	0.5419809	0.3825606	1.28
122402imac40-s-c-192combined i12.csv	0.6234699	0.3548255	0.72

24.2 gpls 包

gpls 包使用广义偏最小二乘法对蛋白质数据进行分析,可以对数据进行两组或多组的分类。关于该包的函数介绍和使用,请参考本书的 22.6 节。

24.3 apComplex 包

24.3.1 简　　介

apComplex 包可利用蛋白质亲和纯化/质谱分析实验得到的数据来分析蛋白质之间的关系。

24.3.2 基 本 函 数

1. 获取数据

apEX 为蛋白质亲和纯化/质谱分析实验得到的数据;apEXG 为以图形形式描述蛋白质之间关系的对象,其中顶点代表蛋白,而顶点之间的连线代表蛋白质之间的关系。其调用形式如下

　　　　data(apEX); data(apEXG)

2. 数据处理

函数 reduceMat 用来去除矩阵中所有元素的值与其他列相同的列,去除矩阵中所有元素的值明显小于其他列的所有元素的值的列。使用形式如下

　　　　reduceMat(mat, compare="equal")

其中, mat 为矩阵; compare 的值为 "equal"(默认)或 "less"。

函数 vecInMat 可检测某向量所有元素的值是否与矩阵某行相同,检测某向量所有元素的值是否均小于矩阵某行中所有元素的值。使用形式如下

　　　　vecInMat(x, mat, compare="equal")

其中, x 为向量; mat 为行数与 x 长度相等的矩阵; compare 的值为 "equal"(默认)或者 "less"。

3. 获得结果

给定一个蛋白质亲和纯化/质谱分析实验的数据矩阵,函数 bhmaxSubgraph 能得到多个蛋白质关系子图和表示其关系的矩阵。该函数的使用形式如下

　　　　bhmaxSubgraph(adjMat, ...)

其中，adjMat 为实验数据矩阵，"..."为得到蛋白质关系子图所使用的其他参数。

函数 findComplexes 通过蛋白质亲和纯化/质谱分析实验数据估计蛋白质的关系图。该函数的使用形式如下

findComplexes（adjMat，simMat=NULL，...）

其中，adjMat 为蛋白质亲和纯化/质谱分析实验的数据矩阵；simMat 为一方阵，其值均在 0~1 之间，值越大，表示蛋白质的关系越亲密；"..."为得到蛋白质关系图所使用的其他参数。

函数 sortComplexes 可将函数 bhmaxSubgraph（）得到的蛋白质关系矩阵整理分为 3 个独立的矩阵：MBME、SBMH 和 UnRBB。MBME 矩阵可表示多种诱饵蛋白（bait proteins）之间的关系；SBMH 矩阵表示一种诱饵蛋白与以这种诱饵蛋白作为配基进行蛋白质亲和纯化所得到的命中蛋白（hit-only proteins）之间的关系；UnRBB 矩阵表示两种诱饵蛋白之间的关系。使用形式如下

sortComplexes(PCMG,adjMat)

其中，PCMG 为函数 bhmaxSubgraph（）得到的反映蛋白质之间关系的矩阵；adjMat 为蛋白质亲和纯化/质谱分析实验数据矩阵。

主要参考文献

北京大学数学科学学院 S 语言介绍. http://www.math.pku.edu.cn/teachers/lidf/docs/statsoft/html/s

宏软公司 S-Plus 介绍. http://www.magnsoft.com

Bioconductor 网站. http://www.bioconductor.org

Dudoit S, Gentleman R C, Quackenbush J. 2003. Open source software for the analysis of microarray data. Biotechniques, (Suppl): 45~51

Gentleman R C, Carey V J, Bates D M et al. 2004. Bioconductor: open software development for computational biology and bioinformatics. Genome Biol, 5 (10): 80

R 网站. http://www.r-project.org

附录　R语言常用功能一览表

1　工作环境	
ls，objects	显示对象列表
rm，remove	删除对象
q，quit	退出系统
.First，.Last	初始运行函数与退出运行函数
options	系统选项
?，help，help.start，apropos	帮助功能
data	列出数据集
search（）	获取并跟踪当前的工作空间中的对象
2　基本数据结构操作	
2.1　基本操作	
vector	向量
numeric	数值型向量
logical	逻辑型向量
character	字符型向量
c，assign	构造向量
subset	求子集
seq，from：to，sequence	等差序列
rep	重复
NA	常量缺失值
NULL	空对象
Inf	常量，无限大
NaN	常量，指明在IEEE浮点计算中不是一个数字
as	类型转换
sort，order，unique，rev	排序
2.2　字符串处理	
character	字符型向量
nchar	字符数
substr	取子串
format，formatC	把对象用格式转换为字符串

续表

paste, strsplit	连接或拆分
charmatch, pmatch	字符串匹配
grep, sub, gsub	模式匹配与替换

2.3 复数处理

complex, Re, Im, Mod, Arg, Conj	复数函数

2.4 数学函数

2.4.1 基本计算

+, -, *, /, ^, %%, %/%	四则运算
ceiling, floor, round, signif, trunc, zapsmall	舍入
max, min, pmax, pmin	最大值、最小值
range	最大值和最小值
sum, prod	向量元素和，积
cumsum, cumprod, cummax, cummin	累加、累乘
approx 和 approx fun	插值
diff	差分
sign	符号函数

2.4.2 高级计算

abs, sqrt	绝对值，平方根
log, exp, log10, log2	对数与指数函数
sin, cos, tan, asin, acos, atan, atan2	三角函数
sinh, cosh, tanh, asinh, acosh, atanh	双曲函数
beta, lbeta, gamma, lgamma, digamma, trigamma, tetragamma, pentagamma, choose, lchoose	与贝塔函数、伽玛函数、组合数有关的特殊函数
fft, mvfft, convolve	傅里叶变换及卷积
polyroot	多项式求根
poly	正交多项式
spline, splinefun	样条差值
besselI, besselK, besselJ, besselY, gammaCody	Bessel 函数
deriv	简单表达式的符号微分或算法微分
optimize, uniroot, polyroot	一维优化与求根

2.5 逻辑运算

<, >, <=, >=, ==, !=	比较运算符
!, &, &&, |, ||, xor	逻辑运算符
logical	生成逻辑向量 all

续表

any	逻辑向量都为真或存在真
ifelse()	二者择一
match,%in%	查找
unique	找出互不相同的元素
which	找到真值的下标集合
duplicated	找到重复元素

3 对象操作

length	求长度
attr, attributes	对象属性
mode, typeof	对象存储模式与类型
names	对象的名字属性

4 分组因子

factor	分组因子
codes	因子的编码
levels	因子的各水平的名字
nlevels	因子的水平个数
cut	把数值型对象分区间转换为因子
table	交叉频数表 split 按因子分组
aggregate	计算各数据子集的概括统计量
tapply	对"不规则"数组应用函数
factor	因子 codes 的编码 levels 因子的各水平的名字

5 数组处理

5.1 数组操作

array	建立数组 matrix 生成矩阵
data.matrix	把数据框转换为数值型矩阵
lower.tri	矩阵的下三角部分
mat.or.vec	生成矩阵或向量
t	矩阵转置
cbind	把列合并为矩阵
rbind	把行合并为矩阵
diag	矩阵对角元素向量或生成对角矩阵
aperm	数组转置
nrow, ncol	计算数组的行数和列数
dim	对象的维向量

续表

dimnames	对象的维名
row/colnames	行名或列名
%*%	矩阵乘法
tapply	对"不规则"数组应用函数
sweep	计算数组的概括统计量
crossprod	矩阵交叉乘积（内积）
outer	数组外积
kronecker	数组的 Kronecker 积
apply	对数组的某些维应用函数
aggregate	计算数据子集的概括统计量
scale	矩阵标准化
matplot	对矩阵各列绘图
cor	相关阵或协差阵
Contrast	对照矩阵
row	矩阵的行下标集
col	求列下标集

5.2 矩阵线性代数处理

matric	构造矩阵
solve	解线性方程组或求逆
eigen	矩阵的特征值分解
svd	矩阵的奇异值分解
backsolve	解上三角或下三角方程组
chol	Choleski 分解
qr	矩阵的 QR 分解
chol2inv	由 Choleski 分解求逆

6 数据列表和数据单

list	列表
data.frame	数据框
unlist	展平列表
attach, detach	直接用数据列表中的元素名操作其中的数据

7 输入输出

cat, print	显示对象
sink	输出转向到指定文件
dump, save, dput, write	输出对象，输出文件

续表

scan、read.table、load、dget、read.table、read.csv、read.csv2、read.delim、read.delim2	读入文件
8 控制结构	
if、else、ifelse、switch	分支控制语句
for、while、repeat、break、next	循环控制语句
apply、lapply、sapply、tapply、sweep	替代循环的函数
9 函数	
function	函数定义
source	调用文件
call	函数调用
.C、.Fortran	调用C或者Fortran子程序的动态链接库
Recall	递归调用
browser、debug、trace、traceback	程序调试
options	指定系统参数
missing	判断虚参是否有对应实参
nargs	参数个数
stop	终止函数执行
on.exit	指定退出时执行
eval、expression	表达式计算
system.time	表达式计算计时
invisible	使变量不显示
menu	选择菜单（字符列表菜单）
delay、delete.response、deparse、do.call、dput、environment、formals、format.info、interactive、is.finite、is.function、is.language、is.recursive、match.arg、match.call、match.fun、model.extract、name、parse、substitute、sys.parent、warning、machine	其他函数
10 包	
library	查看R语言环境所调用的包及装载包
search	查询当前装载的包
::	显式的调用各种包中的功能
11 统计计算	
11.1 统计分布	

续表

每一种分布有四个函数 d：density（密度函数），p：分布函数，q：分位数函数，r：随机数函数。如正态分布（norm）的这四个函数为 dnorm，pnorm，qnorm，rnorm	
norm	正态分布
chisq	卡方（包括非中心）分布
unif	均匀分布
exp	指数分布
weibull	威布尔分布
gamma	伽玛分布
beta	贝塔分布
lnorm	对数正态分布
logis	逻辑分布
cauchy	柯西分布
binom	二项分布
geom	几何分布
hyper	超几何分布
nbinom	负二项分布
pois	泊松分布
signrank	符号秩分布
wilcox	秩和分布

11.2 简单统计量

sum，mean，var，sd，min，max，range，median，IQR（四分位间距）	统计量
sort，order，rank	与排序有关，其他的还有 ave，fivenum，mad，quantile，stem 等

11.3 统计检验

| chisq. test，prop. test，t. test ||

11.4 多元分析

cor，cov. wt，var	协方差阵及相关阵计算
biplot，biplot. princomp	多元数据 biplot 图
cancor	典则相关 princomp 主成分分析
hclust	谱系聚类 kmeansk-均值聚类
cmdscale	经典多维标度，其他的包括 dist，mahalanobis，cov. rob

续表

11.5 时间序列	
ts	时间序列对象。diff 计算差分，time 为时间序列的采样时间，window 为时间窗

11.6 统计模型	
lm，glm，aov	线性模型、广义线性模型、方差分析

12 图形函数

12.1 高级画图函数	
plot	R 语言中最通用的用于作图的图形函数
pairs	显示多元数据的图形函数
coplot	产生由特定条件限定的图形
qqnorm，qqline，qqplot	产生分布式-对照图形
dotchart	构建一个点图表
image	画一个矩形
contour	画轮廓线
persp	画三维透视图
hist	画柱状图

高级图形函数参数	
add	如果为 TRUE，可以在现有图形中添加图形元素
log	坐标对数化
type	控制图形产生的类型
xlab，ylab	分别代表 x 轴和 y 轴标记
main	在图形的顶部列出标题
sub	在 x 轴下方列出子标题

12.2 低级图形函数	
points	在特定的坐标中产生一系列点
lines	将相应的点用线段连接起来
text	加入文本
abline	在现有图形中加入斜线
polygon	画出多边形，同时由参数决定是否由图形设备填充图形
legend	在现有图形中的特定位置添加图例
title（main，sub）	在现有的图形顶部用大字体添加标题 main，并在图形的底部用小号字体添加子标题 sub
axis	添加轴

	续表
hershey vector fonts	矢量字
12.3 交互式的图形函数	
locator	鼠标左键按下时，读出图形中光标所在的位置
identify	从显示设备中选取一些观察物，然后再对观察物进行处理
12.4 设置图形参数	
par	用作设置和查询活动设备中的图形参数
12.5 图形参数列表	
pch	当 pch 给定一个 0~25 的数值时，就可以产生一个特定的作图特征
lty	线条的类型
lwd	线条的宽度
col	颜色元素
font	用整型数值来指定文本的字体
cex	字符扩展
lab	轴标记
las	轴标记的方向
mgp	轴元素的位置
tck	单位记号的长度
xaxs, yaxs,	分别表示 x 轴和 y 轴的风格
mai, mar	控制图形的页边空白
mfco, mfrow	设置多维图形的尺寸
mfg	设定现有图形在多维图形环境中的位置
fig	设置现有图形在页面中的位置
oma, omi	设置外围页边距
12.6 设备驱动	
X11	用于 Unix 下的 X11 窗口系统
window	用于 Windows 操作系统
quartz	用于 MacOS X 操作系统
postscript	以 PostScript 格式产生或输出
pdf	产生一个 PDF 文件，同时也可以包括进 PDF 文件
png	产生一个 bitmap PNG 文件
jpeg	产生一个 bitmap JPEG 文件
dev.list, dev.off, dev.next, dev.prev, dev.set	设备操作